江沛—主编

中国近代交通社会史丛书　005

交通体系转型与近代山西经济社会变动
（1907—1949）

李丽娜———著

社会科学文献出版社
SOCIAL SCIENCES ACADEMIC PRESS (CHINA)

本书的出版得到南开大学中外文明交叉科学中心的资助，特此致谢

关于开展中国近代交通社会史研究的若干思考（代总序）

江 沛

人类生活空间的大小，长期受地理空间及自然条件约束，限制着生活、生产、文化等诸种交流。此种空间与条件约束着人类获得各种生活资源的能力，影响着其视野的拓展、知识的丰富性甚至想象力的丰富程度，这也是约束人类能否相识相知、能否构建人类共同体的关键所在。而拓展空间的关键所在，一是借助交通工具"压缩"空间距离，展开交流；二是借助通信手段进行信息交流。

古代人类生活的空间，受制于旧式交通工具的简陋及传统交通体系的落后，而无法达成真正的自在生活状态。庄子曾有《逍遥游》，称自北冥南迁的大鹏："怒而飞，其翼若垂天之云。……鹏之徙于南冥也，水击三千里，抟扶摇而上者九万里。去以六月息者也。野马也，尘埃也，生物之以息相吹也。天之苍苍，其正色邪？其远而无所至极邪？"[①] 其想象力不可谓不丰富，但羡慕与无奈之情溢于言表。受制于交通落后，古人要想远足，只能"适百里者，宿舂粮，适千里者，三月聚粮"。[②] 直至清末，曾国藩从湖南赴京应试，水陆并用仍需费时三月之久。出行处处受制，极度不便，古人何来"逍遥"？难以克服地理局限的人类，只能局促一地，坐井观天。从这个意义上讲，世界古代的历史，基本是各地域单独的历史发展进程，难称人类文明融合的真正意义上的世界历史。

古代人类交流信息，除利用飞鸽传书，多需借力牲畜（如驿运）、水

[①] 陈鼓应注译《庄子今注今译》，中华书局，1983，第1~3页。
[②] 陈鼓应注译《庄子今注今译》，第7页。

运或人的行走。同样受制于交通工具的落后，信息交流十分不便，唐代诗圣杜甫曾有"烽火连三月，家书抵万金"的慨叹；宋代赵蕃也有"但恐衡阳无过雁，书筒不至费人思"的感怀；宋代陆游更有"东望山阴何处是？往来一万三千里。写得家书空满纸！流清泪，书回已是明年事"的无奈。

人类自18世纪渐入近代社会，随着工业技术飞速发展、工业化规模生产及市场化的需求不断增加，以机械为动力的现代交通运输业应运而生。限制人类交流、沟通的地理空间，因现代交通及信息技术的发达日益缩小，人类活动的地理及文化空间大增。庄子当年浩叹的大鹏飞行距离，在现代交通体系下，普通的民航飞机、高速列车均可在以小时为单位的时间内完成，对于航天飞机而言则只是以分钟计算的事情。显然，人类借助现代交通工具克服了农业社会地理空间的羁绊，拓展了自己的生存空间，虽然未至自由王国，但自在状态已大大提高。

人类社会在人、信息与物的交流上发生的这一重大变化，得益于英国工业革命后以铁路、公路、航运、航空为表征的现代交通体系的建立及日益成熟。它不仅使世界各国间经济连为一体，市场贸易体系真正世界化，使不同地域间各民族对于异文化的了解成为可能，极大丰富了各自的知识体系，拓宽了视野，也使人类社会在逐渐的相知相识基础上互相学习、取长补短、摆脱偏见、渐趋大同。也只有在这一基础上，我们才能谈及"地球村"、全球化的可能性。由此，我们应该对现代交通体系与人类社会发展间的重要关系有一个清晰的认识。

一　与世界比较中产生的问题意识

众所周知，英国工业革命在推动人类克服自然限制、开发资源、提高生产能力与效率的同时，也拉开了真正意义上的世界近代历史进程的大幕。工业技术的日益成熟及工业生产效率的大增，既推动了交通运输能力的成熟，也需要交通技术的支撑，现代交通体系的完善使工业化向全世界扩展，使欧美国家迈开了向现代化转型的步伐。工业造就了近代世界，工业也改变了人类历史进程。工业化与欧美国家现代化发展间的重要关系，得到了普遍认可。

当眼光转向近代中国的历史进程时，在关于工业化与近代中国社会变革进程间关系的认识上，我们的思考却有了极大差异。一方面，自鸦片战争直至1949年，近代中国饱受西方列强包括日本的武力侵略及政治、经济上的掠夺，形成了极为强烈的民族主义情感，追求国家与民族独立成为近代中国一股强大的思潮。另一方面，在世界现代化进程中处于领先地位的西方国家，在侵略中国的过程中又不自觉地持续输入以工业生产、国际贸易、革命思想、民族及人权观念、民主共和体制为特征的现代性思潮。马克思曾言如果亚洲国家安于现状，不思进取，无法产生工业化的自我革命，那么无论英军犯下了多少罪行，它对印度和中国的侵略，就是在不自觉地充当着推动亚洲工业化的工具。① 马克思、恩格斯还认为，资本主义经济"首次开创了世界历史，因为它使每个文明国家以及这些国家中的每一个人的需要的满足都依赖于整个世界，因为它消灭了各国以往自然形成的闭关自守的状态"。② 吊诡的是，侵略中国的西方列强同时又是现代性的倡导者和引入者，中国人既要反对西方对主权的干预，又要不断学习西方的现代化。尽管"国学"理念的提出，旨在强调中华民族特性及儒学文化的特性，但以传统儒学为核心的本土资源显然无法提供抗拒西方现代化进程的思想资源。以魏源、林则徐、薛福成、王韬、郭嵩焘、曾国藩、慈禧、张之洞、李鸿章、袁世凯、孙中山等为代表的清末民初重要人物，无论政治倾向如何，在面对世界现代化进程中国应如何抉择的重大课题时，均会在面对西方的双重性特别是现代性时陷入欲迎还拒的窘态。这种意识经日本侵略时期、冷战时期持续强化，演变成一种面对西方不自觉猜测其"阴谋论"的心态，极大影响着我们看待世界现代化进程的角度及思维。

受此影响，在世界现代化进程中处处影响巨大的现代交通体系，在中国近代史的研究中却呈现出了极不正常的研究意识及学术状态。当铁路、航运进入近代中国时，我们正确地看到了西方国家开拓中国市场时对于政治、经济利益的贪婪追求，但基本停留于此，没有进一步讨论现代交通体系在清末民初构建时的艰难，其经济功能对于中国经济转型、城市化进程

---

① 马克思：《鸦片贸易史》《不列颠在印度的统治》，《马克思恩格斯文集》第2卷，人民出版社，2009，第623、683页。
② 《德意志意识形态》，《马克思恩格斯文集》第1卷，人民出版社，2009，第566页。

甚至人们思想的开放所具有的重要价值及深层次的影响，从而进一步思考近代中国对外开放的规律性。对近代港口及航运、铁路运输如何改变近代中国经济结构、贸易走向、经济中心变革与城市格局、农村人口向城市流动甚至跨区域流动，交通运输（包括电政）推动信息传播与改变地方主义、家族意识间的关系，交通及信息传播与近代中国国族认同间的重大关联性等，均缺少从世界经济体系视野展开的认真而有逻辑性的思考与研究。显然，对中国近代交通社会史的讨论，是对 60 余年来侧重展示近代中国反帝反封建运动的革命正当性及道德正义性的一个重要补充，也有助于理解被纳入世界经济体系的近代中国社会所呈现出的新旧杂陈、变与不变的历史复杂性，更有助于思考这种历史复杂性背后实际生发着的从传统向现代转型的社会发展主旋律及其深刻的社会影响。

二　技术与经济：近代中国转型的根本动力

在这一由欧美国家主导的全球现代化进程中，中国并不能自外于源自"西方"的这一发展趋势。近代中国历史的发展特征显示，中国文化与历史的内在能量强大，如美国学者柯文（Paul A. Cohen）所言，不能只从西方出发去考察近代中国的变化，要"在中国发现历史"，但近代中国至今几乎所有的制度变革、经济变革、生活变化等重大事件，都是在以现代技术、外贸为主导的经济体系变革和西方体制冲击下产生的，这是不争的事实。只有具有国际视野，才能真正理解近代中国历史与社会变革的根本动力所在。

以轮船、铁路为主导的现代交通体系，其知识系统是在 1820~1840 年代传入中国的。据樊百川先生考证，中国有火力推动的轮船驶入，是在 1828 年。1830 年，一艘属于英国麦尼克行（Magniac & Co.）的名为"福士"（Fobers）的轮船，抵达珠江口。至 1842 年鸦片战争失败后中国开放五口通商，英轮陆续进入中国内河航运业。1870 年 4 月，清廷准许英国大东公司（Eastern Extention, Australasia and China Telegraph Co.）开设沪港航线，但 3 月丹麦大北公司（Great Northern Telegraph Co.）开设的沪港线未经允许业已开通。1865 年，英商杜兰德在北京宣武门外造小铁路 1 里许，试行小火车，是为铁路输入中国之始；此后，英人于 1875 年在上海建造连接吴淞码头与县城的淞沪铁路15公里，营运不久即被清廷收购并拆毁。中国真正意义上的第一条铁路，是1881年李鸿章主导下出现的由唐山至胥各庄煤矿的轻便铁路——唐胥铁路，该线持续延伸到天津。此后，随着开埠通商范围逐渐扩大与外贸需求、行政控制、国防与垦边的需要，也由于俄、日、英、德对在华利益的争夺与瓜分，缺少水运条件和拥有政治中心的华北、东北地区率先在建筑港口的同时修筑了京汉、津浦、胶济、北宁、陇海、南满、中东等诸条铁路，华东地区修筑了沪宁路，华南也有粤汉路。这些铁路不仅与港口连通，形成原料、农产品出口与工业品进口的重要通道和经济腹地，强化了区域间的经贸往来，也成为清末民初中国行政管理的重要通道和国防运输线，构成了今天中国铁路网络的基本格局。以铁路、港口为骨干，公路、水路、驿运互为关联而形成的这一现代交通体系，对于近代中国从自然经济向现代经济转型、区域城市成长、工矿化生产与相关产业生长、农业产业化种植等，具有前所未有的重要推动作用。以之为基础，电信业日渐发达，邮政业崛起，新闻媒体业快速成长，区域间人员流动大增，对于国防、军事甚至防疫也有重要作用。这些现代性因素，对于近代中国民族-国家意识的形成以及中华民族凝聚力、认同感的形成，也是意义非凡的。从今天看，作为一个产业和经济发展基础的现代交通体系，在近代中国社会变动中的作用是举足轻重的，正体现了工业技术体系对于现代经济与社会发展的引导与支撑作用，而这些却因为学界基于传统史观过于强调社会变革中政治、人文因素的重要性而被忽略。但事实上，毕竟如马克思所言，是物质决定意识、生产力决定生产关系而非相反。

因此，中国近代交通社会史的研究，要力求在宏大的国际视野下考察近代中国经济与社会变动，立足于现代交通体系引发区域变革的切入点，希冀形成相关的系列研究成果，以弥补过去对于现代交通体系推动经济与社会变革所具有的重要价值认识之不足，推动学界在新的视野下重新审视近代中国社会变革的若干新生产力及其新技术形式问题。

三 中国近代交通社会史研究的主要范畴

关于中国近代交通社会史的研究，首先要对其学科性的基本要素进行分析，在强调其与以技术特性为出发点的交通史研究旨趣相异的同时，特别要注重把握现代交通体系与近代中国社会变动间的关系。

第一，对近代中国交通体系基本形态进行考察。主要是对诸如铁路、港口、内河水运的规划方案、管理机制、规章及实施效果的考察，特别要考察现代交通体系整体建设过程中，历届政府是基于何种原因进行定位和规划的，其建设方案优劣及实际效果如何。深入探讨现代交通体系形成的诸种因素，特别是政治、外交、经济、民生间的诸种复杂关系，摆脱非正即反的思维，有助于既从现代化进程也从中国近代社会转型的特点上把握现代交通体系的个性及其多方面的影响。从纯技术性层面考察现代交通体系的功能与效率，是过去较少展开却不容忽视的分析视角，诸如规划线路更改、铁路轨距、车厢大小、整车运输能力、车站功能等，港口的选址、迁移及扩展，相关配套企业的设立，港口与铁路连接等问题，都是理解现代交通技术在商贸经济、军事、城市空间扩展等方面重要影响所不可缺少的，也可以由此透视现代交通体系在近代中国不断完善与发展的艰难历程。现代交通体系的管理部门、规章制度、管理阶层、线路维护、联运制度、价格制定、诸种交通方式间的衔接等，也是影响现代交通体系能否顺利发生作用的重要因素。管理的效率是经济发展的生命线，也是提升经济效率不可缺少的重要环节。

第二，对诸种交通方式间的关系进行考察。现代交通体系是在传统运输体系的基础上转型而来的，铁路、水运、港口三位一体，逐步压缩畜力、人力运输的空间，也是内河水运日益衰落的主因。然而这种趋势并非一蹴而就。在清末民国时期中国地域广大、地理条件复杂、交通体系落后的整体背景下，诸种交通方式间的竞争与互补关系，共同构成了交通体系向现代转型的有机整体以及这种转型的过渡性和复杂性。如各铁路线间既有连接、互补的关系，联运制度便是最好例证。在货源相对紧张时，各线路均以降低运价、减少税收为吸引力，其竞争是十分激烈的。铁路运输网络的诸环节，如何在统一协调下共同发展，是清末民国时期各届政府努力的目标。在铁路与河流并行的地区，水运在与铁路的竞争中势头良好；在铁路与河流逆向的地区，水运与铁路形成了自然互补关系。人们想象中的铁路一出，水运立衰的状况并未出现，铁路与水运的共同协调发展，是20

世纪前半叶的主流。作为近代外贸的终极市场，港口与铁路的有机连接，是现代交通体系的主要形态。海运激增，不仅使港口不断扩大，港口城市空间扩张，工商业日益发达，也使铁路运输日益增长。但港口对于铁路线的依赖非常明显，没有铁路线扩大港口的腹地，港口衰落就是必然。烟台与青岛此消彼长的格局，就是一个生动的例子。在20世纪前半叶，由于技术及设备的需求较高、价格过高，汽车运输难以普及，公路运输在各地商贸运输体系中只占有3%左右的运输量，位列铁路、水运、人力运输之后，但在一些大城市周边的特定地区，少数公路与铁路还是形成了一定的互补关系。当现代交通体系发展起来后，人力、畜力运输由于成本过高逐步减少，甚至被取代，但在偏远乡村和山区，人力、畜力的运输仍是主力。

第三，对港口—铁路体系与经贸网络的重构进行研究。近代交通体系的规划及建设原因颇多，甚至国防、军事、行政管辖等因素更为突出，但交通线路完成后其服务经济的基本性质无从改变。[①] 以北京为中心的华北区域铁路建设，最终却成就了天津的华北最大贸易与工业中心地位，要因在于天津具有持续扩张吞吐量的良港。在外贸拉动下，津浦、津京、京汉、京奉（北宁）和胶济铁路，无论方向如何，主要的货物流向均以天津、青岛等港口形成了东西向的新的商贸走势及网络，东部的率先开发与工业中心的建立，是经济发展的自然选择。以上海为中心的港口—腹地关系，决定了长江流域以水运为中心的经贸运输体系，但此时华东地区的铁路系统则受经济不发达的限制而建设缓慢。这些探讨对于重新认识近代中国开发的世界因素、思考近代中国东西部差距形成的诸种原因以及现代交通体系与腹地开发的关系具有重要价值。以港口为终极市场、以铁路为主干的近代交通体系的构建，其基本功能在于获得丰富的物资及客流，因此腹地的开发是至关重要的。腹地开发既要沿袭商贸传统网络，也会因现代交通体系的运转而重新构建。以铁路枢纽为依托的中级市场是腹地开发的关键所在，腹地范围越大，表明现代交通体系参与经济和社会发展的辐射能力越强。现代交通体系运量大、运速快、运距长、安全性好的特点，不仅促进了商贸网络的延伸，更是催生现代工业的"媒婆"，诸如传统运输

---

① 江沛：《清末华北铁路体系初成诸因评析》，《历史教学》（下半月刊）2011年第7期。

体系条件下难以大量开采的铁、煤矿因此而生,引入近代技术可以大量生产的工业制造中心亦赖此兴起。两者相互依存、相互补充,甚至一些城市完全依赖现代交通体系而生,在成为新的工业中心后地位日升并逐渐演变为新的政治中心。华北区域的传统商贸网络,多以行政中心及沿官道、河流而设的城市为结点,也有如经张家口展开的边贸固定路线。近代交通体系兴起后,因外贸需求刺激,以港口为终极市场的新商贸网络不可避免地展开,传统商路以南北向为主,此时则一变而为东西向;以往以行政中心为结点的商贸网络,此时发生重构,铁路交叉点或铁路与港口的连接点成为新的商贸中级市场或终端市场,而交通枢纽的变更导致中级市场或地域经济中心的此兴彼衰,是由现代交通体系引发的商贸格局变化的必然。

第四,关注现代交通体系与产业转型的关系。现代交通体系本身既是一个物流、人流与信息流的运输系统,也是一个工业部门,又是一个经济领域,其成长对于传统社会难以扩张的工业、矿业的开发与增长的刺激作用是非常明显的。华北区域一些地方如焦作、唐山、阳泉、博山等,即因现代交通体系的成长催生出工矿业的发展。由于需求旺盛,不少工矿业迅速引入先进技术,大大提高了劳动生产率和产品质量。为保证工业原料的供应,一些地方如胶济沿线的美种烟草、河南许昌地区的烟草与棉花也开始了产业化种植,高阳土布业形成了规模,农产品商业化趋势大增,石家庄的城市化则是在铁路转运业的刺激下开始的,上述变化构成了华北区域经济的近代转型进程。现代交通体系的完善方便了出行,刺激了客流量的增长。20世纪前半叶,不少区域的旅游业增长快速,各条铁路均出版了旅行指南,一些偏远地区的自然及人文景观不断受到关注,相应的产业也有所发展。据统计,客运收入在各条铁路均占约 1/3 的份额。现代经济发展的核心是产业分工导致的生产率提高,是劳动与资本分离,使用机器大大增加了企业的固定资本,流动资本愈益增大,区域经济的互补性因交通而得以实现,现代经济制度逐步形成。[①] 这一变化,离开现代交通体系的运作难以为继。

[①] 〔法〕保尔·芒图:《十八世纪产业革命——英国近代大工业初期概况》,杨人楩等译,商务印书馆,1983,第 21~22 页。

第五，考察现代交通体系与社会变动的关系。以现代交通体系为纽带，商贸市场网络、工业体系、农业产业化体系渐次形成，巨量商品流通的结果，不仅是经济利益的增长，更是工农业的发展、人们生活水平的提高，特别是这种经贸网络的日益紧密，大大加快了区域经济的分工与整合进展，改变了人们大而全、小而全的经济与生活理念。由于现代交通体系推动了产业化发展、贸易运输的快速发展，市场竞争带来了产业、贸易内部及外部环境的利益分歧及重新分配，传统社会较为缺少的社会组织应运而生，诸如各个层次的商会、产业工会、员工协会逐步产生并发展，成为协调利益、保护工人、理顺产业内部机制的重要组织，带动了新职业的兴起和就业机会的扩大，对于市场的有序运作具有重要作用。现代交通体系的兴起，大大加快了城市化进程。新式交通枢纽的建立，是近代经济中心所必需，也是市场链式扩张的需要，由此，不少地区因交通线路所经而完成了城市化的进程。哈尔滨、长春、营口、石家庄、郑州、张家口、徐州、兰州、宝鸡、武汉、镇江、上海、重庆等地的崛起，都是极好的例证。当然，如保定、开封则因失去交通枢纽而渐次衰退。此时多数城市人口数量有限，但各区域的城市格局及经济格局由此而变，影响至深且巨。对于现代交通体系与行政管理、移民、救济、疾病传播、犯罪、工人运动、军事、现代时间观念形成等关系的探讨，是考察现代交通体系特征及功能不可缺少的。由于现代交通体系的建立，人员流动大增，信息产业增长，邮政、电话、电报、报刊业在清末民初高速增长。长期以来因国土广阔山河相隔的区域、内地与边疆间都得以连通，一体化进程使工业时代的政治、文化、风俗、理念得以广泛传播，国人的文化认同、民族认同、国家认同有了实现的前提及可能性，这是民国以来社会运动风起、社会动员得以实现的必要技术条件。"中华民族"等概念，之所以在20世纪上半叶渐次形成，除了外来侵略的强化作用，一个很重要的条件是现代交通体系包括媒体传播手段的日益完善，在共同信息影响下的民众心态及社会思潮渐次形成，这使现代民族国家意义上的新中国成为可能。

综合而言，开辟中国近代交通社会史的研究，具有丰富中国近代史研究范围的功能，对于细化近代中国从传统向现代转型的过程十分必要，有助于从国际化和世界历史的视野去理解近代中国变动的起因及动力；从现代技术与经济变革的角度切入,中国近代交通社会史研究也具有方法论和价值观上的启示意义。究竟如何看待近代中国社会变革的动力及走向,是一个亟待重新认识的学科基础性问题,是一个有助于深化理解中国近代历史规律及特征的重要课题,更是一个如何理解与运用历史唯物主义史观的问题。

(原载《史学月刊》2016年第8期,有所修改)

目 录

绪　论 / 001

第一章　传统交通体系与山西经济社会发展 / 023
　　第一节　山西传统交通体系的形成 / 023
　　第二节　传统交通体系与长距离贸易兴起 / 037
　　第三节　传统交通体系下区域经济雏形形成 / 043
　　小　结 / 048

第二章　铁路与近代交通体系的初步形成 / 051
　　第一节　政治、经济与军事：铁路修建的动因分析 / 051
　　第二节　主权与外力，国家与地方：铁路的资金筹措与修建 / 065
　　第三节　竞争与合作：铁路与其他运输方式的关系 / 085
　　小　结 / 117

第三章　近代交通体系与农畜业的发展 / 119
　　第一节　农畜产品流通体系的完善 / 119
　　第二节　农畜产品商品化程度提高 / 136
　　第三节　商业性农业种植区的初步形成及其影响 / 147
　　小　结 / 154

第四章　近代交通体系与近代煤矿业的兴起 / 156
　　第一节　近代煤矿业的产生 / 156

第二节　近代煤矿业的发展 / 164

　　第三节　近代煤矿业遭遇的困境 / 173

　　第四节　日占期及战后的山西煤矿业 / 187

　　小　结 / 199

第五章　近代交通体系与城镇变迁 / 202

　　第一节　榆次："晋省商务之枢纽" / 202

　　第二节　太原：全省经济中心地位的确立 / 212

　　第三节　阳泉：新兴矿业城镇的崛起 / 223

　　第四节　大同：区域经济中心的形成 / 232

　　第五节　传统城镇的衰落 / 244

　　小　结 / 257

第六章　近代交通体系与中日战争 / 260

　　第一节　近代交通体系与日本的侵略 / 260

　　第二节　近代交通体系与反侵略战争 / 272

　　小　结 / 279

第七章　近代交通体系与观念习俗的嬗变 / 281

　　第一节　思想观念的演变 / 281

　　第二节　习俗的演变 / 292

　　小　结 / 299

结　语 / 300

参考文献 / 305

后　记 / 315

绪 论

　　山西是我的家乡,是个以盛产煤炭闻名、经济却不发达的内陆省份。二十几年前,18岁的我离开家乡外出求学,那时对家乡充满了鄙夷和蔑视:闭塞、守旧、落后……年轻无知的我只想快快远离它,奔向遥远发达的大城市。然而时至中年,频频回首,家乡的山山水水让我魂牵梦萦,家乡遇到的发展困境让我牵肠挂肚,家乡的点点进步也令我欢呼雀跃,甚至激动到潸然泪下。直到这时我才知道我是多么眷恋这块生我养我的土地,多想它繁荣富裕,多希望它的居民能安居乐业。同时,也有了进一步了解它的欲望,它的过去是怎样的?在剧烈转型的年代,在外患内乱的岁月,它是如何一步一步走到今天的?

　　山西常以盛产煤炭以及挥金如土的"煤老板"为人所熟知,很少人知晓在明清时期,它曾是"海内最富",这主要得益于山西得天独厚的地理位置和相对完善的交通建设。彼时,随着国家政治中心的转移、对外关系的变化及政府政策的支持,作为军事前沿的山西,其道路建设迎来了非常有利的契机。以太原、大同为中心,驿路为主、水路为辅的传统交通体系基本形成。加之军事需求的刺激,山西在明朝出现大规模、长距离贩运贸易,并于清时达到鼎盛,区域间商品流通增加,商品经济有了一定程度的发展,沿主要驿路逐渐形成功能各异的经济区域雏形,勤劳聪明的晋商北上南下开辟了条条商路,繁荣了经济,富裕了人民,晋商一时风头无两。

　　时至清末,晋商才逐渐衰落,其中固然有战乱侵扰、政府政策改变等因素的影响,但开埠通商、交通体系转型带来的商业贸易网络重构导致山西地理优势丧失也是不可忽视的重要原因。开埠通商后,为应对外贸扩大、行政控制、国防与垦边的需要,也由于帝国主义对在华利益的争夺与瓜分，华北以及东北地区率先修筑了京汉、津浦、胶济、北宁、陇海、中东等铁路。铁路运输运量大、运费低、运距长、安全性能好，最适合大宗货物特别是矿产品的长距离运输，强大的运输能力、优越的运输性能使得铁路理所应当地成为交通体系的骨干，并构建了以铁路为主，公路、驿路与水路为辅的近代交通体系，形成了以东部港口为目的地、以铁路为主的近代交通体系为纽带、以铁路枢纽城市为依托、以广大内陆乡村为腹地的经贸网络。为应对这一变化，山西于1907年至1937年间先后建成正太、平绥、同蒲三条铁路，正太路交平汉路于石家庄，平绥路交平汉路于北平，平汉路又交北宁路于北平、交陇海路于郑州，津浦路复交北宁路于天津、交陇海路于徐州，同蒲路则北与平绥路相望，中与正太路交于太原，南过黄河与陇海路衔接，山西铁路终于纳入华北铁路网络并成为重要组成部分。

可以清晰地看出，近代以来，自沿海港口地带开始的近代化进程，主要是沿着以铁路交通为主的交通路线和市场网络，逐渐往内地推进，腹地范围的大小、腹地内各地区距离港口的远近和交通状况，往往又成了分析各地区和国际、国内沿海市场联系程度乃至近代化速度快慢、水平高低的重要内容。山西作为一个交通不便的内陆省份，经由近代交通体系冲破封闭地理环境的限制与沿海商埠联系起来，但其近代化进程又相当地缓慢艰难。在这个过程中，近代交通体系是具体如何改变近代山西贸易走向、经济结构、经济中心、城镇格局与功能、战争进程以及思想习俗等诸多方面的？对于这个问题，一直缺少细致而有逻辑性的思考与研究。因此，对这一课题进行研究，有助于认识像山西这样内陆资源型省份近代经济社会变动的基本特征，也有助于推动学界在新的视野下审视近代中国社会变革的若干新生产力及其新技术形式问题，加深对近代交通体系与区域社会变迁的整体性研究。

近年来，"中国近代交通社会史"研究方兴未艾，但研究的关注重点多是沿海沿江交通相对发达的省份，内陆资源型省份的研究相对欠缺，本书以近代交通体系为切入点，既关注在山西近代社会转型中政治、经济等多元因素的推动作用，也力图探讨近代技术引领社会及经济发展的深刻意义，在此基础上，为"中国近代交通社会史"这一新的学术增长点做区域研究的准备。

可以预见，在今后相当长的一段时间内，以铁路为主的近代交通体系仍将在山西与沿海城市经济文化交流中扮演极其重要的角色。山西省政府及相关部门已充分认识到这一问题。"十二五"期间，山西由铁路、公路、民航和城市轨道交通组成的综合交通运输网络建设进程加快，运输能力紧张状况总体缓解。太原至中卫至银川铁路、大同至西安铁路客运专线太原以南段、山西中南部铁路通道、韩家岭至原平铁路、太原至兴县铁路、太原南站等一批大中型铁路项目建成投入运营，铁路运输瓶颈制约基本缓解。高速公路与普通公路、公路建设与运输站场建设同步推进，公路运输的通达和通畅水平显著提升，临汾机场、五台山机场投入运营，太原城市轨道交通2号线一期工程全线开工建设。2016年制定的"十三五"发展规划，对交通运输提出了更高的要求。2020年12月12日，郑州至太原高铁太原至焦作段正式开通，加上2015年已开通的焦作至郑州段，连接郑州和太原两座省会城市的高铁全线通车。郑太高铁全长432公里，新开太原至焦作段长372公里，最高运营时速为250公里。郑太高铁开通前，郑州至太原也在开行高铁列车，不过需绕行石家庄，总行程多出约170公里。如今，郑州至太原间最快旅行时间由3小时38分压缩至2小时24分，尤其令我开心的是，我的家乡晋城至郑州和太原两个省会城市也由原来的三个多小时缩短为一个多小时，极大地方便了商品流通和人们的出行，也让我的回乡之路更加轻松便捷。

回望过去，山西的交通建设已取得显著成就，但相比邻省，特别是东部沿海沿江省份，还有不小的差距，交通建设任重而道远，本研究希望可以为政府部门制定相关的政策措施提供历史借鉴。

一　概念界定

本书研究对象是交通体系转型与山西经济社会变动之间的关系，因此有必要对铁路、近代交通体系、山西、城市、经济变迁等核心词语做一简要的解释与澄清。

铁路：现代意义上的"铁路"是指使车辆在钢铁轨道上快速运行，进行大规模长距离客货运输的陆路交通运输系统。本书所论及的铁路重点为正太、平绥①、同蒲三条铁路干线，铁路支线以及各矿厂为运煤方便所修的轻便铁路也是本书关注的对象。另外，山西铁路是华北铁路网络的一部分，所以与山西社会经济发展较为密切的平汉、陇海、道清铁路也在本书关注的范围内。

近代交通体系：在一定区域中以铁路、水路、公路为代表的交通运输方式与其他交通方式组合而成的有机体系。就山西而言，铁路出现以前，主要交通路径是驿路，水运在山西的作用不大，仅晋南、晋西有汾河和黄河的部分河段可通航。全面抗战前，山西基本形成了铁路、公路、驿路及水路相互配合又相互竞争的近代交通体系。

山西：依照行政区划的界定，清时的山西辖冀宁道、雁平道、河东道、归绥道。1913年2月，依照政府颁布的《划一地方现行各县地方行政官厅组织令》，省道县三级制开始实施。1914年6月，山西省境内设冀宁、河东、雁门3个道，共辖104县，原归绥道所属地区脱离山西成立绥远特别区域。1928年，南京国民政府废止绥远特别区，改置绥远省。为前后行文统一，也考虑到与今天的山西行政区划相一致，本书不再把归绥道列入考察范围。因此，本书所研究的山西与今天的山西行政及地理方位一致，即山西地理位置位于中国华北，东与河北为邻，西与陕西相望，南与河南接壤，北与内蒙古毗连，介于北纬34°34′至40°44′，东经110°14′至114°33′之间，总面积达15.67万平方公里。山西地势东北高西南低，是个东北斜向西南的平行四边形，境内山脉众多、河谷纵横、地貌多样，南北自然地理、经济文化差异十分明显，因此在研究过程中也观照其内部经济文化的同质性及差异性。

经济变迁：有学者认为，"经济变迁是指经济系统的结构和功能生成变化的过程"。② 这一观点认为，经济结构即经济各要素间的关系发生重大变化才是变迁。但笔者认为，只有当经济领域内或大或小的变化积累到一定程度时，才可能实现经济的结构性变迁，因此，本书既关注微观的经济变化，也考察宏观经济结构的嬗变。

---

① 1928年北京改名北平，京绥、京汉、京奉铁路分别更名为平绥、平汉、北宁铁路，为统一起见，文中统称平绥、平汉、北宁铁路，引文除外。
② 高寿仙：《过密型增长的极限与中国经济变迁的趋向》，《史学理论研究》1994年第2期。

城市：不同学科的研究者从不同角度对城市有着不同的理解，地理学家把城市视为地表的一个组成部分，经济学家把城市看成经济发展过程中某一阶段的特定形式，城市在历史学家眼中被当作一个政治单位，它存在于社会结构和社会组织形式中。城市社会学家则认定，城市是占据着某一特定地区的人口群体，拥有一整套技术设施、机构和行政管理体系的集团结构组织，其中还存在某种心理机制。[①] 在对城市概念进行高度概括的同时，各学科的学者对城市的基本特征进行了大量分析与研究，这些基本特征大致可归结为三：（1）集聚了一定数量的人口，且非农业人口占相当比重（一般情况下应超过50%）；（2）工商、交通、运输各业比较发达；（3）政治、经济、文化职能突出。至于人口，沈汝生在《中国都市之分布》一文中得出一个标准，这一标准将1933—1936年全国人口在5万以上的188个城市，分为200万人以上、100万—200万人、50万—100万人、20万—50万人、10万—20万人、5万—10万人六个等级。依据这一标准，山西的城市仅有太原、大同、汾阳三个，[②] 但是由于本书考察的重点在于铁路与城市近代化及兴衰变动之间的内在联系，因此，本书重视城市经济功能的考察，而忽略人口、政治及文化功能的因素，把人口低于5万的市镇也列入研究范围，行文中统称为城镇。

研究年限：研究年限之所以限定在1907年至1949年，是因为1907年首条延伸至山西境内的铁路——正太铁路的竣工对山西经济社会影响深远。虽然早在1905年平汉铁路建成后，汉口的洋货便开始运至郑州，转而输入山西南部，但对山西社会经济影响有限，两年之后，正太路便取而代之，成为山西商品大规模流通的主要路径，所以本书研究的起始时间设定在1907年。1949年新中国成立，铁路建设进入一个新时期，故以此为下限。

二　文献综述

中国近代交通社会史的研究已有相当的历史，前有民国时期的金士宣、凌鸿勋、曾鲲化等前辈筚路蓝缕，中华人民共和国成立后，宓汝成、

[①] 罗澍伟主编《近代天津城市史》，中国社会科学出版社，1993，第1页。
[②] 沈汝生：《中国都市之分布》，《地理学报》第4卷第1期，1937年。

朱荫贵等先生继续发扬光大，90年代后，再经过江沛、朱从兵、丁贤勇、马陵合、谭刚等一大批有为的中青年学者不断耕耘，终于形成今天队伍稳定、成果卓著、史料整理颇具规模的学术生态。迄今为止，虽尚未有交通体系转型与山西经济社会变动之间关系的研究专著问世，但相关的研究成果已非常丰富，代表性研究成果主要围绕以下方面展开。

1. 传统交通体系与山西经济社会

考察传统交通体系的相关研究已经相对成熟。张宪功的《明清山西交通地理研究——以驿道、铺路为中心》① 是一篇史料扎实、论证严密充分的博士学位论文。作者在文中指出，明清时期，山西道路以南北向延伸是在自然条件的影响下所呈现的特点，但为适应国家的需求，山西又不得不大力发展东西向道路，由此可知，自然环境和社会环境是影响山西境内道路发展和布局的两大因素。剡建华在《山西交通史话》② 中对山西古代道路走向进行了详细论述，并揭示了在交通影响下山西古代经济的变动。杨纯渊的《山西历史经济地理述要》③ 则介绍了明清时期山西的驿递路线。石凌虚的《山西航运史》④ 一书则弥补了山西水运研究的空白，论述四大河——汾河、滹沱河、涑水河以及黄河在不同时期的通航情况，并剖析了航运便利消失的主要原因。

还有侧重考察晋商长距离贩运贸易与经济变迁的相关研究成果。在这些成果中，有着重梳理晋商商贸路线的，如曹新宇在《清代山西的粮食贩运路线》⑤ 一文中研究了清代山西的粮食贩运路线，梳理出清代山西地区粮食输入的四条路线。张世满在《晋蒙粮油故道考论》⑥ 一文中则针对"晋蒙粮油故道"这条粮食输送路线进行了专题研究。也有侧重研究晋商群体的，如黄鉴晖的《明清山西商人研究》，⑦ 葛贤慧、张正明的《明清山

---

① 张宪功：《明清山西交通地理研究——以驿道、铺路为中心》，博士学位论文，陕西师范大学，2014。
② 剡建华：《山西交通史话》，山西春秋电子音像出版社，2005。
③ 杨纯渊：《山西历史经济地理述要》，山西人民出版社，1993。
④ 石凌虚编著《山西航运史》，人民交通出版社，1998。
⑤ 曹新宇：《清代山西的粮食贩运路线》，《中国历史地理论丛》1998年第2期。
⑥ 张世满：《晋蒙粮油故道考论》，《中国经济史研究》2008年第2期。
⑦ 黄鉴晖：《明清山西商人研究》，山西经济出版社，2002。

西商人研究》。① 还有从历史地理角度研究晋商贸易活动的，如王尚义所著《晋商商贸活动的历史地理研究》，② 他根据历史地理学的基本理论，收集大量的数据和史料，将晋商商贸活动的扩展区域划分为几个区，并对各区之间的商贸关系及扩展机制进行了探讨，分析了晋商商贸活动区域扩展的特点，最后得出晋商形成及扩展的规律和人地关系原因。马玉山在《明清山西市镇经济初探》中则关注明清时期山西境内市镇经济，认为这一时期经济活跃，可分为商业型市镇、工商型市镇、农产品集贸型市镇等几种经济类型，其中蕴含着资本主义生产因素，但总体上仍然附属于封建农业经济。③

2. 近代交通体系的形成

近代交通体系形成的相关研究成果主要关注铁路的修筑与通行，而修筑铁路过程中各方利益争夺、铁路政策及资金筹措、修建动因等几个方面又是学者关注较多的领域。民国时期，曾鲲化的《中国铁路史》、④ 谢彬的《中国铁道史》、⑤ 张嘉璈的《中国铁道建设》⑥ 等大致介绍了中国铁路的修建过程。改革开放后的相关著作有宓汝成的《帝国主义与中国铁路（1847—1949）》，⑦ 书中阐述了在正太铁路的筹建过程中，英俄两国争夺权益的活动，以及在同蒲铁路问题上蒋介石、阎锡山以及日本之间的激烈争夺。金士宣、徐文述的《中国铁路发展史（1876—1949）》⑧ 则对正太、平绥、同蒲铁路的修建目的、线路选择、资金筹措、修建过程及营业政策进行了有条理的梳理。李占才主编的《中国铁路史（1876—1949）》、⑨ 杨勇刚的《中国近代铁路史》⑩ 也有相关介绍。这些著作主要侧重于研究清政府内部、清政府与帝国主义列强、列强彼此之间有关铁路的矛盾冲突。

---

① 葛贤慧、张正明：《明清山西商人研究》，香港：香港欧亚经济出版社，1993。
② 王尚义：《晋商商贸活动的历史地理研究》，科学出版社，2004。
③ 马玉山：《明清山西市镇经济初探》，《山西大学学报》（哲学社会科学版）1992年第4期。
④ 曾鲲化：《中国铁路史》，燕京印书局，1924。
⑤ 谢彬：《中国铁道史》，中华书局，1929。
⑥ 张嘉璈：《中国铁道建设》，杨湘年译，商务印书馆，1946。
⑦ 宓汝成：《帝国主义与中国铁路（1847—1949）》，上海人民出版社，1980。
⑧ 金士宣、徐文述编著《中国铁路发展史（1876—1949）》，中国铁道出版社，1986。
⑨ 李占才主编《中国铁路史（1876—1949）》，汕头大学出版社，1994。
⑩ 杨勇刚：《中国近代铁路史》，上海书店出版社，1997。

彭玮在《中央与地方关系视野下的近代山西铁路》①中认为，在铁路修筑、建设与运营方面，中央与山西地方政府的关系一直较为复杂，同蒲铁路尤为明显。这与山西特定的地理位置、矿产资源以及政治格局有着深刻关系。在同蒲铁路的修建过程中，中央与地方的博弈加快了山西境内铁路的建设，促进了山西经济的发展；但同时也增强了区域经济发展的封闭性，增加了政治统一的难度。曹立群在《民国时期同蒲铁路的筹建及运营》②中，通过分析同蒲铁路的运营特点，反映民国时期阎锡山治理山西社会的不同侧面，并深入分析阎锡山对当时国民政府与山西省之间关系、国家与地方社会之间关系的认知，以此阐明各方势力围绕同蒲铁路的争夺情况。

关于清末铁路政策研究的代表性论文有崔志海的《论清末铁路政策的演变》，③作者认为1895—1911年清政府的铁路政策有加快中国铁路事业发展、抵制西方列强占夺、收回路权、提高国力的积极作用。马陵合在《论清末铁路干线国有政策的两个促动因素》④一文中认为，以往研究强调清末铁路国有政策的种种弊端有以偏概全之嫌。经过分析，马陵合认为，盛宣怀建立官僚垄断资本集团的野心和立宪派社会舆论宣传是政策出台的两大原因。孙自俭的《晚清铁路政策的官办与商办之争》⑤一文也认为，在当时的历史条件下，官办铁路政策出台有其客观必然性，也具有可行性。这些论文摆脱了非正即反的思维，力求在客观分析铁路政策演变的历史背景及复杂经过的基础上进行实事求是的评价。杨涛在《北京政府交通部与民国初年的正太铁路（1912—1916）》⑥一文中指出，交通部出台的铁路干路国有、崇官抑商、借债修路、统一路政等政策，客观上符合正太路的发展要求，对正太路起到了积极作用。

关于资金筹措问题的相关研究大部分集中在清末外债史方面。清末既

---

① 彭玮：《中央与地方关系视野下的近代山西铁路》，硕士学位论文，安徽师范大学，2016。
② 曹立群：《民国时期同蒲铁路的筹建及运营》，硕士学位论文，武汉大学，2018。
③ 崔志海：《论清末铁路政策的演变》，《近代史研究》1993年第3期。
④ 马陵合：《论清末铁路干线国有政策的两个促动因素》，《社会科学研究》1996年第1期。
⑤ 孙自俭：《晚清铁路政策的官办与商办之争》，《安庆师范学院学报》（社会科学版）2002年第6期。
⑥ 杨涛：《北京政府交通部与民国初年的正太铁路（1912—1916）》，《山西档案》2013年第5期。

是中国铁路的肇始阶段,也是铁路外债占外债总额比例最高的时期,因此也就受到了更多关注。20世纪80年代中期以来,代表性专著有王致中的《中国铁路外债研究(1887—1911)》,[①] 王致中先生将宏观与个案、实证与理论相结合,对国家外债政策、举债动因、成债环境、债项谈判、成债过程等问题进行了细致的分析。马陵合的《清末民初铁路外债观研究》[②] 高屋建瓴地剖析了近代中国的铁路外债观,揭示了近代中国在利用外资问题上因低下的国际地位所体现出的基本思想倾向,并力图重建一种理论框架和思维模式,旨在对落后国家近代化道路做出更为合理的解释。姚晓璐在《平绥铁路债务研究1905—1937年》[③] 中叙述了平绥铁路的债务起源以及形成过程,认为平绥铁路通过募集国内公债来筹集铁路建设资金,开了先河,后又开创了内债转化为外债这样一种新型举借外债方式,并分析了导致平绥铁路债台高筑的因素。相关的专题论文有芮坤改的《论晚清的铁路建设与资金筹措》,[④] 文中在详细讨论清政府铁路外债政策演变的基础上得出相应结论:因国力无法应付大规模的铁路建设,外资对中国铁路初期建设是有积极作用的。孔永松、蔡佳伍在《晚清铁路外债述评》[⑤] 一文中论述了晚清铁路外债的阶段、类别、抵押等方面,认为晚清铁路外债是西方列强对华资本输出的主要形式之一,有政治经济掠夺和侵略的性质,但同时促进了中国近代新式交通运输事业的发展,客观上推动了中国近代工业的发展,有利于统一的国内资本主义市场的形成。张九洲在《论甲午战后清政府的铁路借款》[⑥] 一文中认为晚清的借债筑路活动加深了帝国主义对中国政治和经济的渗透,但对经济的进步、社会风气和思想观念的近代化的促进才是其主导方面。丁永刚在《论近代清政府铁路建设中的外债问题》[⑦] 一文中认为虽然清政府借债筑路付出了沉重代价,但符合近代中国

---

① 王致中:《中国铁路外债研究(1887—1911)》,经济科学出版社,2003。
② 马陵合:《清末民初铁路外债观研究》,博士学位论文,复旦大学,2003。
③ 姚晓璐:《平绥铁路债务研究1905—1937年》,硕士学位论文,内蒙古大学,2015。
④ 芮坤改:《论晚清的铁路建设与资金筹措》,《历史研究》1995年第4期。
⑤ 孔永松、蔡佳伍:《晚清铁路外债述评》,《中国社会经济史研究》1998年第1期。
⑥ 张九洲:《论甲午战后清政府的铁路借款》,《史学月刊》1998年第5期。
⑦ 丁永刚:《论近代清政府铁路建设中的外债问题》,《陕西省行政学院、陕西省经济管理干部学院学报》1999年第3期。

"自强求富的历史趋势",不应片面认为是"卖国主义行径"。

研究铁路修建成因的代表成果有江沛所撰的《清末华北铁路体系初成诸因评析》,① 他认为,近代中国最初的铁路建设并非完全是经济发展或工矿业需求的产物,但多数铁路自然沿袭旧有官道、驿路或商路,一些线路则因出于出资国家的利益考虑而选择了以沿海港口城市为终点。由此,华北区域的工商业发展开始了受制于外贸、以东部带动西部的时代,并且形成了以东部港口城市为终点、以铁路沿线枢纽城市为中级市场的新型商业网络。景占魁在《阎锡山与同蒲铁路》② 一书中认为,阎锡山修建同蒲路固然有维护集团利益、巩固统治的目的,但此举顺应历史发展的潮流,客观上发挥了振兴山西经济、挽救民族危亡的重要作用。同时,在修路的过程中,阎锡山坚持自主独立、量入为出、尊重科学与人才,也具有积极意义。王明星在《阎锡山与山西窄轨铁路》③ 一文中驳斥了闭关自守是阎修窄轨的主要原因的说法,认为阎锡山修筑窄轨铁路有既要发展经济又想维护地盘,既想利用国民政府和日本又不想受制于人的多重原因,因此在当时的历史背景下,修筑窄轨铁路是必然之举。田树茂、田中义在《阎锡山与山西铁路》④ 一文中强调,由于阎锡山长期盘踞于山西,在发展地方经济过程中,他认识到铁路是当时社会最重要的政治、经济、战争工具。山西若要实现内外有效的沟通,振兴地方经济,就必须修建一条贯通南北的铁路干线,并辅之以许多支线,组成严密的铁路运输网。李惠民在《正太铁路窄轨争端》⑤ 一文里提到了正太铁路采用窄轨所带来的最大问题就是正太铁路与平汉铁路之间不能实现连接,不同轨距的机车与车厢相互不能过轨,给联运造成很大困难,对正太路沿线的城市建设和商业发展,以及正太铁路局自身的管理等都带来很多方面的影响。

山西的公路建设研究则相对欠缺。曾谦在《近代山西的道路修筑与交

---

① 江沛:《清末华北铁路体系初成诸因评析》,《历史教学(下半月刊)》2011 年第 7 期。
② 景占魁:《阎锡山与同蒲铁路》,山西人民出版社,2000。
③ 王明星:《阎锡山与山西窄轨铁路》,《中国社会经济史研究》1997 年第 4 期。
④ 田树茂、田中义:《阎锡山与山西铁路》,《山西文史资料》第 103 辑,1996。
⑤ 李惠民:《正太铁路窄轨争端》,《山西档案》2006 年第 5 期。

通网络》①一文中认为，在近代，山西只是初步建立起一个以太原为中心的交通网络。其原因有二：一是山西的铁路建设曲折而缓慢，二是山西省政府在全省建立起以太原为中心的公路网络。但这些公路质量较差，分布也不均。除一些平原地区之外，山西大部分地区仍处于相对封闭的状态之中。梁四宝、张宏在《阎锡山与山西公路建设》②一文中认为阎锡山修建的公路为今天的山西公路网络形成奠定了基础，应该予以肯定。

3. 近代交通体系与山西经济变迁

民国时期，铁路初成，学者对于铁路之于社会经济的作用关注颇多，虽然没有专著出现，但不乏一些资料翔实、观点中肯的论文。主要有《大同之经济状况》、③《山西之煤矿》、④雨初的《国有铁路主要各站民国二十三年商煤运输之研究》、⑤张之杰的《三十年来山西之经济》、⑥石宋有的《同蒲铁路之兴筑与建设山西》、⑦杨汝耕的《同蒲铁路及其未来之展望》、⑧《阳泉煤业问题之检讨》、⑨《大潼铁路沿线经济概况》、⑩《晋煤滞销症结》⑪等，以上文章都或详或略地论述了铁路与农业、工矿业、商业、城市等发展变化的关系。

值得注意的是，这一时期一种悲观的声音开始出现，即认为铁路的延展使得农村经济趋于崩溃。此一种观点以陈晖为代表，他认为："中国铁路交通的发展在经济上的意义是使中国的门户彻底开放，价廉物美的外货

---

① 曾谦：《近代山西的道路修筑与交通网络》，《山西农业大学学报》（社会科学版）2009年第2期。
② 梁四宝、张宏：《阎锡山与山西公路建设》，《山西大学学报》（哲学社会科学版）2004年第2期。
③ 《大同之经济状况》，《中外经济周刊》第150号，1926年。
④ 《山西之煤矿》，《中外经济周刊》第125号，1925年。
⑤ 雨初：《国有铁路主要各站民国二十三年商煤运输之研究》，《铁道半月刊》第6期，1936年。
⑥ 张之杰：《三十年来山西之经济》，《三十年来之山西——晋阳日报三十周年纪念册》（1936年7月），山西省档案馆藏，档案号：阎政字4号。
⑦ 石宋有：《同蒲铁路之兴筑与建设山西》，《中华实业月刊》第3卷第6期，1936年6月。
⑧ 杨汝耕：《同蒲铁路及其未来之展望》，《交通经济汇刊》第5卷第1期，1934年。
⑨ 冯惠：《阳泉煤业问题之检讨》，《山西建设》第1、2期，1935年。
⑩ 《大潼铁路沿线经济概况》，《铁路杂志》第1卷第4期，1935年9月。
⑪ 《晋煤滞销症结》，《大公报》1935年5月29日。

得以行销于穷乡僻壤,而摧毁农家副业,以致食粮也告丰收成灾,同时复使农地迅速改为原料生产地,以供给帝国主义国家的工业所需的原料,结果足以使整个农村隶属于国际市场底下,农民大众彻底转化为帝国主义经济的奴隶。"① 钱亦石亦有相似的看法:"自从帝国主义势力侵入中国,外国商品随着交通机关底发达而输入中国农村以来,中国底农村经济便渐渐走向崩溃的道路。"②

对此,张瑞德先生并不认同,他在《平汉铁路与华北的经济发展(1905—1937)》一书中详尽地分析了平汉路营运状况及对华北商业、农业、工矿业几个方面的影响。他认为铁路对华北经济有重要贡献,"二十世纪初华北经济所面临的是一个技术停滞、人口不断增加的困窘情境,平汉和其他铁路的出现,一方面有助于农村过剩人口移往东北,减轻了华北人口压力,也促进东北的开发,另一方面有助于现金作物的推广,促进了土地的利用,并增加了农民的收入,而铁路沿线所兴起的一些煤矿及小型工业也吸收了一些剩余的劳动力,至于铁路对于市场的加深和区域间贸易的整合,这些功能虽未能使得整个经济结构改变,但是至少使华北农业危机得以和缓。1930年代某些人认为铁路将促进农村破产的悲观论调,实由于意识形态上的成见所致"。③

自1949年至今,未见专论近代交通体系与山西经济变迁的专著,但涉及铁路与产业结构变迁、城镇发展等方面的论著不断增多。宓汝成先生在《帝国主义与中国铁路(1847—1949)》④一书中,一方面指出在帝国主义列强的操纵下,铁路运输是使得中国成为世界资本主义体系经济附庸的一个重要物质技术条件;另一方面又具体分析其影响,认为铁路的设置密切了内陆腹地同沿海商埠、港口的联系,冲击了原有的运输系统,影响了货运的流向,经济重心为之改变;此外,还促使农业和手工业产品的商品率急剧提高,商品流量迅速增大,不仅直接影响到流通领域,还给生产领域

---

① 陈晖:《铁路建设对于中国农村经济的影响》,《中国农村》第2卷第7期,1936年7月。
② 钱亦石编著《近代中国经济史》,生活书店,1939,第169页。
③ 张瑞德:《平汉铁路与华北的经济发展(1905—1937)》,台北:中研院近代史研究所,1987,第143页。
④ 宓汝成:《帝国主义与中国铁路(1847—1949)》,第588—645页。

带来一定的影响。

何汉威在《京汉铁路初期史略》[①] 一书中认为，正太路由于窄轨且运费高昂，极大地限制了晋煤的外运，加之泽浦路未能成功修建，导致山西煤矿开采失败。汪敬虞主编的《中国近代经济史（1895—1927）》[②] 详细阐释了铁路交通的出现是农产品商品化趋势增强、流通范围扩大、销售结构改变以及农业专业区形成的重要原因，并对铁路与山西农业、工矿业发展演变之间的关联予以剖析。王晓华、李占才在《艰难延伸的民国铁路》[③] 一书中认为，铁路对于经济社会发展的影响主要表现在沿线、辐射地区、内陆腹地或边荒闭塞地区的开发，商品贸易和工矿业投资范围的扩大，农产品和手工产品商品化，农业生产商品化、区域化倾向的增强，城市集镇的兴衰和经济重心的变迁等方面。李占才主编的《中国铁路史（1876—1949）》[④] 一书在"绪论"中较为详细地论述了铁路对交通布局变动，工矿业兴起，农业生产商品化、区域化倾向发展，城市变迁，边远地区开发，中央与地方及地区间、城乡间联系，民风民俗等方面的影响。熊亚平所著的《铁路与华北乡村社会变迁（1880—1937）》[⑤] 一书分析了铁路本身及其所具有的连锁影响在乡村近代工业、矿业、商业及市场发展方面发挥的作用，农产品商品化和乡村工业发展又促进了乡村产业结构的变迁、居民职业结构的变动、新兴社会组织的生长、社会习俗及生活方式的嬗变，加快了乡村地区向城市区域的演变，推动了乡村社会的变迁。徐月文主编的《山西经济开发史》[⑥] 一书，简要地分析了铁路在近代商业演变、城市发展中的作用。《近代山西农业经济》[⑦] 也关注了清末民初铁路在山西农业商品化、专业化发展过程中扮演的重要角色。阳泉矿务局矿史编写组编写的《阳泉煤矿史》、[⑧] 大同矿务局矿史党史征编办公室编写的《大同煤

[①] 何汉威：《京汉铁路初期史略》，香港：香港中文大学出版社，1979。
[②] 汪敬虞主编《中国近代经济史（1895—1927）》，人民出版社，2000。
[③] 王晓华、李占才：《艰难延伸的民国铁路》，河南人民出版社，1993。
[④] 李占才主编《中国铁路史（1876—1949）》。
[⑤] 熊亚平：《铁路与华北乡村社会变迁（1880—1937）》，人民出版社，2011。
[⑥] 徐月文主编《山西经济开发史》，山西经济出版社，1992。
[⑦] 山西省农业区划委员会主编《近代山西农业经济》，农业出版社，1990。
[⑧] 阳泉矿务局矿史编写组：《阳泉煤矿史》，山西人民出版社，1985。

矿史》① 分别对保晋矿务公司、晋北矿务局及其他矿务公司的创办、生产、销售过程中铁路所起的关键作用进行了分析。郭文娜在《1929—1945年大同煤矿的变迁》② 中以1929年晋北矿务局建立到1945年抗日战争结束这个时段内的大同煤矿为考察对象，详细梳理了大同煤矿在此期间的企业发展史。马伟的博士学位论文《煤矿业与近代山西社会（1895—1936）》③ 以煤矿业与近代山西政治、经济、社会关系为切入点，揭示了近代山西煤矿业的发展历程及其对区域社会变迁的影响。郭文和马文虽然主要是以整个山西煤矿业为立足点，但均有论述铁路对煤矿业的影响。

相关的论文有李占才的《铁路对近代中国农业经济的影响》④ 和《铁路与近代中国农业生产的商品化、区域化趋向》⑤，文中指出铁路运输促进了农业生产商品化、区域化倾向的发展，加速了农村自然经济的解体。朱荫贵在《近代新式交通运输业与中国的现代化——以铁路轮船为中心的考察》⑥ 一文中认为铁路作为工业文明时代先进生产力的重要体现，是大量机制产品进入中国和资源流动的载体，是沟通中国与世界、打破国内各区域隔绝的利器和外部信息导入的媒介，是震撼和冲击中国传统生产、生活方式的演变器。因而它的影响不仅体现在贸易增加、人口迁徙、城市的兴衰更替和交通运输功能的改善方面，而且扩散到社会生活的各个层面。全汉昇在《山西煤矿资源与近代中国工业化的关系》⑦ 一文中认为，中国近代工业化落后的原因在于没能开发丰富的煤矿资源，与清末国内资本薄弱无法进行铁路的大规模建设有关。李可在《同蒲铁路在民国山西社会中的多重面相》⑧ 一文中对同蒲铁路修筑的历史轨迹进行梳理，认为它在经济、

---

① 大同矿务局矿史党史征编办公室编写《大同煤矿史》，人民出版社，1989。
② 郭文娜：《1929—1945年大同煤矿的变迁》，硕士学位论文，山西师范大学，2015。
③ 马伟：《煤矿业与近代山西社会（1895—1936）》，博士学位论文，山西大学，2007。
④ 李占才：《铁路对近代中国农业经济的影响》，《同济大学学报》（人文·社会科学版）1997年第1期。
⑤ 李占才：《铁路与近代中国农业生产的商品化、区域化趋向》，《铁道师院学报》1997年第5期。
⑥ 朱荫贵、戴鞍钢主编《近代中国：经济与社会研究》，复旦大学出版社，2006。
⑦ 全汉昇：《山西煤矿资源与近代中国工业化的关系》，（台湾）《中央研究院院刊》第3辑，1956年。
⑧ 李可：《同蒲铁路在民国山西社会中的多重面相》，《经济问题》2015年第4期。

政治、军事及华北抗战等方面都扮演了重要角色,对日后山西社会带来深刻影响。

4. 近代交通体系与山西城镇变迁

曾谦在《近代山西城镇地理研究》[①] 中对近代山西的自然地理概况和农业发展情况、近代山西城镇的功能调整、城镇等级结构、城镇的区域分布、城镇间的商品流通以及城镇间形态及内部结构进行了深入探讨。冯亮在《浅析铁路对近代榆次城市发展的影响》[②] 一文中认为,作为正太铁路和同蒲铁路交叉点的榆次,铁路的通行使得其物资转运的作用加强,进一步带动了城市工商业的繁荣和商业区的扩大,推动榆次成为全省的主要城市之一。何东宝、陈秋实在《正太铁路与阳泉城市的兴起》[③] 一文中,考察了1907—1937年铁路在阳泉煤炭业、工商业发展,城市格局演变等方面产生的重要影响。高卫平的硕士学位论文《铁路修建与山西城市发展研究（1904—1937）》[④] 通过分析铁路修建与山西区域城市发展、城市格局变化之间的关联,认为山西城市发展具有城市化与城市现代化同步、城市数量增多、城市格局变化明显、城市形态传统性与多元性并存等特点。李玉林的《民国时期大同城市发展研究（1914—1945）》,[⑤] 系统研究了1914年京绥铁路通车到延至大同,再到1945年抗日战争胜利这一时期,大同工业、商业、金融业的近代化历程以及日占时期大同城市的曲折发展。刘永超的《晚清至民国时期太原近代化研究（1892—1937）》[⑥] 以1892年太原第一家近代工厂——太原火柴局的建立到1937年全面抗战爆发为研究时间段,探讨这期间的经济、教育、社会近代化进程以及社会生活的诸多方面变革。

---

① 曾谦：《近代山西城镇地理研究》，博士学位论文，陕西师范大学，2007。
② 冯亮：《浅析铁路对近代榆次城市发展的影响》，《沧桑》2007年第6期。
③ 何东宝、陈秋实：《正太铁路与阳泉城市的兴起》，《沧桑》2011年第3期。
④ 高卫平：《铁路修建与山西城市发展研究（1904—1937）》，硕士学位论文，山西师范大学，2009。
⑤ 李玉林：《民国时期大同城市发展研究（1914—1945）》，硕士学位论文，江西师范大学，2017。
⑥ 刘永超：《晚清至民国时期太原近代化研究（1892—1937）》，硕士学位论文，西北大学，2017。

5. 近代交通体系与战争

岳谦厚等著的《日本占领期间山西社会经济损失的调查研究》[①] 通过对有关山西抗战损失的大量第一手资料和地方文献的搜集梳理，全面客观地分析了战争的显性破坏和隐性影响，特别是对战争隐性损失的评估和分析具有创新意义。龚泽琪在《抗日战争时期大后方的战时交通建设与军事运输》[②] 一文中论述了在抗日战争全面爆发后，国民政府及时地将整个交通事业转入战时运输轨道，同时，根据战局的变化进行战时交通建设和军事运输的调整，比较完整的战时军事运输体系初步形成。陈红民在《抗日战争时期的驿运事业》[③] 一文中论述了驿运的兴办过程、绩效，并从中管窥国民政府的动员能力。岳谦厚、田明在《抗战时期日本对山西工矿业的掠夺与破坏》[④] 一文中认为，在发动侵略战争之前，日本就制定了完备的交通侵略方案，侵占山西之后，日本依靠铁路交通迅速控制了山西的工矿企业并将其纳入殖民经济体系之中，进行疯狂的掠夺，从根本上颠覆了山西近代工业的基础，使山西遭受了难以估量的巨大损失。田明的《抗战时期山西交通损失调查》[⑤] 一文对日军入侵山西后山西交通损失进行了考察，认为日军对山西的入侵及占领严重阻碍了山西交通的近代化进程，并给山西交通带来巨大损失。李占才在《抗战中的中国铁路运输》[⑥] 一文中介绍了铁路主管部门的抗战准备及应变措施，以及抗战中不同阶段铁路的运输职能。祝曙光在《抗日战争时期的中国铁路运输》[⑦] 一文中认为，抗战初期是铁路运输最繁忙的时期，输送军队及军需品、保证外援物资的输入以及抢运机器设备和技术人员到后方是其肩负的主要任务，武汉失守后，公路及水路才承担起铁路职能。

---

① 岳谦厚等：《日本占领期间山西社会经济损失的调查研究》，高等教育出版社，2010。
② 龚泽琪：《抗日战争时期大后方的战时交通建设与军事运输》，《党史研究与教学》1995年第3期。
③ 陈红民：《抗日战争时期的驿运事业》，《抗日战争研究》1997年第1期。
④ 岳谦厚、田明：《抗战时期日本对山西工矿业的掠夺与破坏》，《抗日战争研究》2010年第4期。
⑤ 田明：《抗战时期山西交通损失调查》，《山西档案》2012年第5期。
⑥ 李占才：《抗战中的中国铁路运输》，《抗日战争研究》1994年第1期。
⑦ 祝曙光：《抗日战争时期的中国铁路运输》，《军事历史》1993年第4期。

6. 近代交通体系与思想观念及习俗的演变

赵芳鋆的《清末国人铁路观念的演变》[①]一文主要就中国近代修建铁路引发的争论、铁路发展过程中的观念分歧、兴办铁路的诸多观念与因素转变、国人铁路文化观念的形成及其对社会造成的影响进行了阐述。杨文生在《平绥铁路与商人的迁移及其社会影响》[②]中认为，平绥铁路开通后，便利的交通条件和良好的发展前景吸引商人在广大铁路辐射范围内频繁流动，成为推动各地社会经济发展举足轻重的力量。李占才的《铁路与中国近代的民俗嬗变》[③]一文，从民俗心理的更新、生活习俗的变迁、礼仪风尚的进化等方面，阐述了铁路对中国近代民俗嬗变的影响，令人耳目一新。葛玉红在《清末民初铁路与生活观念》[④]一文中认为铁路的开通改变了沿线地区人们的空间感知和时间概念，思想观念也由原来的保守、封闭转变为开通、趋新，形成了新的社会关系和平等观念。

综上可知，近些年来，研究者对以铁路为主干的近代交通体系的研究视野、思维方式、方法理论愈加开阔和多样，从以侵略与反侵略、卖国与救国的角度研究铁路的修建运营，到进一步关注交通运输如何改变货物流向、经济结构、城市格局以及人员流动、人们思想习俗变革等诸多方面，形成了点、线、面、圈（空间）多重研究结构，即从铁路枢纽、港口、城镇到区域再到市场圈，最后扩展至港口—腹地、地域构造、城市空间，取得了丰硕成果。但也留下了一些空白：第一，专门从交通体系转型的视角完整地观察近代山西经济社会变动的相关研究未有学者涉及。第二，缺少对传统交通体系的认真研究与梳理，近代交通体系不是重新建构的，铁路、公路大多是在原有驿路的基础上修筑而成，无视这一点，近代山西经济社会变动研究无异于空中楼阁。第三，近代交通体系的基本形态研究不足，对近代交通体系功能与效率的考察是有待深入的重要方面，诸如线路设计、铁路轨距、运输能力、车站功能、管理部门、规章制度、价格制定

[①] 赵芳鋆：《清末国人铁路观念的演变》，硕士学位论文，河南师范大学，2009。
[②] 杨文生：《平绥铁路与商人的迁移及其社会影响》，《历史教学问题》2006年第3期。
[③] 李占才：《铁路与中国近代的民俗嬗变》，《史学月刊》1996年第1期。
[④] 葛玉红：《清末民初铁路与生活观念》，《辽宁大学学报》（哲学社会科学版）2011年第3期。

以及诸种交通方式间关系等，是决定近代交通体系功效的重要因素，但这些方面研究明显欠缺。第四，受研究主题所限，多着重把铁路置于山西工业化产物的视野下进行论述，在系统考察铁路功能方面尚存在较大研究的空间；受研究资料所限，多侧重分析铁路与煤矿业发展之间的关联，对与农工商业发展、城镇变动的关系分析有待深入，对于公路、驿路、水路在交通体系中发挥的作用鲜少论及，更少从宏观上探讨交通体系转型与山西经济发展演变之间的内在联系，特别是思想观念、风俗习惯的变迁过程仍然是研究的薄弱点。

三　资料概况

本书搜集的史料包括档案资料、海关关册、调查报告、地方志和当时的相关论著。

档案资料主要有山西省档案馆所藏的山西省人民公营事业董事会档案及中国第二历史档案馆所藏的资源委员会、实业部、商业司等全宗。还包括一些档案汇编，如解学诗、苏崇民所编的《满铁档案资料汇编》第十二卷《华北交通与山东、大同煤矿》，中央档案馆、中国第二历史档案馆等合编的《日本帝国主义侵华档案资料选编》第17册《河本大作与日军山西"残留"》等。

清末民国时期的海关年报及十年报告书中，保留了大量关于沿海各埠与内陆各省商业贸易的统计资料。这些数据不仅有助于分析铁路对沿海港口发展的影响，而且有助于探讨港口与内陆经济变迁之间的关系。

铁路部门、政府部门、日本所作的调查报告。主要有《正太铁路沿线暨山西中部煤矿调查报告》《平绥铁路货运调查报告》《平绥铁路沿线煤矿调查报告》《平绥铁路沿线特产调查》《陇海铁路货运调查报告》《山西考察报告书》等。当时日本侵华在华北地区做了大量调查，并形成报告，主要有《天津志》《华北通览》《山西、直隶棉花情况视察报告》《山西省的产业与贸易概况》《大同风土记》《中国分省全志·山西省志》等。

地方志。清《山西通志》，大致介绍了各县的历史沿革、所属县镇及交通概况。民国时期纂写的方志，如《榆次县志》《新绛县志》《翼城县志》《解县志》等，这些县志注意到铁路的敷设对当地农业、工业以及城市空间演变的影响，作为时人的描述，更具说服力。当代编纂的地方志，几乎囊括了山西所有市县，可以弥补民国县志短缺的遗憾。

当代学者挖掘、整理的调查资料。如岳谦厚等著的《日本占领期间山西社会经济损失的调查研究》搜集了大量调查资料，翔实、全面，其中还有口述资料，非常宝贵。

当时的相关论著，大致分为以下几类。

（1）以记述农、工、商各业发展状况为主，兼及地理、人口、交通设施、城市建设、社会风俗等各个方面，初步分析了铁路、河运等新旧交通方式在社会经济发展中的作用。其中较为重要的有《中国新工业发展史大纲》《中国实业志·山西省》《山西矿务志略》《天津的经济地位》《天津棉花运销概况》等。

（2）以记载各省及县市山川、河流、农工商业、人口分布、交通状况、城市建设等为主，兼及风俗习惯、生活状况诸方面内容的各省市地理志，如《大中华山西省地理志》、《中华民国省区全志》第3册、《中国地理志》等。

（3）各种旅行指南及个人游记，如《中华国有铁路旅行指南》《京绥铁路旅行指南》《太原指南》《京绥游记》《西行书简·平绥沿线旅行记》等。

（4）各类年鉴，如《申报年鉴》《铁道年鉴》《中国经济年鉴》等。

（5）民国年间报纸和刊物刊载的各类论文。比较重要的有《大同之经济状况》《同蒲路之兴筑与建设山西》《山西之煤矿》《运费桎梏下之晋煤》《山西之经济现状分析》等。此类论文具有较高的史料价值。

（6）各地的文史资料。

四　内容介绍

对于道路的发展而言，山西的自然环境并不优越，但作为北部边防要地，明清以来，山西的道路建设迎来了非常有利的契机并得到快速发展，以太原、大同为中心，驿路为主、水路为辅的传统交通体系基本形成。晋商借由条条驿路、水路，北上南下，开展大规模贩运贸易，以驿路为主要脉络的经济区域初步形成。时至清末，晋商逐渐没落，其中一个重要原因便是，开埠通商后，特别是近代铁路交通的兴起重构了商业贸易网络，导致山西作为北部军事要地的优势丧失。19世纪末20世纪初，山西开始着手修建铁路，1907年，山西境内第一条铁路——正太铁路通车运营。此后三十年间，平绥铁路通行，同蒲铁路基本建成，铁路为主干的近代交通体系迅速将传统交通体系取而代之，并成为华北交通体系的重要组成部分。之后，以港口城市为指向，以铁路、公路、驿路及水路为纽带，以铁路枢纽城市为节点，山西逐渐被纳入国内乃至国际市场当中，一个全新的商业网络开始形成，山西经济社会由此加速变动。本书选取1907年正太铁路通行至1949年新中国成立为研究时间段，从农畜业、煤矿业、城镇、战争、观念习俗等几个视点，系统考察以铁路为主的近代交通体系形成后山西经济社会发生的种种变动，以此揭示交通体系转型在山西近代化进程中的重要影响，力图在新的视野下观察山西这样的内陆资源型省份转型过程中的特点。

本书分七章内容。

第一章主要介绍传统交通体系与山西经济社会发展。明清时期，随着国家政治中心的转移、对外关系的变化、政府政策的转变，作为军事前沿的山西的道路建设迎来了难得的机遇。这一时期，以太原、大同为中心，驿路为主、水路为辅的传统交通体系基本形成。这一交通体系是个矛盾集合体，即服务于军政的驿路异常完备与民间商运的次冲、偏僻及水路明显落后形成巨大反差。也就是说，传统交通体系存在政治功能强、经济功能弱的明显特质。这也决定了晋商从事的大规模长距离贩运贸易，虽然有助于商品经济的发展，也逐渐形成功能各异的经济区域雏形，但基本还是属于相对封闭的内向型经济，传统经济形态并未根本改变。

第二章主要阐述了以铁路为主的近代交通体系的形成。开埠通商后，因外贸扩大、行政控制、国防与垦边的迫切需求，再加上各帝国主义在华利益的推动，华北以及东北地区率先修筑了京汉、津浦、胶济、北宁、陇海、中东等各条铁路，1907—1937年，山西先后建成正太、平绥铁路，同蒲铁路也基本完成，山西铁路成为华北铁路网络的重要组成部分。三条铁路修建动因不同，资金来源各异，修建过程中始终无法回避外力干涉与主权维护、国家控制与地方自主、近代交通与传统交通的冲突和博弈。铁路通行后，凭借运量大、运费低、运距长、安全性能好等优越的运输性能理所应当地成为交通体系的骨干。20世纪30年代，山西也基本完成了贯穿全省的公路交通建设，公路运费高、运量小，主要经营客运，或分销铁路货运，是沟通城乡的重要工具。同时，因铁路干线少、里程短，公路质量差，驿路与水路的补充和替代功能也不容忽视。

第三章主要考察近代交通体系与农畜业的发展。首先从农畜业的流通体系入手进行分析，铁路的延展沟通了通商口岸及工业城市与山西，基于对外贸易及新兴城市发展的需要，山西农畜业流通体系发生重要变化，近代商品流通体系的形成进一步推动了经济作物种植面积的扩大及商品率的提高，粮食作物商品化明显提高，畜产品的外销量也急剧增加。从而在生产领域促进了商业性农畜产业区初步形成。但必须指出，商业性农业区是低层次、不稳定的。

第四章系统考察近代交通体系对于近代煤矿业的影响。近代交通体系对于近代煤矿业的发展影响最为明显。铁路通行后，以铁路为主的近代交通体系在山西近代煤矿业的创办、生产、运输、销售过程中都起到了举足轻重的作用，推动了煤矿业的近代化进程。但山西距离港口远，且存在铁路路线稀少、战乱频繁及运费高昂等诸多问题，特别是侵华战争期间，日本帝国主义对山西煤矿实施残酷掠夺，导致山西近代煤矿业自身发展较为缓慢，进而对山西的工业化、近代化影响深远。

第五章着眼于近代交通体系对于城镇变动的影响进行分析论述。传统交通体系中的城镇主要沿驿路、水路分布，近代交通体系形成后，因铁路、公路线路多与驿路重合或平行，城镇的分布格局并未根本改变。但由于近代交通体系取代了原来驿路为主的运输网络，货物的集散市场随之发生转移，山西城镇地位、功能也相应发生转化，集中体现在榆次的快速崛起、太原作为全省经济中心地位进一步巩固、新兴城市阳泉的出现以及大同区域经济中心的确立这几个方面，同时，一批传统的驿路水路枢纽城镇衰落下去。通过分析可知，近代交通体系决定了城镇的分布特征，加速了城镇等级规模的完善，不仅推动了传统城镇的近代化转型，而且是新型城镇兴起的催化剂。同时，密切了沿海口岸城市与腹地市场的联系，扩大了腹地市场的深度与广度，使城乡关系更趋紧密，是近代山西经济区域形成的重要原因。

第六章主要研究日本侵华战争爆发后，近代交通是如何作为掠夺资源的重要工具，被日本帝国主义牢牢控制，并进一步加以修复、扩建，以提高运力为日本帝国主义侵略活动服务的，从而揭露日军入侵山西并疯狂掠夺资源与财富的强盗行径。同时也反观抗日军民是如何依靠近代交通体系积极进行反侵略斗争的。

第七章主要分析近代交通体系出现后，新事物、新思想、新观念、新行为习惯是如何随着交通线的延展而改变人们传统的观念和习俗的。本章以"铁路观"的转变和"重工"理念的形成以及人们生活、社交习俗的演变为研究对象，深入分析近代交通体系在其间发挥的重要作用。总的来看，观念和习俗经历了由守旧到趋新、由封闭到开放的转变，近代交通体系推动了思想、社会文明向内地渗透，是思想文化的重要传播工具。

本书认为，铁路为主的近代交通体系是现代工业化和贸易化的必然产物，是现代科学技术的结晶和代表，推动形成了世界经济一体化趋势，并在20世纪初开始形成对中国经济结构的改造及拉动作用。正是在这一背景和框架下，山西也开始兴建铁路，并建立以铁路为主导的近代交通体系，由此加入、融入华北市场并通过港口城市纳入世界市场，这一变动深刻影响着20世纪上半叶山西经济社会的走向。

第一章 传统交通体系与山西经济社会发展

山西具有独特的自然环境和社会环境。一方面，地貌类型多样、"山多地少"的自然环境并不适宜交通的快速发展。另一方面，山西位处北部边疆要塞，特别是明朝迁都之后，山西地理优势越发明显，因此在明清时期，山西具备了交通发展所必需的优越的社会环境。在此期间，山西的交通呈现出快速发展的态势，形成了传统交通体系的基本格局，山西传统区域经济雏形也由此显现。

第一节 山西传统交通体系的形成

一 山西交通的自然环境

山西素有"表里河山"的美誉，它东邻河北，西接陕西，南界河南，北连内蒙古，东西宽约300公里，南北长约550公里，地处我国黄河中游、华北西部的黄土高原地带，整体是一个东北倾向西南的平行四边形。

这个平行四边形地形非常复杂，境内拥有山地、丘陵、高原、盆地等多种地貌类型。山脉众多，东有太行山，西有吕梁山，北有恒山、五台山，南有中条山，中有太岳山。山地多，平地少，山川之间则是众多川流不息的河流，主要有三条大河，第一大河是汾河，汾河是黄河的支流，上游是至兰村以上，中下游流经太原、临汾，于万荣县附近汇入黄河。其二是沁河，沁河也是黄河的支流，发源于沁源县，向南流经沁源、安泽、沁水、阳城等县，在河南省境内汇入黄河。其三为滹沱河，滹沱河是海河流域子牙河的主要支流，发源于繁峙县东北，向西流经五台山北麓与西麓，流入忻定盆地。另外还有桑干河、漳河、唐河等河流。

众多山川构成了山西三大地貌区，一是东部山地和山间盆地，包括东部及东南部山地和山间盆地。由北往南有恒山、五台山、系舟山、太行山、太岳山、霍山、王屋山、中条山等。盆地有广灵－灵丘盆地、五台山山前盆地、寿阳－阳泉盆地。二是中部断陷盆地区。该地区位于省境中部，由北向南呈雁行排列，有六大盆地，即大同盆地、忻定盆地、太原盆地、临汾盆地、运城盆地和潞安盆地等。三是西部山地和黄土高原区。该区位于汾河谷地以西，包括西部山地和晋西黄土高原区。

由此可见，山西境内主要山脉、河流多呈南北向分布，北高南低是其地形特征。由于地势起伏多变，地貌类型多样，区域间差异较为明显。

地形和地貌是交通发展的前提，从古至今，尽管山西境内外多被大山阻隔，内外交通却并未因此中断，反而相对通畅。缘何如此？依然要从其特殊的地形地貌中找寻答案。

一是有河流流经的峡谷地区形成了天然通道。例如穿越太行山的峡谷通道就是由桑干河、滹沱河、漳河、沁河、唐河向东穿过太行山流入华北大平原所形成的。山间峡谷也是区域之间沟通的重要通道，如著名的太行八陉，即军都陉、蒲阴陉、飞狐陉、井陉、滏口陉、白陉、太行陉、轵关陉等，是古代晋冀豫三省穿越太行山相互往来的八条咽喉通道。

二是虽然山脉众多，但山脉之间的关口也不少，是人员往来的天然通道。如娘子关和旧关，大约位于阳泉东北30公里处，是太行山脉中段山西通往河北的重要关隘口。外长城一线共有大小关隘口12个，阴山山脉的余支绵延在山西北部地区，外长城沿山脊蜿蜒而上，成为与内蒙古高原的天然界山和屏障，通向内蒙古的关隘口，自东向西分别为西马市口、瓦窑口、镇门堡口、守口堡口、长城口、镇川口、德胜口、助马口、宁鲁堡口、杀虎口、白兰沟口、鸿门口等，一旦关口被攻破，这些天然通道就自然而然地成为北方游牧民族南下的捷径，关口的军事作用自不待言，明代一直派重兵驻守。

三是渡口相对完善。山西西部和西南部均有津渡连通陕西、河南，如蒲津渡、禹门渡、大阳渡、茅津渡等，津渡是与外界沟通的必要枢纽。

四是山西境内河流、沟谷众多，是境内人民往来的天然通道。山西中部的六大盆地历来是山西政治、经济、文化繁荣之地，河流切割了盆地边缘的山地，把一些盆地串联起来，盆地中的城镇多依河而建，呈现出明显的带状分布特征。盆地与盆地之间有山脉阻隔，关口也就成为沟通彼此的必经之地，如忻口，即介于五台山与云中山之间，为忻定盆地中部之重要隘口。

由上述可知，在自然条件的影响下，山西道路总体呈现出南北走向、水陆并行的基本特点，这一特点在山西道路形成中起基础性作用。尽管地形地貌复杂，山脉阻隔，但山河相间，关口众多，山西境内及与外界的交通还是基本畅通的。

二　山西交通的社会环境

要考察一个地区交通道路的发展演变概况，自然条件、社会环境都必须详加考察。自然条件决定了一个地区道路的基本走向，社会环境的变化则是引起该地区交通格局演变的重要因素。

对于山西地理位置的重要性，历代统治者都有清醒的认识。史学家顾祖禹曾言："山西之形势，最为完固。关中而外，吾必首及夫山西。盖语其东则太行为之屏障，其西则大河为之襟带；于北则大漠、阴山为之外蔽，而勾注、雁门为之内险，于南则首阳、底柱、析城、王屋诸山，滨河而错峙，又南则孟津、潼关皆吾门户也。汾、浍萦流于右，漳、沁包络于左，则原隰可以灌注，漕杰可以转输矣。且夫越临晋，溯龙门，则泾、渭之间，可折筆而下也。出天井，下壶关、邯郸、井陉而东，不可以惟吾所向乎？是故天下之形势，必有取于山西也。"[①] 因此，历朝历代都格外重视山西的道路建设，明清时期是山西道路建设最快速、发展最充分的时期，之所以如此，缘于这一时期山西的社会环境变化非常剧烈，具体来看，对于山西道路影响最深刻的有以下几方面。

第一，"开中法"推行。"开中法"是明朝推行的解决边疆军民粮食问题的一种办法。明王朝在北部边疆设置了九边重镇来加强防卫，分别为辽

---

① 光绪《山西通志》卷99《风土记上》，续修四库全书编纂委员会编《续修四库全书》，上海古籍出版社，2006。

东镇、蓟镇、宣府镇、大同镇、山西镇（也称太原镇）、延绥镇、宁夏镇、固原镇、甘肃镇。在山西境内的有宣府镇，驻地在今河北宣化，管辖的边墙东自居庸关，西至大同平远堡，全长 517.5 公里；大同镇，驻地在今大同，管辖的边墙东自宣府镇西阳河堡宽沟，西至山西偏关丫头山，全长 323.5 公里；山西镇，即太原镇，驻地在山西偏关，管辖的边墙东自丫头山，西至老牛湾，全长 800 余公里；延绥镇，亦称榆林镇，驻地在今陕西榆林，东自山西镇老牛湾，西至宁夏镇边，全长 885 公里。按照明永乐年间的统计，与山西有关的四镇，人口近 32 万，马匹近 16 万，分别占九镇的 76.2% 和 46.6%。[1] 这些军队需要消耗大量的粮、棉、盐等物资，为解决这一难题，洪武四年（1371），明政府提出利国、惠商、便民的开中办法，鼓励商人输送粮草物资于军镇换取政府垄断的盐引，晋商换取盐引后，便到运城地区贩盐，将盐运至外地销售以谋厚利，这样既解决了边疆军民粮草物资匮乏问题，商人也获利丰厚。如此一来，大量军民客商趋之若鹜，北上南下，向大同等军事重镇输送粮草、耕具以换取盐引，"大同十一州、县军民，铁器耕具，皆仰商人从潞州贩至……"[2] 在"开中法"的推动下，南来北往的条条商路得以开辟。

第二，永乐十九年（1421），为加强北部边疆的防御，明王朝以"天子守边"代替"藩王守边"，将都城由南京迁往北京，山西军事地位进一步提升，交通走向随之改变。迁都之前，山西交通走向主要是由北向南直抵南京，迁都之后，特别是"土木之变"后，北京军事压力极大，明王朝加快北部长城防御体系的建构，山西地理位置更加重要。历史记载："夫山西，京师右掖。自故关出真定，自忻、代出紫荆，皆不过三日。"[3] 与此相应，山西北部地区沿内外长城形成两条直通北京的长城道，不仅是晋北重镇与北京联系的通道，也成为沟通陕西与京城的重要干线。由此可见，伴随着都城迁移，为适应拱卫都城的需要，山西由北至南的交通走向逐渐变为由西向东发展。

---

[1] 张正明：《晋商兴衰史》，山西古籍出版社，2001，第 10—12 页。
[2] 转引自刘建生、刘鹏生等《山西近代经济史：1840—1949》，山西经济出版社，1997，第 51 页。
[3] 《明史》卷 223《王宗沐传》，中华书局，2000，第 3920 页。

第三，隆庆五年（1571），明蒙和议，蒙汉贸易兴起。长城防御的建立没能阻止凶悍的蒙军入侵，1571年，以俺答汗之孙把汉那吉投诚明王朝为契机，明蒙双方达成协定，在长城沿线设置互市，开展贸易。在百余年绵延不断的战乱结束之后，山西终于有了一个相对安定的社会环境。蒙汉贸易蓬勃开展，长途贩运贸易进一步发展，晋商快速崛起壮大。在晋商长途贸易发展的推动下，众多商路开辟，山西交通快速发展。

第四，由明及清，蒙汉军事紧张的局面缓解乃至完全消失，双方贸易蓬勃发展，晋商迎来了发展的黄金期。凭借超前的商业意识、吃苦耐劳的精神，晋商进一步扩展国际贸易，中俄之间商贸路线随之打开，中俄贸易的重要地点——恰克图市场的商品即由晋商经直隶和山西两条长途贩运路线运来。晋商的脚步遍及半个中国，采购丝绸、茶叶、瓷器、米谷、烟叶、酿造品、铜铁制品等大量商品运往恰克图，以换取俄国的皮毛、五金、呢绒、家畜等商品。在众多的商业路线中，以山西、河北为枢纽，北越长城，贯穿蒙古，经西伯利亚，通往欧洲腹地的商路最著名，仅以福建武夷茶来看，其运输路线是："由福建崇安县过分水关，入江西铅山县，装船顺信阳下鄱阳湖，穿湖而过，出九江口入长江，溯江抵武昌，转汉水，至樊城（今襄樊市）起岸，贯河南入泽州，经潞安抵平遥、祁县、太谷、忻县、大同、天镇到张家口，至库伦、恰克图，经西伯利亚，通往欧洲。"①

综上，明清时期，国家政治中心的转移、对外关系的变化、政府政策的不断调整都是影响山西道路的重要因素，山西道路也由此得到了充分发展，基本奠定了今天山西道路的格局。

三 山西传统交通体系的形成

明清是山西道路交通充分发展的时期，在此期间，以驿路为主、水路为辅的传统交通体系基本形成。

---

① 渠绍淼、庞义才：《山西外贸志》上册（初稿），山西省地方志编纂委员会办公室，1984，第110页。

1. 驿路的发展及运输工具

驿路的发展大致分为三个阶段。

第一，明代前期。明朝前期山西境内分布有四条驿路：（1）太原府南至泽州府通往都城南京的东南驿路。省内的信息，朝廷颁布的政令、军令等均由该驿路传送，同时，该驿路还承载山西布政司与东南潞、沁、泽、辽四直隶州之间的信息往来。（2）由太原向北至振武卫、大同府、蔚州卫、朔州卫等军事管辖区的驿路。此驿路的路线为，从南京至山西太原府之后北行，过石岭关至代州雁门驿，达振武卫驻地代州城，继续北行过雁门关至大同府，由大同府云中驿东南行至浑源州，接着东行过乱岭关至广灵县，沿壶流河东行至蔚州卫的驻地蔚州城，由代州雁门驿，出雁门关经广武城，西北行至朔州卫驻地——朔州。此条驿道是北方军事重镇与都城南京军事、政治信息往来的重要通道。（3）太原府至平阳府、蒲州的南向驿路。该路起自太原府临汾驿，经徐沟县同戈驿，后沿汾河西南行，至汾州平遥县洪善驿，西渡汾河至汾州；继续南行至平阳府、蒲州。（4）太原府至平定州的东向驿路。该驿路自太原府临汾驿东行，经平定州通往直隶井陉县、山东德州一带，是一条重要的运粮路线。

这四条驿道以太原府为中心四通八达，是山西境内的主干道路，奠定了明代初期山西驿路的基本格局。

第二，明代中后期。永乐十九年，明成祖朱棣迁都北京，随着政治中心的转移，北京取代南京成为全国的驿路中心，加之北方蒙古不断侵扰，军事形势严峻，明政府加快了北方军事防御体系的建设，山西的驿道也做出相应调整，格局发生改变。

（1）北京至山西太原府的驿路。一条由北京南行至正定府后西行，经井陉横穿太行山至太原府的驿路，此路的山西段大多位于太行山中，道路狭窄，崎岖难行，但却是通往河北最便捷之路，时人记载："走真定，迤西为井陉，路在山谷中，两崖相夹，大都似函谷关，而狭隘过之，所谓车不得方轨，马不得成列者。"① 一条为东北驿道，自北京向南先至涿州，然后"经涞水驿、易州清苑驿、上阵驿、广昌香山驿、走马驿，出马头关入

---

① 张瀚：《松窗梦语》卷2《北游记》，盛冬玲点校，中华书局，1985。

山西，经灵丘、繁峙、代县、原平、忻县至阳曲"，①此为北京入山西的另一条重要通道。

（2）北京至山西大同、偏头关的驿路。具体路线为："北京出德胜门，六十里榆河驿，六十里居庸关，十里至岔道口，五十里榆林驿，三十里怀来城，四十里浪山，十五里土木驿，五十里鸡鸣驿，十里江崇岭，十里至下花园，十里上上花园，十里响水铺，十里泥河，十里至样墩，十里宣府镇，六十里万全左卫，六十里怀安卫，六十里天城卫，六十里阳和城，六十里聚乐堡，二十里至二十里铺，二十里大同城。"② 此路线是沟通京城与九边重镇极为重要的一条驿路，到达大同后继续西行至偏头关，西渡黄河直达榆林镇皇甫川，继续西行至榆林卫城等地。因此，这条驿道也是联系京城与陕甘四镇的重要军事通信路线。

（3）山西境内的驿路。以太原为中心，形成东南西北几条驿路：太原至平阳府、蒲州为南向驿路；东南向驿路是迁都前山西与南京之间的主干驿道，自太原府阳曲县，经临汾驿南行至徐沟同戈驿，转东南行至祁县盘陀驿，过沁、潞、泽三州进入太行道，过天井关、拦车镇等地至河南怀庆府境；太原府经静乐县、岢岚州至偏头关为西北驿路；由太原经汾、石二州至黄河岸陕西延安府绥德州界为西南驿路；太原府至大同府驿路为北向驿路，该驿路起自太原府临汾驿，经成晋驿、原平驿至代州雁门驿，该路即是太原至北京的东北驿道。

对比明前期和明中后期的驿路路线会发现，以明迁都为节点，山西驿路走向及重要性发生了改变。随着国家政治、军事中心的转移，明初由大同府经太原府至泽州，然后直达南京的东南驿路的重要性被削弱。反之，太原经固关至井陉达京师的东向驿路的重要性则大大增强。另外，山西北部地区的交通线南北向的重要性被削弱，东西向的重要性显著增强，为了拱卫京师，自北京经宣府、大同，西达陕甘四镇以及自偏头关经代州、雁门关至紫荆关、倒马关这两条长城道成为明代中后期山西境内重要的军事

---

① 剡建华：《山西交通史话》，第102页。
② 杨正泰：《明代驿站考》（增订本），上海古籍出版社，2006，第348页，转引自张宪功《明清山西交通地理研究——以驿道、铺路为中心》，博士学位论文，陕西师范大学，2014，第61页。

通道，重要性极大增强。

第三，清代。清代沿袭明制，设山西省，置总督、巡抚，地域较大。东、西、南三面，与现在山西所辖范围基本相同，北部还包括内蒙古的一部分。《清史稿·地理志》记载："东界直隶井陉（375里），西界陕西吴堡（550里），南界河南济源（730里），北界内蒙古四子部落草地（1100里）。"① 受自然条件和生产力水平的限制，山西境内主要道路干线在此期间没有发生明显的改变，清代驿路更多的是对明代中后期驿路的继承，驿路发展的重点、走向均未根本改变。

（1）太原府通往北京的大驿路。太原府至京师有两条路线，分别是东路驿路和东北驿路。东路驿路起自太原府临汾驿，往东南至榆次县鸣谦驿，接着西北行寿阳县太安驿，继续东行寿阳驿，盂县序泉驿，平定州平潭驿、柏井驿、甘桃驿，直至直隶井陉驿，这是山西至北京最重要的一条道路。东北驿路自太原府先北行，经石岭关，过忻州、代州、平型关至灵丘，后有两路可选，或沿唐河河谷向东南行至倒马关入直隶定州，再北行至京师；或由灵丘县向东行至直隶广昌县香山驿，再东行出紫荆关，转北行至京师。

（2）大同府连接京师与西南、西北边疆的塘路和台站路。由明入清，蒙汉对峙局面消失，但因清王朝加强对西部地区的开发，山西北部地区交通枢纽的重要地位愈加凸显。北京通往伊犁的塘路和北京通往归化城、库伦等地区的台站路均经过大同府，在大同府城南北分路，西北通向蒙古地区的台站路（杀虎口为该路之要隘，因此该路又被称为杀虎口路），西南通往伊犁的塘路。

（3）省内驿路。大致有：太原府至大同府的驿路；太原府至朔平府驿路；太原府至朔平府驿路支路——宁武府至口外的驿路；太原府至朔平府驿路支路——宁武府至河套驿路；太原府至蒲州府入陕西境驿路；太原府经永宁州入陕西境驿路；太原至泽州府通河南驿路（见表1-1）。

---

① 转引自山西省交通厅公路交通史志编审委员会编《山西公路交通史》第1册，人民交通出版社，1988，第65页。

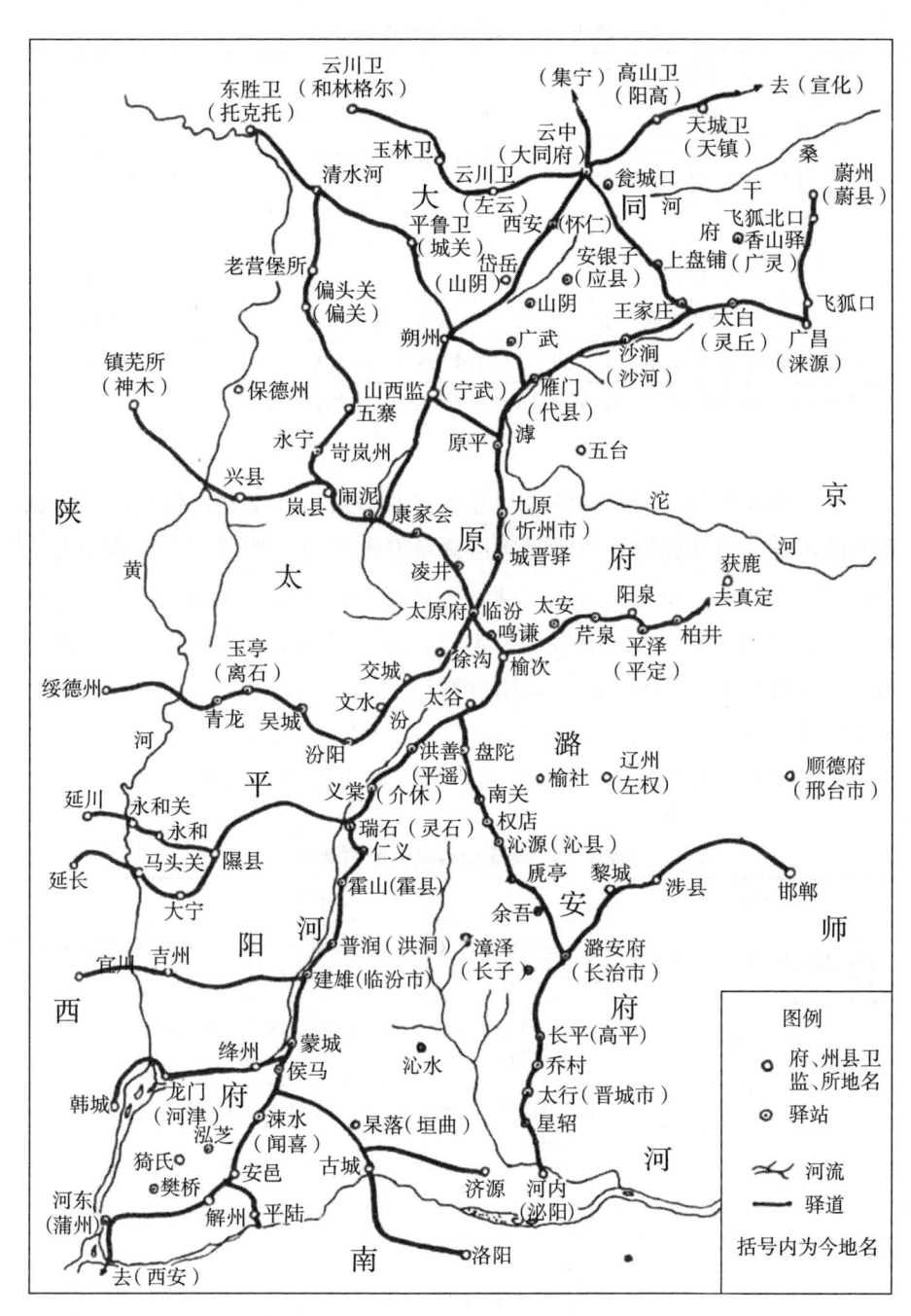

第一章　传统交通体系与山西经济社会发展

图 1-1　明代山西驿路

图片来源：《山西公路交通史》第 8 册，第 66 页。

表 1-1　清末山西境内的驿路

起点	走向	途经	终点
太原	向北	忻县、大同、得胜口	内蒙古
	向南	平遥、临汾、风陵渡	陕西西安
	向东	平定、旧关	河北石家庄
	向西	汾阳、离石、军渡、过黄河	陕西
	向东南	太谷、长治、晋城、天井关	河南
代县	接北驿路向东	繁峙、灵丘	河北涞源
宁武	接北驿路向西	神池、保德、过黄河	陕西

资料来源：山西省史志研究院编纂《山西通志·交通志·公路水运篇》，中华书局，1999，第16页。

虽然山河所限，清代新辟道路并不多，但由于政治经济的发展、军旅贸易的需要，清代驿路的道路交通运输量发生变化，依其重要性质划分为"大驿"、"次冲"和"偏僻"三种。从直隶入山西境，从平定州起至蒲州府出境，西通秦蜀（即从井陉经平定到太原，再经临汾、侯马至永济入陕西这一条路）为"大驿"；自太原府东南至潞安府，出泽州入河南境止，为"次冲"，自太原府北上至绥远城①（今呼和浩特市），再经东北之天镇县，入直隶境，也为"次冲"；其余皆为偏僻（见表1-2）。

表 1-2　清末山西境内的偏僻路

路段	具体路径
西路太原至陕西绥德山西段	由太原西南经交城、文水至汾州（今汾阳）折向西北经吴城到玉亭（今离石），继而向西经青龙至军渡，经黄河抵至绥德州
北路灵丘道	由太原向北经忻州、崞县至代县，顺滹沱河到繁峙，再经过平型关到灵丘
西北路太原至娄烦关道	从太原沿汾河河谷西北上行，经阳曲县西境到娄烦盐牧城（今娄烦县）

---

① 清乾隆初在归化城东北筑绥远城，绥远将军治此。民国初年合并为归绥县。1928年，绥远建省，以归绥县城区设立归绥市，作为省会。1954年，撤销绥远省建制，组建内蒙古自治区，归绥改为呼和浩特市。

续表

路段	具体路径
西北路太原至神木山西段	从太原向西北行165公里达兰州（今岚县），再经蔚汾水90公里至黄河岸边之合河津（今黑峪口），由此过河60公里向西北行即可达到
南路太原至延安道山西段	一条是由隰县向西经永和县，出永和关，渡河西行至延川县，最后到达潼关

资料来源：《山西通志·交通志·公路水运篇》，第17—19页。

由表1-2可见，此时太原至北京的东向驿路与太原南下蒲州通川陕驿路的重要性进一步增强，中南部的交通格局未有大的变化。也就是说，清代的山西驿路交通主要是承袭明中后期的特点：东西向道路发展较快，出现东西与南北道路并行发展的格局。

另外一个明显的特点是山西境内的驿路大驿少，偏僻多，但驿站数量并不少（见表1-3）。

表1-3 清代全国驿递机构分布统计

单位：个，%

地区	驿站数量	占比
直隶	186	9.44
山东	139	7.05
山西	125	6.34
河南	120	6.09
华北	570	28.93
全国	1970	100.00

资料来源：刘广生主编《中国古代邮驿史》，人民邮电出版社，1986，第350页。

这一情况表明，山西境内山脉阻隔，道路发展的客观条件不佳，但山西自身地理位置决定了它的政治、军事意义重大，驿站数量之多充分说明它的道路发展首要目的是为封建王朝统治服务。

在漫漫驿路中穿行的交通运输工具主要有牧畜、畜力车以及人力车三种。牲畜主要有骡、马、驴、骆驼，骆驼运量最大，成年骆驼可负重150—200公斤，日行可达30公里左右，且耐久性强，易于饲养，是山西商人长距离贩运的主要运输工具。通常驼队结帮而行，每帮有骆驼50只，五驼为一行，每十行为一帮，浩浩荡荡，蔚为壮观。骡马可驮110公斤左右，毛驴可驮50公斤左右，是山西民间短途运输的主要交通工具。

畜力车是一种以牲畜为动力的交通工具，有烧饼车、尖轮车，种类繁多。在汽车出现前，畜力车是山西城乡主要的交通运输工具，多为双轮车，有双轮大车和双轮小车两种。双轮大车是一种以大牲畜为动力，载重量较大的双轮货运工具，载重量为250—1250公斤，适用于平原地区的交通运输；双轮小车适用于山区和半山区运输，载重量由道路状况及牲畜的头数而定，一般为150—750公斤。

人力车一般为独轮车，也称手推车，主要靠人力推，车体中央装一轮，有时也在车前加上马或人拖曳，负重较轻，为200—250公斤。这种车的优缺点鲜明，优点是适用于任何道路，特别是狭窄崎岖难行之路，既可载物，又可坐人，灵活便捷，在全省各地使用较普遍。缺点是稳定性差，时常倾斜翻倒，颇为费力。小平车也是人力车的一种，是由人力拉曳的工具，载重500公斤左右，具有灵活轻便、载重量大、坚固耐用、适应性强等优点，但不易远行。

2. 水路及运输

山西水运不发达，虽有黄河流经，但黄河的水文特征不利于发展内河航运。主要原因是黄河作为晋、陕两省的界河，奔流在黄土高原上，多峡谷、瀑布，水流湍急，如著名的壶口瀑布就位于这一河段上，而且黄河的水量不大，季节变化大，极不利于航运。"黄河迄今不能通一汽船，民船亦间断行之，上下不过数百里耳，非惟无益，害且不可胜言，泛滥数千里，淹没数万家，公私交困，自古而然。"①

(1) 黄河

黄河流经偏关、河曲、临县、柳林、石楼、永和、大宁、吉县、河津、万荣、临猗、永济、芮城、平陆、垣曲等县。"水流形势既不十分平坦且有礁石处亦甚多，其长在晋省境内者不过九六四华里，宽则自一千五

---

① 实业部国际贸易局编《中国实业志·山西省》，1937，第45页。

百尺至十公尺不等。"① 当时山西境内的航道主要有三条：一是晋陕峡谷河段，内蒙古和山西商人多经此贩运货物。二是黄河龙门以下河段，"至禹门以下，船运乃盛，至潼关一百五十公里，其行以纤，所运货物，下行以煤、盐、棉、铁、皮、毛为大宗"。② 三是黄河上下两段河道，内蒙古地区的土产在内蒙古上船后，沿黄河进入晋陕峡谷河道南行，到达壶口瀑布的上游之后，瀑布阻碍，只好于此"泊船卸货，移载于停待瀑布下之船舶"。③

主要渡口有风陵渡、茅津渡、禹门渡、军渡、碛口渡、河湾渡。

风陵渡口为黄河古镇之一，位于今芮城县风陵渡镇境内，渡口对岸是古代关中东口的军事要隘潼关，东南为河南省的灵宝，毗连三省，地处要津，是个"云山连晋境，烟树入秦川"的大渡口，素有"鸡鸣闻三省"之说。明清以后，渡口两岸均设置巡检司船政，稽查往来商贾，征收税金，管理船舶航运。

茅津渡是个古老的渡口，早在春秋战国时期，就是连接晋、豫两省的重要黄河古渡之一，它位于今平陆县南4公里处，渡口两岸地势平缓，口内风平浪静，是个非常理想的过渡口岸。明清时期，茅津渡发展为重要的盐运码头。清末民初，茅津渡货物、人流畅旺，船运业务极为兴盛，商业也日渐繁兴，盐店、货栈、京货铺、饭店等商铺有百十余家，为管理官渡，政府在此派有重兵把守，并设有稽查队、盐务局等。

禹门渡位于河津市西北40公里处，是山西通往川、陕、甘、宁等地的重要渡口，近代水利学家李仪祉在《西北水利问题》一文中言："至禹门以下，船运乃盛，至潼关一百五十公里，其行以纤，所运货物，下行以煤、盐、棉、铁、皮、毛为大宗。"④

军渡在今柳林县西北23公里处，隔黄河与陕西吴堡县城相对，是通向陕西的要津。

碛口渡位于临县碛口镇黄河东岸，对岸是陕西吴堡县拐上，是历史上重要的水旱码头。清乾隆至民国年间是碛口的鼎盛时期，陕、甘、绥、蒙

---

① 《中国实业志·山西省》，第46页。
② 石凌虚编著《山西航运史》，第124页。
③ 石凌虚编著《山西航运史》，第124页。
④ 《山西通志·交通志·公路水运篇》，第691页。

等地的大量物资（主要有食油、粮食、盐、碱等）都是通过黄河运达碛口，再用牲畜走陆路运到离石县吴城镇，再转运到汾阳、平遥、孝义等县，时有"驮不尽的碛口，填不满的吴城"之说。

河湾渡位于河曲县城东北7公里的河湾村北畔，隔黄河与内蒙古准噶尔旗的马棚渡相望。

黄河内通行的船只大约有九种，即帆船、木船、七栈大船、民造木板渡船、手拨小船、瓢船、圆船、行船、小划等，"船价则以路之远近及河面之宽窄而有各种价目，大约渡船载客，每位自铜元十四枚至四十枚。载货每车一元，或按重量论，每百斤约二三角。若从甲地到乙地运输，则视货物之种类及路途之远近而定，大约按里计每里铜元五十枚，按斤计每百斤三角至六角，亦有按石计者，每石约在五角左右。倘系专雇，其价目当以船之大小而定，大约瓢船需费用五十元，至雇船手续，简便者，由船户客商当面议商，并无若何手续，亦有双方议妥后，还须书立合同字据，也有先讨半价，然后起运，俟到达目的地时全数交清者。河内来往运输之杂货虽多，其主要者有煤炭、石炭、黑炭、米麦、药材、红条木料、盐、棉花、布匹、粮食、杂货以及潞盐等类是"。①

（2）汾河

汾河是黄河支流，源出宁武县的管涔山，全长1500余里。《中国实业志·山西省》中对它的流向和水势有详细记载："按汾河中游自阳曲上兰村出山后，至灵石复入于山，南流经阳曲、平遥、霍县、临汾，至曲沃县折而西，经新绛至河津西入黄河，汾河水势较弱，河床亦窄，宽处不及百丈，窄处乃仅二三十丈，且砂石较浅，水面亦只有四五丈者，其浅狭可见。良以晋省雨量既少，其山复多黄土崖，雨水渗入，不易流出，其分注涧壑者颇小，无汇入之大源。"② 由此可见，汾河可通航河段不长，且季节原因，时通时断，"汾河自新绛以下，可通航者百二十里，然此段航路，每年亦有一定时期，约在每年夏秋季水涨时，且须用木筏或平底小船，船价并无规定，随时面议，梭船载人，每位约五分，载货大车八百斤约四

---

① 《中国实业志·山西省》，第46—47页。
② 《中国实业志·山西省》，第47页。

角,小车二百斤约一角。本河重在灌溉田亩,故运输货物甚少,其主要之货品为醋、瓜果、蔬菜、粮食等类而已"。①

汾河的主要渡口有新绛南门渡和三林镇渡。

新绛南门渡位于新绛县城南关,原是汾河最大的渡口。清末民初,每年秋冬时节,陕船自渭河入黄河转入汾河,抵达新绛南门渡进行交易。

三林镇渡位于新绛县三林镇,汾河下游的航道均可行船,是汾河下游较发达的渡口。渡口经过了多次治理,1927年,大益成纱厂改善渡口设施,冬春搭桥,夏秋渡船,成功运送机器设备。

第二节 传统交通体系与长距离贸易兴起

长距离贩运贸易出现前,山西境内商品流通主要是农民在短距离内以墟集贸易、城镇市场交易为主进行,墟集贸易属于自然经济的范畴,是农村中小生产者之间品种调剂和余缺调剂的一种常见交易形式。比墟集贸易高一级的是城镇市场交易,主要是通过商人,以货币为基础的交易方式,但因山西经济落后,商品种类单一且数量有限,商品多半是单向流通,没有回头货与之交换。

明朝,山西长距离贸易兴起,清时达到鼎盛。长距离贸易的大规模兴起有诸多原因,如商品经济的发展、崇商观念的增强等,但最直接的原因有以下几点。

山西北部是军事前沿,军事及边境贸易需求极其旺盛,为解决军事需求,明政府推行"开中法",这是晋商长距离贸易兴起的首要原因。如前一节所述,明王朝建立后,蒙古各部势力虽受打击退回蒙古草原,但仍不肯罢休,经常南扰,交界处的人民生活不得安宁,战事常常发生。因此,明王朝着手修筑长城,强化对蒙古势力的防御设施,并在东起鸭绿江、西至嘉峪关设立九边重镇加强防卫。这些军队需要消费粮、棉、盐等大量物资,仅仅依靠政府的力量无法满足军事需求。明洪武年间,政府开始推行利用政府所控制的食盐专卖权来解决北边军镇粮饷问题的"开中法",即

---

① 《中国实业志·山西省》,第48页。

让商人运粮棉等物资实边，以此换取盐引，再凭盐引到指定的盐场支取食盐，到政府规定的销盐区销售以获取利润，以此来解决军镇的粮饷问题。这是山西商人获得的第一个重要的发展机遇。

"开中法"改为折色制是山西商人发展壮大的又一个重要契机。明中叶，"开中法"改为折色制，"折色"即折成银子，商人不再纳粮于边，而是直接到各盐运司交银子换盐引，由国家集中银两后分给各边，采购粮饷。在此政策实施后，晋商大量向淮浙地区移居，并逐步进入了全国范围的市场流通领域。他们除经营盐、粮、丝、茶外，还经营军民用品，盐米、棉布、铁器、丝绸、木材，应有尽有，逐渐形成各色商人，如平阳帮、泽潞帮、晋中帮等，统称为晋商。

茶马互市是推动长距离贸易发展壮大的又一重要动力。清王朝入主中原后，战乱得到了有效平息，边疆少数民族先后内附，政治局面渐趋稳定。在此背景下，政府加强对边疆的开发，派军队驻守，实行屯田制度，加大城镇建设力度，许多边疆城镇重现繁华景象。在边疆开发的过程中，清王朝特别注重蒙古地区的建设，康熙时从内地派人到蒙古地区，"教之树艺，命给之牛、种"，[①] 开垦农田，修筑水利设施，这些措施都极大地推动了蒙古地区的发展，边境物资交流也日趋频繁。这一时期，山西地理位置的优越性越发凸显，它东邻政治中心北京和重要的商业城市天津，西过黄河与陕西接壤，北部有万里长城，南可通过河南和南方诸繁华之地联系。更为关键的是，山西位于蒙古和中原地区的中间地带，是草原单一的游牧经济与中原农业、手工业的联结纽带，中原人民生产和生活使用的耕牛、皮毛，以及战争中使用的军马，主要来源于北方蒙古地区，而北方游牧民族的衣、食及生活日用品则主要依赖于内地农业和手工业。由此，"路当孔道"[②] 的山西成为两地物资流通的必经之地。再者，山西北部和塞外地区接壤，山西不少人通晓少数民族语言，了解少数民族的心理和生活习惯，这也为他们在塞外经商创造了条件。因此，"靠近蒙古的山西西北部一些小城镇，在明中叶后已成为大小市场的所在地。如阳和道所属新平

[①] 汪灏：《随銮纪恩》，王锡祺撰《小方壶斋舆地丛钞》第一帙。
[②] 《清高宗实录》卷1261，转引自张正明《晋商兴衰史》，第20页。

路四堡、东路八堡、新平堡、守口堡及分巡道所属北八路八堡、镇羌堡都已成为大市场。大同道所属北西路九堡、中路十一堡、威远路四堡、助马堡、宁虏堡、杀胡堡、灵石堡及分巡道所属西路三堡、并坪路四堡、迎恩堡、灭胡堡等地也都设有小市场"。① 雍正五年（1727），中俄签订《恰克图条约》，进一步推动了中俄贸易快速发展，祖鲁海图、恰克图、尼布楚三地被确定为两国通商贸易地，恰克图成为连接中俄、欧亚的重要贸易中心。晋商凭借雄厚的资金、过人的胆识逐渐垄断了恰克图的茶叶贸易，福建的武夷茶、安徽茶、湖南茶、湖北茶等均被晋商贩运至恰克图。晋商还在湖北蒲圻县羊楼洞、湖南临湘县羊楼司一带建立茶场，指导茶农栽培茶树，制作砖茶，再经过水陆商路将其长途贩运到恰克图、莫斯科等地，成为茶叶贸易的主要商帮。同治八年（1869），晋商的商业网络又延伸至俄罗斯境内，先后在莫斯科、赤塔、托木斯克、新西伯利亚等地市设立商号，贸易范围大大扩展。

当然，传统交通体系的确立及完善也是长距离贸易兴起不可或缺的前提条件。如前所述，明清时期，山西驿路建设基本完备，清政府还加强了蒙古地区的交通建设，干道修建了15条，驿站多达230多个，这使得晋商可畅通无阻地抵达恰克图、库伦、乌里雅苏台、科布多等地。

在此背景下，南北方向的长距离贸易在山西逐渐发展，晋商也迅速崛起，并开辟了一条条商路。

其一，盐商及盐道的开辟。"开中法"推行后，地邻边境的山西商贾便开始大显身手，他们纷纷往边镇贩运粮草、铁器、茶叶以换盐引，之后便到运城地区贩盐，将盐运至外地销售以谋厚利。盐商运输河东盐的路线大致有三条。第一条是从虞坂（今安邑境）经解州二郎山至芮城陌底渡、平陆茅津渡装船，或横渡黄河运到对岸的灵宝、阌乡、陕县、会兴等地，然后转运至豫省各县，或顺黄河而下，水运至洛阳、开封等地，再分销于豫、冀、鄂、皖的部分地区。第二条路线是，从安邑起运，经古驿道运到永济县蒲津渡上船运至潼关等地，其中大部分潞盐经黄河水运逆流而上转

---

① 刘建生、刘鹏生等：《山西近代经济史：1840—1949》，第229页。

入渭河运到长安、咸阳集散。第三条路线则主要供应山西境内各州县。①

其二，驼帮及茶道的开辟。明清时期，山西有一支专门从事俄蒙贸易的商队，他们使用大批马匹、骆驼、牛车运载货物，交易旺季，一般有数万只（辆）的骆驼和牛马车各结队而行，一般是每十五驼编为一队，集十队为一房，驼行数房相随，规模之庞大令人叹为观止，因此也称之为"驼帮""车帮"。他们北上运输的货物数量惊人，种类繁多，来源区域广泛，有茶叶、丝绸、瓷器、手工艺品及本省的烟叶、米谷、酿造品、铜铁制品等，不一而足。随后再经山西、河北，越过长城，横贯蒙古，经西伯利亚，最后运往欧洲腹地。福建武夷茶的运输路线最具代表性，"由福建崇安县过分水关，入江西铅山县，装船顺信阳下鄱阳湖，穿湖而过，出九江口入长江，溯江抵武昌，转汉水，至樊城（今襄樊市）起岸，贯河南入泽州，经潞安抵平遥、祁县、太谷、忻县、大同、天镇到张家口，至库伦、恰克图，经西伯利亚，通往欧洲"，② 时人称之为"中国的茶叶之路"。洛青先生在《祁县的茶庄》一文中有比较详细的记载，我们从中可以看到茶叶在山西境内运输的大致情况：

> 每年春季茶庄老板就起身进山采茶，据说在没有铁路交通以前，老板们都得到祁县鲁村雇驮骡，因鲁村正在直通南北的一条大道上。老板到鲁村坐上驮骡轿，经子洪口到晋城，翻过太行山进入河南平原，直到汉口进山办茶。进山各家都租有烤、晒等场所，雇用些当地人包下地主的茶山，雇女工上山采茶，有些是地主雇人采，卖给茶庄。茶庄开厂收茶后，得有许多工序，如翻晒、烤蒸等。成茶后，分类包装发运到汉口，进一步改装木箱，除在当地卖给各国洋行一部分外，其余大部就得自己雇脚发运各地。如过去没有铁路交通时，还得通过河南十家店的祁县人戴龙邦与其子戴大驴、戴二驴（形意拳之名家），雇上驮骡通过河南平原过了太行山运到晋城，再由晋城的专营倒货店雇脚运到祁县鲁村。鲁村以北就有了铁足的车道，鲁村有履泉

---

① 吴润生：《山西河东盐的产销与运输》，《山西地方志通讯》1983年第10期。
② 渠绍淼、庞义才：《山西外贸志》上册（初稿），第110页。

店、浑原店、万顺店、复兴店四家转运店，将货收下以后就雇用本村、外村的车，运转到祁县、太谷、绥远、张家口等地。①

这条商路路程遥远，需要通过几个重要的中转站，如晋城、鲁村，才能接力长途运输茶叶。这期间，商人们根据不同地形使用不同的交通运输工具，有驮骡、大车、骆驼，千辛万苦，栉风沐雨，约经半年之久，才能最终抵达中俄边境的恰克图市场，再换取俄国的皮毛、呢绒、五金、家畜、玻璃器皿运回交易。

其三，粮商及粮道的开辟。土默特平川是重要的粮食油料供应基地，晋商将其出产的粮油，经黄河先运至临县碛口镇，再转运至三交镇，最后沿不同驿路运至山西腹地，此乃著名的"晋蒙粮油故道"。另外还有一条南运粮道，土默特出产的粮油先东行至大同等地，然后南下运至晋中一带，这条粮道粮运规模非常大，以至于太原、汾州二府的米价都要"恒视北路之丰歉为准"。②

其四，票商及票号的建立。自清代进入鼎盛时期，晋商的商业网络已遍布大江南北，长城内外，甚至延伸到整个北亚地区。随着各地经济联系的加强，国内外市场的不断扩大，资本商人的自有资本不能满足日益扩大的商品生产和交换，借贷需求强烈，票号应运而生。经营票号的商人多聚集在平遥、祁县、太谷等地，随着票号的增多和业务的发展，活动区域也逐渐扩大。19世纪40年代末，早年设立的日昇昌、蔚泰厚和日新中三家票号已经在各地设立了35处分号，分布在23个商业城市里。

明代以前，商人经商大都是单个的、分散的。依靠"开中法"的推行以及有利的地理位置，晋商很快崛起并成为海内外著名的商帮，他们经营范围之广、活动范围之大、资本之雄厚令人难以想象。从明初至民国早期，晋商在历史上活动的时间大约达五个世纪之久，在这么长的时间里，晋商北上蒙俄、南下湖广，甚至越洋至日本及欧洲，通过漫漫商路的大规

---

① 吕洛青：《祁县的茶庄》，《山西文史资料》第106辑，1996，第187页。
② 曾国荃：《申明栽种罂粟旧禁疏》，见萧荣爵编《曾忠襄公全集》卷8，台北：成文出版社，1968，第735页。

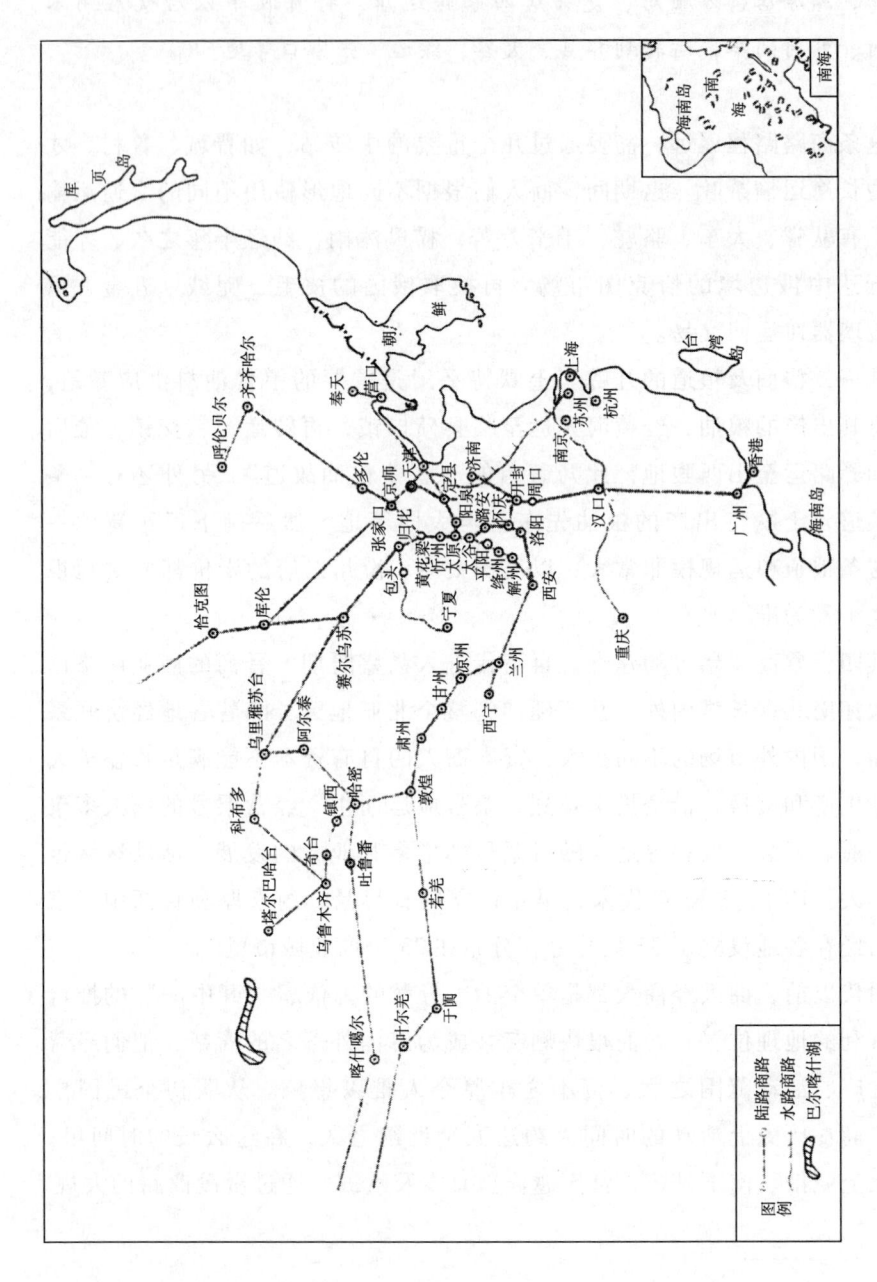

图 1-2 清朝晋商商路

图片来源：刘建生、刘鹏生等《晋商研究》，山西人民出版社，2002。

模商贸活动，各种各样的商品如烟、酒、糖、布、茶、驼绒、牛羊马等实现了南北对流、东西交易，各地区间的经济联系得以加强，区域市场及突破区域范围的市场开始出现，活动地域大大扩展，工农业产品形成了真正意义上的商品交流。

第三节 传统交通体系下区域经济雏形形成

由前述可知，在晋商长距离贩运贸易的发展过程中，商品经济得以快速发展，加速了商品集散中心的形成，城镇也随之兴起和繁荣，并由此形成了区域经济雏形。

一是以盐业经济为主的运城经济中心。

运城在元代还是一个小村落，盐业经济推动运城快速崛起。运城盐池东西全长30余公里，南北约5公里，总面积约为130平方公里。因盐池全部在解州管辖之内，也称解池，因运城古称潞村，解池所产的盐称为潞盐。从明代开始，运城的盐业经济逐渐发展，并于清代达到鼎盛。清初至乾隆年间，盐池年产量达到400万担，潞盐行销山西、陕西、河南三省的172个州、厅、县。盐课随之逐年增加，乾隆五十六年（1791）达到513682两白银，成为国家财政收入的重要组成部分，因此，有潞盐"佐圣朝军国之需，赡三省万民之食"的说法。① 随着盐商的活跃和盐业活动的增加，其他相关商业亦兴盛，"前清雍正年间，运盐征收岸税后，居民依盐务为生者，如畦丁、池脚、散车、缝袋、摇盐及办公员役，几及二万余人，而外县来此经商者，亦无不获利"，② 城内"群商所处，诸路所通，百物所聚，商旅辐辏，卖贩云集"，③ "运城商业，以盐为主，盐行三省，故为陕豫晋商杂处之地，百货骈集，为晋南商埠"。④ 因为盐业事关国计民生，运城的重要性日益凸显，城市建设也相应展开。"明天顺二年，运使

---

① 蒋兆奎：《河东盐法备览》，转引自刘建生、刘鹏生等《山西近代经济史：1840—1949》，第43页。
② 《中国实业志·山西省》，第135页。
③ 《中国实业志·山西省》，第149页。
④ 《中国实业志·山西省》，第149页。

马显,将城改作西门,正德六年,御史胡正,奏请增高城墙,嘉靖三年,加石甃于城东,四年甃其西,十三年甃其北,十五年甃其南,从此以后,运城便成晋南之商务重镇。"① 随着运城的日益昌盛,附近的古城解州等县日渐衰落。"清季因运城盐客丛集,市民繁居,本邑渐形零落,仅成为县政中心,商肆居民不见增益,游观者或诮为荒堡。"② 由此可知,明清以来,以运城为中心,以盐业经济为主要内容,在晋南逐渐形成一个围绕盐业展开的经济区域雏形。

二是以茶马互市为主的大同经济中心。

大同原是一个风沙遍地、人烟稀落的边镇。明初以来,它的命运开始转变。明政府在北部边疆设立重镇防守,大同作为九边之首,城内驻扎着庞大的军队,统八卫七所,额军135000人。庞大的军队需要大量的粮草等相关生活用品供应,在"开中法"的推动下,晋商将内地的粮草、铁器、茶叶源源不断地输送至边镇以换盐引,或者于边地雇人垦荒种地,在当地将收获的粮食纳仓以换盐引,大同很快呈现出人烟密集的景象。同时,大同作为边陲重镇,是晋商通往恰克图的必经之地,规模较大的粮食市场以及棉布、棉花市场相继出现,各种皮毛制品及手工业产品云集市场,榨油业、皮货业、熬胶业等地方特色的手工业也非常兴旺,富商大贾多会聚于此进行交易,商业繁盛,甚至形成奢靡之风,"大同地方,军民杂处,商贾辐辏,比之他处有同","虽涉荒徼,商旅辐辏,以浮靡相炫耀",③ "九边如大同,其繁华富庶,不下江南"。④

以大同为中心的左云、右玉等城镇也先后繁荣起来。右玉、左云既是明清的军事城堡,也是通往归化城、杀虎口的必经之地。杀虎口位于右玉县城西北35公里,坐落在长城脚下两省区(山西、内蒙古)三县(右玉、和林格尔、清水河)的交界处,是游牧民族和汉族征战的前沿阵地,战略位置十分重要。明清政府均在此囤积重兵,严加管理,清时又开辟了由大

---

① 《中国实业志·山西省》,第135页。
② 运城市地方志编纂委员会整理《安邑县志》,樊道白、张博文、畅筠点校,山西人民出版社,1991,第13页。
③ 崇祯《山西通志》卷6《风俗》。
④ 谢肇淛:《五杂俎》卷4。

同西北行经杀虎口进入蒙地的台站路（又称"杀虎口路"）。随着北部战事趋缓，特别是中俄《恰克图条约》签订后，杀虎口作为中原和漠北通衢要冲的角色凸显，逐渐由军事重镇发展为茶马互市的经济中心。北上时，晋商经杀虎口把不计其数的绸缎、布匹、茶叶、瓷器等商品或运往新疆、兰州，或运往库伦、恰克图，甚至深入俄国。返程时又将哈喇、呢子、毛毯、钟表、金砂、皮毛等运回内地销售。每年仅卖给京羊庄的绵羊即达20余万只，杀虎口吞吐商品量之大令人叹为观止。杀虎口也由此形成商贾云集、集市繁荣、店铺林立的兴旺景象，"商贾农工，趋负贸易，内地民人难以数计"，"汉夷贸易，蚁聚城市，日不下五六百骑"，[①]最盛时住户多达5000余户，人口突破5万。

明清时期，大同、杀虎口等地作为内地通往蒙古与俄国的商品贸易集散地，形成了以"茶马互市"为特点的商品贸易市场，反映了明清以来山西北部经济发展的规模与特点。

三是以煤铁、丝织业为主的潞泽经济中心。

长治的荫城镇是北方铁货的集散中心，荫城铁货分为生铁、熟铁两大类，有上百个品种。镇内的铁货行、店有300多家，常住荫城的外地客商人数众多，来自全国各地，有关东客（东北三省）、京客（北京、天津）、上府客（太原、大同、内蒙古）、西府客（陕西、甘肃、宁夏）、河南客（河南、安徽、河北）、云南客（云南、贵州、四川），铁货日成交额3000多两白银，故有"万里荫城，日进斗金"之说。此外，荫城铁货还远销印度、不丹、朝鲜等国，交易额年平均达1000万两白银。[②]

开埠通商前，晋城是山西乃至全国的铁业中心，本地的手工业十分发达，尤以钢针、铁货、煤炭、皮金最负盛名。道光年间，仅晋城就有小规模手工生产的生铁炉1000多座，熟铁炉100多座，铸铁炉400多座。晋城大阳镇的铁针行销大江南北，经久不衰。南村镇亦是铁货集散中心，生产的铁制品行销全国，每年交易额达1000多万两白银。政府每年征解平铁（晋城高平出产之铁俗称"平铁"）8万斤，晋城"铁冶遍于西南，岁入白

[①] 黄鉴晖：《杀虎口关的消长隆替》，《文史研究》1992年第1、2期合刊。
[②] 刘建生、刘鹏生等：《山西近代经济史：1840—1949》，第45页。

金数十万"。到鸦片战争前夕,全县有生铁炉 1000 多座,熟铁炉 100 多座,铸铁炉 400 多座。① 同治九年,德国人李希霍芬游历山西后感叹道:"在欧洲的进口货尚未侵入之前,有几亿的人是从凤台县(今晋城市)取得铁的供应的。……大阳(今晋城市大阳镇)的针供应这个大国的每一个家庭,并且运销中亚一带。"② 可以说,铁业是晋城的支柱产业,其他行业皆随之兴衰,"往昔晋城工商业之繁盛,全赖铁货之畅销,为一般经济命脉所系,金融业之兴衰,尤与铁货互为消长,铁货业兴盛时,各业随之生色"。③

除了生产铁制品外,潞州④、泽州⑤丝绸业也比较发达,是我国三大丝织专业区之一。顺治《潞安府志》记载:"绸,在昔殷盛时,其登机鸣杼者,奚啻数千家,彼时物力全盛,海内殷富,贡篚互市外,舟车辐辏者转输于省、直,流衍于外夷,号利薮。"⑥ 据学者估算,潞绸年产当在 10 万匹以上。⑦ 晋商还把丝绸运销至宣化市场,开设"潞州绸铺,泽州帕铺"。"外夷蒙古地区"以及新疆地区也是晋商销售丝绸之地,据统计,乾隆时,山西每年销往新疆的泽绸为 100—300 匹。⑧

四是以金融业、商业为主的平、谷、祁、太经济中心。

平遥、太谷、祁县原是山西晋中普通甚至是经济落后的县城,明初,晋商从这里走出去并逐渐发展壮大。清代,晋商投资金融业,票号兴起,作为山西票号总号的所在地,平、谷、祁成为当时著名的金融城镇。

平遥地处晋中盆地中心,京蜀大官道穿县城而过,是南北往来的交通枢纽,素有旱码头之称。明清时期,平遥一直是山西中部最大的商品集散

---

① 彭泽益编《中国近代手工业史资料(1840—1949)》第 2 卷,中华书局,1962,第 178 页。
② 李希霍芬:《来自河南和山西的报告》,转引自彭泽益编《中国近代手工业史资料(1840—1949)》第 2 卷,第 178 页。
③ 《中国实业志·山西省》,第 165—166 页。
④ 古代地名,唐武德元年(618)复称潞州。领上党、长子、屯留、潞城、壶关、黎城、铜鞮、乡县、襄垣、涉县,明嘉靖八年(1529)二月升潞州为潞安府,治所在上党县,即今山西省长治市。
⑤ 古代州名,是今山西晋城市在隋、唐、五代、宋之称。
⑥ 顺治《潞安府志》卷 8《物产》。
⑦ 王守义:《明代山西的潞绸生产》,山西省社会科学研究所编《中国社会经济史论丛》第 2 辑,山西人民出版社,1982。
⑧ 林永匡、王熹:《清代山西与新疆的丝绸贸易》,《山西大学学报》(哲学社会科学版)1987 年第 1 期。

市场，从平阳府输入棉花、旱烟，从晋西北岢岚州运进胡麻油，也有来自京城及南方各省的生产、生活用品，在平遥集散后，商品又陆续销往本县和周边各县，甚至不少销往省外及国外，由曲沃输入的旱烟是其中销量最大的商品之一，经平遥转销至京城、内外蒙古地区以及俄国，有"拉不完的曲沃，填不满的平遥"之说。① 据说当时平遥商业繁盛的程度堪比京师，"廛肆纵横，街衢皆黑垠，有类京师"。② 其中最引人注目的就是票号林立，票号是晋商首创的，晋商中的主要商帮就是清康熙年间形成的实力强大的平遥帮，道光三年（1823），平遥人雷履泰创立全国第一家票号——日昇昌，开创了中国汇兑业的新纪元。之后，票号发展迅速，光绪三十二年（1906），平遥的票号发展到22家，设在全国各商埠、码头和主要城市的分号达400余处，年汇兑白银总额达4亿两。

　　山西另外一个足以与平遥比肩的金融重镇就是太谷。但明初的太谷，只是一个"土瘠民贫，俗尚勤俭，慕学力田，淳厚不奢"的地方。明中叶以后，因太谷人聪慧勤奋，擅长贸易，谷商迅速崛起，太谷也逐渐繁荣起来，"商贾辐辏，甲于晋阳"，③ 城内东街，铺面林立，商行有器材行、绸缎庄、布匹庄、典当行、颜料庄、茶庄、雕漆庄、客栈等，不一而足。"城为方形，每面可三里，门为四，鼓楼位于城之中央，分东西南北四街，房屋栉比，街市井然。"④ 清时，太谷的票号业诞生且发展非常迅速，票号"本县多至百十余家，每家资本多在百万以上"，⑤ 其势力范围"东北至燕奉蒙俄，西达秦陇，南抵关越川楚，俨然操全省金融之牛耳"，⑥ 时有"金太谷"之美誉。美国人罗比·尤恩森在所著《宋氏三姐妹》⑦ 一书中，也赞誉太谷为"中国传统的金融中心""中国的华尔街"。

　　太原是山西的行政中心，同时也是军事重镇。明朝初年，太原是"九

---

① 平遥县地方志编纂委员会编《平遥县志》，中华书局，1999，第361页。
② 祁韵士：《万里行程记》，转引自张正明《晋商兴衰史》，第283页。
③ 乾隆《太谷县志·序》，台北：成文出版社，1976，第4页。
④ 乾隆《太谷县志·序》，第4页。
⑤ 白眉初：《中华民国省区全志》第2卷《山西省志》，北京师范大学史地系，1924，第25页。
⑥ 乾隆《太谷县志·序》，第1、3页。
⑦ 罗比·尤恩森：《宋氏三姐妹》，赵云侠译，世界知识出版社，1984。

边重镇"之一，常驻重兵。边防重镇的设立、军队的驻扎和政府机构的设置，使得太原人口迅速增加，甚至有"举袂如云，挥汗如雨之盛"。① 与此相适应，消费需求也颇为旺盛，"省城居民、商贾、匠作外，多官役兵丁以及外方杂处侨寓类，皆不耕而食，不织而衣，家家籴米，日日买粮"。② 手工业也较发达，重要的手工业部门有采煤、冶铁、印刷、酿酒等。各种服务性店铺林立，商业繁荣，金融业实力也不容小觑，虽然山西票号的总号均设在祁县、太谷、平遥三地，太原城仅有其分号，但由于太谷、祁县隶属太原府，仅光绪年间，太原市就有票号大德通、日昇昌、义成谦等分号七八家。

祁县也是晋商的大本营之一，金融业、商业之繁盛与平遥、太谷不相上下。介休也是金融业发达的城市，人多"挟资走四方，山陬海澨皆有邑人，固繁庶之地也"。③ 介休县的张兰镇是晋中一大名镇，它地理位置优越，位于晋商货物运输之枢纽，人烟密集，繁华富庶。据记载，康熙年间，"张兰周五里，屋舍鳞次，不下万家，盖藏者什之三，商贾复四方辐辏，俨如大邑"，④ 有"住户七百、商间四千"之说。清人祁韵士有诗称："市上争估嫌价贵，道旁乞食悯衣单，此邦富庶称无比，只恐浮华力已殚。"⑤

小　结

明清时期，以太原、大同为中心，驿路为主、水路为辅的传统交通体系基本形成。前近代时期，中国驿路交通的首要功能是为封建王朝统治服务，政治、军事功能强，经济功能弱；主要任务是密切朝廷和地方的联系，传达中央政令、军令及地方奏报，并为往来的官员服务，而非经济贸易发展的自然结果。具体表现出的驿路格局就是：以都城北京为中心，面向地方各级行政中心城市展开，首先连接省城，然后是府、州、县城，最

---

① 乾隆《太原府志》卷16《户口》。
② 道光《阳曲县志·风俗志》。
③ 山西省介休市志编纂委员会编《介休市志》，海潮出版社，1996，第284页。
④ 嘉庆《介休县志》卷12《艺文》。
⑤ 《介休市志》，第302页。

终形成全国的驿路网络。山西作为政治军事地位极其重要的内陆省份，这一特点体现得更为鲜明，连接北京与行政军事中心——太原的是大驿路，连接大同与京师的是塘路和台站路，以太原为中心，通向省内其他地区并与邻省相连接的是次冲和偏僻路，最终构成山西的驿路网络。与全国其他省份相比，山西的驿站多，驿递发达，都反映了山西驿路政治、军事功能强的特点。

　　山西山多地少，道路崎岖，宽阔平坦的大驿少，狭窄坎坷的偏僻多，水运也不发达，非常不利于民间的商业贸易交流，"查山西境内，可以运货行船之河道，未有长者，如黄河也、汾河也，此皆该省有名之河道，而皆仅容本地小艇来往，至于陆路，则除潼关、平阳、太原、大同等一道外，更无可用为交通之大路，即上所言一路，亦不得谓为平坦大道，盖该路所经，有关隘四口，其高逾海面皆有三千六七百尺，但此尚可供骡马车来往，其余所有与邻省通行者，则多仅能容一人一马经过也"。① 因此，在传统交通条件下，山西民间贸易一般多局限在短距离、低层次的集市贸易圈内进行，长距离贩运对于大多数商品而言是行不通的，正所谓"百里外不贩樵，千里外不贩籴"。② 长距离贸易只有贩运两种商品才有可能，一是不需要考虑效益问题专供特权阶层消费的奢侈品，二是特种资源或特产，如盐、茶等。总的来看，山西的传统交通体系是个矛盾集合体，一是服务于军政的驿路异常完备，二是承载民间商运的次冲、偏僻及水路明显落后，两者之间的巨大反差是山西传统交通体系的一个特点。

　　明清之际，兴起于山西的长距离贸易，打破了传统交通体系和运输工具对区域交流的桎梏，是传统交通体系下山西民间商运的一个重大的突破和变革。为满足军事需求，在政府政策的支持下，勤奋聪慧的晋商开辟出了一条条商路，形成了大规模的商帮，带着大量的商品北上南下，并逐渐推动了功能各异、特色鲜明的区域经济雏形的形成，分别是以盐业经济为主的运城经济中心，以茶马互市为主的大同经济中心，以煤铁、丝织业为主的潞泽经济中心，以金融业、商业为主的平、谷、祁、太经济中心。这

---

① 《德人之山西实业前途观（续）》，《大公报》1916年9月3日，第2张。
② 《史记·货殖列传》。

些区域有明显的核心城镇，经济功能突出，各区域主要沿驿路分布，彼此之间通过驿路与水路有一定的经济联系。这四大区域经济雏形的形成是山西商品经济的重大发展和突破，是非常值得关注的经济现象。当然，之所以称为雏形，是因为在这一时期，区域中核心城镇的辐射力较弱，核心与腹地间的联系松散不紧密，区域结构单一，虽然有若干个次一级中心存在，但相互间没有明显的等级结构区分，总体上处于低水平的均衡状态。

第二章　铁路与近代交通体系的初步形成

为应对外贸扩大、行政控制、国防与垦边的需要，也由于各帝国主义对在华利益的争夺与瓜分，19世纪末20世纪初，中国出现兴建铁路的热潮。1907年，山西境内的第一条铁路——正太铁路建成通车。此后三十年间，平绥、同蒲铁路也相继通车运营，以铁路为主干的近代交通体系基本形成。这三条铁路干线修建动因不尽相同，铁路的资金筹措、路线选择、轨道铺设、管理机构和运营状况也呈现出不同的特点，在整个修建和运营过程中，始终或明或暗地贯穿着中央与地方、主权与外力、传统与近代的冲突与博弈。

第一节　政治、经济与军事：铁路修建的动因分析

一　正太铁路——经济功能考量居多

19世纪末20世纪初，晋省官员、晋商群体对铁路之于经济发展的巨大推动作用渐有共识，正太铁路的修建正是基于对铁路经济功能的充分认识提出来的。

正太铁路主要是为了便利煤铁等矿产品的外运而修建。山西境内煤铁矿产资源非常丰饶，李提摩太在《山西开矿议》中说："德人游历至此，声称该省煤铁之矿，不特为上上品，甲于地球五大洲，且多至十三万余英方里……且矿苗平衍，不必钩深索隐，凿险追幽……"[①] 因此，帝国主义国家对山西矿产品早已垂涎三尺，它们急切需要在山西修筑铁路运输矿产

---

① 宜今室主人编《皇朝经济文新编》第6册，台北：文海出版社，1987，第29页。

品。李提摩太曾提出一个设想:"倘开铁路火车以转运,更无层递之虞,转折之累。既得煤锻炼,煤复成铁成材,而中国工价又廉,将来设厂制造,除成钢铁以供铁路之需外,并创织布等局,当令十八省用之不穷。"① 山西地方政府对铁路修建的必要性和紧迫性也有共识。早在光绪十五年,张之洞在筹办芦汉铁路意见折中就提出开采山西煤铁矿,以炼制钢轨修建芦汉干路的主张。胡聘之升任山西巡抚后,十分重视发展实业。光绪二十二年五月,胡聘之奏请朝廷,在省城设立商务局,商务局的主要任务是依据山西的煤铁资源情况,兴办矿务,以扩大山西财源。同时,他也意识到交通不便对经济发展的严重制约。恰逢光绪二十一年十二月,清政府决定恢复修建芦汉铁路,各省纷纷计划修建支路以与芦汉相接,胡聘之也抓住机会,奏请清政府修建太原至正定的铁路,与芦汉衔接,以便运输山西的煤铁。"晋省煤铁之利,甲于天下,金银铜铅,亦有矿砂可寻",然"晋省道途艰险,外商裹足,本省商富见利小而求效速,此等创办之事又多不愿附股。自非铁路先成后,商股云集,财货充裕,筹办殊不易也"。② 时人也言:"若欲观该省矿业之蒸蒸日上之势,须俟之十年后铁路修成,盖欲振兴矿业,非交通便利不可也。"③ 显然,山西官商人士都深刻地认识到,要想发挥山西的煤铁优势,达到"力求振兴""通商阜民"的目的,当务之急必须改善交通,修建山西的铁路线,尤其是与外界联系的交通线,否则,一切经济交往和贸易活动均无法大规模开展。

正太铁路也是为了满足洋货倾销冲击下农产品日益商品化对先进交通的需求而修建的。咸丰十一年,英国设在天津的宝顺洋行贩运洋布5900匹到山西榆次进行销售,拉开了洋布在山西大量倾销的序幕。在之后的时间里,洋布的销售区域不断扩大,北向太原、忻州、定襄诸地,南向祁县、太谷、平遥诸县。洋布物美价廉,逐渐被人们接受,土布业因此遭受重创。榆次因为"外布输入渐广,向所谓贩之四方,旁给西方诸州县之榆次大布,遂以绝迹"。④ 郑裕孚在《上布政使丁陈管见》中忧心忡忡地言之:

---

① 宜今室主人编《皇朝经济文新编》第6册,第29页。
② 朱寿朋编《光绪朝东华录》,张静庐点校,中华书局,1958,总第4214—4215页。
③ 《德人之山西实业前途观(续)》,《大公报》1916年9月3日,第2版。
④ 《榆次县志·生计考·工艺》。

"晋俗素称俭朴,然十室之邑,八口之家,无一人之身无洋货者。"① 朱祖荣也不无忧虑地说:"……洋布、织愈多而销愈广。窃恐数十年后,中国大布竟无所泄,而民生日蹙,国计益绌,后患何堪设想!"② 连本省的产棉区——晋南各县也纷纷摒弃土布,改穿洋布,"向之所恃以土布为常用品,今竟尽易而用洋布矣,间有自织之家,而纱仍取给于机器所纺"。③

开埠前,山西铁货驰名中外。开埠后,洋货大肆倾销,铁制品也遭受与土布一样的命运。例如因洋针的冲击,土针业衰落显著。德国地理学家李希霍芬在1870年前后考察山西时,看到制针业"几乎已经绝迹了",在大阳镇,"世代相传从事此一工业部门的一些家庭正在趋向于没落。尽管是人们极度地辛勤,到底还不能够使价格降低到每九十枚售五十文以下。商贩们照例从远方前来。大阳的针供应这个大国的每一个家庭,并且运销到中亚一带。就连现在,产量还是很大的,但是这些人是怀着忧郁的心情来端详我拿给他们看的英国针的,因为他们应当心里明白,这种针比他们的要高明得多了"。④ 光绪七年,山东巡抚周恒骐奏书:"山西铁货向由卫辉、彰德用船装运至畿辅一带行销。现因洋铁盛行,西铁壅滞,商贩多裹足。"⑤ 其他的传统手工业也多因洋货的倾销而呈现衰落趋势。

与此同时,帝国主义国家大肆掠夺山西农畜产品,农畜产品商品化程度大大提高。最突出的是棉花产业,19世纪末20世纪初,"因日本人近来在内地办纱厂很多,而且棉花出口也很厉害,棉花的需要既多,人民争趋其利,广种棉花,几有每年连麦全不种的"。⑥ 可见,由于国际棉花市场和国内机器棉纺工业的需求,棉花需求量大幅增加,商品化程度提高,使农业种植结构发生改变。其次,粮食作物如小麦、高粱、玉米等的商品化程度提高亦非常迅速。开埠通商前,部分粮食作为商品在一定范围内交易,

---

① 渠绍淼、庞义才:《山西外贸志》上册(初稿),第143页。
② 李文治编《中国近代农业史资料》第1辑,三联书店,1957,第495页。
③ 《安邑县志》,第18页。
④ 转引自彭泽益编《中国近代手工业史资料(1840—1949)》第2卷,三联书店,1958,第178页。
⑤ 渠绍淼、庞义才:《山西外贸志》上册(初稿),第146—149页。
⑥ 杨钟健:《北四省灾区视察记》,《东方杂志》第17卷第19号,1920年10月10日,第117页。

但数量不大，流通范围也不广。开埠通商以来，随着棉花种植面积的增加，缺粮地区增多，加之新式机器粮食加工业的发展，粮食交易日益增多，到19世纪末期，山西每年输出的粮食达100余万石。皮毛也是帝国主义国家重点掠夺的原材料。同治九年前后，海关规定内地扣税实行"三联单"制度，即洋行签发"买土货之报单"。报单一式三份，即三联单，洋行人员持单入内地购货后，缴纳2.5%的子口税，加盖当地税务专章与核办的厘卡印鉴，报呈海关后，沿途即可畅行无阻。这种制度的推行，极大地便利了洋行深入内地收购原材料。仅光绪二十九年闰五月一个月，就有8家洋行从山西运出13批土货，其中生熟皮张、皮袍、皮褂就有80274张（件）。① 羊绒、驼毛、猪鬃等皮毛出口量也很大。此外，手工业和副业产品，如纸张、瓷器、草帽辫、食盐、木材等流通量也进一步提高。光绪十九年，出口商品中农副产品占70%以上，工业产品仅占20.45%，而所谓的工业产品也主要是加工后的农副产品，如丝织品、砖茶、糖等。②

大量商品亟须外运，而山西落后的交通是商品外运的严重桎梏，"山西物产丰富，煤矿而外，如晋南之麦棉、雁北之皮毛，均堪为地方输出商品，人民天然富源，只以交通阻塞，运输维艰，以致蕴藏居积，财匮民贫，原因固多，而交通不便，实为其最大主因"。③ 因此，尽快修建运量大、运费低且不受季节气候影响的铁路就成为山西商民的迫切需求。

同时，正太铁路的修建也是出于应对近代交通方式兴起后传统商路衰落、山西经济衰退严重的局面的目的。天津开埠前，山西因占据最有利的地理位置，内地与蒙古地区及俄国的贸易大都由山西商人垄断，并经由华北西部地区的陆路进行。这条贯通南北的主要商路路线是：山西商人将从江南采购的茶叶、土布、丝绸、瓷器等商品先运到汉口，装船沿汉江北上，转由支流唐河入河南赊旗镇上岸，再由陆路北上，经洛阳过黄河，由怀庆府或清化镇进入山西，抵达中转站——泽州，然后再经过潞安府、沁州，北运至太谷、祁县，经加工分工后，再继续沿陆路北运，过太原府、

---

① 渠绍淼、庞义才：《山西外贸志》上册（初稿），第132页。
② 渠绍淼、庞义才：《山西外贸志》上册（初稿），第133页。
③ 《中国实业志·山西省》，第47页。

忻州、原平，出雁门关，在大同西南分道，一路向西，由归化向西经包头可达宁夏、甘肃，一路向东，由张家口可经库伦抵恰克图入俄境。

但这一切随着汉口、天津的相继开埠及海运业的发展发生了改变。以茶叶贸易为例，开埠后到20世纪初铁路通车之前，俄商可以直接在汉口和产茶区设洋行、茶厂，并开辟了一条输入俄境的新通道，即将制成的砖茶先由汉口装轮船，沿长江到上海，再从海上运至天津，在天津起岸后，再装船沿北运河至通州，然后改由骆驼或骡子驮运，向北经张家口运往蒙古，经过恰克图再入俄境。这条路线越来越重要，经此运往俄国和欧洲的茶叶数量在天津口岸贸易中占有越来越大的比例。山西作为对俄、欧商路要冲的地理优势则不复存在，这成为晋商快速衰落的重要原因。1903年，西伯利亚至符拉迪沃斯托克（海参崴）的铁路即中东铁路通车运营后，俄商贩运商品更加便利，晋商的商业贸易雪上加霜。可见，晋商快速衰落，与交通要道的变更、优势区位的丧失关系密切。这一切都警示晋商，要改变颓势，就必须拥有最先进的交通方式，以改变区位优势不复存在的现状。

此时，随着天津港内外贸易的扩大，天津与北方各地的联系日渐加强，腹地范围大大扩展，山西逐渐成为天津腹地的一部分。从地理位置来看，太原距天津港最近：

(1) 太原—石家庄—北京—塘沽，长703.21公里；

(2) 太原—石家庄—北京—秦皇岛，长925.10公里；

(3) 太原—石家庄—北京—济南—青岛，长1400.34公里；

(4) 太原—石家庄—郑州—连云港，长1003公里。

再从山西商品输入输出的情况来看，1906年，海关外国产品的输入额36178019海关两中，分配给山西省的占18%，仅次于直隶省；山西向海外输出物产占华北输出总量的27%，也仅次于直隶省，所以，山西省大体是在天津的商业范围之内。[1] 当时日本人的调查也认为，20世纪初，天津港的经济影响力已经辐射到了直隶、山西（包括归化、包头一带）和蒙古的全部，陕西、甘肃和新疆的各二分之一，山东的三分之一，河南的五分之

---

[1] 《天津志》（1909年），侯振彤译编《山西历史辑览（1909—1943）》，山西省地方志编纂委员会办公室，1986，第12页。

一，满洲的十分之一。①

也就是说，通商口岸开放后，以天津为出海口，以河北、山西等为腹地的市场逐渐形成。因此，敷设一条通往天津口岸的铁路，便利煤铁及其他农产品外运，开发沿路丰富的煤矿资源和广阔的农产品市场，是振兴山西经济的必要条件。

二 平绥铁路——政治、军事功能为主

自古以来，晋北就是汉族与游牧民族发生冲突的地区。从战国时期抗匈奴，到隋唐时期防突厥，从宋朝对抗辽金，到明朝防御鞑靼，再到康熙亲征噶尔丹，各朝各代都在晋北有着频繁的军事活动。特别是明成祖迁都北京后，晋北更是担负着拱卫京城、保卫国防的重任，"自昔华夷互争之区，而在我朝为京师陵寝右翼，尤称要害，迄今遂为雄镇焉"。②清军入关后，晋北的军事战略地位有所下降。但很快，沙俄对我国边疆地区进行渗透侵略，蒙古在沙俄的支持下蠢蠢欲动，妄图搞分裂活动脱离中央政府，我国北方形势日趋紧迫，加强晋北和内蒙古的军事防御迫在眉睫，山西尤其是晋北的重要性又重新突出起来。此时铁路的军事价值开始被重视，时任邮传部尚书的徐世昌对此有深刻认识："臣等窃维殖民必筹及交通，实边即所以固圉。有路以供输运，则物产之贱者可昂，征调之迟者可速。张绥一线，实于行军、理藩政策极有关系，即使营业本金稍有短缺，亦难置诸缓图。"③清政府也认同这一看法。

基于该路具有重大的政治、军事意义，清政府始终对外国资本保持警惕，最终拒绝外国资本插手其中。

17世纪以来，沙皇俄国就对我国边疆地区虎视眈眈，先侵入我国北疆，鸦片战争后，又贪婪地掠夺了我国西北新疆到东北外兴安岭一线的150多万平方公里的土地。甲午战争后，沙俄进一步向清政府提出修建伊尔库茨克经蒙古至张家口达北京的铁路，清政府对此高度警惕并予以拒绝："俄自修西

---

① 《天津志》（1909年），侯振彤译编《山西历史辑览（1909—1943）》，第13页。
② 薄音湖、王雄编辑点校《明代蒙古汉籍史料汇编》第2辑，内蒙古大学出版社，2000，第313页。
③ 宓汝成编《中国近代铁路史资料（1863—1911）》第2册，中华书局，1963，第919页。

伯利亚铁路后，常怀胁迫北京之心，关内外告成亟欲由伊尔库茨克造一纵断，蒙古铁路，经张家口而达北京，清政府洞知其情，严拒以自办。"① 但因俄方施加重重压力，清政府最终妥协，给予俄国修筑北京以北方向铁路的优先权，允诺如将来添造由北京向北或向东北俄界方向的铁路，必将此意先与俄政府或公司商议承造。京张铁路便包含在这个范围内。

对于俄国捷足先登取得铁路修建的特权，英国不甘示弱，也向清政府施压，迫使清政府在光绪二十四年十月十日与英方签订《关内外铁路借款合同》，并在光绪二十八年四月二十九日中英签订的《关内外铁路交还以后章程》里明确了合同的具体范围："嗣后在于离现时所有铁路八十英里地方之内，凡欲新修铁路，除此章程画押以前所应允修办之外，均应由中国北方铁路督办大臣承修，盖如北京或丰台至长城向北之铁路及通州至古冶或唐山直弦之铁路，并天津至保定府各铁路不得入他人之手，致妨碍中国北方铁路利益。"② 为缓和两国争夺中国铁路修筑权的紧张形势，避免利益冲突，英俄双方又达成协议，划分了势力范围，约定长城以北铁路修筑权归属俄国，扬子江流域的铁路修筑权则属英国。③

面对英俄贪婪的侵略野心，清政府决定拒绝外国资本，自行修建京张铁路。得知外国资本不得进入后，民间资本开始跃跃欲试，1903年，商人李明和李春先后呈请修建北京到张家口段的铁路，以"该商股不可恃，疑有外国资本参与其中"④ 的理由被拒绝。同年9月，御史瑞琛转奏商人张锡玉修筑京张铁路的请求也被驳回，商部遂特别批示："以此路关系重要，应由国家自行筹款兴筑，不得由商人率意请办。"⑤ 由此足见清政府对京张铁路的资金来源非常谨慎小心，自行修筑已成定局。

对于此路的军事价值，京张铁路总工程师詹天佑也多次提及："此路

---

① 曾鲲化：《中国铁路史》，第748页。
② 王铁崖：《关内外铁路交还以后章程》，《中外旧约章汇编》第2册，三联书店，1959，第47页。
③ 宓汝成：《近代中国铁路史资料》，沈云龙主编《近代中国史料丛刊续编》第40辑，台北：文海出版社，1974，第339页。
④ 宓汝成编《中国近代铁路史资料（1863—1911）》第2册，第911—913页。
⑤ 宓汝成：《近代中国铁路史资料》，沈云龙主编《近代中国史料丛刊续编》第40辑，第913页。

早成一日，公家即早获一日之利益，商旅亦早享一日之便安，外人亦可早杜一日之觊觎。"① 事实也正是如此，平绥铁路全线通车后，北京可以直通我国西北，直接加强了中央政府对西北、蒙古地区的控制。由是可见，对于平绥铁路的敷设，清政府自始至终都坚持重国防的原则，但顾此失彼，对于铁路的另一功能——推动经济发展显然认识不足。当时日人有言："觉醒支那使之变法自强致有今日者主因所在，非外国之刺激力焉，彼都人士于外国之侵略恐惧殊甚，岌岌防御，日惟不足，故其铁道非以经济上目的而布设，而以国防上目的而布设"，"此等铁道其经过区域类皆人烟稀少者，虽其支持营业费实所不能，不宁唯是，每年因之招莫大之亏累"。②

三 同蒲铁路——政治、经济、军事功能三者并重

执政山西多年，阎锡山逐渐认识到"交通是现代经济发展的枢纽"，"铁路是现代中国最重要的政治、经济和战争的工具"。③ 1928 年 8 月，在阎锡山的主持下，山西省议会向南京国民政府请求拨款修同蒲铁路，但被拒绝。次年，南京国民政府赈灾委员会委员张杜兰再一次提议，铁道部的答复是：同蒲路已列入第一期筑路计划第二组办理，如山西能筹足 40% 的建筑费，可列入第一组提前进行，但筑成之后，财产属国有。阎锡山对此断然回绝。1929 年 6 月，阎锡山又以赈灾委员会的名义，要求国民政府拨赈灾款 1000 万元，以工代赈修同蒲路，又被回绝。屡次被拒绝不难理解，经过北伐战争，阎锡山军事力量扩展非常迅速，在他控制下的晋绥军已占领河北、察哈尔、绥远三省和北京、天津两市，蒋介石对此十分担心。1930 年中原大战爆发，战败后的阎锡山被迫下野，修同蒲铁路一事遂搁置。

1932 年，阎锡山再度出山，任太原绥靖公署主任，主持晋绥两省军政，同蒲铁路的修建再度被提上日程。首先，阎锡山发动政治攻势，组织团体通电极力反对中央政府制定的大潼铁路修筑计划，并弹劾铁道部部长

---

① 国家图书馆古籍馆编《国家图书馆藏京张路工集》，天津古籍出版社，2013，第 5 页。
② 兰陵生编译《支那铁路政策之三大谬误》，《中国实业杂志》第 1 期，1932 年 1 月。
③ 唐纳德·G. 季林：《阎锡山研究——一个美国人笔下的阎锡山》，牛长岁等译，黑龙江教育出版社，1990，第 181 页。

顾孟余，批评其借法款是"丧失国权，违反国法，损害国益"。[①] 紧接着，阎锡山又于1932年3月1日向国民党第四届中央执行委员会第二次全体会议提出了《请政府及时确定十年自强计划案》，3月15日，山西省政设计委员会成立，阎锡山自兼委员长，组织军政财经的主要负责人和工程技术专家200多人，加紧制定《山西省政十年建设计划案》，其中，除对农业、矿业、工业、商业等方面的建设项目以及应完成的"必成量"和"期成量"做了具体规划外，在交通事业上还提出兴筑窄轨铁路，由太原绥靖公署负责监督指导，建立晋绥兵工筑路局执行其事，以5500公里为期成量，以期成量的2/3为必成量，其中自然包括了同蒲铁路。面对阎锡山的咄咄逼人之势，南京国民政府于1933年匆匆设立大潼铁路工程局与之对抗，并以铁道部的名义向山西当局表示宜采用标准轨，阎锡山丝毫不为所动，并于1933年5月1日正式开始修筑同蒲铁路，无奈之下，大潼铁路修成榆次至太谷一段后被迫停工。

这期间，阎锡山与中央政府在同蒲铁路的建设上反复纠缠，但阎锡山始终没有放弃修筑同蒲铁路的决心，他之所以排除万难也要修筑同蒲铁路，有政治、经济、军事等多方面考虑。

首先是由于山西长期缺乏南北铁路干线，这对于经济社会发展制约相当严重。1902年，山西民族资产阶级刘笃敬提出以商办的方式建立太原—蒲州铁路公司，以收回英国福公司在山西攫取的矿权。这是最早提出的修建贯通省境的铁路干线的主张。光绪三十年，正太铁路动工后，山西的争矿运动掀起高潮，为了保护山西的路权，同时也为了修筑一条贯通山西南北的铁路干线，以促进山西社会的发展，在北京的山西籍翰林院庶吉士解英格、吏部主事李廷飏、候补道刘笃敬，向山西巡抚张曾敭建议由本省绅商召集股本，设立同蒲铁路公司，自造同蒲铁路。张曾敭采纳此议，称山西煤炭储藏甚丰，"久为外人窥伺，若不及时造路，必致受人要挟"，[②]"今日列国竞争扩张权力，皆恃铁路为先驱，将欲保守权利，必以自造铁路为第一要义"，[③] 推选在籍的前甘肃省布政使何福坤总管其事，并于1906年

---

① 宓汝成：《帝国主义与中国铁路（1847—1949）》，第307页。
② 《艺书通辑》，《政艺通报》，1905年3月，第11页。
③ 交通部、铁道部交通史编纂委员会编《交通史路政编》第16册，1935，第225页。

奏报朝廷。翌年二月，山西同蒲铁路有限公司成立，并雇用德国人郝礼克为勘路工程师测定线路。同蒲路北起大同之所属天镇县，南至蒲州河滨，长 1000 余里，需款 2000 余万两白银，至 1911 年，全省共筹款 32 万余元，完成了榆次到北腰间 7.5 公里的路轨和榆次至太谷间 35 公里路基的修筑。① 紧接着辛亥革命爆发，工程随即停止。至 1930 年，山西境内仍旧只有正太、平绥两铁路，长仅 300 余公里，且都是西南东北走向，辐射范围相当有限，同蒲铁路若成，将"北临平绥，南接陇海，东连正太铁路以通平汉，西跨黄河可达三秦。它对于便利三晋之交通、发展蒙绥之贸易、联结冀陕之关系以及促进央地之互动都有巨大影响"。② 1932 年，中原大战刚刚结束，山西民生凋敝，经济溃败，交通梗阻。阎锡山决定从铁路交通入手恢复发展经济，这基于他对铁路功能的深刻理解："修铁路不仅是走路方便，最主要是建设我们山西的民生经济，发达农业、矿业、工业、商业，使物资畅通其流，人民生活富裕，把山西建设成一个最富足的省份。"③ 而同蒲铁路"沿线所经之地，皆系三晋精华之区，人口集中，物产富饶，工商各业，亦均发达，在现实的人事交通上，货物运输上，及农产品之调剂上，皆惟该路是赖，而山西又素以富藏煤铁，见称于世，此路告成后，交通既形方便，开采自易为功，其关系于经济之发达繁荣"，④ "建筑贯通南北之同蒲铁路，实已至于刻不容缓之际矣"。⑤ 而且，为消除蒋介石对自己的猜忌与防范，他特别强调同蒲铁路的经济功能："大凡修筑铁路，其目的不能同一而论。例如，所谓的国防铁路或军事铁路，由于以国防或军事为主要目的，则以输送的迅速为主要条件；又如所谓的政治铁路，则以地方行政的统制，或地方文化的开发、人民的移殖为主要目的，所以以交通便利为主要条件；再者，所谓的经济铁路，则以经济的发展或营业之追求为主要目的，以有利可图为主要条件。本省敷设的同蒲铁路，

---

① 宓汝成编《中国近代铁路史资料（1863—1911）》第 3 册，第 1124 页。
② 李可：《同蒲铁路在民国山西社会中的多重面相》，《经济问题》2015 年第 4 期，第 123 页。
③ 孙觉民：《阎锡山与同蒲铁路》，《炎黄春秋》1999 年第 2 期，第 44 页。
④ 金声：《华北同蒲铁路建筑之概况及其在国防上之价值》，《军事杂志》（南京）第 94 期，1936 年，第 75 页。
⑤ 邱仰浚：《晋省命脉之同蒲铁路修筑的经过与实况》，《中华实业季刊》第 2 卷第 1 期，1935 年，第 9 页。

即属于经济铁路,理所当然地要以经济铁路的条件为原则。"①

从同蒲铁路路线的选择上也可看出各方对这条铁路促进经济发展的殷切期待。1933年9月16日,铁道部派经济调查队调查该路沿线各地经济情形。调查队在详细了解铁路沿线的人口密度,农、工、矿、商的发展情况后断言:"大潼铁路沿线经济潜力极大,如有铁路贯通,各项事业必极发达,而尤以煤矿一项最足注意。北段初测东西二段之比较:有原平北行岱岳有过雁门关或段家岭之二线,当初测此二线纯为工程难易而作……今更就经济方面一为比较之。东线经过代县,西线则经过宁武朔县二县,代县在昔日为一商业发达之地,但今已衰落,其物产亦无足特加重视者,故此处并无特别经济利益可言,宁武地方虽不富庶,但其境内以及邻近一带有广大之森林,有煤矿、有铁矿,朔县为盛产粮食之地,输出极多;畜产亦不少,故经济方面实以西线为佳","雁门关外,由朔县以至大同之间,沿山皆是煤矿,经来交通便利之后,必有矿井栉比之日,大潼铁路尤以北段更应特与煤矿合作,铁路业务方得发展,故为促进雁北之矿业计,由朔县至大同一段路线应充分向西移近山麓,庶几一路,煤矿更易发展也"。② 除此之外,还详细考察了晋南晋北货运客运之情形,并"推测若干年后之结果,凡该路线所经过之地均为工商农产荟萃之区,故是路通后,实于山西任何方面均有莫大之利益"。③ 表2-1、2-2为调查所得沿线物产及工商品的简要情况。

表2-1　1933年同蒲路沿线物产调查

种类	产地	产量	价值
小麦	临汾等二十八县	每年约25万石	每石7元左右
棉花	临汾等二十四县	每年约5000万斛	每斛3角5分左右
旱烟	曲沃县	每年约80万斛	每斛3角左右
焦烟	同上	每年约120万斛	每斛5角左右

---

① 《山西省的产业与贸易概况》(1936年),侯振彤译编《山西历史辑览(1909—1943)》,第122页。
② 《大潼铁路沿线经济概况》,《铁路杂志》第1卷第2期,1935年7月。
③ 《中国实业志·山西省》,第8页。

续表

种类	产地	产量	价值
碱	永济县	每年约 2000 万斛	每斛 5 分左右
碱	闻喜县	每年约 1000 万斛	每斛 5 分左右
白洋布	新绛县	每年约 20 匹	每匹 10 元左右
白麻纸	临汾县	每日约 600 局	每局 3 角左右
同上	襄陵县	每日约 400 局	同上
同上	平遥县	每日约 100 箱	同上
枣	稷山县	每年约 600 万斛	每斛 5 角左右
同上	安邑县	每年约 100 万斛	同上
棉子	永济县	每年约 800 万斛	每斛 1 角左右
同上	虞乡县	每年约 400 万斛	同上
汾酒	汾阳县	每年约 5000 万斛	每斛 3 角左右
生铁器	新绛县	每日约 10 吨	每吨 20 元左右
葡萄	清源县	每年约 3000 万斛	每斛 5 分左右
小米	阳曲等十县	每年约 15 万石	每石 6 元左右
高粱	山阴等五县	每年约 4 万石	每石 3 元左右
面粉	大同县	每日约 900 袋	每袋 4 元左右
高粱	平遥等八县	每年约 18 万石	每石 4 元左右
面粉	榆次县	每年约 1800 袋	每袋 4 元左右
同上	临汾县	每年约 1800 袋	每袋 3 元左右

资料来源：《中国实业志·山西省》，第 9—10 页。

表 2-2　1933 年同蒲路沿线工商产品调查

出品地或厂名	品名	每年产额	约计价值
晋华纺织公司	棉纱	2526 包	63 万 7500 元
太原晋生织染工厂	三龙布	6 万余匹	75 万余元
	晋鼎布	6 万余匹	66 万余元
大益成纺织公司	棉纱	4500 包	8011 万余元
荣昌火柴公司	火柴	2 万 60 箱	26 万余元
雍裕纺织公司	棉纱	1800 包	46 万 8000 元
五台县工艺局	布	1200 匹	5760 元
五台县新民等工厂	布	4500 匹	2 万 1600 元

续表

出品地或厂名	品名	每年产额	约计价值
晋记烟草公司	卷烟	3000箱	30余万元
猗氏贫民工厂	布	4000余匹	1万2000余元
太谷源泉泳工厂	洋袜	4000余打	8000余元
太谷晋通工厂	布	3000余匹	1万余元
潞城泰兴蛋厂	蛋	10万斤	5万元
晋丰公司	面粉	126万袋	40余万元
安邑华美造胰公司	肥皂	4000余箱	3万2000余元
祁县晋益织染工厂	棉布	5万余匹	7万余元
汾阳昆仑火柴公司	火柴	4000余箱	20万余元
晋恒制纸厂	纸	3万余令	15万余元
平遥晋生面粉公司	面粉	1万余袋	4万余元

资料来源：《中国实业志·山西省》，第10—11页。

当然，同蒲铁路也是阎锡山应对国民政府及日本帝国主义的政治军事工具。中原大战结束后，尽管阎锡山无奈地服从国民政府，但蒋介石仍对其保持戒备。阎锡山重掌山西后，国民政府禁止他发展军工事业，对其开展与军事相关的事业也十分警惕。阎锡山从失败中反思，意识到自己失利的主要原因是经济实力不如蒋介石，于是以"自强救国""造产救国"为幌子，大搞经济建设，修筑铁路便是其中一项重要内容，既可展示不与蒋介石争权，服从中央政府的姿态，又可大大加强山西的经济军事实力。阎锡山曾言："日本的铁路交通非常方便，遇到战争，政府一声令下，只要三四个钟头就可以把军队调回东京。我们修一条纵贯山西南北的铁路，将来有事，北起大同南到蒲州的军队，半天就可以调回太原来。"[①] 同蒲铁路的军事价值显而易见。

从后来窄轨的选择也可以看出同蒲铁路政治、经济、军事功能并重。阎锡山明确表示同蒲铁路为窄轨，他的这一设想遇到很大的阻力，不仅中央政府坚决反对，也引起了下属的异议，理由是窄轨铁路运输量小，运输

---

① 郭廷兰：《修建同蒲铁路见闻录》，《山西文史资料》第24辑，1981，第140页。

单价高，运输成本高，将来随着货物运输量的增大，势必需要改建为宽轨铁路，白白增加改建费，还不如最初就敷设标准轨。对此，阎锡山这样解释："有人建议，为一劳永逸计，应采标准轨距，自是无可厚非，我之所以决定采用一公尺轨距，是我参考日本和正太铁路仔细研究的结论。主要原因，是受山西省眼前财政和经济的限制。试想修筑一条标准轨距的路，只就钢轨和枕木两项，每公里就要一万元以上，其他土地、路基、桥梁、涵洞、隧洞、车站以及机车、车辆、电讯等等……以最低年息一分计，就要年付息金六七百万元之巨。在铁路通车后，初期营运收入，可能尚不敷维护和营运的开支，哪有盈余来支付息金。这样日积月累，恐怕修了同蒲铁路，将来就是卖掉山西，还不够偿还债务的。南京各级有关机关也曾透露过：修筑同蒲铁路，应用标准轨距，中央早有计划，所需经费，可由中央统筹办理，但是这张支票，几时可以拿到，实在不得而知。我们现在是个饿着肚子的穷人，人家要给我们大鱼大肉，甚至山珍海味来吃，哪有不欢迎不接受的道理。不过画饼不能充饥，我们还是要吃小米饭、荞麦面来维持生活的。"① 为说服众人，阎锡山还专门编成《山西省修筑窄轨铁路之理由》一书，详细论证窄轨铁路投资少、得利快等各种好处，并详细比较了宽轨与窄轨的建设费及损益，从而得出结论："十五年内使用二十四磅的轻便轨条，最为合算；在三十年内使用三十磅的轨条与使用二十四磅的轨条，没有显著的不同，都是合算的；在五十年内使用三十磅重美国轨条最为合算。因此立即决定了以美国轨条修筑同蒲铁路。在山西、绥远这样的贫省，敷设铁路必须采用窄轨轻便铁路。"② 同蒲铁路通行后，每年货运量为 5000 万吨公里，旅客 7500 万人公里，客货收入为 350 万元，依每年运量增加 30% 计算，修窄轨 20 年可收回投资并盈利 670 万元，30 年可盈利 6.615 亿元，而用标准轨 30 年可赔 7.895 亿元，③ 这一成绩也证实了阎锡山所言不虚。总而言之，采用窄轨，首先是出于经济考量，"不外在求大利而已，盖彼认为同蒲路乃经济路，经济路者以发展经济，企图营利为

---

① 宋彤：《同蒲回忆》，《山西文史资料》第 58 辑，1988。
② 《山西省的产业与贸易概况》（1936 年），侯振彤译编《山西历史辑览（1909—1943）》，第 127 页。
③ 王明星：《阎锡山与山西窄轨铁路》，《中国社会经济史研究》1997 年第 4 期。

目的，是故乃采能得最大盈利之轨修筑之也"。① 此外，修筑窄轨路也有政治和军事方面的考虑，如果接受中央的资助，把同蒲路修成标准铁轨，那么同蒲铁路修成后极有可能被中央控制，铁路的客货运价、税率由中央把控制定，铁路收入的大部分也会被中央拿去。从军事方面来讲，虽然与正太铁路同是窄轨，但轨重不一样，"同蒲铁路轨间一公尺，与正太同，惟用三十二磅钢轨，正太则为五十五磅，每轴载重正太为十四吨，同蒲仅为八吨半，约占其半，车钩高同，故同蒲车辆可在正太行驶，而正太车辆不能在同蒲行驶也"，②"窄轨有窄轨的好处，有了事情，外面的火车进不来"。③

大体来看，修建一条通往通商口岸的铁路，便利煤、铁及其他农产品外运，振兴山西经济是正太铁路的主要修建动因。平绥铁路的修建动因则主要是加强中央政府对西北、蒙古地区的政治、军事控制。同蒲铁路则主要是出于经济发展、政治自保、军事防范而修建。修建动因的不同导致在后来的修建过程中始终存在主权与外力、国家与地方利益的纠缠，铁路的资金筹措、修建过程、管理机构也呈现出不一样的特点。

第二节 主权与外力，国家与地方：铁路的资金筹措与修建

一 正太铁路

1. 借债筑路

甲午战败后，尽快修建铁路以增强国力成为朝野上下的共识，但因国库亏空、不敷应用，铁路的修筑仅仅依靠政府无法完成。光绪二十一年下半年，清政府内部就铁路资金来源问题进行了首次商讨，大家争论不休，主要有三种观点。第一种主张铁路商办，不借外债，不入洋股；第二种则主张借债造路，官办或官督商办；第三种是支持铁路商办，但同时主张允许洋商入股，采取中外合股方式。④ 最后清政府采纳了第一种意见，颁布

---

① 杨汝耕：《同蒲铁路及其未来之展望》，《交通经济汇刊》第 5 卷第 1 期，1934 年。
② 《考察晋省同蒲铁路报告》，见金士宣《中国铁路问题论文集》，交通杂志社，1935。
③ 景占魁：《阎锡山与同蒲铁路》，第 23 页。
④ 崔志海：《论清末铁路政策的演变》，《近代史研究》1993 年第 3 期。

上谕，芦汉铁路如有富商集股千万两以上准其设立公司。但因为华商资金缺乏，经验不足，政府内部意见不统一，华商对商办铁路积极性并不高，商办铁路公司并未如愿兴办。于是，清政府当中主张借款官办的一派重新占据上风。张之洞指出，铁路未成，华商断无数千万之巨股，只有借债造路一策较为可行，强调要避免路权为外人所夺，借洋债比招洋股有利，"洋股必不可恃，华股必不能足"，只有"暂借洋债造路，陆续招股分还洋债之一策，集事较易，流弊较少"，① 并断言，"路归洋股，则路权倒持于彼；款归借债，则路权仍属于我"，② 建议成立铁路总公司，实行官督商办。这一建议被清政府采纳，光绪二十二年十月二十日，由盛宣怀为督办的铁路总公司成立，为避免清政府与列强直接交涉，由铁路总公司出面借洋债，商借商还。

依据中央的铁路政策，胡聘之建议由山西商务局设立公司修建正太铁路，"借款兴造"，"所贷之款，商借商还，余利酌提归公各条"，得到清政府的认可，遂被命"妥筹办理"。③

沙俄对这条铁路觊觎已久，他们判断这条铁路必定会再从太原向西展筑经陕、甘、新疆连接俄界，而东向又可与正在兴建的西伯利亚大铁路的延长线——东省铁路相呼应，这样一个弧形圈对沙俄极为有利，可以包围北京。英人肯德有类似的判断：这条铁路将来会和俄国中亚西亚铁路从塔什干引出的延长线会合，"从这条铁路中看到了开始来自中亚西亚的对中国的侧面进攻"。④ 因此，沙俄不遗余力地插手此路，首先指派华俄道胜银行出面聘用山西商务局职员方孝杰与山西政府交涉。光绪二十一年初，方孝杰向山西巡抚胡聘之呈称，他已向"华俄道胜银行议借银680万两，承修晋省铁路，拟自附近芦汉干路正定府属之柳林堡起至太原府止，分为两段兴修"，并且声明，"所借之款，商借商还，毋庸国家作保"。⑤

---

① 《张文襄公全集》卷44，中国书店，1990，第22页。
② 《张文襄公全集》卷44，第22页。
③ 《德宗实录》卷406，1897年7月14日，任根珠主编《清实录：山西资料汇编》，山西古籍出版社，1996，第2418页。
④ 肯德：《中国铁路发展史》，李抱宏等译，三联书店，1958，第168页。
⑤ 金士宣、徐文述编著《中国铁路发展史（1876—1949）》，第106页。

在沙俄不断施加的压力下,光绪二十四年五月,山西商务局与华俄道胜银行签订了《柳太铁路借款合同》,主要内容如下:

(1) 此路起自滹沱河以南的柳林堡(接近芦汉铁路的正定车站),止于太原,全长约250公里。分两段修造:一段由柳林堡至潍水河左岸、平定州以北的煤矿(即今阳泉煤矿);一段由此煤矿至太原府。

(2) 由山西商务局向华俄道胜银行暂借2500万法郎(约合华银680万两),年息6厘,期限25年。

(3) 华人购买债票,应加付20%的票价。

(4) "在三十年借款未清限内",不准在"此路沿途左右各一百里内兴造铁轨路及各项机械运行之路"。

(5) 通车后,以30%的营业盈余拨归华俄道胜银行,直至借款扫数完清为止。

(6) 此路借款,系华、俄两国商人共同商办之件,所有盈绌,两国国家概不干预。①

得知此消息后,英国也蠢蠢欲动。英国一直垂涎山西的路矿权,《柳太铁路借款合同》签署当天,英国的福公司也迫使山西商务局签订了《山西开矿制铁以及转运各色矿产章程》,取得了盂县、平定州、潞安、泽州、平阳府属煤矿以及他处煤、石油各矿的承办权,开矿期限为60年,并允许自建铁路支线接至铁路干线或河口,以运出矿产。英、俄两国对于山西路矿权激烈争夺,同时又相互妥协,合谋瓜分权益。光绪二十四年四月,英、俄两国分别由福公司和华俄道胜银行代表签订了划分在山西经营路矿的范围的协议,英俄之争才暂告一段落。

后因义和团运动影响全国,柳太铁路建设停止。光绪二十七年底,义和团运动结束,沙俄政府重提旧事,指使华俄道胜银行向总理衙门催办,尽快修筑铁路,要求按照芦汉铁路合同修改柳太铁路合同,也就是借款官办。清政府认为,"该路起于正定府之柳林堡,其发轫始基,即在芦汉车

---

① 《交通史路政编》第12册,第3985—3987页。

站相近之处，自应作为芦汉分支，俾得联络一气"，① 遂准许正太铁路并入铁路总公司办理。10月15日，盛宣怀在上海与华俄道胜银行上海分行总办佛威朗"按照芦汉铁路办法"重新签订了《正太铁路借款合同》，主要内容如下：

（1）正定府至太原府铁路约计长250公里，为芦汉铁路之支路。全路工程，限三年告竣。

（2）向华俄道胜银行订借法金4000万法郎，九扣交付，年息5厘，除由中国国家担保外，并以正太铁路财产及进款作担保品。

（3）自发售债票之第十年，开始还本，分20年匀还，但在11年以后，中国无论何时，可将借款全数还清，所有合同，亦即时作废。

（4）中国按所付利息数额的0.25%向华俄道胜银行支付酬金。

（5）所需筑路及行车器材，统归华俄道胜银行代购，并免纳厘税。

（6）由华俄道胜银行选派总工程师，负责一切工程事宜，中外籍员工均由其差遣。②

双方同时签订行车合同，共10款，主要规定：中国将正太铁路委托华俄道胜银行"代为调度经历、行车生利"，以30年为期；在代办行车期内，本路所得纯利（指支付行车等费用及摊还借款本息后的余款），应提20%付予该银行，中国铁路总公司只派监督一员稽查出入款项。

后因俄国赶工建筑东省铁路和南满支路，无力修筑正太铁路，合同签订后不到两个月，华俄道胜银行代表佛威朗致函盛宣怀，提出将正太铁路转让给法国巴黎银公司承办。法国巴黎银公司与华俄道胜银行名虽不同，其所有董事仍系银行董事，实则一家，清政府遂同意其奏请。

从以上可以看出，正太铁路经历了由商办转为官办的曲折过程，反映

---

① 《清季外交史料》第160卷，第8—10页，转引自金士宣、徐文述编著《中国铁路发展史（1876—1949）》，第109页。

② 《交通史路政编》第12册，第3994—4002页。

出清政府在这一时期借债筑路的政策具有以下特征：一是对于洋债的弊端认识清醒，但资金不足，不得已为之。当时政府资金不足，华商也受各种因素制约无力修筑，铁路修建濒于流产，如此一来，中国将更处于不利地位，虽然帝国主义侵略之心昭然若揭，西方国家银行的借款条件苛刻，在一定程度上损害了中国利权；但两害相权取其轻，在可以承受的范围内，清政府还是毅然借债筑路。二是在借债筑路的过程中，尽可能采取以夷制夷的牵制策略，均衡列强在华势力，而且在借债过程中注意到"洋款"同"洋股"的区别。但可惜的是，全国上下对借款筑路并不认可，上层统治集团没有达成共识，地方统治集团更是意见不统一，不久后全国范围内掀起反对借债筑路的自办铁路运动。

2. 铺设窄轨路

该路名为正太铁路，是因为铁路的起止点原定为正定与太原，后因正定西行要经过滹沱河，需斥巨资建桥搭路，为降低费用，遂改为正定以南 15 公里的石家庄为起点，但路名仍袭旧称。根据法籍工程师勘测，该路穿越太行山区，由获鹿至榆次山势险峻，涧谷迂回，工程异常艰巨，若按照芦汉铁路的 1.435 米标准轨距办理，则原订的借款不敷应用，主张采用 1 米的窄轨距。盛宣怀当即提出反对，但华俄道胜银行坚持要采用窄轨，声称修标准轨所需费用会大大增加，需追加 6000 万法郎，华俄道胜银行拒绝追加借款，清政府无奈妥协。采用窄轨后，其他线路设计标准也相应降低，轨重为每米 28 公斤，道床宽度为 2.2 米，路基高度为 0.4 米。[①]

1904 年 5 月，正太路正式动工，分六段陆续施工（见表 2-3）。

表 2-3 正太铁路分段进度

段别	兴工时间	竣工时间	通车时间
第一段（石家庄至乏驴岭）	1904 年 5 月	1905 年 7 月	1905 年 9 月
第二段（乏驴岭至下盘石）	1905 年 4 月	1906 年 8 月	1906 年 9 月
第三段（下盘石至平潭村）	1905 年 6 月	1906 年 8 月	1906 年 9 月
第四段（平潭村至韩家城）	1906 年 2 月	1907 年 2 月	1907 年 5 月

---

① 赵海旺：《正太铁路的修建与变迁》，《石家庄文史资料》第 13 辑，1991，第 7 页。

续表

段别	兴工时间	竣工时间	通车时间
第五段（韩家城至段廷）	1906年3月	1907年8月	1907年8月
第六段（段廷至太原）	1906年5月	1907年9月	1907年9月

资料来源：《正太史料》，《铁路月刊》正太线第1卷第3期，1931年6月。

1907年10月，正太路全线竣工通车，历时三年半，线路全长243公里，设车站35个，特等站是石家庄、太原，头等站是娘子关、阳泉、寿阳及榆次，[①] 其余为二、三等站。截至1909年，共支付建设费20719900元。在修建施工中，石家庄至下盘石两段是由外国包工数人承包的，其余工程都是由中国商人承包修建。正太铁路还修建了三条支线（见表2-4）。

表2-4 正太铁路支线进度

段别	兴工日期	竣工日期	开车日期
张凤段（由南张村至凤山）	1922年4月	1922年6月	1922年7月
太原兵工厂线	1926年4月	1926年5月	1926年7月
榆谷支线	1933年7月		1934年11月

资料来源：正太铁路管理局编《正太铁路接收纪念刊》，1933年5月，第10页。

三条支线中，榆谷支线最初并非作为支线建设。1932年7月，正太铁路还清了法国借款，国民政府收回管理权后，又拟向法国订一笔5000万法郎的购料借款，以正太路余利为担保，修建大（同）潼（关）、太（原）（大）沽两铁路。1933年7月，大潼铁路南段修建到榆次至太谷段时，被阎锡山修建的同蒲铁路南段打断，因此，这段共长36公里的榆谷支线就作为正太铁路的支线保存下来。

3. 铁路的管理

正太铁路通车后，正太铁路行车总管理处设在石家庄，由法国总工程司总管一切路务。中国政府派出总办（监督局）监督，虽然总办与总管理处是平行机构，但并没有实权，从总管理处到下属各部门再到各基层单位，正职都是由法国人担任。正太铁路的中国员工，仅仅监督局长及各处

---

① 《正太史料》，《铁路月刊》正太线第1卷第4期，1931年7月。

副处长、总核算等由邮传部委派，其他都需法国总工程司同意才能调用，铁路上的一切往来公文使用的也是法文。也就是说，法国人控制了正太铁路一切经济管理和行政大权，所谓的监督局，最后居然沦为一个承上启下、转送公文的机关。因为权力过小，监督局组织极为简单，除设局长外，仅有总翻译、总核算、总收支及材料监理备各一人。相比之下，总管理处则较为齐全，除设有总工程司以外，还下设总务处（管辖秘书、会计、材料、警务和医务等）、车务处、机务处、工务处等机构。1929年4月，国民政府铁道部将正太监督局更名为管理局，但管理大权仍被总工程司控制，管理局对各经营管理事项只能名义上监督，无实际领导权。这一情况直到正太铁路完全收回后才得以改变。1931年，与法商签订的借款合同将届期满，中国政府成立了正太铁路接收委员会，准备收回正太铁路。黄振声被任命为接收委员长，巴黎银公司委派玛尔丹作为移交代表参加谈判，在谈判过程中，玛尔丹却以铁路合同还没有到期为由，故意拖延和阻挠正太路的移交事宜。移交事宜陷入了僵局。1932年，铁道部任命王懋功为正太铁路管理局局长兼接收委员长。王懋功、总务朱华、车务王奉瑞、工务王景辛、机务罗英杰、会计余启平都在近期分别就职。[①] 最后经过王懋功委员长与法代总工程司的会商，决定于10月25日举行接收典礼。但就在最后签字时刻，法国工程司却借故溜回法国，致使移交手续不能完成。王懋功立即催促南京国民政府铁道部早作决断。1933年1月，铁道部电令王懋功：1933年1月，铁道部允许在法国工程司暨法籍处长没有签字的情况下，由正太铁路管理局局长及各处长全权办理。王懋功这才迅速完成了接收事宜。1933年2月，中国正式从法国人手中接管了正太铁路，第一次组建了有职有权的正太铁路管理局，并将原来总管理处所属的总务、工务、机务、车务等处置于管理局的领导之下。1935年6月，根据铁道部编制的专章，正太铁路管理局又对机构进行了改组，这样才与各国营铁路局的组织趋于一致。[②]

在接收正太路的过程中，山西地方政府表现出对此路强烈的控制欲

---

① 《要电·王懋功等接收正太路局》，《申报》1932年10月17日。
② 赵海旺：《正太铁路的运营管理》，《石家庄文史资料》第13辑。

望，并与中央政府展开争夺，这一内容此前有述，在此略过。抗战结束后，阎锡山成立太原铁路管理局，率先接收了山西境内的正太铁路，后蒋介石与阎锡山协商，商定正太、同蒲铁路接管原则，把原来正太路的一部分机车、车辆和其他设备让给阎锡山，才暂时解决了山西铁路利权争端。

二 平绥铁路

1. 自建京张铁路，借款建张绥铁路

交通对于经济发展、国防巩固和政令统一殊为重要。面对西北地区长期交通落后的状况，时任铁路督办大臣袁世凯、会办胡燏棻向朝廷奏报，请求尽快修建铁路："自北京至张家口一路为南北互市通衢，每年运输货物如蒙古一带所产之皮毛、驼绒，贩运出洋，与南省运销蒙古各处之茶叶、纸张、糖饯、煤油等杂货均为大宗，计其价值颇称巨数。第以运道艰辛致商务未能畅旺。"①

20世纪初，全国上下兴起收回铁路利权和商办铁路的风潮。清政府成立商部，颁布《铁路简明章程》，允许民间资本参与路权。但面对商人呈请商办京张铁路的要求，清政府均以"股本难持"拒绝，② 宣称京张铁路关系重要，应由国家自行筹款兴筑。面对资金不足的窘境，袁世凯、胡燏棻建议用关内外铁路余利来修建京张铁路，但关内外铁路的余利都存在英国汇丰银行，根据之前的商定，提用时必须经过双方协商，于是，贷款者中英银公司趁机提出聘用英国工程师为提拨余利的条件，沙俄也不甘示弱，据1899年清政府做出的从北京至长城以北的铁路如需外资须先向俄国商洽的承诺，沙俄公使态度强硬，表示反对。几经商议，清政府与中英银公司议定，先拨存备付6个月的借款本息，余可年提拨余利，并表示不用洋工程师，以示与他路无涉。此举是英国借清政府之力抵制沙俄势力所采取的策略行动。

光绪三十一年五月，清政府于北京（阜成门外）设京张铁路局，詹天佑被委任为会办（副局长）兼总工程师，京张铁路正式开始修建。建筑经

---

① 《交通史路政编》第9册，第1553页。
② 《交通史路政编》第9册，第1553页。

费系由关内外铁路（后称北宁路，今称京沈铁路）按年拨银 130 万两供给。① 修建张家口至丰镇段时，款项最初也是来自北宁路的余利，1912 年铁路通车至阳高，1914 年 1 月又展修至大同。由于营业畅旺，盈利增加，及至修筑大同至丰镇段铁路时，时任总工程师的邝孙谋经过仔细论证，提议募集短期贷款来解决资金不足问题，他预计"每日有货物一千三百五十吨，每里每吨均算运费一分，可得一千一百四十元……行车养路每年支出十八万元外，尚余七万三千余元，另加客票进项，每年可得盈余十万元"。② 这一提议获得交通部准许，由京张、张绥铁路局进行募捐，第一期 30 万元，期限 1 年，月息 7 厘，由京绥铁路按每月营业收入提款储存银行，应募者众，资金短缺问题成功解决。1914 年 9 月，同丰段通车。萧俊生等人在递呈交通部文中，预计延展至绥远后的经济效益可观："查八年份由丰镇站装运南下货物共二十六万六千三百余吨，北上货物在丰镇站卸车者四万五千三百余吨，如卓绥通车，南下货物皆由绥远装车，可多得运费四十万零二千四百余元，北上货物亦由丰镇站展至绥远，可多得运费三十万零九千七百余元。客运进款照各路普通计算，假设为与货运三与七之比例，又可多得运费约三十万元，丰绥中间各小站客货运费收入假定为最少之数，照二成计算，亦可多得二十万元，是增加收入共得一百二十余万元矣。……此后路线展长，交通畅利，人民群聚，垦地必多，农产日增，运输日进，更属意中之事。"③ 由此说服了交通部准许其继续进行募捐。1915 年 6 月，竟募得 150 多万元，1916 年 1 月，京张、张绥段合并，改称为京绥铁路。1916 年 6 月，募集第三期借款 142 万元，同时把第一、二期借款还清。1917 年 10 月，又成功募集第四期短期借款 100 万元，但在 1918 年 7 月募集第五期借款时遇到问题，因借款 400 万元数目巨大，未能募足，只得以该项债券作抵押从日本东亚兴业会社借贷 300 万元，期限 5 年，月息高达 9 厘。1920 年，第六期短期借款 100 万元，1921 年 4 月募集绥包段公债 500 万元，仍以 350 万元公债向日本株式会社借 300 万日元，

---

① 平绥铁路车务处编《平绥铁路概况》，1934 年 5 月，第 3 页。
② 《交通史路政编》第 9 册，第 1556 页。
③ 《交通史路政编》第 9 册，第 1558 页。

年息1分，期限5年。1921年5月1日，丰绥段终于建成通车。①

2. 分段修建营运

（1）京张段

光绪三十一年十月，京张路动工。京张路段地势险峻，穿越燕山山脉的军都山，最大高低差为600米，工程极其艰巨，建设颇为不易。但詹天佑不负众望，凭借丰富的实践经验，通过一系列技术手段，如凿隧道、修"人"字形折返线、发明自动挂钩等办法终于克服了这一难题。宣统元年，京张路竣工，京张段从北京丰台始，经西直门、沙河、南口、居庸关、康庄、怀来、宣化至张家口止，长201.2公里，共花费1046万元，平均每公里工款约5万元。线路设计标准大体仿照津芦铁路，路基宽6米，钢轨重85磅/码（43公斤/米），均购自汉阳铁厂，价格较低，运输也颇便利。枕木购自日本。因坡陡，采用英、美进口的马勒复涨式爬山机车，车厢由唐山机车厂制造。②

京张路不借外债、不靠洋人，完全是中国工程师用中国资金凭一己之力修筑而成的首条干路，它的成功修建极大地振奋了民族精神，更对此后独立自主建造铁路起到了良好的示范作用。在宣统元年十月二日南口举行的通车典礼上，广东代表朱洪赞誉了这一盛举："詹总办独运匠心，不假外国人分毫之力，筑成此路，为中国人吐气矣。……铁路工程既可由中国人自筑之，全国矿务机器工厂中国人也能自为之。吾今日为铁路祝，并为全国之矿务机器工厂祝也。"③詹天佑在《京张铁路工程纪略》一书的叙中也说："或者继起之工不至借助他山，取材异地，尤为蒙所希冀者也。"④后来詹天佑由于其他事务无法担任张绥铁路总工程师，遂由原粤汉铁路总工程师邝孙谋调任。

（2）张绥段

京张铁路通车以前，张绥（远）铁路就已动工，之前也曾计划修筑张库（库伦，今乌兰巴托）线，但考虑到"张库驿程达二千四百五十里，筑

---

① 金士宣、徐文述编著《中国铁路发展史（1876—1949）》，第325页。
② 李占才主编《中国铁路史（1876—1949）》，第98页。
③ 徐启恒、李希泌：《詹天佑和中国铁路》，上海人民出版社，1978，第66页。
④ 中华工程师学会编《京张铁路工程纪略·叙》，1915年12月。

三千余里之路经任烟寥廓之墟，筹筑之费既难，养路之费尤恐无着"，① 相比之下，绥远城人口较多，为内蒙古重镇，又可连接河套地区，故决定先修张绥路。张绥铁路当时存在四种路线方案，"第一线自张家口经八岔沟至新平口而出长城，一直西向经宁远而达绥远，此为北线，计长六〇八华里，敷设费一六六〇万两；第二线自山西大同至杀虎口而出长城西北，经和林格尔厅至绥远城，此为南线，计长七〇〇华里，敷设费一八四〇万两；第三线自大同北折至得胜口而出长城至丰镇，与北线相合，计长六〇九华里，敷设费一六〇〇万两；第四线实一支线，自绥远城经归化城而达托克托城，是为张绥铁路竣工后之预定线也，以上四线虽各有得失，然其第三线较南线为短，经费又较北线为少，沿线之大同及阳高两处有丰富良质之炭矿，将来煤炭之输出亦颇有望也"。② 经过权衡比较，选第三条线修建。

1912年，铁路通车至阳高，1914年1月，展修至大同，1914年9月，同丰段通车，1916年1月，京张、张绥段合并，改称京绥铁路，1921年5月1日，丰绥段建成通车。③ 对山西近代煤矿业发展影响巨大的运煤支线是1918年9月建成的大同站到口泉段铁路，全长19.8公里。大同矿区小煤窑所产之煤，在口泉站集结，通过铁路外运到京津等地区。

（3）绥包段

宣统三年（1911）六月，陕甘总督长庚奏请建筑归化城至包头镇铁路，认为："归化城至包头为西通甘新，联贯水路之枢纽，应及早筹办。"邮传部、度支部在奏折中也指出："山西、包头镇滨临黄河，水路绾毂，东通归化城，西通新疆古城，西南通甘肃、宁夏等处，向来行旅皆由包头以赴归化，今欲使甘肃土产各物畅销他省，必须有轻快之火车铁路与河埠相接，始能利商运而广招徕……张绥工程东西并举，期以数年之间联成一气，即可直达京津。不惟甘省之商务可望振兴即缠金一带开垦事宜亦当大有起色，将来展筑蒙古及新疆之路皆可以此为始基，是一举而数利具备。"④ 1923年1月1

---

① 《交通史路政编》第9册，第1554—1555页。
② 陈沂：《中国铁路史》，《正谊》第1卷第4号，1914年，第3—4页。
③ 金士宣、徐文述编著《中国铁路发展史（1876—1949）》，第325页。
④ 《交通史路政编》第9册，第1559—1560页。

日，京绥铁路丰台至包头段全线通车，铁路连接黄河航道，西宁所产之羊毛、甘肃所产之水烟、宁夏所产之药材、临河五原所产之粮食等都可以经黄河水道运至包头，再转上火车运至天津出口，贸易一时颇为畅旺。

纵观本路干线，绵亘于燕晋察绥之间，经过直隶省的宛平、昌平，察哈尔省的延庆、怀来、涿鹿、宣化、万全、怀安，山西省的天镇、阳高、大同，绥远省①的丰镇、集宁、凉城、陶林、武川、归绥、萨拉齐、包头等十余县，运营里数，京张段 201 公里，张绥段 467.16 公里，绥包段 147.87 公里，干线共长 816.03 公里。其中在山西境内的雁北段为 147 公里，另外还有大同—口泉的支线 19.8 公里。全线设站 65 个，大同境内有阳高、天镇、聚乐堡、大同等大小车站，全线归京绥铁路局管辖。1924 年，重新划分车站等级，大同、阳高为大站，堡子湾、聚乐堡、周士庄为小站。1928 年，北京改称北平，路名也随之改为平绥路。

3. 铁路的管理

光绪三十一年七月，清政府商部通艺司在天津设立京张铁路总局，在北京设立工程局。光绪三十三年五月，京张铁路总局迁至北京，其时，清政府已改设邮传部路政司管理铁路。京张段竣工后一年，也就是 1910 年 9 月，京张铁路工程局迁到张家口，改称张绥铁路工程局。1911 年 9 月，撤销张绥铁路工程局，由京张铁路总局兼办工程事宜。1912 年，北京政府成立，改邮传部为交通部，设立路政司，专管铁路事务。1914 年 12 月，京张铁路局与张绥铁路局合并后统称"京张、张绥铁路管理总局"。1916 年又更名为"京绥铁路管理局"，总办改为局长，由交通部管辖，局内设总务、车务、工务（含机务课）、会计四处。1920 年 1 月至 7 月，交通部一度将京汉、京绥铁路管理局合并，称为"京汉、京绥铁路管理局"。但至 8 月，交通部又撤销合并，分设京汉、京绥铁路管理局。

1924 年，第二次直奉战争爆发。奉系击败直系后，张作霖入京，控制了北洋政府。奉系势力因此渗入京绥铁路，并将京绥铁路运输收入的一部分作为奉军的开支。与此同时，阎锡山也借机将自己的力量扩展到绥远，

---

① 1913 年设察哈尔特别区，1914 年设绥远特别区，1928 年改特别区为省，本书统称察哈尔省、绥远省。

并开始对京绥铁路管理局进行权力争夺，派部下田应璜向奉系提出：奉系"镇威军"所辖的永家铺经大同、归绥到包头一段的收入，统归京绥铁路局管理，不予干涉，但是提发军饷时晋奉要按比例分配；从天镇以西路段的工作人员，阎锡山有权指派一部分由京绥铁路局委派工作，并安排一名副局长以达平衡。① 如果奉系答应此条件，阎锡山则保证该路段商货行旅正常通行，直到包头。但不久阎锡山设立永包（永家铺到包头）路段临时管理局，并委任一局长。京绥铁路局获悉后诘问田应璜，并致电给绥远都统商震，希望商震作为阎锡山的部下进行调停，但无果。

永包临时管理局设立后，原先包头、绥远地区的货物都直销京津，很少在大同下货。通往京津的运输车辆中断，再加之工作人员都是新手，缺乏管理经验，调动能力不强，经营极其困难。1927年6月6日阎锡山易帜，就任国民革命军北方总司令，晋军沿京绥线与奉军激战。随着蒋介石"二次北伐"，奉系节节战败，退回关外，张作霖被炸死后，张学良改旗易帜，全国形式上统一，永包临时管理局也被撤销，京绥铁路重新置于国家统一管理下。1928年，南京国民政府于五院之外，复分交通部为两部，即交通原辖邮电航等项，仍隶交通部，而路政管理机关，独立为铁道部。② 随着北京更名为"北平"，"京绥铁路管理局"也相应更名为"平绥铁路管理局"。③

三　同蒲铁路

1. 自主修建同蒲铁路

同蒲铁路的修建一波三折。光绪三十三年，山西同蒲铁路有限公司成立，商办铁路，政府不予插手，"商办则全赖群情信用，大宗悉由商认，官惟助以前数年之保息"，但结果民众消极，招股不着，最终失败。1913年，交通总长朱启钤呈大总统："窃山西商办铁路公司创设有年，进行甚缓，现在铺轨之路，只十五里，填土之路亦只七十里，资本已竭，工程复

---

① 《国内要闻二·阎锡山与奉方争夺京绥路》，《申报》1926年10月4日。
② 《我国统辖铁道机关之沿革》，《铁路月刊》正太线第3卷第4期，1933年4月。
③ 北京铁路局志编纂委员会编《北京铁路局志：1881—1987》上册，中国铁道出版社，1995，第778页。

停。外商之謬輳滋多，全线之观成无日，现张绥铁路赶筑将近大同，陇海兴工，潼关一段亦与蒲州遥接，此两纬线行将告蒇，同蒲纵贯南北，自应速图绾合，以利交通，第该路财力既已困穷，工事又太延滞，本部有监督商路、规划全局之责，不能不妥筹补救。曾与晋省长官、绅商筹议至再，金以援照沪、嘉、湘、鄂各路成案，收归国有为便。"① 经政府批准，同蒲铁路由交通部进行清偿后收归国有，后交通部与法比公司订立同成铁路借款合同，借款1000万英镑，② 由同成铁路接收同蒲路，但接收后在山西境内并未着手修建。

辛亥革命后，阎锡山主政山西，大刀阔斧地着手振兴。1917 年提出"六政"（水利、种树、蚕桑、禁烟、剪辫、天足）计划，1918 年提出"三事"（种棉、造林、畜牧）计划，1920 年又提出"山西十年厚生计划"，大力发展农林牧业生产。由于规划具体务实、措施方针得当，山西经济恢复较快，在经济社会建设中，阎锡山也逐渐认识到铁路交通的重要性，"铁路是现代中国最重要的政治、经济和战争的工具"，"交通是现代经济发展的枢纽"。③

1928 年 8 月，阎锡山主持的山西省议会决定筹办同蒲铁路，并请求南京国民政府拨款。出于防范阎锡山军事、政治力量扩张的考量，南京国民政府予以拒绝。1929 年，铁道部对山西要求修筑同蒲铁路的建议的答复是：如果山西能自筹40%的建筑费，可提前进行修建，但筑成之后财产属国有。阎锡山对此断然拒绝。1930 年中原大战战败后，阎锡山宣布下野，同蒲铁路修建事宜被搁置。

1932 年，阎锡山复出，主持晋绥两省军政。同年，鉴于正太铁路已还清借款，阎锡山请求由山西省接收正太铁路，并转为民营，国民政府铁道部予以拒绝。后听闻铁道部打算用正太余利向法国借款修建沧石铁路，山西人民群情激愤，竞相电请铁道部部长顾孟余，极力辩驳，交通部最终妥协，同意同时修沧石、大潼两路。1933 年，大潼铁路工程局成立，并向山

---

① 《交通史路政编》第 16 册，第 239 页。
② 《交通史路政编》第 15 册，第 35 页。
③ 唐纳德·G. 季林：《阎锡山研究——一个美国人笔下的阎锡山》，第 181 页。

西当局建议宜采用标准轨,阎锡山态度强硬,采用两手同时反击:一方面组织团体以向法国借款是"丧失国权,违反国法,损害国益"[1]为由通电弹劾铁道部部长顾孟余;一方面反对中央政府制定的大潼铁路修筑计划,自主修建同蒲铁路。1933年5月1日,同蒲铁路正式破土动工。大潼铁路已先于同蒲铁路两个月修建,但进展缓慢,两者在太原至榆次间的线路相同,"同蒲路榆次—太谷段,阎想占用1911年修的路基工程直接铺轨,也未获铁道部允许。1933年6月到1934年6月,铁道部修成正太路榆(次)(太)谷支线。阎不得不把南同蒲线路绕行徐沟,榆次因而有两个火车站,北门外为正太路站,西门外为南同蒲站,太谷也有两个车站"。[2]对此,晋系委员弹劾顾孟余:"部长借用巨额外资,乃独为此平行路线之修筑,先其所缓,重要其所轻,罔识大体,措置乖方!且目前工事期间,既以偈玩时日,糜耗薪给;他日该线路纵幸而修筑完成,又将以两平行线路之故,启营业上之竞争,结果必致两归失败。"[3]后同蒲铁路建设速度远快于大潼铁路,最终迫使交通部停止大潼铁路工程。

同蒲、大潼铁路筑路权的争夺是中央与地方角力的集中体现。此次交锋最终以国民政府停建大潼路、铁道部部长顾孟余被免职、阎锡山胜利而告终。从波折的修路过程也可以看出,阎锡山之所以坚持独立自主修建,原因是多方面的,既有发展经济的目的,也出于军事和政治方面的考量,当然也是靠蒋无望的无奈之举。

2. 经济高效修筑窄轨路

在整个筑路过程中,阎锡山始终秉持经济高效的原则。

首先,依靠兵工筑路。1932年10月,阎锡山在太原绥靖公署下成立一个晋绥兵工筑路工程局,设立"晋绥兵工筑路局指挥部",自兼总指挥。后又改组为晋绥兵工筑路局,下设同蒲南段工程局和同蒲北段工程局,同蒲南段工程局设总务、设计、工务、运输四课,北段工程局设总务、设计、工务三课。各部门组织精干,鲜有冗员,总指挥部下属机构根据需要

---

[1] 宓汝成:《帝国主义与中国铁路(1847—1949)》,第307页。
[2] 王明星:《阎锡山与山西窄轨铁路》,《中国社会经济史研究》1997年第4期,第72页。
[3] 宓汝成编《中华民国铁路史资料(1912—1949)》,社会科学文献出版社,2002,第780页。

经常增设、合并和调整，以避免推诿拖延，确保指挥高效，且以兵工为主修建铁路，"全路土方、石方及桥梁，均系晋省士兵担任工作，每人除月饷五元外，另给工资三元，每人每日可修土方三公方至五公方，石方半公方，以土方五公方计算，每公方工资合二分，另给每公方自备用具费五厘，比较各路普通工资，每公方需洋二角之数，相差甚巨，其军官则任指挥之责，并无工资，用费既甚节省，而士兵以每月多增三元之额外工资，又皆踊跃赴事，故工程遂迅速矣"。①

其次，坚持修筑窄轨路。面对异议，阎锡山曾言："有人建议，为一劳永逸计，应采标准轨距，自是无可厚非，我之所以决定采用一公尺轨距，是我参考日本和正太铁路仔细研究的结论。主要原因，是受山西省眼前财政和经济的限制……我们现在是个饿着肚子的穷人……我们还是要吃小米饭、荞麦面来维持生活的。"② 采用窄轨的原因，"不外在求大利而已，盖彼认为同蒲路乃经济路，经济路者以发展经济，企图营利为目的，是故乃采能得最大盈利之轨修筑之也"。③

再次，就地取材，自力更生。"除钢轨、机车为本省及本国所不能自制，不得不由国外购买外，均极力采用本地材料。"④ "同蒲线的铁道材料，机车、车辆、轨条等从德商禅臣洋行、礼和洋行、新民洋行、西门子电机厂、雅利洋行等五家洋行购买；枕木和车体用材等，全都使用山西本省的产品。"⑤ 1934年8月建成的西铭洋灰厂提供了同蒲路所需的水泥。铁路"所用路轨、枕木及修理车身材料，均拟由晋北宁武县官岑山中开采森林"。⑥ 此外，大量的筑路工具以及其他铁路用品出自西北实业公司，据统计，1934年9月至1935年8月，西北实业公司所属的工厂除了提供机器设备和生产生活用品，还生产了大量的筑路工具，装配了一大批铁路用品，极大地满足了同蒲铁路所需。如西北机车厂，这期间生产了平锤、扁

---

① 《考察晋省同蒲铁路报告》，见金士宣《中国铁路问题论文集》。
② 宋彤：《同蒲回忆》，《山西文史资料》第58辑。
③ 杨汝耕：《同蒲铁路及其未来之展望》，《交通经济汇刊》第5卷第1期，1934年。
④ 石宋有：《同蒲铁路之兴筑与建设山西》，《中华实业月刊》第3卷第6期，1936年6月。
⑤ 《山西省的产业与贸易概况》（1936年），侯振彤译编《山西历史辑览（1909—1943）》，第121页。
⑥ 钱宽伦：《论我国今后对于民营铁路之政策》，《铁路月刊》平汉线第25期，1928年12月。

锤、元锤、尖锤、垫板、夹板、千斤顶、钢钻头、洋镐、打桩铊、钢轨锯等筑路工具141种。此外，还装配、修理和制造了机车、客货车、机车水车、石渣车、土斗车、循环铁斗车、起道机、弯道机、机车闸瓦、客货车轴瓦、车轮、轮毂检查器，以及各种桥梁等铁路用品43种。其中装配〇八〇式机车6台，二六〇式机车39台，各种货车260辆，自造货车200辆。筑路工具和铁路用品的生产价值分别为9.7万元和36.5万元，占到该厂该年度生产的工厂用品和社会用品总值103.7万元的44.55%。1935年下半年，同蒲铁路建设进入高潮，这些工厂进一步扩充，铁路用品和工具的生产制造能力进一步提高。①

最后，逐段通行。1932年12月22日，晋绥兵工筑路局指挥部召开第一次筑路会议，在制定的修路计划中，同蒲路施工分三期。第一期工程由太原起始，南至介休，北至原平，第二期工程南至临汾，北至朔县，第三期工程南抵风陵渡，北抵大同（见表2-5）。②

表2-5 同蒲路工程进度

区间	修建时间	通车时间	里程
太原至介休	1933年12月—1934年5月	1934年5月	142公里
太原至原平	1934年9月—1935年7月	1935年7月	120.3公里
介休至临汾	1934年10月—1935年3月	1935年3月	134公里
临汾至风陵渡	1935年6月—1935年12月	1936年1月	236公里
原平至阳方口	1935年7月—1936年12月	1937年3月	77公里
阳方口至大同	1937年3月—1937年7月		150公里（距大同8公里未完）

资料来源：山西省史志研究院编《山西通志·铁路志》，中华书局，1997，第41页。

阎锡山早在其主持制定的《山西省政十年建设计划案》中就规定，同蒲铁路要逐段修筑，逐段通行。修筑铁路由第三年起，即以逐年所获盈利增修里数。因此在同蒲路全线贯通前的两年，其修成的1/3路段已投入运营，经济社会效益显著。逐段通行政策的实施反映了阎锡山精明务实的本

---

① 景占魁：《阎锡山与同蒲铁路》，第23页。
② 《山西通志·铁路志》，第39页。

色，有效地提高了同蒲铁路的利用率，最大限度地最短时间，利用铁路带动经济社会发展，不仅大大减轻了同蒲路的经费压力，也缓解了当时全省工矿业建设资金紧张的局面，对山西经济社会的发展起到相当积极的推动作用。

1937年日本侵华战争全面爆发，同蒲铁路北段修至韩家岭站时被迫终止，距大同站约8公里未铺轨，同蒲铁路北段未实现全线贯通。

3. 铁路的管理

1934年3月26日，同蒲铁路成立行车室，李殿华被委任为科长，筹办车务、机务、电务等事宜，嗣后陆续成段设站。7月1日，太原、介休间开始通车营业，所有南段工程局管辖的太原机务段、太介车务段，均改归行车室节制。南局的运输科也拨归行车室管辖，原有会计组改组，仍任邱仰浚为组长。10月，南北两工程局裁撤，总部添设计、工务两组，并改委祝寿萱、宋渺分别充任组长，又督工组改为总务组，购料委员会改为材料组。

1935年1月，西山支线通车。同月，成立工程验收委员会。3月，裁撤设立组，改并于工务组。4月，成立设计室，后因各站水量缺乏，水质不佳，机车给水，殊多困难，特成立给水问题研究会，工程验收委员会因无需要，亦即取消。5月10日，原有的行车室经扩充改组成立同蒲铁路管理处，阎锡山任督办，会办为朱绶光和贾景德，襄办为谢宗周，张豫和任坐办。处内设车务、机务两科及秘书、稽查、研究等室，外部管辖太原、风陵渡两车务段，太原、临汾、风陵渡三机务段及机分所等。其后，霍县、临汾间，临汾、侯马间，太原、原平间先后通车。9月1日，管理处移至太原市小东门内子弹分库旧址内办公。同日，忻窑支线通车。其后，侯马、永济间通车。12月，管理处内又添设材料组。1936年2月，管理处稽查室改归总指挥部。7月，平碛支线一部完竣，平遥、汾阳间通车，又将各车段管辖区间重新划分，计有原平、太原、临汾、风陵渡、平碛及忻窑支线运输段。8月20日，管理处奉令改为同蒲铁路管理局，移归山西省人民公营事业董事会管辖，并委张豫和为局长。局内分设秘书室及总务、工务、车务、机务、会计五课，总务课分文书、人事、材料、车务四股，工务课分设计、工程两股，车务课分运输、营业、电务三股，机务课分工

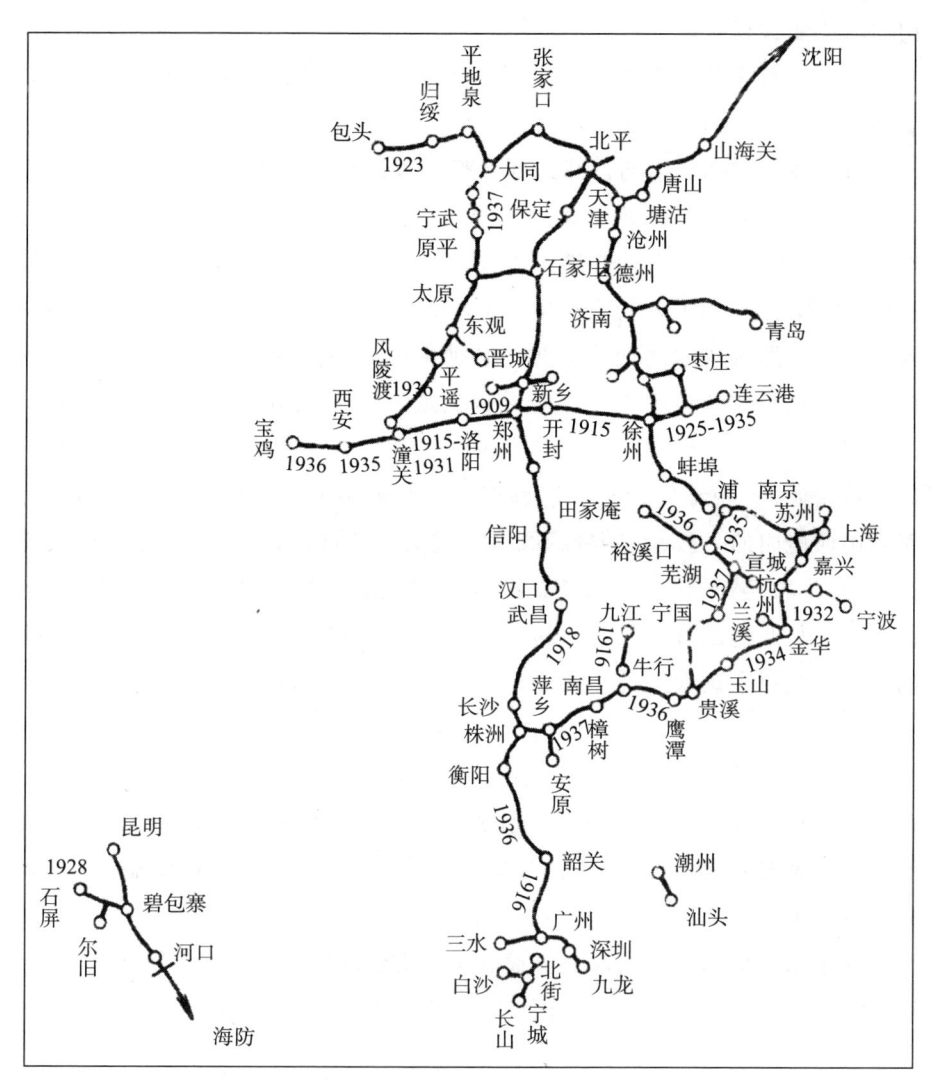

图 2-1 中国关内各省铁路（1937年七七事变时）

图片来源：金士宣、徐文述编著《中国铁路发展史（1876—1949）》。

作、工事两股，会计课分综核、检查、出纳三股。局外设材料厂、机车厂及车务、工务、机务三段，分别是忻县、太原、霍县、临汾、风陵渡五工段及原平、太原、临汾、风陵渡、平碛、忻窑等车段，太原、临汾、风陵渡三机务段及原平、介休、运城三机分所。后机车厂奉令结束，所有事务由西北实业公司制造厂代办。① 从这些机构的设置和人员的配备可以看出，阎锡山对同蒲铁路的管理十分重视。在他看来，"逐段通车营业，将来能否达到经济之目的，端视管理之如何耳"。②

抗日战争时期，同蒲铁路大部分控制权由日本掌握。日本帝国主义战败投降后，阎锡山立刻奔赴太原与日军谈判，将日本掌控的政治、军事、经济机构全部接收下来，并抢先接收了同蒲铁路和正太铁路太原至娘子关一段。9月上旬，国民政府交通部成立了平津区太原分区接收委员会办事处，以"铁路为国家之交通命脉，必须由中央统一管理"③为由有计划地接收正太铁路和同蒲铁路，要求阎锡山放弃山西全省境内铁路的管理权，但阎锡山坚决表示反对，认为同蒲铁路是山西民营铁路，中央不应直接控制民营企业，④拒绝向国民政府移交，据此提出南京国民政府要让出正太路在山西境内的一段，双方各不退让。随后，阎锡山于9月成立所谓太原铁路管理局，委派郭垣为局长，准备长期控制山西境内的全部铁路。⑤ 南京方面后与阎锡山进行长时间的谈判，才暂时定下了正太、同蒲两路接管的原则：把原来正太路的一部分机车、车辆和其他设备让给阎锡山，并且不再要求接管同蒲铁路，阎锡山则交出已经接管的正太路太原至娘子关一段，由交通部管辖。⑥ 12月，阎锡山将太原铁路管理局更名为同蒲铁路管理局。1946年1月，国民政府交通部晋冀区铁路管理局已全部接收正太线石（家庄）娘（娘子关）段，并接收机车14辆，货车200余辆。⑦ 1946年6月，国共内战全面爆发，同蒲铁路屡修屡坏，日渐惨淡。到1948年4月，这条山西境内唯一的南北交通要道干支各线通车区间只有236公里。

综上所述，三十年间，山西境内三条铁路干线先后竣工通车。正太铁

---

① 《同蒲铁路概况的呈》，山西省档案馆藏，档案号：B30（2）-54。
② 阎伯川先生纪念会编《民国阎伯川先生锡山年谱长编初稿》第4册，台北：台湾商务印书馆，1988，第1932页。
③ 铁道部档案史志中心编《中国铁路历史钩沉》，红旗出版社，2002，第190页。
④ 太原铁路分局志编审委员会编《太原铁路分局志（1896—1995）》，中国铁道出版社，1999，第79页。
⑤ 《中国铁路历史钩沉》，第191页。
⑥ 石家庄铁路分局志编辑委员会编《石家庄铁路分局志（1897—1990）》，中国铁道出版社，1997，第617页。
⑦ 《正太线交部全部接收》，《益世报》1946年5月11日。

路利用外资修建，建设速度快、收利快，缺陷也显而易见，"借债筑路就不得不在各方面受制于人，无法充分发挥铁路的向后连锁影响，即由于修筑、营运、维护铁路的需要而产生的投入"，[①] 这在正太铁路修建营运中有所体现。平绥铁路的建设具有重要的政治和军事意义，首段京张段是第一条国家自筹资金建设的铁路，它所使用的铁轨全部来自汉阳铁厂，对于振兴民族经济、提升民族精神意义重大，但平绥铁路过于关注政治军事价值，途经的晋北地区是山西物产匮乏、土地较贫瘠的地区，路线规划忽视经济效益，从长远来看对山西经济的促进作用有限。同蒲路是一条地方自主修建的铁路，最大的特点是效率高、费用省、线路合理，对山西的工业化进程影响深远，但由于地方主义意识严重，在一定程度上不能顾全大局，同时也存在重复建设、缺少整体规划等缺陷。

在此同一时期，1906年，芦汉铁路（先后更名为京汉铁路、平汉铁路）竣工，它北起卢沟桥，经保定、石家庄、郑州、信阳直至汉口，全长1214公里。1912年，北宁铁路（曾名京奉铁路）通车运营，起点为北平，经过天津、塘沽、过山海关直至奉天（今沈阳）。1912年，以汴洛铁路为基础向东西延展修筑陇海铁路，全面抗战爆发前，西安至宝鸡段竣工。津浦铁路于1912年筑成通车，它北起天津，经沧州、德州、济南、徐州、蚌埠直至江苏浦口。由这几条纵横交错的铁路干线可清楚地看出，正太铁路在石家庄与平汉铁路交会，平绥铁路在北平与平汉铁路交接，平汉铁路又与北宁铁路相交于北平，与陇海铁路相交于郑州，津浦路又于天津交北宁铁路、于徐州交陇海铁路，同蒲铁路北与平绥铁路相望，中于太原接正太铁路，南过黄河与陇海铁路衔接，山西铁路已然成为华北铁路网络的重要组成部分。

第三节　竞争与合作：铁路与其他运输方式的关系

一　铁路的营运概况

一方面，相比传统的运输方式，铁路运输具有运量大、费用低、不受

[①] 张瑞德：《平汉铁路与华北的经济发展（1905—1937）》，第127页。

季节气候影响等优势，特别适合长距离的大宗货物运输。另一方面，山西经济不甚发达，普通民众出门远行的机会较少，多是公务人员及商人乘坐火车。因此，山西铁路通行后，其营运具有以下特点。

1. 以货运为主

正太铁路通行后，以货运为主，客运为辅。表2-6为1909—1921年正太铁路客货运收入的概况。

表2-6　1909—1921年正太路客货运收入

单位：元

年份	旅客收入	货物收入
1909	358645.55	1186946.78
1910	402713.69	1321953.35
1911	358793.29	1279727.15
1912	508134.68	1963122.10
1913	430148.66	1662327.35
1914	427535.04	1603950.68
1915	484143.14	1591547.68
1916	486539.42	1658189.81
1917	519080.75	1963461.90
1918	573185.27	2588468.20
1919	625635.40	2694909.77
1920	692279.84	3094759.24
1921	660400.22	2591420.23

资料来源：《正太史料》，《铁路月刊》正太线第1卷第7期，1931年10月。

由表2-6可知，正太铁路的货运收入远远高过客运收入，货运收入占总收入的70%以上，到了1934—1935年，甚至高达83%。

平绥铁路亦是如此，平绥铁路"沿线人烟稀少，工商幼稚，客运业务，向不发达"。[①] 以1930年为例，该年平绥铁路客运收入为1737171.69元，货运收入则达到3334114.56元，货运收入是客运收入的近2倍。[②]

---

① 平绥铁路管理局编《平绥》第2册，1933年7月1日至1934年6月30日，第54页。
② 平绥铁路管理局编《平绥铁路民国十九年份会计统计年报》，1930，第34页。

同蒲铁路也是以货运为主,货运收入大概为客运收入的1—3倍(见表2-7)。

表2-7 1934—1936年同蒲铁路营业进款一览

单位:元

年份	旅客业务		货运业务		金	杂项	共计
	旅客	其他	货物	其他			
1934	88084.35	2183.19	119983.85	2811.95		3567.76	216631.10
1935	434554.25	24647.0	1259428.99	60897.48	2996.65	3815.13	1786339.52
1936	1067700.75	46093.00	2899831.89	156901.52	35853.90	6650.02	4213121.08*

注:* 应为4213031.08。
资料来源:《同蒲铁路概况的呈》,山西省档案馆藏,档案号:B30(2)-54。

2. 营运货物种类

正太铁路通车运营后,山西方面主要运出的是煤、粮食、棉花以及少量的生铁制品、布匹、砂货等商品,由河北方面运入山西的主要是食糖、石油、杂货、纸张、棉布、棉纱等货物(见表2-8)。

表2-8 1926—1930年正太铁路所运大宗货物

单位:吨

种类	1926年	1927年	1928年	1929年	1930年
硬煤	579647	288825	418405	495380	621603
烟煤	298075	349152	380810	619975	539850
粮食	90360	97119	131526	50268	74262
棉花	20527	17129	16850	8723	5844
煤油	7102	3517	11282	13176	5970
糖	4080	3647	4994	2292	1639
盐	13456	2876	7805	10553	7843
中国棉花	17573	14642	12730	16164	18332

资料来源:《民国十九年份车务报告》,《铁路月刊》正太线第1卷第5期,1931年8月。

由表2-8可见,正太铁路以煤运为大宗,而且煤炭运量占货运总量的比例呈逐年递增趋势,甚至占到货运总量的一半以上(见表2-9)。

表 2-9　1912—1915 年正太铁路煤炭运输概况

		1912 年	1913 年	1914 年	1915 年
货运总量	数量（吨）	474975	492936	523499	593863
	运费（元）	1963194	1662327	1624656	1598986
煤炭	数量（吨）	319455	376000	419050	500589
	运费（元）	665283	745258	798740	858341
	数量比例（％）	67.25	76.28	80.04	84.29
	运费比例（％）	33.88	44.83	49.16	53.67

资料来源：日本同文会编《中国分省全志·山西省志》（1920 年），孙耀等译，山西省地方志编纂委员会办公室，1992，第 105 页。

平绥铁路货运"各类均有，以杂粮、煤炭、盐碱、牲畜、皮毛、药材、蔬果、杂货为大宗，其口泉与门头沟暨沿路其他各煤矿产运数量尤巨"。[1]

由表 2-9、表 2-10 可知，正太、平绥两路均以煤炭运输为最大宗，数量均占货运总量的一半以上。但进一步分析可知，正太路的煤运远较平绥路发达（见表 2-11）。

表 2-10　1936 年平绥铁路商运货物分门吨数及占比

单位：吨，％

	农产门	矿产门	工艺门	兽产门	林产门	共计
总数	239.696	546.429	103.235	73.464	13.655	976.479
占比	24.55	55.96	10.57	7.52	1.40	100.00

资料来源：《平绥铁路货运调查报告》（1936 年 4 月），中国第二历史档案馆藏，档案号：28-13874。

表 2-11　1928 年、1931 年平绥路与正太路货物运输对比

	路名	矿产品	农产品	林产品	兽产品	工艺品	共计	矿产品占总额比例（％）
运输货物（吨）	平绥（1928 年）	307732	92992	26533	43249	103344	573850	53.63
	正太（1931 年）	1529920	73761	7476	6238	87762	1704877	89.74

[1] 交通部平津区张家口分区接收委员会办事处：《平绥铁路概况》，1946，第 17 页。

续表

	路名	矿产品	农产品	林产品	兽产品	工艺品	共计	矿产品占总额比例（%）
进款（元）	平绥（1928年）	436463.96	985053.13	183020.80	884319.00	1009862.69	3498719.58	12.47
	正太（1931年）	2195909.21	554288.75	33993.25	55231.90	663199.08	3502622.19	62.69

资料来源：高鹿鸣《铁路对于救济国煤制定运价所应依据成本之刍议》（1932年12月），中国第二历史档案馆藏，档案号：20-3141。

从表2-11的数据可知，1928年，平绥铁路的矿产品虽占全年货运总吨数的53.63%，但矿产品进款只占商运物品总进款的12.47%，矿产品之延吨公里，占商运物品之总延吨公里的22.44%，矿产品平均行程为68里，每延吨公里之平均进款为2分9毫。1931年的正太铁路，其矿产品占全年总吨数的89.74%，矿产品进款占商运物品总进款的62.69%，矿产品之延吨公里占商运物品之延吨公里的80.53%，矿产品之平均行程为80里，每延吨公里之平均进款为1分8厘2毫。[①]

同蒲铁路沿线物产丰富，"除棉花为联运货物出口之大宗外，而西北实业公司之洋灰、火柴、防火砖及窑货，多经由本路出口，又如高显之烟叶，运城之潞盐，原平之化盐，河边之水果，皇后圆、轩岗、西山、两渡、灵石、许家店、富家滩、南关、霍县、辛置等处之煤炭，晋南各站之小麦，晋北各站之杂粮，以及太原晋丰面粉公司临汾晋益面粉公司之面粉，太原晋华卷烟厂之卷烟，侯马之铁器，北营之硫化碱，太原、榆次、侯马之棉织匹头，络绎起运，为数颇巨"。[②] 由表2-12可知，同蒲铁路运出的多是农产品和矿产品，且前者数量多于后者。

[①] 高鹿鸣：《铁路对于救济国煤制定运价所应依据成本之刍议》（1932年12月），中国第二历史档案馆藏，档案号：20-3141。
[②] 《同蒲铁路概况的呈》，山西省档案馆藏，档案号：B30（2）-54。

表 2-12 1935—1936 年同蒲铁路运出货物统计

单位：吨

年份	矿产品	农产品	林产品	禽畜品	工艺品	政府	本路材料	总计
1935	58241	113636	2233	728	21242	12053	230656	438969*
1936	100500	155796	5174	2400	80274	106784	206698	657626

注：* 应为 438789。
资料来源：《同蒲铁路概况的呈》，山西省档案馆藏，档案号：B30（2）-54。

虽然三条铁路均以货运为主，但沿线物产不同，货运种类也不尽相同，正太铁路以煤运为大宗，农产品辅助输运；平绥铁路虽也以煤运为大宗，但远不及正太铁路运量大，农产品、畜产品在平绥铁路货运中占有重要的份额；同蒲铁路贯通山西南北，沿途物产丰富，货运种类丰富多样，以矿产品、农产品、工艺品为大宗，同时兼顾林产品、禽畜品。

3. 总体效益较好

三条铁路营业状况最好的为正太铁路。正太铁路所经区域多为矿产丰富之地，货运以煤炭及农产品为主，货源丰富，因此多为盈利，少见亏损，年收入多过百万元（见表 2-13）。

表 2-13 1909—1935 年正太铁路运输收支统计

年份	货物发送吨数（吨）	旅客发送人数（人）	营业收入（元）	营业支出（元）	余额（元）
1909	213100	197902	1471647	1773008	-301361
1910	328951	219472	1756493	862160	894333
1911	380094	205110	1661975	846333	815642
1912	474975	264314	2501473	915201	1586272
1913	492936	258241	2125433	968269	1157164
1914	523499	263180	2066532	1039455	1027077
1915	593863	248195	2111557	664987	1446570
1916	770237	239446	2184027	1290367	893660
1917	797320	272936	2527621	1284967	1242654
1918	1068990	208607	3210437	1337384	1873053
1919	1107665	315492	3377325	1441644	1935681
1920	1145888	361719	3851805	1485828	2365977

续表

年份	货物发送吨数(吨)	旅客发送人数(人)	营业收入(元)	营业支出(元)	余额(元)
1921	1397718	352233	3334218	1505527	1828691
1922	1203929	360751	3590118	1597419	1992699
1923	1730089	416416	4812783	2098833	2713950
1924	1573216	506508	4416948	2124081	2292867
1925	1587435	546069	4768521	2297038	2471483
1926	1281784	661610	3111239	2149656	961583
1927	950214	708940	3860224	2182378	1677846
1928	1090733	900873	4947829	2097629	2850200
1929	1409577	1051561	5203585	2717901	2485684
1930	1509159	1299328	5880266	3415685	2464581
1931	1804238	977511	5525047	3264056	2260991
1932	1829302	1022543	5413333	3360534	2052799
1933	1829712	933543	5472195	3393286	2078909
1934	2132186	630864	6351275	3430642	2920633
1935	2332455	733663	7116951	3578606	3538345

资料来源：《山西通志·铁路志》，第 607 页。

平绥铁路的运营效益不及正太铁路。京张铁路通车第一年，路线较短，辐射范围有限，货源不足，年亏损 15 万两。① 全线贯通后逐渐开始盈利，收入可观，"自民国肇兴，路线日长，交通益便，运输畅旺，加以沿途胜迹极多游者频繁，历年客货进款逐年递增，与各平汉、津浦等发达之路按里平均不相上下"。② 但至 1926 年，北伐战争战火扩至平绥线后，平绥铁路元气大伤，经营形势急剧下滑，连续两年出现亏损，且恢复极为缓慢（见表 2-14）。

表 2-14　1910—1933 年平绥路营业收支数目

单位：元

年份	收入	支出	净收入	净支出
1910	1932160	1254437	677723	

---

① 《全国铁路盈亏记略》，《东方杂志》第 7 卷第 6 号，1910 年 6 月 25 日，第 129 页。
② 京绥铁路管理局编译课编《京绥铁路旅行指南》，1926，第 5 页。

续表

年份	收入	支出	净收入	净支出
1911	1806344	1156641	649603 *	
1912	2622886	1128676	1494210	
1913	3294003	1416296	1877707	
1914	3490778	1536464	1945414 **	
1915	3613494	1940047	1673447	
1916	3895779	2317138	1578641	
1917	3718001	2548203	1169798	
1918	4400638	2866190	1534448	
1919	4826717	3176590	1650127	
1920	5632053	3340842	2291211	
1921	5509432	4372429	1137003	
1922	6593824	4536041	2057783	
1923	8317768	5650749	2667019	
1924	8188389	6127845	2060544	
1925	11743265	7062830	4680435	
1926	5184348	5967506		783158
1927	5394400	5951900		557200 ***
1928	5355238	5281996	73242	
1929	6205545	5927435	278110	
1930	5708153	5418342	289811	
1931	7418916	6882792	536124	
1932	7889583	7090951	798632	
1933	8761463	8355747	405716	

注：* 应为 649703。** 应为 1954314。*** 应为 557500。

资料来源：《京绥铁路旅行指南》，第 6—7 页；《平绥铁路概况》，第 10 页。

同蒲铁路纵贯山西南北，沿线物产丰富，且铁路选线科学，沿线的三十几个县份，大多数经济基础较好，尤其是晋中的榆次、太谷、祁县、平遥等县是晋商的大本营，商业基础雄厚，资金充足，物产丰富。阎锡山的西北实业公司各厂矿也加紧扩展或兴建，大量的机器设备和原料需要铁路运输，这为铁路运输提供了丰富的货源。而且为振兴本省经济，阎锡山制定了"加大输出，减少输入"的方针，加强了对外贸易的管理，山西农产品和土特产品的出口量明显上升，这都需要依靠同蒲铁路外运。再加上同蒲铁路实行的是分段修建、分段运营、高运价政策，每吨一等货为 0.135 元，二等货为 0.0891 元，三等货为 0.072 元，四等货为 0.054 元，五等货为 0.0324 元，六等货为 0.027 元，均高于其他铁路的运价。如此种种，都让同蒲铁路在短期内获得了不错的利润，连年盈余，效益良好（见表 2-15）。

表 2-15　1934—1936 年同蒲铁路运营统计

项目	单位	1934 年	1935 年	1936 年
营业公里	公里	142	381	706
营业进款	元	216631.10	1786339.52	4213121.08
营业用款	元	152265.96	621715.11	1247642.90
营业进款净数	元	64365.14	1164624.41	2965478.18
本年盈余	元	95327.53	1163361.73	2960561.39

资料来源：《山西通志·铁路志》，第 608 页。

4. 影响营运的主要因素

（1）积极因素

对营运有明显推动作用的主要有三个政策。首先是铁路联运政策。货物联运好处自不待言，一是免除了重复装卸货物的麻烦，二是节省了时间与费用。铁道部极力推广铁路联运政策，断言"全国联运贯通，则各路客货，互相流畅，营业发展，而各地生产事业，亦必渐趋繁荣，犹之人身血脉畅通，则全身悉能营养得宜，其人之体质，自亦康健无疑"。[①] 1930 年，平绥铁路与北宁铁路实行了联运，"所有联运机车车辆，统由北宁拨来"。1934 年，平绥铁路"复与北宁商订临时联运办法，（择定西直门等十六大站，实行负责货物联运，此为十七年后本路与外路正式恢复联运之嚆矢）"，[②] "凡本路粮食、驼羊毛、水烟、甘草、蛋品

---

① 《全国铁路联运之恢复与推进工作——铁道部业务司长俞栊报告》，《铁路月刊》正太线第 3 卷第 4 期，1933 年 4 月。
② 《平绥》第 2 册，1934 年 7 月 1 日至 1935 年 6 月 30 日，第 61 页。

五项，运赴北宁各站者，得用本路原车过轨"，① 后又与平汉铁路联运。

　　正太铁路先后与平汉铁路、北宁铁路实行了晋煤联运。同蒲铁路竣工后，也分别与陇海、正太两铁路实行联运，并积极与平汉、北宁铁路商议联运办法，"本路于 1936 年 10 月 10 日，与陇海铁路及招商局办理联运，现在又与正太铁路会商客货联运办法，不久可实现，至与平汉北宁联运一节，亦积极计划意在必行"。② 预计联运后必将四通八达，效益可观，"本路南联黄河，赖船只与陇海衔接（黄河铁桥已由铁道部派员督工兴修，明年双十节前，即可完成，则益捷便矣），东接正太与平汉相连（正太现已接轨，将来联运计划实行，车辆直通，则联运货物无倒装之烦），北接平绥，直达朔漠（迨本路延至大同，则货物自能联运，则货物可畅通南北矣），并又先后兴筑平碛支线（由平遥至碛口，则晋西陕北，各项货物物产均可畅通各地矣），白晋支线，将来完成与道清铁路衔接，朔绥支线（由朔县至绥远，则绥省之产物可直达晋境各地矣），均为同蒲之培养路线，将来货物运输之畅旺，收入增加，自可预见"。③

　　货物联运具有便捷、节省的特点，深受商民的青睐，铁路也收益颇佳。"铁路开展货物联运后，大大刺激了货物运输量的增长，1920 年，全国铁路联运的营业进款为 310 余万元，1921 年为 450 余万元，1922 年，进款骤增至 880 余万元，1923 年为 1300 余万元，增加之速，殊为惊人。"④

　　其次是降低运价。正太铁路路线崎岖险峻，工程难度大，修建保养及行车的费用要比其他铁路高得多，所以货物运价也居高不下，甚至高出平汉路百分之三四十，商民不堪重负，怨声载道。1932 年 10 月，正太铁路收归国有后，为了扩大运输，提高竞争力，采取了削低运价的办法：①削低粮食运价。自 1933 年 8 月 15 日起，将粮食运价由原来按四等收费改为按五等收费。②降低煤炭运价。从 1934 年 7 月 1 日起，规定运煤特价，硬煤每吨公里运价由 2 分 5 厘核减为 2 分；碎煤按 1 分 8 厘收费，比硬煤运价低 10%。③削减棉花运价。当时山西全省共有 49 个县种植棉花，棉田

---

① 《平绥铁路运输业务之改进》，《大公报》1934 年 6 月 17 日，第 13 版。
② 《同蒲铁路概况的呈》，山西省档案馆藏，档案号：B30（2）-54。
③ 《同蒲铁路概况的呈》，山西省档案馆藏，档案号：B30（2）-54。
④ 《同蒲铁路概况的呈》，山西省档案馆藏，档案号：B30（2）-54。

面积为 133 万余亩，产棉 57 万余担（每担 50 公斤）。产棉除本省消费外，可输出 39 万余担。所以，棉花向为该路大宗货运之一。但由于陇海铁路降低了运棉运价，晋南棉花多转由陇海路运出，正太路的棉运量因此骤降。鉴于此，该路也采取了补救措施，经铁道部批准，由 1934 年 4 月 22 日起，棉花运价按照原来订的等级核减 30%，暂以半年为期。1935 年 1 月 1 日又进一步降低，即凡由该路东运的山西棉花，不分粗细，一律降低到五等运价。④1936 年，正太路又调整了货运价格。将货运硬煤每吨公里改为夏季收运费 1 分 8 厘，冬季 2 分 8 厘 6，棉花收 3 分 2 厘。这几种货物按特价处理，自 1936 年 5 月 1 日起实行。⑤降低铁货、砂器运价。自 1934 年 9 月 1 日起，对粗铁、生铁、铁锅、食盐等项货物定出特价，按四等减少 30%；从同年 10 月 20 日起，对山西平定县所产的砂货，改按六等货物收费，即每吨公里为 2 分 7 厘 5 毫。① 1934 年，平绥铁路局对农产品采取了非常优惠的运价，粮食运输量增长明显。1933 年大同运销平汉线及北平的高粱仅有 10400 吨，1934 年前两个月就输出了 4353 吨；1933 年平绥路输出豆类仅 3270 吨，1934 年前两个月就输出了 5056 吨。②

最后是货物负责制。货物负责制就是由路方负责货物安全的铁路运输制度。一旦货主将货物交与铁路，路方将负责将货物运输到目的地，如货物在运输中发生丢失、损坏、变质之事，由路方负责赔偿。货物负责制简化了托运手续，虽然运费稍高，但方便了货主，货物也极少损坏丢失，货主非常青睐。1933 年 2 月 15 日，正太铁路遵照铁道部令，先实行了零担货物负责运输制，半年后，全线统一实行整车货物负责运输制。至年底，正太铁路负责运输的货物达到 57099 吨，加收一成负责运费，增收 48718 元。③ 平绥路货物负责制的实施也颇为顺利，"平绥铁路业务自经整顿之后，颇有蒸蒸日上之势，三、四两月之收入，较去年同月份，均增加三十余万元，自上月实行零担业务负责运输后，商人颇感便利，营业亦因之畅旺，该路方面，遂定于本月十日起，实行全路整车负责运输，不分货物种

---

① 赵海旺：《正太铁路的运营管理》，《石家庄文史资料》第 13 辑。
② 平绥铁路车务处编《平绥铁路沿线特产调查》，1934，第 6—7 页。
③ 《平绥铁路沿线特产调查》，第 6—7 页。

类，凡是一车者，均可交至车站，由路上代客运至指定地点，客人可免自行押车之损失，沿路又不致被偷儿私窃"。①

（2）消极因素

首先，战乱频仍是导致铁路运输受阻甚至中断的最主要因素。

民国时期，华北地区军阀争权夺利，战乱连绵不断。且军阀都认识到铁路有利于运输军队粮饷及武器装备，能够大大扩展军事力量影响的范围，所以都非常重视对铁路线的争夺，战火也因此多集中于铁路沿线地带，这对铁路运输造成了直接破坏。例如，大量铁路车辆设备被破坏或抢夺，严重影响正常的商业运输。1928年5月，奉军退出关外时，扣去机车76辆、煤水车74辆、客货车2300余辆，②几乎扣去中国车辆之半。平绥铁路的损失最为惨重，"自十五年后军事迭起，致幸经完成之路线，辄中梗阻断甚久，而甫经新用之车辆，尤流散毁坏甚多，此路运初受打击，已为痛深创巨。北伐统一完成后，渐图整理恢复，并清理流散车辆，复分别修理补充，经过数年，于二十二年起营业始复有起色……按历年会计统计年报，本路原有车辆最多时，计为机车一百三十八辆，客车一百八十五辆，货车一千五百五十七辆，各项公务车二十余辆，惟其中颇有因军事流散，而迄难清理收回者，亦有少数由他路流入，而勉资抵补者，至二十四年止，计在路实有车辆，为机车一百零三辆，客车一百二十八辆，货车一千一百七十八辆，公务车十余辆，二十五六年大致相同，是较原有最高辆数已减少甚多，于营业运输自影响甚巨"（见表2-16）。③

表2-16　1928—1934年平绥路机车及客货车数量统计

单位：辆

时间	机车	客车	货车
1928年以前	138	149	1537
1928—1931年	89	39	547
1934年4月	109	119	1089

资料来源：《平绥铁路概况》，第7页。

---

① 《平绥路沿线商务会议》，《大公报》1934年5月5日，第4版。
② 平汉铁路管理委员会编《平汉年鉴》，台北：文海出版社，1989，第640页。
③ 《平绥铁路概况》，第16页。

更严重的是，军阀动辄直接夺占或封锁铁路，致铁路运输完全中断。"宣统末年军兴，本路（正太铁路）路线自六十号道牌起至太原府止完全为晋省民军所占据者约一月有半……统计修理用费在工务项下共洋三万五千一百八十八圆八角六分……十三年正太铁路因邻近有军事行动货物不能畅运，所受损失约九十五万余元，十四年约损失八万五千余元。"[①] 1927年晋奉战争爆发，正太铁路被封锁。1930年中原大战爆发，正太铁路"军运极繁，而平汉路车辆又几全被晋省军运占用者，殆历大半年之久，致本路商货之转运，失其主要出路"。[②]

由此可见，战争的扰乱对于铁路运输最为致命。这从表2-17中也可窥见一斑。

表2-17 1909—1935年正太、平绥、同蒲铁路货运量一览

单位：吨

年份	正太路	平绥路	同蒲路
1909	313100		
1910	328591		
1911	380094		
1912	474975	702271	
1913	492936	774928	
1914	523499	951223	
1915	593863	550056	
1916	770237	1830422	
1917	797320	1109159	
1918	1068990	1305378	
1919	1107665	1386094	
1920	1145888	1494344	
1921	1297712	1407153	
1922	1203929	1372744	
1923	1730089	1961604	
1924	1573216	1558381	

① 《交通史路政编》第12册，第4174页。
② 《铁路月刊》正太线第1卷第4期，1931年7月。

续表

年份	正太路	平绥路	同蒲路
1925	1587454	1918874	
1926	1281184	870779	
1927	950214	753435	
1928	1090733	733785	
1929	1409577	938213	
1930	1509159	1017819	
1931	1804238	1352435	
1932	1853677	1638257	
1933	1829712	1649290	
1934	2294316	2354405	
1935	2515195	2397958	438969

资料来源：《山西通志·铁路志》，第427页。

表2-17清晰地呈现了铁路货运的三个发展阶段。1925年之前，运输呈整体上升态势，1909年，正太铁路发送货物31.3万吨，1916年增至77.0万吨。1917年，正太、平绥两路货物发送量达到近200万吨。这一时期，政治、社会相对安定，铁路的正常运行推动了沿线经济发展，货运逐渐畅旺，并反过来带动铁路运输量的增长。1926—1929年，运输量整体下滑，1927年，正太铁路回落到近100万吨，平绥路连续4年货运量在100万吨以下。这主要归咎于这一时期国内局势动荡，战乱不断，严重干扰了铁路的运输。1930年后，铁路货运量才逐渐增加，1934年正太和平绥两路货运量合计突破450万吨，1935年达到近500万吨，这也是缘于国内局面稳定，铁路运输正常，经济加快复苏，铁路运量亦逐渐回升。

其次，运价和税捐的增加也是影响运输的重要方面。"山西省按货价实行征收2.5%火车货捐后，本路实受前所未有之打击，凡进出省货品价值稍高者，几完全不由正太线装运。"[①] 平绥铁路在运费加价后矿产运输量下降态势也相当明显（见表2-18）。

---

① 《民国十九年份总报告》，《铁路月刊》正太线第1卷第4期，1931年7月。

表 2-18 1931 年平绥路加价后矿产运输比较

单位：吨

时间	煤焦炭及泥石板
1931 年 5 月	73906
1931 年 6 月	66526
1931 年 7 月	57286

资料来源：《矿业周报》第 171 号，1931 年 12 月 21 日。

最后，运营管理混乱也极大地影响了铁路的运输业务。正太铁路营运初期，货运无统一计划和固定车次，都是临时计划、临时安排。头一天由运输部门根据各车站的车辆情况报告，确定列车在各站的到开时间，用电报通知各站执行，车辆的调动和行车人员的安排都是依照这个临时计划，这样导致运输工作困难重重。装卸工人事先不知道列车开行时间，难以提前准备，以致措手不及延误货运。"1922 年起，正太铁路采取了多开客货混合列车、减少货车的措施，使货物列车每年由万次以上突然降至 700 次以下；相反，混合列车由 726 次猛增至 9934 次。次年、第三年，又增到了 14000 次以上。由于行车没有通盘计划，加之调度指挥上的盲目，因而运输效率很低。在法国管理期间，石家庄至阳泉间，列车开行每天最多没有超过 17 对；阳泉太原间，每天最多也没有超过 7 对。而且运行速度极慢，从太原到石家庄，特别快车要走 14 个小时，货车有时要走二三天才能到达。"[1]

平绥铁路的运营管理更加糟糕。"货物装载之无纪律亦属罕闻，盖在包头或归绥转运之物每待至二三月尚不能出口，故商人往往不能如期交货，或及时售卖，群视火车装运如畏途。"[2] 行车事故屡见不鲜，据平绥铁路行车事故统计年表，1933 年 7 月至 1935 年 6 月，诸如出轨、伤毙人命、脱钩等事故总计 328 起。[3]

除了上述的积极和消极因素外，市场因素也是影响铁路运输的重要方面。

---

[1] 赵海旺：《正太铁路的运营管理》，《石家庄文史资料》第 13 辑。
[2] 郭颂铭：《绥远考察纪略》，1942 年复印本。
[3] 铁道部秘书厅编《铁道年鉴》第 3 卷，商务印书馆，1936，第 772—773 页。

正太铁路的运输曾受到山西粮食、棉花丰歉的影响，"民国元年因上年军兴停车月余，待运之货甚多，遂络绎由晋东下，运输进款骤见增加，兼值晋省连岁丰收，粮运尤形发达，二年夏间因雨水泛滥冲断路线，多处停止运输，几将两月又值晋省歉收，粮运顿减，营业大受影响，七年营业进款客票及行李票较上年多收五万余元，商货多收六十余万元，其原因一为晋省丰收，粮运发达"，① "山西省南北各区因歉岁，故有禁止粮食出境之举，十八年间，棉花一项亦因久旱，不能种植，以致本路运输失去两宗重要货品"。②

平绥沿线粮食市场与关外粮食市场的激烈竞争也直接影响到平绥铁路的货运。"在九一八以前，东北高粱大豆，畅销于关内，平津附近及滦东市场，几全部为其垄断，本路（平绥铁路——笔者注）所产粮食，除胡麻菜籽为特产出口产物，他路难与竞争外，其能畅销者，不过小米一项，高粱及豆类，则不能与关外所产者，竞争于市场，自九一八后，关内外经济关系几同断绝，东北粮食，仅少数得由海道输入，据北宁报告，二十二年八月至今年三月，输入数量不过三万余吨，较诸曩者，实隔霄壤。本路粮食因得源源运出，据二十二年统计，输出数量约为三十万吨，大部分销于平津两地，是本路对于平津粮食之供给，实占最要之地位。"③

国际市场的波动对铁路货运的影响也相当明显。一战期间，钢铁的需求量激增，铁产品的输出量也就相应上升。1929—1933 年资本主义世界经济危机时期，由于洋棉大量倾销，山西棉花价格一路下滑，棉农亏损严重，导致棉花种植面积大减，产量剧减，正太铁路的棉花运输量也因此大幅下降。

二 近代公路修建及营运

1. 近代公路的修建

20 世纪二三十年代，人们对交通发展于经济的巨大推动作用已有共识："实业之发展重在交通，而交通尤贵有联络性，输入本省之不足，输

---

① 《交通史路政编》第 12 册，第 4180 页。
② 《民国十九年份总报告》，《铁路月刊》正太线第 1 卷第 4 期，1931 年 7 月。
③ 《平绥铁路沿线特产调查》，第 23 页。

出本省之有余，通有无、资贸迁、生产消费之调剂，尽在于斯矣。"① 但现实却是，20世纪20年代之前，山西的道路状况很差。虽然正太铁路、平绥铁路已经通车，但路线少，里程也不长。其余大多数道路仍是清末驿路的水平，不仅狭窄崎岖，而且多为沙石土路，下雨即泥泞不堪无法行走，山洪暴发即交通堵塞。山区道路多为山高、坡陡、沟深的险道，晋北的飞狐道，太行山上的羊肠板，太原北线的十八盘、西线的薛公岭、南线的韩信岭等地段，行人皆视为畏途。水平低、质量差的山西道路对经济交流、社会发展的制约越来越严重，近代公路的修建迫在眉睫。"查山西出产以煤铁、皮毛、棉花、麦、豆等为大宗，而通省各县或产煤铁，或产棉麦，或产米豆，或产皮毛，早为一般人士所洞悉，只以山路崎岖交通梗塞，遂致天然利源终于废弃，间有关心民瘼利济为怀者，急于筹设工厂，实现利用厚生之计划，而重大之机器无法运送，盖筹划亦终归于停顿，可惜孰甚。倘全省公路修成，联络各县交通，则缩地有术，运输自便，将来或采用蒸汽自动车以资运输，或利用汽车以免延滞，岂第出入货物数量增加倍蓰，即时间上、运费上亦均可获无限之利益也，且因此而之商实业勃然兴起，则地无弃利，人无遗财，民康物阜，家给人足，其影响于政治、教育、国计民生者尤匪浅鲜也。"②

1919年，山西省公署开始筹划修筑公路事宜，并拟定了《修筑全省道路分段分期办法》，上报北京政府，请求审核批示。办法中阐述了修整道路的迫切性及重要意义："查道路交通，关系地方命脉。山西全省一百零五县，既无航路可通，而陆路除平定、大同原有铁路两段仅能东达外，其余则山行者崎岖，原行者泥淖，以致转运困难，生产无由发达，人民生计所以日形艰窘。锡山自兼署省长后，迭经饬县将所属境内道途随时督由村民平治，然瘠苦之区因陋就简，富庶之县划疆自封，难收贯彻之效。且旧路失修已久，土陷石崩，工大用繁，村民实无担负艰巨（工程）之能力。长此因循，欲求交通便利，终属空谈无补。"③ 提出了以省、县、乡分级修

---

① 《完成山西全省公路计画》，《山西建设公报》第1期，1936年。
② 《完成山西全省公路计画》，《山西建设公报》第1期，1936年。
③ 《山西公路交通史》第1册，第105页。

建的指导思想和以省城为中心的南北主干线、干支线相互衔接的规划意见。这个办法于1919年11月6日由北京政府批准，山西省政当局随即颁布了《山西全省修路计划大纲》，付之实行。

之后山西近代公路修筑大致经历了两个阶段。

第一阶段是从1920年到1930年中原大战结束。在这一时期，阎锡山亲自领导大规模修路，在短短的十年时间里，山西建成了长约3000公里的汽车路。

1920年4月10日，以太原为中心，南至平遥，北达忻县的第一条公路正式施工，全长213公里，年底建成通车。在随后的时间里，山西建成或已经通车的主要公路干线有：平辽公路，此路北起平定县所属的阳泉火车站，途经平定、昔阳、和顺三县境（内），最终抵达辽县县城，全长121公里，1921年竣工；平辽公路沿线，当时均为经济落后的山区，修筑此路的出发点是赈灾，由于路线设计标准较低，施工质量又差，工程完竣后也未加以日常维护，所以至1937年全面抗日战争爆发时，这条线路未投入正常营运；太原至风陵渡公路，此路1920年修筑，1927年全部修通，途经榆次、临汾、运城，沿线是晋中产粮、晋南产棉区，全长688公里，是太原南达黄河与豫、陕两省沟通的一条重要路线，俗称"南干线"；太原至大同公路，1920年修筑，1923年全部工程告竣，全线长292公里，起自太原，经忻州、原平、阳明堡、怀仁抵大同，俗称"北干线"；太原至军渡公路，全长288公里，途经晋祠、清源、交城、文水、汾阳、离石、柳林等县镇，直达黄河岸边的军渡，1921年修筑完工；祁县白圭镇至晋城公路，1925年10月开工，1930年底竣工通车，北起白圭镇，经沁县、长治、高平抵达晋城，全长348公里，是太原通向晋东南地区的一条主干线；忻定台支路，此路以忻县为起点，经定襄县城，止于五台县的河边村，1920年下半年开工，1921年完工，是山西地方商民最早集资修建的一条公路；侯河支线，1925年修筑，1926年5月完竣，此路横贯晋南平原，东起侯马，经新绛、稷山、河津，向西抵达与陕西接壤的黄河禹门渡口，长104公里，是山西东西向的重要交通线；代广支路，代县阳明堡至广灵，长约340里（已修至繁峙大营镇）。

第二阶段是1931年到1937年。1932年，阎锡山将工作重心调整为整顿政治、发展经济，加强省政建设。这一年，阎锡山主持制定了《山西省政十年建设计划案》，其中包括"交通建设专案"，南北同蒲铁路干线是建设的重点。同时，山西当局修建了几条作为"铁路培养线"的公路以配合铁路建设，计有阳明堡至大营、浑源至岱岳、岱岳至五寨、临汾至大宁4条公路。此外，还沿黄河在西部山区修建了9条公路用于军事运输，以"防止红军东渡"，具有明显的军事性质。但这些公路，一则绝大部分没有经过正式测量选线，基本是将原有大车路或驮运路稍加整修扩宽而成，线型多不符合公路标准；二则全靠人民义务服役，只能承担路基土方工程，加之缺少投资，重要桥梁及开山石方工程均无力进行施工。名为竣工通车，实质是开辟便道行驶。有的线路根本就没有通行过汽车，只是为了应付阎锡山而在报表上统计为"公路"。

2. 近代汽车运输业

随着公路里程的增长，汽车拥有量也迅速增加，从20世纪20年代到30年代初，是汽车运输业发展最快的时期。近代汽车运输业经历了由私营到官营再到私营合营的过程。

1920年，司机刘宗法从天津购回2部载客汽车，创立"商营公记汽车行"，这是山西第一家私营汽车运输公司。1920年10月1日，汽车在太原桥头街的祥记公司门口发车，经榆次暂通到太谷，全程票价每人银元3元，因价格昂贵，搭乘者多为绅商公职人员，一般平民是坐不起的，这是山西省第一条汽车客运路线。不久，曹倬云从天津购回2部汽车，组成"晋北汽车公司"，以太原为起点，经忻县、定襄至五台县河边村，全长110公里，这是山西的第二条汽车营运路线。

随着公路线的延长及汽车营运路线的开辟，一些商人认为汽车运输有利可图，纷纷设立汽车营运公司，私营汽车运输业发展迅速。1922年，绅士宋海如购买载货汽车6辆开办晋益汽车公司，投入太原至运城省路南干线的长途运输，兼营客货运输，这是山西早期规模最大的汽车客货运输公司。

在这一时期，由于山西汽车运输企业缺乏必要的管理经验和完善的管理制度，经营较为混乱。山西省政当局遂决定由"学兵团"（直属于晋绥军总司令部管辖）统一管理经营，将各公司大小汽车30余辆全部折价收归省有，并添购一定数量的汽车扩大营运，学兵团汽车队由此垄断了汽车

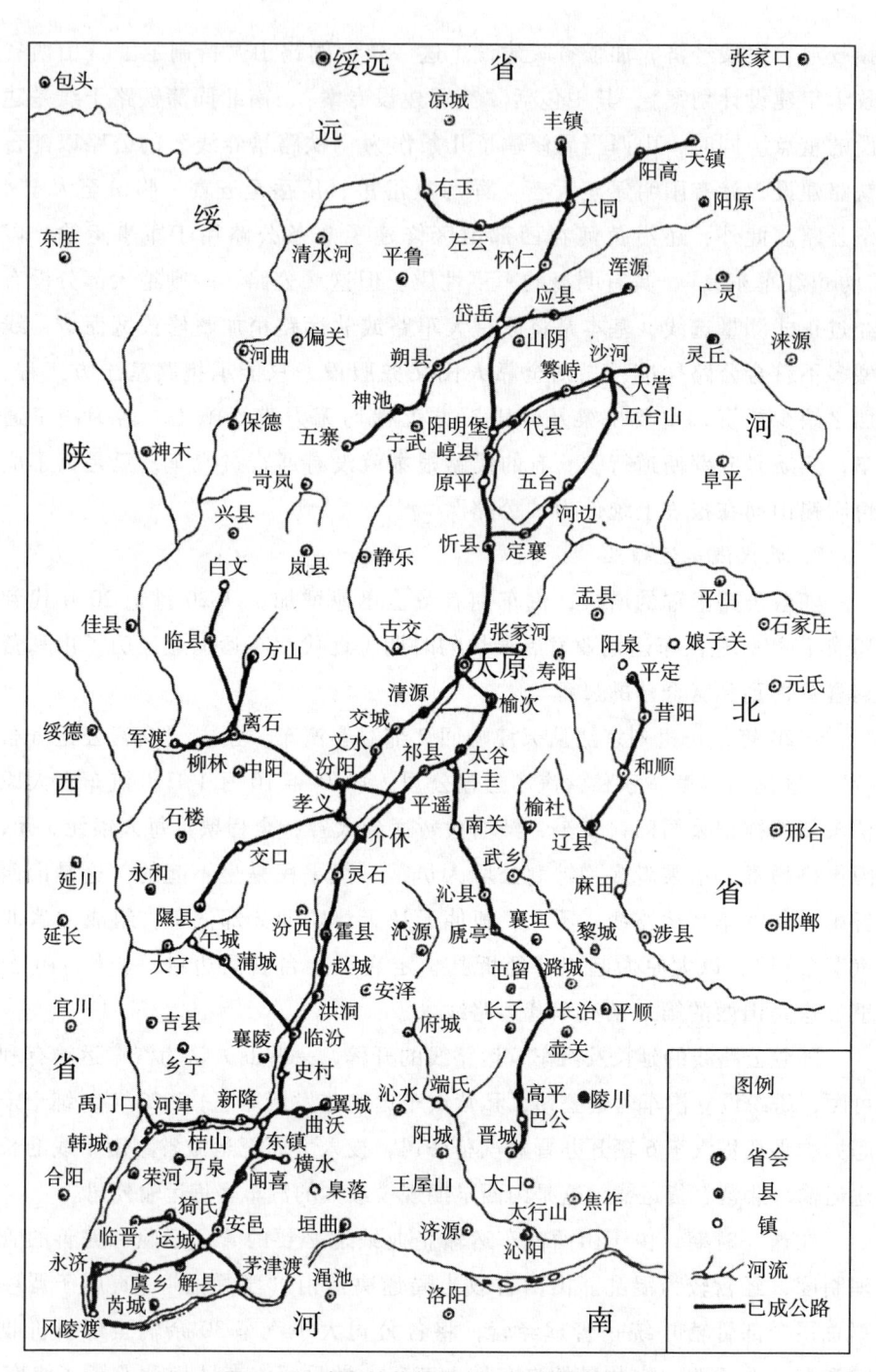

图 2-2 全面抗战爆发前夕山西已成公路

运输业，北段的经营路线为太原至原平，南段的经营路线为太原至平遥等处。1924年后，省路南干线全部修筑完工，学兵团汽车队南段的营运也随之延至晋南的运城，全程559公里，营业畅旺。这样，山西初创的私营汽车运输业很快夭折了。

随着经济发展、人员货物往来增多，学兵团汽车队的运力有限，渐渐不能满足客货运量日益增加的需要。1925年，山西省政当局重新允许商人经营汽车运输业。之后，参加营运的私营汽车运输公司逐年增加，除省路的南北干线外，白晋公路、太军公路也先后开辟了汽车营运路线，私营与官办展开了竞争，官办汽车运输企业受到很大冲击，几近破产。尽管政府出面干预，但由于私营运输企业灵活多变的经营特点，局面仍不能根本改变。1931年，山西省政府鉴于当时军用物资运输任务繁重，决定将学兵团经营的100余辆汽车拨归军部从事军事运输，经营了将近十年的官办汽车运输业宣告结束。

从1925年到1930年是山西私营汽车运输业的兴旺发展时期。在这一时期，山西省正式申请备案开业的私营汽车运输公司达到200余家，汽车最多时发展到600余辆。但由于车辆增长过快，运力大于运量的矛盾日渐凸显，各运输企业恶性压价以争夺乘客和货源，运输业开始出现混乱不堪、低迷不景气的景象。一些规模小、资金少或经营不善的企业，难以支撑，纷纷歇业。为防止私营汽车运输业恶意竞争和盲目发展，30年代初，山西私营汽车业自愿组成合营不合资的联合公司，按照太同、太风、太军、白晋4条公路干线分别组成的晋北、晋南、晋西、白晋4个联营合作社，分别担负各条路线的客货运输。除必须按照路线营运外，联营合作社还把所有参加联营运输的汽车统一编号，每日由各合作社统筹安排，统一运价，按号发车，不得擅自降价揽客。这种联合经营形式是汽车运输业在组织经营形式上的重大创新，避免了汽车运输业恶性竞争、互相倾轧的弊端，在很大程度上挽救了汽车运输业。当时的《道路月刊》记载："山西晋南、晋西、晋北、白晋等路，均有合作社之组织，凡每一路每一车辆之开行，均由合作社调度分配，依次轮流，周而复始，以期有车均能开驶营业，并得利益均沾，以免互相竞争恶习。自此法实行后，各小公司所得利益，诚非浅鲜。"①

总体来看，山西的汽车运输业在发展过程中呈现以下特点。

首先，汽车客运收入大于货运收入。

图2-3是1933年晋南太风汽车公司、晋北太同汽车公司、晋西汽车公司及白晋汽车公司的汽车客货运收入比较图。汽车运输业的客车一般为15座，货车载重多为1.5吨。

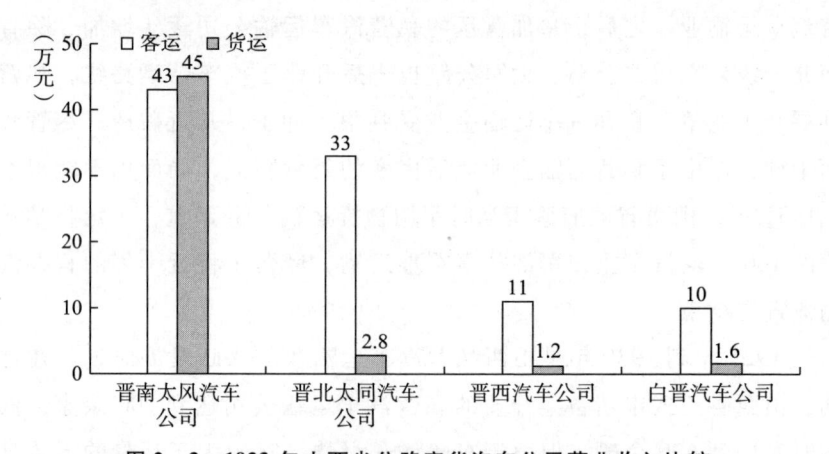

图2-3 1933年山西省公路客货汽车公司营业收入比较

资料来源：山西省政府秘书处编印《民国二十二年份山西省统计年鉴》下册，山西省档案馆藏，档案号：M46。

从图2-1可清楚地看到，只有晋南太风汽车公司货运营业收入较客运略高，其余皆客运收入远超货运。这主要归因于汽车具有自主性、便捷性、速达性的性能特点，但同时运费高昂、运载量低，不适合长途运输，从而成为百姓短途出行的首选工具，只在经济发达、物产丰富的晋南承担少部分的短途货运任务。

其次，运输业务极不平衡，呈现南强北弱的特点。

各条公路的货物运输情况为："太风公路线上以小麦、面粉、棉花、烟草、食盐等为主，年运量最多时达5000余吨；太同公路线上以烟草、食盐、杂货等为主，年运量约500余吨；太军公路线上以皮毛、木材、杂货为主，年运量约300余吨；白晋公路线上以铁货及小米、竹器、麻类等土

---

① 《山西公路交通史》第1册，第143页。

特产品为主，年运量仅 130 吨左右。"①（见表 2-19）

表 2-19　1936 年山西省公路货运概况

路线名称	经过县份	运输主要货物	运费及客票价目
太风南纵干线	阳曲	棉、麦	运费每吨每里约一角，客票每里一分八厘
	徐沟	杂粮	
	太谷	棉、麦	
	祁县	粮食	
	平遥	棉花	
	介休	棉花杂货	
	灵石	棉花、小麦、旱烟、布匹、煤油、食糖	
	霍县	棉花、面粉、小麦、布匹、杂货	
	赵城	杂货、糖类、火柴、纸烟、潞盐	
	洪洞	棉花	
	襄陵	五谷、棉花、煤炭	
	汾城	棉花、粮食	
	临汾	棉花	
	曲沃	棉花、京货、杂货、皮毛、烟叶	
	闻喜	布匹、杂货、棉花、皮毛、粮食	
	运城	潞盐、棉花、杂货	
	解县	煤油、棉花、盐	
	虞乡	棉花	
	永济	粮食、棉花及各种杂货	
太同北纵干线	大同	羊毛及各种布匹杂货	
	怀仁	运客为主	
	山阴	同上	
	岱县	同上	
	崞县	同上	
	忻县	同上	

---

① 《山西公路交通史》第 1 册，第 142 页。

续表

路线名称	经过县份	运输主要货物	运费及客票价目
北晋南纵干线	沁县	麻纸、烟、皮毛	
	屯留	杂粮	
	长子	小米、玉菱、小麦	
	长治	铁货、布匹、杂货	
	高平	宣纸、烟、口盐	
	晋城	载客及商界物品	
太军西横干线	清源	杂粮、蔬菜及果品	
	交城	客商及粮食	
	文水	煤油、布匹、面粉	
	汾阳	杂粮、棉花、核桃	
	离石	米麦干粉等	
平辽支路	平定	专供旅客乘坐	
	昔阳	杂粮为主	
	和顺	杂粮为多，次则衣用品	
	辽县	农产物	
侯河支线忻台支路之忻河段	新绛	棉花布匹	
	稷山	棉花及各种洋货	
	河津	各种杂京货	
	五台	专载客	
	定襄	同上	
汾平支路	汾阳至平遥	杂粮、棉花、核桃	
汾孝支路	汾阳至孝义	杂粮、棉花、核桃	
代广支路之代营段	岱县至繁峙	衣布、货物兼营客商	

资料来源：《中国实业志·山西省》，第41—44页。

这四条汽车路线，南干线营业最繁忙，经营者晋南太风汽车公司最为发达，它所拥有的客货汽车共计247辆，总收入占全省汽车营运收入的1/2以上。经营山西北干线的晋北太同汽车公司次之，但货物运输量及收入与晋南汽车路相去甚远。白晋、晋西两条线路的汽车营运收入较低，总共仅占全省汽车运输总收入的2.7%（见表2-20）。

表 2-20　1933 年山西省公路货运数量及收入统计

单位：斤，元

货物及收入	晋南汽车路	晋北汽车路	晋西汽车路	白晋汽车路	合计
货物重量	22481503	1123758	735611	853172	25194044
收入	454355.030	29584.595	11847.110	1778.659	513567.394*

注：*应为 497565.394。

资料来源：山西省政府秘书处编《山西省统计年鉴》下册，1933，山西省档案馆藏，档案号：M46。

运输收入南高北低的不平衡特点与山西区域内经济发展不平衡状况是相对应的。

最后，因公路质量差，汽车运输受限，多需传统运输工具承运人员及货物。

虽然山西建成了网络较为完善的公路线路，但因投资不足，公路质量很差。湖南人首绍南于 1922 年 9 月来山西视察公路后写的《视察记》记载："南北干路宽为二丈二尺，坡度太急（十五分之一），起伏无定。而尤以全路之桥梁过于仄狭（皆只丈余）为最大弊病。至路旁余地太隘，致使种树沟内，潴水环路，则不能不谓极大缺点。但其所以铸此大错，则由于建筑费太少（除购地外，每里平均仅用数百元），当局徒勉强责以速成，而工程上复乏土木专才，故亦无怪其因陋就简，草率事毕也。"[①] "道路的土质，全是粘土及砂土；因而一旦降雨之时，大型汽车的车轮深深陷入泥泞之中，或是车轮打滑运转不灵，落在公路之上。在山间溪谷常有水流之处，一旦降雨立即泥沙流下，发生破坏桥梁或山崖崩塌的现象。因而每年夏季全部通车的情形很少出现。"[②] 可见，山西公路道窄路差，不得不时常依靠传统运输工具承运货物或人员，主要有人力车、马车、自行车等运输工具。"南北依靠人力车及自行车作为交通工具的旅客，往来稠密。人力车，一日步行一百二十华里至一百四十华里，可装载杂货二百五十斤；与马车的行车从一日八十华里到一百华里

[①] 《山西公路交通史》第 1 册，第 107 页。
[②] 大岛让次：《山西、直隶棉花情况视察报告》（1927 年），侯振彤译编《山西历史辑览（1909—1943）》，第 25 页。

相比较，不仅快而且运费还有几分低廉，因而人力车是运送杂货及旅客的不可缺少的交通工具。这是应该重视的。在太原、大同之间，不降雨的话，夏季需时五日，冬季需时六日，车费一般需要十六七元。乘坐马车的话，需要八日。在南方，太原、临汾之间，夏季需要四日或五日，冬季需要六日；到解州，夏季需要七日或八日。车费，到临汾十二元，到解州十五六元。马车到临汾七日，到解州十一日。此外，在发生战争之际，据说征发人力车，供作搬运弹药使用。山西在去年同国民军发生战争之时，依靠人力车搬运弹药，其数量据说达到四五千辆。自行车一日行走三百余华里，由南向北，使用于太原、榆次等地，供作交通、通信之便利。"①

三 合作与竞争：铁路与公路、驿路及水路的关系

1. 铁路与公路的关系

铁路与公路有互为依存、互相促进的一面。公路运输主要是承担客运任务，是百姓短途出行的交通方式，同时也承担短距离、小规模的货运任务。当铁路和水运交通运来大宗货物后，公路的汽车运输主要在火车站的货站和船舶码头负责把货物运输销售到各县及周边乡村，或将各地少量物品从原产地运来集中到车站货场及船运码头，形成大宗后再上火车或船运走。可以说，公路的汽车运输犹如火车和商船的触角，沟通了城市与乡镇农村，发挥了延长火车、商船等交通工具的功能。在未通火车的区域，它的作用更为关键，活跃了商贸，加强了人员流动，成为联系城镇与农村的枢纽。

但公路与铁路也有相互竞争、相互排斥的一面。如果路线规划不当，公路与铁路路线重合，在铁路巨大、优良的运输性能排挤下，公路运输在大多数情况下会走向衰落。

由表 2-21 可知，在各种运输方式中，内河水运费用最低，铁路次之，公路运输过于昂贵，不具有与铁路、水运竞争的能力。铁路运费虽不如内河

---

① 大岛让次：《山西、直隶棉花情况视察报告》（1927年），侯振彤译编《山西历史辑览（1909—1943）》，第25页。

水运低，但具有不受季节天气影响、相对安全的特点，而且火车运量大，一车皮可装约20吨货物，这都是其他运输方式所不具备的，因此，在长距离、大宗货物运输方面，铁路的优势非常明显，没有能与之抗衡的。

表2-21 各种运输方法运费之比较

单位：分/吨公里

运输方法	运费	运输方式	运费
肩挑	34.0	轻便铁路	2.4
公路汽车	30.0	铁路	2.0
独轮车	19.2	内河民船	1.2
驴车	18.0		

资料来源：汪胡桢《民船之运输成本》，《交通杂志》第3卷第3期，1935年1月。

太风公路便是典型的例子。太风公路是太原至风陵渡之间的公路，与南同蒲铁路平行。在南同蒲路通行前，太风公路效益可观。南同蒲铁路通车后，它的运量便受到巨大冲击而急剧下降。太风公路"全年运量在同蒲铁路未成以前，可达五千余吨，同蒲铁路通车后，只余一千五百余吨"，[1]营运的汽车也由200多辆下降到七八十辆。1935年底，因为铁路南延占用灵石至赵城间的一些公路路基，太风公路的汽车运输业被迫完全停业。对此，时人严厉地批评了当时路线规划和运输制度的失误："现在同蒲铁路所经之地，除北段（大同至原平）外，均与原有之公路路线平行，且有一部分（灵石至赵城一段长六十九公里）占用公路路基，论者辄以此非之。盖公路与铁路应相互调剂而不应互相冲突，今铁路与公路并行，不啻将原有之公路废弃，殊觉太不经济。顾就发展该省经济之立场观之，则同蒲铁路之兴修实为必要之举，否则该省之大量产物如煤炭、粮食、棉花、食盐等，均无大量运出之可能，因公路运输能力究属有限也。故与其谓同蒲铁路与公路平行为失策，毋宁谓曩时修筑公路未能顾及将来改修铁路之非计。盖该省计划同蒲铁路时，原拟全部利用公路路基，以节经费，卒以公路路线不合铁路工程之用，乃不得不与之平行耳，惟公

---

[1] 全国经济委员会编《山西考察报告书》第3编，1936，第71页。

路既与铁路平行，且其中有一部分已为铁路隔断，公路营业将有一落千丈之势，成为该省运输制度上之一严重问题，具见运输系统之计划与调整极关重要，不可漠视也。"①

相比之下，白晋公路与同蒲铁路没有太大冲突，除太原至太谷一段公路与南同蒲铁路大致重复外，晋东南的大片地区未通铁路，货运大部分依靠公路运输。因此，在白晋公路经营的太晋汽车公司的效益较好。太原至大同的公路即太同公路运输受铁路的影响也不大，一是由于北同蒲铁路进展缓慢，迟迟不能建成通车；二是北同蒲路自原平转向宁武山沟，距公路甚远，线路没有重合，所以太同公路的运输状况不错，营运畅旺的情形一直持续到全面抗日战争爆发前夕。②

2. 铁路、公路与驿路、水路的关系

相比铁路、公路，传统驿路、水路的缺陷非常明显。驿路运量小、运费高；水运虽运费低，但运时长，且受风、水、河道等不可控的因素干扰甚多：一遇逆风，则航速极慢；河道水量要大，否则易发生搁浅；河道过于狭窄则"无法并行二船，船货装卸需依次序，船货拥挤时，往往连排百艘，货物已到津，距卸货码头不过六七里，因码头无空隙，往往耽误十天半月"。③ 因此，近代交通运输产生后，对传统的驿路与水路运输是个巨大的冲击，水路与驿路运输量占货运比例处于持续下降态势。

由表2-22可知两个信息。一是新式运输业出现后，收入快速增长，速度远超旧式运输业，展现了强劲的发展势头。1887—1914年，旧式运输业收入增长速度较快，到1914年时产值5.22亿元，收入增长了3.86亿元。1914—1936年，新式交通运输业出现后迅速发展，产值增加了1.38倍，年均增长率达4%，而旧式运输业的增长速度放缓，22年中只增长39%，年均增长率为1.50%，在全部运输业产值中的比重也降至70%以下。二是新式运输业出现三十年后，旧式运输业收入仍占据近70%的份额，充分说明旧式运输业依旧承担着大量的商品运输职责，发挥着重要的

---

① 《山西考察报告书》第3编，第2—3页。
② 《山西公路交通史》第1册，第159—160页。
③ 张瑞德：《平汉铁路营运状况分析（1906—1935）——中国现代公营企业研究之一》，《中央研究院近代史研究所集刊》1983年第12期。

第二章　铁路与近代交通体系的初步形成

作用。何以如此？

表 2-22　中国新式与旧式交通运输的增长及比重变化（1887—1936 年）

单位：亿元，%

		新式运输业	旧式运输业	合计
1887 年	净收入	0	1.36	1.36
	比重	0	100.00	100.00
1914 年	净收入	1.33	5.22	6.55
	比重	20.31	79.69	100.00
1936 年	净收入	3.16	7.26	10.42
	比重	30.33	69.67	100.00
1914—1936 年平均增长率		4.00	1.50	

资料来源：1887 年数字系根据《近代中国的经济发展》第 1 编第 1 章附录 2 计算；1914 年数字根据第 1 编第 1 章附录 3 计算；1936 年数字根据巫宝三《中国国民所得·1933》及《修正》，转引自刘佛丁、王玉茹《中国近代的市场发育与经济增长》，高等教育出版社，1996，第 79 页。

首先，由于铁路路线少，公路质量低，公路网不健全，县城与乡村的公路多未铺就，驿路（或旧的运输工具）及水路发挥了延展铁路与公路网络功能的作用。比如晋南产棉地的棉花到榆次车站上火车，多走旧日之官道，棉花的运输只能依靠马车。从各地至榆次的距离、日数分别为：洪洞至榆次为 520 里，需时 7—8 日；临汾至榆次为 580 里，需时 7—9 日；曲沃至榆次为 700 里，需时 9—11 日；新绛至榆次为 760 里，需时 11—13 日；河津至榆次为 890 里，需时 13—15 日；荣河至榆次为 1000 里，需时 14—15 日。[1] 晋东南的泽州与河南毗邻，因不通铁路、公路，来往货物全靠马匹经由驿路运输。"和此地有直接贸易往来关系的城市有河南省的怀庆县及清化镇，其中怀庆和本地之间的商业交易最为频繁，特别是棉布的交易额相当巨大。和清化镇的交易则以竹器为大宗。泽州和两地之间的距离均为 90 余华里，2 日行程，运输工具只有马匹。"[2] 泽州的铁器到达天

---

[1] 大岛让次：《天津棉花》，王振勋译，《天津棉鉴》第 1 卷第 4 期，1930 年 9 月。
[2] 《中国分省全志·山西省志》（1920 年），第 433 页。

津，需先由马车走驿路运至河南清化镇，再接火车、水路到达目的地。具体有三条路线。第一条，先上火车由清化镇运至保定，再由保定接民船运至天津；第二条，由清化镇上火车运至邯郸，再从邯郸由民船运至天津；第三条，由清化镇上火车至道口，再由道口上船至天津。

反过来，货物输入山西后，也需经驿路（或旧式运输工具）分销各县。比如"由天津装铁路至大同改装大车运各县，由大同至各县之里程分别为：浑源120里；应县90里；朔县283里；怀仁83里；左云120里；右玉220里；山阴183里"。① 货物经正太铁路运至太原后，也需经驿路运至各处，静乐"仍然同榆次、太谷等地的商号进行交易。由当地至各进货城市，货物均用骡驴驮运"。②

对此，满铁调查课有调查记载："山西的贸易，运出为三千六百万元，运入为四千七百万元，合计达八千万元以上。其中的六成至七成，系依靠正太铁路进行。其次是通过山西西南部的茅津渡、皋落镇、拦车关等地方同河南省进行陆路贸易；通过山西省西部的碛口镇向陕西、甘肃进行的贸易也达到了相当的数额。山西省北部以大同为中心的贸易，虽然在平绥铁路沿线有铁路之便，而所占的比例是不多的。"③

其次，当火车车皮紧缺、运费高，使用驿路、水路比火车运输更加省钱便利时，驿路、水路便成为商民的首选。如平定与直隶的获鹿往来时，商民多选择传统的交通运输方式而不是火车，"平定与获鹿相距约二百余华里，道路平坦，约为3日的路程，两地间的运输工具主要是骡子。一名骡夫能赶3、4头骡子，运费是每斤20文，一头骡子通常可驮160斤左右。……有些商品还经由铁路运来，但由于车皮不够、运费又高，加之此地商人缺乏时间观念。除特别紧急需要者外，很少利用铁路运输货物"。④ 平绥铁路沿线的天镇县也有类似的情况，"天镇县城位于京

---

① 《平绥铁路货运调查报告》（1936年4月），中国第二历史档案馆藏，档案号：28-13874。
② 《中国分省全志·山西省志》（1920年），第421页。
③ 《山西省的产业与贸易概况》（1936年），侯振彤译编《山西历史辑览（1909—1943）》，第88页。
④ 《中国分省全志·山西省志》（1920年），第426页。

绥铁路车站以南五华里处，运进运出的物资主要由铁路运输，但据说仍有旱路经怀安与张家口进行交易的商户，两地旱路往返需时六日，运输工具为大车"。①

山西的水运虽然不发达，但在交通体系中仍然扮演着不可或缺的角色。在晋南，"到面向河南的垣曲为止，有很多装船地点，如黄河渡口的禹门口（龙门山下）、庙前口（荣河与韩城之间）、大庆关（面对陕西的朝邑）、潼关（至陕西西安府）、茅津渡（在陕州，通向汴洛铁路）等等，与陕西、河南进行交通"，②解县"外运路线，则多半是先运至平陆，自茅津渡渡过黄河，在陕州府境内的太阳渡交给河南省的运输行"。南同蒲铁路通车后，风陵渡口便成为同蒲、陇海两条铁路的连接纽带，山西输出的食盐棉花、陇海路西来的货物大多要经过此渡口，同蒲、陇海路通行后，风陵渡口的客货量大增，每日仅客流量就达万余人次。鉴于货运繁荣，晋省当局积极采取对策改善交通，便利货物运输，"关于现在转渡方法，经饬测量队调查后，据报食盐过河每吨需费三元三角，棉花、纱布、铁货等项需费九元二角，同蒲路修成后，其转渡方法若不能改善，则本省输出货物除铁路运费外，每吨须另加三元以上之转渡资，按平均每日来往货运一千吨计算，则每日货运在该渡口之损失约为一百二十万元，关于转渡方法之改善，有下列三种方法，1. 建设黄河钢桥；2. 筹设机器轮渡；3. 安设货运高线。惟风陵渡口在平均每日出省货运不超两千吨以前，安设渡河货运高线铁路实为减少输出障碍，增加营业之最良方法"。③ 由此足见风陵渡水运之发达及当局对渡口的重视程度。

最后，当铁路或公路因战乱、气候等各种因素受阻或停滞时，驿路与水路便开始发挥替代功能。榆次通常依靠正太铁路与石家庄进行货物运输，民国战乱频仍，铁路时常断绝，如 1927 年秋，晋奉战事一开，正太铁路交通断绝，适值羊毛、羊皮、棉花等山西主要物产盛行输出之季，南方陇海铁路及黄河郑州之交通，亦梗塞不通，由陕西省方面渡黄河而来之货

---

① 《中国分省全志·山西省志》（1920 年），第 446 页。
② 大岛让次：《山西、直隶棉花情况视察报告》（1927 年），侯振彤译编《山西历史辑览（1909—1943）》，第 25—26 页。
③ 《晋省当局计划改良风陵渡货运》，《大公报》1935 年 5 月 10 日，第 10 版。

物，经过山西省，由正太路送天津者，至榆次堆存甚多，当时榆次商人，进退两难，仅棉花一项，存有八万多包，其后数月，石家庄方面之战况，一进一退，正太铁路，通车无期，当此之时，见利敏锐之商家，乃以贱价乘机收买，出莫大之运费，冒几多之危险，由昔日古道，运出省外，以图奇利。货主方面，亦渐渐醒悟，决意自行运贩，遂使旧日交通险路，再行复活，其后各地就临近顺路，与省外联络，其路线大体如下所示。（1）榆次至石家庄：榆次→东赵→马首→平定→昔阳→元氏→石家庄。（2）榆次至顺德：榆次→长凝→八赋岭→仪城→和顺→马岭关→黄榆岭→黑龙关→顺德。（3）榆次至邯郸或顺德：榆次→太谷→范水→马凌关→榆社→辽远→摩天岭→武安→顺德（或由摩天岭直至顺德）。（4）洪洞至邯郸：洪洞→安泽→（岳阳）张店→屯留→潞城→黎城→东阳关→壶口关→涉县→武安→邯郸。（5）曲沃至邯郸：曲沃→翼城→浮山→沁河口→鲍店→屯留（以下与第四路同）。① 山西货物运至石家庄后，多由京汉线在丰台转运，然后依靠京奉线输送；在京汉线开通而京奉线不通时，须从保定由清水河下运；在京汉线不通时，则需在石家庄北面17里的高营家装船，由滹沱河下航行140里至天津。从侯马转运的棉花，在河水充分时，可直接下航到天津；在水浅之时，进一步在相距280里的下游，同滏阳河合流处的河口转运，出子牙河至天津。

表2-23是对内地（主要是河北、山西、河南、山东、陕西等省）棉花输入天津所用运输工具的考察，大致可反映出山西货运所使用的交通方式的情况。在社会环境安定、交通顺畅的情况下，因铁路具有运量大、安全、速度快、不受气候季节影响等优点，尽管运费比水运高，商人还是乐意选择铁路进行商品运输。因此，1911—1914年，铁路承担了主要的棉花运输量，民船和大车运输能力非常有限，完全不足以和铁路相提并论，仅仅起到补充作用。但1916年后内战连绵不断，军队依靠火车调遣，交通梗阻，棉花不能由铁路装运，民船和大车迅速取代铁路成为商运的主要运输方式。表2-23中的数据充分反映了驿路和水路运输具有十分重要的替代功能。

---

① 方显廷主编《天津棉花运销概况》，南开大学经济研究所，1934。

表 2-23　1911—1920 年内地棉花输入天津所用运输工具分配比较情况

单位：担，%

年份	火车	百分比	民船	百分比	大车	百分比	总计
1911	496544	78.1	125761	19.8	13076	2.1	635381
1912	724514	76.7	215185	22.8	4467	0.5	944166
1913	715959	74.6	230166	24.0	13671	1.4	959796
1914	381617	68.8	159255	28.7	13814	2.5	554686
1915	464338	43.9	574845	54.4	18137	1.7	1057320
1916	73055	7.7	841809	89.1	30283	3.2	945147
1917	227065	18.4	956670	77.6	48693	4.0	1232428
1918	304238	25.1	846465	69.8	61732	5.1	1212435
1919	64779	12.5	421868	81.7	29909	5.8	516556
1920	167039	18.8	682812	77.0	37566	4.2	887417
总计	3619148	40.5	5054836	56.5	271348	3.0	8945332

资料来源：方显廷主编《天津棉花运销概况》，第 10 页。

山西公路质量差，一遇雨天汽车运输就无法进行，传统的运输工具便取而代之。这在前文已论述过，在此不再赘述。

小　结

在整个近代山西铁路修建过程中，西方列强、中央及地方政府、地方绅商在资金筹措、修建主体、铁路管理方面始终存在利益博弈与激烈争夺。各方都希望通过铁路这一新式交通来扩大和提高自己的政治影响力、经济及军事实力，山西三条铁路的修建过程真实地反映了晚清民初中国的政治生态。甲午战争以后，列强环顾，清政府国力衰微，铁路修建的技术和资金均需借助外力，正太铁路从商办到官办则充分体现了以山西商务局为代表的山西地方绅商与中央政府之间既合作又斗争的复杂关系，既显示了晚清民族矛盾尖锐的现实，又反映出中央政府与山西地方绅商之间的利益争夺。中央政府坚决实行铁路国有，排斥外资和民间资本，自办京张铁路一方面是出于军事战略的考量，另一方面也有维护中央威权、加强中央统治的目的。南京国民政府建立后，打着"国父"孙中山的旗号，要求

"铁路国有",但国民党内部派系斗争和军阀割据仍没有根除,铁路成为军阀维护其地盘及统治的重要工具,阎锡山自办同蒲铁路就是政治分裂局面在铁路建设上的反映。主权与外力的角力、中央和地方的缠斗贯穿铁路建设和管理的始终,对山西经济社会影响深远。

这期间,以铁路为骨干,辅之以公路、驿路、水路的近代交通体系初步形成。由传统交通体系转型为近代交通体系既是山西近代化极为重要的成果,又反过来将山西这一内陆省份置于华北乃至全国市场当中,对山西的近代化进程产生了复杂深刻的影响。铁路交通是一种非常重要的陆地交通方式,它使用机动车牵引车辆来载运人和货物,具有运输能力强、运输成本低、不受天气季节影响等卓越的特点,这是其他运输方式所不具备的。因此,铁路交通成为沿海商埠与腹地以及省际交流的纽带,是近代交通系统中的骨干。公路运输的主要功能是承担客运任务,是百姓进行短途客运的首选交通方式,同时也承担短距离、小规模的货运任务,是城市与县城之间经济社会往来的重要载体。驿路运量小、运费高,水运虽运费低、运程长、运量大,但运时长,且受气候季节制约甚大,运输性能远远不及近代铁路运输。但因为近代交通体系不完善,主要体现为铁路路线少、干线少(南北干线同蒲铁路通车晚),公路质量差、网络不健全以及受频繁的战乱等因素的干扰,铁路、公路经常不能完全发挥作用,因此,水运与驿路的替代及补充功能同样不可忽视。

第三章　近代交通体系与农畜业的发展

近代交通体系建立后,对于农畜业的影响首先体现在极大地促进了商品的流通,加快了三级或四级销售市场的出现,以铁路为主要流通渠道的近代商品流通体系随之形成,进而在生产领域推动了农畜产品商品化迅速提高及商业性种植专区的初步形成。

第一节　农畜产品流通体系的完善

在传统交通体系下,农畜产品无法大规模、长距离外运。农畜产品的流通范围小,流通环节、市场结构也较单一,交易大多是在生产者和消费者之间直接进行,产品运销至外地,也仅是产地和销地市场之分。以铁路为主的近代交通体系形成后,农畜产品才有大规模、长距离的运销条件。流通范围扩大,流通环节和市场结构也趋于近代化,形成了三级或四级集散市场,即初级市场、次中级市场、中级市场、终极市场。初级市场多是驿路和水路便利之地,周边或本地盛产农畜产品,交易商品多以某一类为主,集散范围较小,市场结构也相对简单。次中极市场和中级市场多位于铁路枢纽或水陆通衢,涵盖一省或数省的初级市场,交易范围较大,交易商品更加多元,市场组织和结构更加复杂,商业兴盛,近代工业、金融业等组织有所发展,是连接初级市场和沿海港口城市的转运中心。有的中级市场因本身消费能力巨大,也是商品销售的终极市场。终极市场多是沿海港口城市,是指位于沿海港口地带的市场。此类市场多位于通商口岸,直接与海外市场相连,水陆交通发达,拥有较多的近代企业,消费大量的农矿资源,生产各种工业品,腹地包括多个省份。

一 棉花流通体系

铁路敷设后，山西南部产棉区棉花的流通线路大致有北上、南下两条：一是在产地由马车等传统运输工具运送北上走驿路至榆次，上正太铁路运至石家庄，再由石家庄运往天津，这条线路可经京汉铁路转北宁铁路运往天津，也可先由京汉铁路运往保定，再自李河庄经民船运往西河码头，再发送天津。二是晋南的棉花南下过黄河，在陕州或会兴镇经由陇海铁路运至郑州，再转京汉铁路运至汉口或上海。由北上、南下两条运输路线形成了棉花的三级甚至四级集散市场。

棉花的初级市场分布在主要棉产区晋南及晋中地区，有洪洞、临汾、曲沃、新绛、荣河、平遥等地。

汾河沿岸是棉花生产的集中地，洪洞县是距离铁路最近的地方，附近的临汾北部、赵县、霍县、灵石地区所产棉花都由此地花行收购。"洪洞城内有信昌永、长盛店、洪盛源、广源、双合店等五家花店，这些花店均拥有规模宏大的建筑物，庭院宽阔、仓库高大，并设有客房，留宿客商，均极方便，每家花店有20名左右的掌柜和伙计，花店的主要业务是居间说合棉花成交，收取佣金，有时也预估市场行情的涨落独自经营，买进或卖出"，① 每年上市量约达5万担。县境金融机关有山西省银行和公益银号。每年都有榆次、平遥、太谷、晋华纱厂商人来此采购，为方便运输，榆次运输货栈的分号也设于此，洪洞至榆次长520里，汽车需行2日，自行车2日，人力车4日，马车7日至8日。

临汾拥有汾河沿岸的广大平原，土地肥沃，灌溉便利，棉田约占耕地面积的四成左右，棉花品质优良，产量颇佳，加上相邻产区襄陵、汾城的一部分产量，预测上市量可达3万担以上，因此通过此地进行转运的棉花也不少。城内有益晋、谦益、棉业公司、义合永等6家花行，打包机1台，金融机关有山西省银行、豫丰银行、中国银行、公益兴、源利亨等。临汾至榆次的交通尚属便利，汽车2日，自行车2日，人力车4—5日。

曲沃本是汾河下游一带产棉区向天津或向郑州输出的中间地，也是晋

---

① 《中国分省全志·山西省志》(1920年)，第221页。

东南地区的物资集散地。20世纪20年代以来，陇海铁路因战乱频频受阻，河南及陕西不少棉花选择在此地集散，北上经榆次向天津上市。另外，曲沃以北以高显镇为中心的产棉区每年有大约15000担的棉花也运来曲沃集散。因此，曲沃棉花贸易日渐兴旺。花行有义永合、长春茂、义泰隆等4家，打包机3台，外地客商来此地也颇多，除省内的荣河和晋北的商人外，多为河南武安、彰德的商人，天津商人也不少。

荣河县附近地区，从河津县至荣河县王黑镇、孙吉镇也是主要产棉区，棉花品种最佳，产量巨大，黄河对岸的陕西省韩城、芝川等棉花也都到荣河集散，荣河地区合计起来上市棉花将近15万担。棉花到荣河后，大部分出河津，经新绛、临汾、洪洞至榆次，再转运至天津，少部分南下经运城、茅津渡，渡过黄河再由陕州上火车，或者从茅津渡装船，顺黄河而下至洋桥；或者从曲沃至垣曲装船，由茅津渡渡黄河出陕州输往郑州。荣河县王黑镇、孙吉镇的花行有20家，有打包机十数台。

新绛至荣河县大约200里的区域，有汾河灌溉，土壤极为肥沃，棉花种植广泛，棉田约占耕地面积的七成以上，产棉甚丰，1927年，此地收获约有35000担。除了本地棉花外，附近侯马、汾城及稷山县杨赵河、翟店等地的棉花也在新绛集散，预计在新绛上市的棉花有6万担。花行颇多，有玉茂合、天神成、大益成、亨丰成等6家，打包机有7台。每年棉花收获季节，都有大量外地客商来此收购，本省的多为北部商人及荣河客，外省的多是河南武安、彰德方面的商人，青岛华新纺织还向此地派办事员。新绛至榆次820里，汽车、自行车需3日，人力车6—7日。新绛至郑州，由曲沃至垣曲装船自黄河而下，约10日，从曲沃自茅津渡装船，需11日，从茅津渡渡黄河，到陕州装火车，需时8日。由此可见，由新绛北上至榆次更为便捷，再加上因战乱陇海铁路中断，本地棉花大都北上转向了天津。本地的金融机关也较发达，有山西省银行、大小银号等16家，此外还有外省银号代理店约30家。

正太铁路通行前，平遥是山西棉花交易的中心市场，晋南、晋中棉产区的棉花几乎全部由平遥商人垄断，每年在平遥交易的棉花量巨大，之后再转至天津。平遥班是平遥商人的称号，他们作为山西商人的代表在天津市场盛极一时。可是，正太铁路通车后，情形为之一变，棉花的运输贸易,转到榆次进行,平遥作为棉花市场,已远不如过去重要,但依然不可忽视,"平遥附近的冀宁道主要棉产地祁县、太谷、文水方面的棉花,全由平遥及榆次商人办理外运,没有依靠地方花行自运的"。在平遥设有电报局,平遥至榆次较近,长170里,汽车需半日,自行车半日,人力车一日半,马车二日。①

由此可见,初级市场多是驿路和水路便利之地,产棉区的棉花先由驿路或水路运至初级市场,再借助汽车、马车、人力车运送至铁路沿线的城镇,这是棉花流通的第一步。

正太铁路沿线的榆次和陇海铁路沿线的陕州是棉花集散的次中级市场。

正太铁路通行后,榆次因交通便利成为晋省输出入物资的集散中心地。特别是20世纪20年代后,从晋南产地向天津上市的棉花剧增,棉花贸易极为兴盛,此地的运输业几乎全部兼营花行,分别是义永合、公义顺、福泰栈、吉泰隆、德顺恒、广顺通、万丰厚、晋昌永、同义永、义胜合、义盛通、聚和通等12家,兼营棉花的运输及代理业务。这些货栈实力雄厚,全都备有宽大的仓库,建有铁路专用线,在晋南产地设有分号、派有办事人员,棉花的收购从金融、打包到运输全部由货栈进行,客商只需考虑棉花品质与市价即可,十分便利。青岛华新纱厂及石家庄大兴纱厂就利用这种方法,在产地直接收购品质优良的棉花。1924年晋华纱厂创业以后,因华北战乱频仍,铁路交通时常阻滞,棉花不仅进行现款交易,还发展到期货交易。榆次渐渐从棉花装运地发展为交易地。外客在此购买的棉花,年年增加。在此地购买棉花,买主不需要随身携带任何经费,只需负担从此地至天津的各种花费,货款一般在货物交接时支付。期货交易的发达催生了金融机关,榆次有山西省银行榆次分行、中国交通银行等2家银行,还有7家大小银号,甚至还有货栈自己掌握的金融机构。②

---

① 大岛让次:《山西、直隶棉花情况视察报告》(1927年),侯振彤译编《山西历史辑览(1909—1943)》,第47页。

② 大岛让次:《山西、直隶棉花情况视察报告》(1927年),侯振彤译编《山西历史辑览(1909—1943)》,第46页。

陕州是陇海线上八大重要集散地之一，同时也是棉花集散的第二大市场。1932年前，陕州为陇海铁路临时终点站，陕甘及晋南土产多来此集运出口，陕州商业兴旺不输郑州，特别是棉花交易，经陕州运出的数量超过郑州，占陇海路全路棉花总量的一半以上。"距车站四里许有渡口曰太阳渡，为通晋南平陆、芮城之要道，自1932年陕州机器打包厂成立以来，陕州棉花运出可不必再转郑州，商贾咸称便利，晋棉之走陇海者大部多由茅津沿黄河北岸用牲口载运至平陆过太阳渡来陕州打成机包直运上海，1933年，陕州站运出货物共18254吨，棉花一项有15799吨，其中山西棉花占60%。同时上海、中国及浙江兴业三银行在陕州均设有办事处，棉市金融亦趋灵活。"①

平汉铁路与正太铁路、陇海铁路的交会地——石家庄、郑州凭借铁路枢纽的地位成为棉花转运的中级市场。

石家庄是山西经正太铁路转平汉铁路运往天津的货物中转地，棉花交易在此地相当发达，金融业随之兴旺。石家庄较大的棉花公司有仁记、和平、隆茂、兴华4家，专门收买棉花运往天津，每家都有打包厂，自用外代客打包。棉花交易额每年在2000万元左右。每年旧历八月至十二月交易最盛。由于其重要的集散地位，在金融上其俨然为天津与山西之枢纽，譬如进口货款均由此处汇往天津，出口货款则由天津汇至石家庄，再转往山西及附近各县，故石家庄之金融业颇为发达，其金融机关有银行及旧式银号两种，银行有中国、交通、裕华及中国丝茶银行4家，旧式银号有40多家。②

山西棉花还可通过郑州经陇海路转津浦路运往上海，郑州也是重要的棉花集散地，"郑州每年棉花用款约三千万元，在国产棉花五大集中市场之中——汉口、上海、郑州、天津、济南——郑州约介居第二位第三位之间。本埠打包厂有豫丰、协和、大中三家，花行有中兴和等三十余家，其中敬信义、复兴明、自立泰为山西帮，专为贩运山西棉花运往郑州或上海

---

① 《陇海铁路货运调查报告》（1936年4月），中国第二历史档案馆藏，档案号：28-13866。
② 《石家庄之经济状况》，《中外经济周刊》第181号，1926年9月25日。

卖出"。① 由表3-1可知山西棉在郑州市场的占比情况。

表3-1 郑州市场各类棉花的运销去向及比例（1927—1930年）

单位：%

	上海	汉口	天津	中国青岛及日本	他埠及本地
灵宝棉	59	17	2.6	21.4	
洛阳棉	61	14	5	14	6
陕西棉	36	4	6	5.6	48.4
山西棉	46	3	4	7	40

资料来源：陈隽人《郑州棉花市场概况》，《中行月刊》第2卷第10期，1931年，第14页。

郑州的堆栈有七八家，转运公司有十余家，客帮驻郑收花者，有三四家，纱厂常年设庄收花者，有永安、申新、裕华及本埠之豫丰等4家，花行组有棉业公会，客帮组有客商棉业公会，棉花自各区运到后，即下入堆栈，卖客住花行内，买客住转运公司内，花行送样经卖方看妥后，即偕至堆栈取看大样，合则讲价过秤，提送打包厂打包，脚力花行负担，包妥后，由转运公司代运车站装车。② 棉市的繁盛离不开金融业的支持，"年来郑州棉市日有发展，银行市业之辅助也，不谓无功，查各行中之与棉市关系最深者，首推中国银行，该行每年所做棉花押汇达五百万元，棉花押款达二百五十万元。次为上海银行，年做押汇四百万元，押款二百万元……总之郑州棉花押汇每年一千四百万元，押款六百万元，其金融之流通途径，以上海为收现对象，北平及汉口为现金之运入来源，计每年现金来源，自北平者占十分之七，来自汉口者，占十分之三"。③

通商口岸城市天津、上海成为棉花的终极市场。棉花到达此地，或流向纺织厂，或出口海外抑或转口。以天津市场为例，具体见表3-2。

---

① 《陇海铁路货运调查报告》（1936年4月），中国第二历史档案馆藏，档案号：28-13866。
② 河南农工银行经济调查室编《河南之棉花》，1941，第42—43页。
③ 《陇海铁路货运调查报告》（1936年4月），中国第二历史档案馆藏，档案号：28-13866。

表 3-2　1936—1938 年天津棉花总需要量统计

单位：千担

	1936 年	1937 年	1938 年
纺织	306	432	807
出口	458	624	1684
转口	274	213	499
合计	1038	1269	2990

资料来源：李洛之、聂汤谷编著《天津的经济地位》，南开大学出版社，1994，第 191 页。

天津的棉花主要来源地是河北，也有大量的棉花产自山西、河南、山东或陕西各省。1920 年前后，"天津口岸的棉花出口总量虽然每年有所不同，但少时不下二十万担，多的年份可达四十余万担，年出口额平均为三十余万担，在这些棉花中，据说来自山西及腹地的总额为 88400 担，因而可以认为天津口岸棉花总出口量的五分之一以上是山西棉"。[1]

上海也是山西棉花的主要去向，部分山西棉经陇海路转上津浦路南下至上海。"市况好时，运商即与上海之花行接洽，由花行垫款赎回押汇，待货出售后花行即将货款除去垫款及行佣，余数交还运商。倘上海市况不好，运商不愿立即出售，而欲待市价之起色者，则将货送入银行堆栈，或指定之堆栈转运公司，即凭栈单向银行换回收据，以卸责任，亦有少数在货未到时已在交易所抛价脱售，遇此种情形，则其款项之交割，自不成问题。"[2]

一般而言，从地理和交通来看，河东道北部的临汾、洪洞到冀宁道的棉花多北上输往天津，河东道西南地区的棉花则会根据天津与郑州两地的行市及交通顺畅与否决定南下或北进。从运输时间上看，山西西南部的棉花运销天津比郑州要多七八日，费用方面也有 4 元 50 分至 5 元之差。因此，在正常情况下，西南部的棉花大部分为郑州吸收。按地理位置上之关系，西南地方之棉花由黄河水运与陇海路之便输出郑州，甚至天津，不过

---

[1] 《中国分省全志·山西省志》（1920 年），第 219 页。
[2] 《陇海铁路货运调查报告》（1936 年 4 月），中国第二历史档案馆藏，档案号：28-13866。

北方所产之少数，但实际上，除荣河地方之四到五成，新绛、曲沃、解县、蒲州之二到三成，芮城、平陆全部由郑州吸收之外，倘无特别事故发生，运至天津者，总不下 20 万担。① 之所以出现这一反常情况，除了 1926 年战争导致陇海铁路阻塞不通这一因素外，还有其他的原因：一是山西消费的棉纱、棉布、杂货，多从天津运入，特别是天津通过山西、陕西向甘肃方面货物输出量不断增加，山西的新绛、解州、蒲州等地逐渐变成了金融事业的清账与中继地。因而，与郑州相比，一是货物输往天津在金融方面更方便有利。二是山西棉在郑州市场上被陕西棉及河南灵宝棉压制，处境艰难。三是在天津市场上，纺织用的棉花受到重视，卖主直接和买主接洽，因而在某种程度上能够牵制买主。在郑州，卖主与买主不能直接对接，买主不仅对棉花品质鉴定严格，还受到远方汉口、上海方面市场的支配，卖主比较被动。四是万一战乱造成交通阻滞，在石家庄有利用河船的便利，再以马车从陆路进入天津，而郑州无此便利。五是山西客在天津卖掉棉花后，可直接购入杂货及棉纱、棉布，郑州则缺少这样的条件。也就是说，天津金融业发达，工商业兴盛，经济能量之大、交通之便利，是郑州无法相比的，因此，天津商业辐射的腹地更为广阔。

二 粮食流通体系

因气候、地势、水利差异较大，山西粮食产区大致可分为晋北、晋中及晋南三部分。

晋北气候寒冷，土地贫瘠，水利灌溉不便，主要出产燕麦、粟、高粱，其次是豆类、马铃薯、荞麦、胡麻等夏季作物，小麦只在春天播种，粮食作物的播种面积很小，且产量不高，大同"岁丰，亩不满斗"，浑源"岁丰，亩获斗不逾三"。②

晋中与晋北相比，人口稍为稠密，水利也较便利，气候稍为温和，能够栽培冬季作物。除种植北部所产的冬季作物外，主要出产小麦，还种植少量

---

① 大岛让次：《山西、直隶棉花情况视察报告》（1927 年），侯振彤译编《山西历史辑览（1909—1943）》，第 56—57 页。

② 中国人民大学中国历史教研室编《明清社会经济形态的研究》，上海人民出版社，1957，第 230 页。

水稻等，产量也要高些。"这里土地比较广阔，每年的粮食产量达二千七百余万石。其中，约有四百万石的剩余。……除了一部分富裕人家外，人民中的大部分仍以高粱、粟、玉蜀黍为主食，小麦的消费量极少。"①

晋南地势平坦，有汾河灌溉，土地肥沃，农产非常丰富，"主要农产品，除了棉花以外就是小麦，每年产小麦五百万石。此外，玉米黍、高粱、粟、豆类等的产量，合计达五百万石。这样，南部地区的粮食产量，每年达一千万石"，②是山西最富裕的地方。

铁路通行前，因交通不便，粮食交易量很小，除满足自用外，仅少量在周边小范围内交易。铁路通行后，山西粮食销售范围极大扩展，不仅省内粮食交易量增加，还远销京津、东北等地，甚至出口欧美、日本各国。粮食的流通路线大致有两条：一是晋北的粮食多用牛马车运至大同，上火车运至滦东、保定、北平、天津一带。二是晋中、晋南粮食多先运至太谷、榆次、太原，上正太铁路运入石家庄，部分再运至天津。一些地处省界的县镇，仍沿袭传统的粮食流通习惯，依靠传统运输方式直接跨界出省，如盂县、寿阳的谷米运往石家庄、平津，平陆的小麦直接运往河南，黎城、长子的粮食运销至武安、林县、涉县，五台的杂粮经平山销往石家庄等地。粮食流通路线的改变推动了粮食集散市场的演变，由于路线的变更，山西许多传统的集散市场由盛及衰，逐渐让位于新兴的集散地点，如汾阳、平定、河曲等地逐渐没落，新兴的交通枢纽成为粮食交易地，如太原、榆次、太谷、大同等地。

晋北的粮食初级市场是晋北各县。在晋北各县，每到粮食丰收时，庄户从产地用牛马车将粮食装运上市出手，先卖与零售商——陆陈行，"每日定有陆陈行市价为粮食买卖之标准，但陆陈行之收胃甚狭，粮店每恃此以挟庄户之售价，收买囤储，待善价而沽之"。③抑或卖与资本雄厚的粮店，粮客为初级市场的最后买主，向庄户收买后，屯粮待沽，伺机运往中

---

① 《山西省的产业与贸易概况》（1936 年），侯振彤译编《山西历史辑览（1909—1943）》，第 66 页。
② 《山西省的产业与贸易概况》（1936 年），侯振彤译编《山西历史辑览（1909—1943）》，第 67 页。
③ 《平绥铁路货运调查报告》（1936 年 4 月），中国第二历史档案馆藏，档案号：28 - 13874。

级市场或终极市场销售，为初级市场的买卖中心。各县还有转运栈，除负责招待粮客膳宿外，还代办购货囤栈及转运等手续。

晋南粮产丰富，初级粮食集散市场的规模比较大，如临汾、新绛、安邑、曲沃等。粮食在初级市场集中后再运往中级市场。

太谷是粮食交易的中级市场，因地处驿路枢纽，交通便利，商业金融业发达，明清时期便是山西粮食交易中心，1926年有47户粮行，巨利川和交利川粮店是其中资本额较大、信誉最好的粮商。同蒲铁路通行后，太谷东西两关均设有车站，交通枢纽的地位更加凸显，晋中的平遥、介休、祁县、孝义等地粮食不断输入，晋南的运城、临汾、洪洞、永济、闻喜、夏县等的小麦也源源不断地经由同蒲铁路运入太谷，再销往北京、天津、保定、太原、榆次的面粉公司。太谷的粮行更趋活跃，经营的品种多为小麦、小米、高粱、各种豆类以及玉米，年成交量达385250石，阎锡山还在太谷设立了实物准备库，除自行买卖外，兼营代客买卖，抽取佣金，据统计，太谷各粮行全年仅抽取的佣金就高达79830元，超过其资本总额。① 表3-3为1934年太谷的粮食销售状况，销售额高达170万余元。

表3-3 1934年太谷粮食销售情况

品名	全年销售量（石）	折合现公斤（万公斤）	销售额（元）
小麦	140000	1125	756000
高粱	89000	715	267000
小米	69500	558	347500
黑豆	34000	273	122400
黄豆	19000	152	72200
玉米	18750	151	60000
绿豆	15000	120	75000
总计	385250	3094	1700100

资料来源：《中国实业志·山西省》，第190页。

榆次也是粮食转运的中级市场。正太铁路通车后，粮行业务逐渐兴盛，交易量巨大，形成了专门从事粮食交易的粮市，最早在南寺街，1936

① 《中国实业志·山西省》，第189页。

年移至北门里裕泰涌院内。粮食交易之频繁、交易量之大、交易情势之瞬息万变从下面这段描述中可见一斑：

> 每日午饭后，各粮业、店、栈的掌柜和"上街的"，到粮市进行成交。商品以小麦和小米为标准，以份为单位，即通火车后，是以一火车厢为一份，到民国二十七年（1938年）后，改为十石粮为一份。行市：那时的粮食，主要是运往石家庄、天津、北京等外地，大的粮商和外地都有"相与家"和同"东家"的连号，行情主要是随着外地市场一有动荡，长途电话一日数次联系，有时信息不灵，那就是依靠分析和判断。未来行市看涨即买，看跌则卖。有信息灵通者，得知外地发生灾荒等情况，即看涨势而大买。资本大的商号，一下能把上市成交所售之物，全部"吞掉"。最后囤积居奇，等待时机，霸盘出售（非多少钱不卖）。这就是经商者，"越热越出汗，越冷越打颤""大鱼吃小鱼"的流传。有时分析错形势，"瞅错盘子"也会导致亏损，形成生意倒闭。如民国二十五年（1936年），吉履亨因做"粮盘"粮食看涨而大买，后实为下跌而大赔倒闭。[①]

1936年，同蒲铁路通车，交通更为便利，粮商增多，粮商资本总额高达55700余元，运销外省的粮食5300石，总值182100元（见表3-4）。

表3-4 1936年榆次粮业营业状况

品名	产地	销路	销量（石）	折合现公斤（万公斤）	每石价格（元）	总价（元）
小麦	本地	外省	13000	104.5	4.5	58500
玉米	本地	外省	22000	176.5	2.4	52800
小米	本地	外省	11000	88.5	4.4	48400
黑豆	本地	外省	7000	56.0	3.2	22400
合计			53000	425.5		182100

资料来源：《中国实业志·山西省》，第99—100页。

---

① 侯尊五：《钱粮盘子》，《榆次文史资料》第7辑，1986。

太原既是山西粮食交易的中级市场，也是终极市场。太原粮食的来源地有北部的忻县、崞县、定襄、繁峙、五台、静乐、代县，也有南部的榆次、太谷、汾阳、文水、交城、清源等。同蒲铁路通车之后，粮食来源更加广泛，临汾以南的小麦，大同附近的小麦及杂粮，都源源不断地涌入太原。1933年太原的粮食总销售额高达258万余元（见表3-5）。

表 3-5　1933 年太原粮食销售情况

品种	销售（石）	每石价格（元）	总销售额（元）
小麦	200000	4.50	900000
小米	200000	4.30	860000
高粱	100000	2.20	220000
大米	30000	9.30	279000
大麦	10000	1.60	16000
玉米	30000	2.10	63000
豆类及其他	90000	2.73	246000
合计	660000		2584000

资料来源：《中国实业志·山西省》，第32页。

太原的粮食商业有两种，一为米粟业，称粮行，以代客买卖、整批进出为主，主要经营省外业务。一为小粜米业，系门柜零售粮食，由粮行购进，再零散售出。在火车通行之前，粮食的销售对象主要是城市居民。火车通行后，涌现出的新式面粉工业及新式工业城市则成为太原粮食的新去处，"粮商每年销售粮食总额约十五万石，其中三分之一转售于米面店，三分之一运售外县及外省，六分之一直接售于民户，六分之一售于面粉公司"。[1] 总的来看，全年销售的粮食去往市内省内居多，约占2/3，销往省外的约有1/3，京、津、石家庄、获鹿、高邑、正定、定州等地客商一般于粮食上市期到达货栈，采买外运。刘大鹏在《退想斋日记》中对这一现象做出详细的描写："米粟由火车运往直隶，自九月至今，滔滔不断，致使粮价大涨，每斗涨二三百文。"[2] 太原属于行政消费型城市

---

[1] 刘容亭：《太原市粮商调查之研究》，《新农村》第3、4期，1933年9月。
[2] 刘大鹏：《退想斋日记》，山西人民出版社，1990，第284页。

及新型工业城市，粮食一大部分被本市消化掉，就这一点而言，太原属于终极市场。同时也有一部分粮食转运至外地，就此而论，它又是中级市场（见表3-6）。

表3-6　1930年前后太原外销粮食品种和主要地点

品种	销往地点	
	市外	省外
谷米	太原县、榆次、徐沟、交城	石家庄、保定、井陉一带
高粱	太原县、榆次、清源、徐沟	石家庄、获鹿
黄豆	太原县	天津
黑豆	太原县	石家庄
绿豆		石家庄
大豆	太谷、榆次	石家庄
大米	徐沟、汾阳	京津

资料来源：山西省地方志编纂委员会编《山西通志·粮食志》，中华书局，1996，第81页。

大同与太原类似，是行政消费型城市，当地居民消费是粮食的主要销售去处，但作为平绥铁路沿线重要站点，它又是晋北各县粮食外运的主要中转地。据统计，每年由大同运往西直门的杂粮约30万石，[①] 所以它既是终极市场也是中级市场。1935年前后，大同共有粮店13家，其中不乏资本雄厚者，甚至有利用资本操纵粮市的不法行为，"查大同粮店，资本大者四五万元，小者六七千元，并且操纵粮市，一方面对于庄户尽量压低买价，他方面视平津之粮价情形尽量抬高卖价，使贩者加上捐税及运杂费外几无利可图以致运销呆滞，凡值平津行市畅盛有厚利可图时，粮店及转运公司多纷纷自营贩运，若遇平津市胃疲时，则将粮食储囤，决不肯轻利或亏折放手其余资本利益周转则漠然置之也"。[②]

石家庄、北平、天津亦是如此，既是粮食转运的中级市场，也是粮食消费的终极市场。石家庄粮食业因山西粮食的大量转运而兴起，山西粮食

[①]《西直门粮麦商会之近况》，《中外经济周刊》第156号，1926年4月22日。
[②]《平绥铁路货运调查报告》（1936年4月），中国第二历史档案馆藏，档案号：28-13874。

由正太铁路运入石家庄后，一部分供当地居民消费，一部分则转平汉线运往北平或天津销售。1926 年前，本地粮店中资本较大者直接向原产地购粮，然后装火车运至石家庄，借用货栈的岔道卸下货物，并按车付给岔道费用；资本较小者则从本地各货栈购买，相当于货栈分销处，所购货物多零售或用火车运往藁城、赵州一带销售。规模较小的粮店多分布于车站以东至休门镇地区。① 1933 年，石家庄共有粮店、米面庄 39 家。②

粮食经平绥线运销至北平后，除了本地消费，还转运至外埠销售。"凡平绥沿线各初级市场之转运栈大多数在北平之西直门或广安门设有总栈，北平帮粮客办货派员在沿线设购办庄，在北平设售货庄，两地间一购一售，互相联络，进行其贩运业务，一切转运、装卸、存栈、保险等事莫不借手于转运栈，即在北平之售货庄亦寄住于转运栈内，每逢市日由转运栈代客携货样上市，接洽买卖，其买主有两种，一为城内之磨坊或杂粮店，一为外埠来北平购货之粮食客商，前者供本地消费，北平即为其终极市场，后者复再贩运往外埠销售，北平仅为其中级市场而已。"③ "平绥粮食之往天津者，以油粮类之胡麻、菜籽、豆及豌豆等为大宗，小米及其他杂粮为数不多，油粮大部分为出口商收买后运往大连、香港及上海等处，杂粮交易中心为斗店，平绥粮客到津售货均须照例由斗店居中经纪，天津共有斗店五家，资本大者 12 万元，小者 8 万元。"④

三 畜产品流通体系

山西的畜牧业向来发达，皮毛产量大，品质优，大同、忻县、寿阳、交城、潞安等是传统的皮毛集散中心。平绥铁路敷设通车后，晋北各县出产的皮毛多集中于大同外运，"中部和南部方面的皮货，全部集中到交城、新绛地区，然后送到榆次，进而沿正太铁路运出省外"，经榆次运送的皮

---

① 《石家庄之经济状况》，《中外经济周刊》第 181 号，1926 年 9 月 25 日。
② 石家庄市地方志编纂委员会编《石家庄市志》第 3 卷，中国社会出版社，1995，第 143 页。
③ 《平绥铁路货运调查报告》（1936 年 4 月），中国第二历史档案馆藏，档案号：28 - 13874。
④ 《平绥铁路货运调查报告》（1936 年 4 月），中国第二历史档案馆藏，档案号：28 - 13874。

货，合计价值220余万元。① 由于羊毛在海外的用途多，而内地的需要甚少，因此聚集在天津的羊毛，或向海外输出，或运送到上海，然后再输出海外。②

晋北各县是皮毛的初级市场，"大同羊毛来源为晋北各县，每年有毛贩在初级市场收货运至铁路沿线之中级市场脱售，另有天津帮之毛客在中级市场收购走铁路运往天津售于洋行出口"。③ 晋北十三县中，"阳高、天镇两县为铁路经过之地，当地设有车站，货运运出入可直接装车，阳高所产之羊毛因市场关系分向大同或张家口集中，再行运津，故阳高为大同及张家口两站属区之越接地点，天镇则因偏近张家口不来大同"。④ 其余十一县即大同、怀仁、浑源、应县、朔县、左云、右玉、山阴、灵丘、广灵、平鲁的皮毛大部分经商贩收购运至大同。主要品种和年产量见表3-7。

表3-7 晋北各县出产畜产品统计（1936年前后）

产地	出产	产量
大同	羊皮	40000张
广灵	羊皮	13000张
	鸡蛋	460000个
宁武	山羊羔皮	110000件
	羊毛	2000000斤
	羊绒	1000000斤
朔县	羊羔皮	8000张
	羊毛	10000斤
左云	羊毛	100000斤
浑源	老小羔皮	2000000斤

---

① 大岛让次：《山西、直隶棉花情况视察报告》（1927年），侯振彤译编《山西历史辑览（1909—1943）》，第70页。
② 《天津志》（1909年），侯振彤译编《山西历史辑览（1909—1943）》，第16—17页。
③ 《平绥铁路货运调查报告》（1936年4月），中国第二历史档案馆藏，档案号：28-13874。
④ 《平绥铁路货运调查报告》（1936年4月），中国第二历史档案馆藏，档案号：28-13874。

续表

产地	出产	产量
应县	羊皮	2824 张
	羊毛	956 斤
怀仁	羊羔皮	2000 张
	羊毛	20000 斤
山阴	羊皮	1000 张

资料来源：交通部邮政总局编《中国通邮地方物产志》下册（1937年），台北：华世出版社，1978。

畜产品的中级市场为大同、新绛、榆次等地。

大同是晋北各县重要的货物集散地，皮毛业尤其发达，皮毛是主要的出口商品。民国初年，大同皮毛业大部分集中在以南关、西街和南街为中心的地带，交易活跃，商业繁盛。大同的"南关"旧名叫作"新旺村"，即因皮毛商货的兴盛而得名。据记载，1936年前后，大同有天保贞、天庆和、福生永、永丰店、谦瑞祥等5家毛店，主要经营羊皮、羊绒、羊毛，"毛店专营代客经纪，来源大同约占百分之四十五，怀仁朔县各占百分之二十，其他各地合占百分之十五，每年由当地小毛贩向畜户零碎收买，成批托售毛店，即介绍售给住店之津帮，大同毛客以俄商华利洋行为最著，收购数量占全市之半数，该洋行亦系贩运性质，在津与美最时、平和两洋行订有契约，专代该两行在平绥一带采购羊毛"。[1] 据1934年调查，大同的羊绒每年"约产三万余斤"，一次出口20万斤，出产的猪毛居全省首位，《三十年来之山西》中记载，抗战前夕一共出产猪毛16000斤，另外还收购牛、马、驴、骡皮，以及驼毛、驼绒等畜产品。[2]

新绛的皮毛业历来发达，皮毛是"绛邑大宗出产，生意在秋后较旺，夏令集会皮毛贸易亦盛，计生羊皮一项每年输出汉口、天津、上海各处价值约四十万元，熟皮……输出亦多，皮行每年开市行情高低不定，视生皮

---

[1] 《平绥铁路货运调查报告》（1936年4月），中国第二历史档案馆藏，档案号：28-13874。
[2] 张新民、董福荣：《大同的皮毛制革业》，《大同文史资料》第11辑，1985。

价为升跌，牛皮羊毛销场亦广，皮庄有京、津、沪、汉各帮"。① 民国《新绛县志》也记载："皮货为昔日贡物之一，有皮衣、皮裤、皮脊、皮弦、皮条各种，每年之总收入约不下四十万元。"②

榆次也是畜产品的重要集散地，新绛等地的畜产品通常运到榆次上火车运出，"据说由山西西部及陕西方面运来榆次的羊毛，每年达3400车"。③

山西的畜产品大多销往天津再转运至海外，天津为其终极市场。天津集中了华北、西北各省大部分的畜产品，以羊毛为例，天津集散的羊毛，根据产地可细分为西路毛、东路毛、寒羊毛几种，产自甘肃、蒙古、绥远、青海、山西、陕西、察哈尔、宁夏、新疆等省的羊毛为西路毛，大部分运往包头集散，集散后多经平绥铁路联运来津，据估计，每年运津数量巨大，有20余万担，占津市运入毛总量的80%以上。"自铁路实行负责联运后，丰台无倒车之劳，运输无遗失之弊，货商实感便利"，但捐税过重，运费较昂，也对羊毛出口产生了不利影响。④ 畜产品运至天津后绝大部分外销，最终去向英、美、德、法、日等国。表3-8为华北各省畜产品生产及转出口可能量表，山西在五省中的占有量不小，大概可见畜牧业的发展及畜产品销售情况。

表3-8　20世纪40年代华北畜产品生产及转出口可能量

	河北	山东	山西	察哈尔	绥远	共计
牛皮	91（20）	33（13）	205（100）	22（18）	32（25）	483*（176）
马皮	24（12）	7（4）	15（7）	23（21）	13（12）	82（56）
骡驴皮	42（27）	25（15）	82（40）	4（3）	3（3）	156（88）
羊皮	448（110）	1262（320）	641（160）	592（415）	808（565）	3751（1570）
山羊毛	359（160）	1009（440）	513（230）	282（197）	973（471）	2836**（1498）
羊毛	538（240）	1514（660）	769（346）	1128（790）	2693（1885）	6642（5921***）

---

① 白眉初：《中华民国省区全志》第2卷《山西省志》，第247页。
② 《新绛县志·物产略》，民国18年铅印本，台北：成文出版社，1976。
③ 《中国分省全志·山西省志》（1920年），第104页。
④ 以上参见北宁铁路管理局编《北宁铁路沿线经济调查报告书》，1937，第912—913、950、971—973页。

续表

	河北	山东	山西	察哈尔	绥远	共计
骆驼毛				36（25）	342（239）	378（264）

注：一皮一千张，一毛一千公斤，括弧内为转出口可能量。*应为383。**应为3136。***应为3921。

资料来源：李洛之、聂汤谷编著《天津的经济地位》，第196页。

从以上棉花、粮食、畜产的流通体系可以看出，产业愈发达的，市场结构、交易程序也愈复杂。显而易见，山西棉花产业发达程度要高过粮食和畜产品。三级或四级市场结构的形成，是农畜产业商品性生产、流通发展到一定程度的表现，有利于推动农畜产品的进一步商业化，进而促进国内市场的统一。但同时，随着流通和转运环节的增多，流通费用大大增加，且因市场结构愈来愈复杂，原始生产者对于市场的需求及变化信息更加闭塞，导致商人对市场的操纵垄断，无良商人对生产者的敲诈盘剥加剧，这又反过来阻碍了市场的统一及农畜业商品化的发展，甚至有加速农畜业衰落的可能。

第二节 农畜产品商品化程度提高

明清时期，由于市场及区域互补的需要，山西部分地区的农畜产品已有一定程度的商品化。近代以来，随着通商口岸不断增辟，外国在华工业、国内民族资本工业相应兴起，特别是铁路的敷设并进一步深入内地，农畜产品大规模外运成为可能，再加之政府积极劝导，农畜产品商品化进程大大加快。

一 棉花商品化程度提高

农产品的商品化过程，通常是从经济作物的商品性生产及其扩大开始的，棉花便是代表。山西棉花商品化程度的迅速提高一方面是因为地方政府的支持鼓励，另一方面则是铁路通行便利了棉花大规模外运，大大降低了棉花的运输成本，提高了棉花的种植利润，从而促进了棉农的种植积极性。

1. 棉花外销量增加

铁路通行之前,棉花不能大量外运,商品交易很少,大多自用。铁路通行后,棉花大规模外运成为可能,外销量大大增加。1927年,日本人大岛让次对山西的棉业生产有详细的调查,"关于本地消费,只占区区少数,其真实的数字也不能掌握。从当地在冬季大多使用毛皮防寒来看,棉花的消费比其他的平原地区要少,这是事实。总之,当地消费量的多少,受天津或郑州两地的行市支配的情形很多;大体上,本地的棉花消费量不超出产额的二成上下,下面以榆次运输合作社提供的数字及各地商人的谈话为基础,制表如下"(见表3-9)。①

表3-9　1927年山西棉花主要产地产量、本地消费、外运统计

产地	产额 担	本地消费 比例(%)	本地消费 数量(担)	向郑州 比例(%)	向郑州 数量(担)	向天津 比例(%)	向天津 数量(担)
榆次	2000	100	2000				
交城	3000	100	3000				
文水	10000	20	2000			80	8000
汾阳	1500	100	1500				
孝义							
太谷	10000	50	5000			50	5000
祁县	10000	50	5000			50	5000
平遥	8000	60	4800			40	3200
介休	6000	100	6000				
灵石	3000	50	1500			50	1500
霍县	10000	40	4000			60	6000
赵城	3000	100	3000				
洪洞	30000	20	6000			80	24000
临汾	18000	10	1800			90	16200
襄陵	8000	10	800			90	7200
汾城	7000	10	700			90	6300

---

① 大岛让次:《山西、直隶棉花情况视察报告》(1927年),侯振彤译编《山西历史辑览(1909—1943)》,第32—33页。

续表

产地	产额 担	本地消费 比例（%）	本地消费 数量（担）	向郑州 比例（%）	向郑州 数量（担）	向天津 比例（%）	向天津 数量（担）
曲沃	20000	20	4000			80	16000
侯马	28000	10	2800			90	25000
高显镇	15000	20	3000			80	12000
新绛	35000	10	3500			90	31500
稷山、杨赵河、习店	20000	10	2000			90	18000
河津	28000	10	2800	20	5600	70	19600
荣河	50000	10	5000	30	15000	60	30000
孙吉镇、王黑镇	25000	10	2500	30	7500	60	15000
韩城、芝川	30000	10	3000	30	9000	60	18000
翼城	3000	50	1500			50	1500
闻喜	5000	20	1000	80	4000		
万泉	5000	20	1000	80	4000		
临晋	3000	50	1500	50	1500		
永济、韩杨镇	20000	60	12000	40	8000		
解州	20000	60	12000	20	4000	20	4000
夏县、安邑县	3000	50	1500	50	1500		
合计	439500		106200		60100		273200

资料来源：大岛让次《山西、直隶棉花情况视察报告》（1927 年），侯振彤译编《山西历史辑览（1909—1943）》，第 32—33 页。

根据表 3-9，1927 年山西棉花在天津上市额约达 273200 担，[①] 数量还是相当大的。再与邻省河南、陕西比较，山西的棉花外销量也是相当高的，运出量占总产量的比例高达 74%（见表 3-10）。

[①] 大岛让次：《山西、直隶棉花情况视察报告》（1927 年），侯振彤译编《山西历史辑览（1909—1943）》，第 34 页。

表 3-10　1933 年河南、山西、陕西三省棉花运出量与当地留用量比较

单位：担，%

	河南	山西	陕西	共计
本路运出	295488	205989	246100	747577
本年产量	816650	502412	544935	1863997
去年产量	596755	53921	157813	808489
两年产量平均	706702.5	278166.5	351374	1336243
运出量占产量百分比	42	74	70	56
当地留用量	411214	72177	105274	588665
当地留用量占产量百分比	58	26	30	44

资料来源：《陇海铁路货运调查报告》，中国第二历史档案馆藏，档案号：28-13866。

2. 棉花种植面积显著扩大

铁路通行后，山西与外界交流日渐增多，通商口岸及新兴城市里不断出现的新式工业对棉花原料需求逐年增加，棉花收购价格稳步上升，种棉比种粮有更大的利润空间，良好的收益推动农民纷纷种植棉花。"平、蒲、绛、解各县近年都种棉花，贩到天津销售，获利甚多，洪洞、赵城的农人都说棉的利不在种洋烟以下，新绛、河津各县每亩棉花有收净花至五六十斤的，以现价六百钱计算，每亩可赚钱三十余吊。"[①] 1923 年，河东道属各县输出五谷变价收入与假设为植棉地变价收入进行比较，五谷变价总额为 59318609 元，假设棉产价总额 85506456 元，植棉收入变价较增数为 26187847 元。[②] 鉴于此，政府极力鼓励农民种棉，"山西棉花，向以河东一带为出产区域，经外人品评其纤维之细，实冠全国，近由正太陇海两路输出渐多，惟产量有限，供不给求，计非竭力推广，不足以谋普及而兴实利"。[③] 对于推广植棉，阎锡山非常积极主动，不仅推出了"六政三事"，即水利、桑蚕、种树、禁烟、天足、剪辫和种棉、造林、畜牧，同时还设立考核处，推进各项事宜，希望在韩侯岭以北未曾种棉的区域能够实现棉花自给自足，在河东的传统植棉区能够扩大种棉以增加输出。在政府的推

---

① 山西省政府村政处编《山西村政汇编》，1928，第 1022—1023 页。
② 山西棉业试验场编《山西棉业试验场民国十二年成绩报告书》，1925，第 73 页。
③ 阎锡山编《治晋政务全书初编》第 9 册，1928，第 2279 页。

动及需求不断增加的刺激下,这一时期棉花种植业发展非常迅速。

首先,传统植棉区种棉面积进一步扩大。山西植棉最早出现在元代,清时晋南已有一定面积。1917年,临汾设立山西棉业试验场,1918年,太谷、文水、高平、定襄、解县、临汾等县也相继设立。植棉县均设立劝导机构,传播植棉技术,增加奖励金额,传统植棉区——晋南的棉花种植面积迅速扩大,解县"五十年前……统计吾解之地,种棉者不过百分之一二,今则三分之一种棉矣,而花价腾贵,布机如稠,其何故也?良以风气大开,铁路轮船交通便易,远商云集,购运各省,故货愈多而价愈昂,不比从前闭关时代也,人民趋利若鹜,专精此业"。① 浮山县"近自谷贱以来,县中种棉日渐增多,二三两区几以普遍"。② 翼城过去棉花"种者极少",20世纪20年代之后,则"到处皆种,成为出产大宗"。20年代前期的虞乡,棉花"境内皆种","近数年较前更多"。③ 曲沃植棉业"日见发达"。④ 棉花也是新绛"主要之物产",⑤ 棉花种植的广泛甚至一度令地方当局忧心忡忡,"然棉产增加,谷产减少……一遇旱荒,盖藏素虚,饥馑立见"。⑥

其次,植棉区由南向东、向北逐渐扩展。过去认为因气候、地势不适合种棉的晋中、晋北、晋东南部分地区,到20世纪20年代前后,也"一转而棉田弥望"。⑦ 山西省政府"竭力提倡,由美国朝鲜等处移入佳种,图棉质之改良,并于无棉之区劝导种植,冀产额之增加,故山西棉业之进步,实为他省所不及"。⑧ 经过推广,除晋西北以外,山西全省基本均能种植棉花,其中晋西南地区种植最多,"主要产地为:汾水流域之稷山、新绛、洪洞、临汾诸县;涑水流域之永济、虞乡、临晋、猗氏、夏(县)、平陆、闻喜、安邑、曲沃诸县;黄河沿岸之荣河、河津诸县",⑨ 晋中的太

---

① 《解县志·物产略》,民国9年石印本,台北:成文出版社,1976。
② 《浮山县志·实业》,民国24年铅印本,台北:成文出版社,1976。
③ 《虞乡县志·物产略》,民国9年石印本,台北:成文出版社,1968。
④ 《山西棉业调查记》,《江苏实业月刊》第55期,1923年10月。
⑤ 《新绛县志·序》,民国18年铅印本。
⑥ 《新绛县志·序》,民国18年铅印本。
⑦ 《山西之棉业》,《中外经济周刊》第112号,1925年5月16日。
⑧ 华商纱厂联合会编辑部编《民国九年棉产调查报告》,1921,第6页。
⑨ 冯次行编《中国棉业论》,北新书局,1929,第33—34页。

原盆地、忻定盆地及晋东南部分平川地区次之。大致范围以河曲—方山—雁门关—五台山一线为界，该线以南为植棉区，该线以北的大同、宁武、朔平及归绥地区，因高寒、无霜期短、气温低，不能种植棉花。

最后则是美棉种植成功推广。美棉的成功推广最能反映出这一时期棉花商品化程度。棉花分本地棉及美棉两种，本地棉纤维坚硬粗短，不适于纺细纱，多自用。19世纪后期，外国棉（以美洲棉为主）引入黄河流域各省，后在山西逐步试种推广。美棉纤维柔软细长，适于纺十六支以上的细纱，多出售于机器工厂。"有识者于是乎注目中国大陆，分向各方面调查进行，并招致专门人才，由美国购来棉种，分配于西御河农民，同时给与肥料，指导栽培，嗣后复经北京政府农商部之提倡，于是美种栽培区域，逐渐扩大，而每年运津之数量亦与日加增，故美籽棉在天津棉市中之地位，亦甚重要。"① 机器生产对于美棉需求的增加使得美棉利润远远高过国棉及其他粮食作物，据统计，华北地区种植美棉每亩收益7.9元，国棉每亩收益3.08元，大豆、高粱每亩收益分别为1.9元和0.8元，粟、小麦、花生、高粱等作物均亏损。② 因此，山西省政府竭力鼓励各地种植美棉。1919年，阎锡山"托天津日本驻兵参谋川岸氏，由三井洋行运来朝鲜美棉种二十吨，分配于农民，以奖励栽培"。1925年，"由美国输入美棉种二十吨，又输入满洲移植美棉及直隶小集地方之美棉种，以分配于农民"。③

在政府大力推广和农民积极合作下，美棉推广非常成功。在虞乡，"木棉之种近数十年较前更多，尤以奉发美国棉籽收货为优，东北乡一带常年用费及封纳粮赋均视此为转移"。④ 霍县过去并不是产棉区，"近以官厅提倡，棉田逐年增加，今岁约四千二百亩，产皮棉八百四十余担。棉多美国种，纤维色白，长七八分"。⑤ 在万泉，"近多种洋棉"。⑥ 1923年，河东属各县美棉种植面积为133329.2亩，本省棉为806353.8亩。比较1922

---

① 王兴周：《近五年天津棉市概况》，《天津棉鉴》第1卷第2期，1934年。
② 陈庚苏：《华北棉花栽培问题》，《国际贸易导报》第8卷第2期，1936年。
③ 王振勋译《天津棉花（二续）》，《山西村政旬刊》第8期，1931年，第37—38页。
④ 《虞乡县志·物产略》，民国9年石印本。
⑤ 《山西省棉花产销及棉田之调查》，《军需杂志》第11期，1930年，第25页。
⑥ 《万泉县志·舆地志·物产》，民国6年石印本，台北：成文出版社，1976。

年种棉亩数，美棉增 84499.9 亩，本省棉增 15319.02 亩，① 美棉比国棉增加多 4 倍多。以前棉花种植较少的冀宁地区，在政府的推广下，所种植的棉花几乎都是美棉。② 1929 年，洋棉的栽种面积超越本地棉，洋棉近 23 万亩，本地棉 8 万多亩。1932 年，美棉 254260 亩，产皮棉 48081 担；本地棉 47690 亩，产皮棉 5840 担。1933 年，美棉 1232706 亩，产皮棉 477880 担，本地棉 78055 亩，产皮棉 24533 担。③ 据《中国实业志·山西省》，1934 年，山西棉田年面积达 176 万余亩，产量增至 3 万吨，其中美棉占到 90% 以上，④ 这个数字充分说明当时美棉推广与种植是相当成功的。这种情况在输入天津的棉花种类中也有体现，1934—1935 年，天津输入的棉花本地棉约占 60%，美棉约占 40%；1935—1937 年，美棉数量上升至 60%，本地棉占 40%，推测 1938 年美棉占 70%。⑤ 美棉种植面积的增加是棉花商品化程度快速提高的明证。

二 粮食商品化程度提高

这一时期，粮食商品化程度提高的首要原因是经济作物种植面积扩大。在一个地区农业劳动生产率和耕地面积不变的情况下，经济作物种植面积扩大必然导致参与粮食生产的劳动力和耕地面积减少，进而粮食自给率下降，商品粮的需求相应增加。比如直隶的正定、保定一带，原本是粮食产量较高的地区，但因"年来盛行植棉"，有的地方"其植棉面积约占耕地十之七八，以致粮食不足，恒仰给于山西方面也"。⑥ 其次为铁路的通行使一大批铁路沿线城市如阳泉、石家庄等新兴城市崛起，并进一步带动了一大批城市如太原、北平、天津等的发展，城市人口、粮食加工业的增加和发展对商品粮的数量有更高的需求。还有一个重要原因就是通商口岸开辟后，对外贸易扩大，对粮食商品化的持续需求相应增加。

---

① 《山西棉业试验场民国十二年成绩报告书》。
② 华商纱厂联合会棉业统计部：《中国棉产统计（民国十八年）》，第 251 页，郑成林选编《民国时期经济统计资料汇编》第 34 册，国家图书馆出版社，2016。
③ 《冀鲁晋棉产资源概况（山西省）》，《河北棉产汇报》第 7 期，1936 年，第 7 页。
④ 《中国实业志·山西省》，第 91 页。
⑤ 李洛之、聂汤谷编著《天津的经济地位》，第 191 页。
⑥ 《石家庄之经济状况》，《中外经济周刊》第 181 号，1926 年 9 月 25 日。

粮食商品化程度的提高具体表现在两个方面。一是省外输出大幅上升。北部粮食则多汇集于大同,由平绥铁路运销京津。晋西北盛产杂粮,"从前因交通不便,无法外运,价值遂低,自铁路开通以后,销路大开,粮业顿形活跃"。①平绥大同站的运出粮食以小米、高粱、胡麻、菜籽、绿豆、黑豆、大豆等为最大宗,小米、绿豆以应县为主要来源,每年来量约占各地来量总数的50%以上,大同及浑源二县占40%,高粱、大豆以应县及大同二县为最大来源地,各占40%以上,黑豆则多来自浑源(见表3-11)。②

表3-11 1936年平绥铁路沿线出产货品及运输状况

货品名称	出产地	集中站	出产期	本地售价价格	每年运销	情形	附注
米	大同	大同	秋	4.50元/石	15000吨	平汉滦东	1935年5月调查最近一年之统计,本地售价一栏系各地最近平均市价
	浑源						
高粱	大同	大同	秋	3.10元/石	14000吨	平汉沿线	
糜	朔县	大同	秋	4.80元/石	600吨	北平	
豆类	大同	大同	夏秋	5.50元/石	4000吨	平津	
	朔县						

资料来源:《本路沿线出产货品及运输状况》,《平绥日刊》第10、11、12期,1935年12月12—14日。

晋南是小麦的主产地,也是传统的粮食输出地,同蒲铁路通车后,晋南的粮食输出更为便利,通常先由同蒲铁路输入太谷,然后上正太铁路运至省外(见表3-12、3-13)。

表3-12 1936年同蒲铁路主要站运出小麦吨数统计

单位:吨

站名	徐沟	太谷	祁县	平遥	张兰	介休	两渡	灵石
数量	1331	2545	5455	4870	2748	6661	581	3301

---

① 章有义编《中国近代农业史资料》第2辑,三联书店,1957,第134页。
② 《平绥铁路货运调查报告》(1936年4月),中国第二历史档案馆藏,档案号:28-13874。

表 3-13　1936 年同蒲铁路各主要站运出小米吨数统计

单位：吨

站名	原平	忻县	平社	祁县	平遥	介休	南关
数量	2321	1285	553	805	1753	740	790

资料来源：表 3-12 及表 3-13 均来自《同蒲铁路概况的呈》，山西省档案馆藏，档案号：B20（2）-54。

从整体来看，山西的小米、高粱和小麦，向南销往河南，向东销往北京、河北等地。据统计，1935 年全省有 54 个县外销小米，输出量达 168 万余石，其中 57% 运往外省；35 个县外销高粱，运往外省者占 44%。

二是省内粮食流通量增加。明清时期，为满足北部军事重镇对于粮食的需求，晋商将华北主要产粮区包括晋南的部分粮食作为军需品运至晋北重镇，但这种粮食交易活动是适应政治军事需求的，不具备可持续性，民间的粮食丰歉调剂也在省内一定范围存在，规模不大。铁路通行后，省际粮食流通频繁，使省内粮食流通更趋旺盛，特别是当同蒲铁路沟通南北后，省内的粮食交易更具规模。

随着晋中和晋南产棉区的不断扩大，粮食产量下降，为满足当地人口对于粮食的需求，晋北的余粮多供应中部和南部地区。"晋北的粮食收获量每亩不超过八斗，但是由于地广人稀，每年的粮食总产量达一千万石，除去自用，尚有三百五十万石的剩余。剩余粮食除三分之一供应其他省份外，大部分供应中部和南部地区。"晋中地区也将小麦售于棉产业更加发达的晋南，"该地区出产的小麦被销售于南部地区或是外省，另外从北部地区购入杂粮，以补消费量不足。就是说，以北部的剩余杂粮换取中部的小麦，用以供给南部的消费，其数量达一百余万石。北部进来的杂粮加上上述本地区的剩余粮食，余粮达五百万石之多，其中一百万石运往河北省，而其余的余粮，全部供给南部地区"。① 晋南地区土地肥沃，每年产小麦 500 万担，另外还有玉蜀黍、高粱、粟、豆类等，但一方面，人口稠密，粮食需求量大，另一方面，每年还需向晋中粮食加工厂及省外大量输出小

---

① 满铁天津事务所调查课编《山西省的产业与贸易概况》（1940 年），中国第二历史档案馆藏，档案号：2024（2）-22，第 66 页。

麦，再加上棉田增加、粮田减少以及容易遭受汾河、黄河水灾等，晋南出产的粮食不能完全自给，一般情况下需从晋北及中部地区购入粮食加以补充，有时还得仰仗外省供给一部分。

由此可见，山西粮食流向，小麦一般由南向北，晋南的小麦多流向晋中地区和省外；杂粮、小米和大米由西向东，除本省销售以外，大都经正太铁路流向河北、平、津等地；莜麦及小杂粮等，则一般是由北向南，供给省内粮食不足地区。不仅省内粮食交易出现了籴粗粜精的现象，省际的粮食交流也有同样情况出现，"平汉与平绥、正太接轨，挹取塞外和山西的粗粮。沿线有面粉厂之地共九处……采购小麦，又有保定、石家庄、彰德、郑州等华北内地城市，以小米为市民第二位谷食"。① 陈伯庄先生认为，这是交通对粮食作物所产生的影响，"小麦、小米为精粮，高粱、玉米为粗粮，精粮的商品化，因交通而发生，精粮的多种，因籴粗粜精而推进，籴粗粜精的可能，又因交通而确立"，② 这充分反映了近代交通的出现对于粮食作物商品化进程的影响。

三　畜产品

山西畜牧业历来发达，羊皮和羊毛产量非常高。山西北部所产的大部分羊毛集中于大同，经平绥铁路运往天津，每年达 50 余万斤，价值 20 万元。羊皮大部分经由陆路送往河北省唐县，称为"唐县皮"，进一步运往天津，每年达 10 万张，价值 4 万元。中部、南部方面的皮货，全部集中到交城、新绛，然后运送到榆次，进而沿正太铁路运出省。经榆次运送的皮货，每年达 500 万斤，价值 100 余万元。③ 此外，长治主要是晋东南地区畜产品的集中地，每年销往天津等地大量的熟羊皮、生羊皮、猪鬃、马鬃等畜产品。表 3-14 反映了主要集散地每年运出的主要畜产品数量及行销地带。

---

① 陈伯庄：《平汉沿线农村经济调查》，上海交通大学研究所，1936，第 32 页。
② 陈伯庄：《平汉沿线农村经济调查》，第 28 页。
③ 满铁天津事务所调查课编《山西省的产业与贸易概况》（1940 年），中国第二历史档案馆藏，档案号：2024（2）-22，第 66 页。

表 3-14　1936 年山西主要畜产品集散地年运输数量及行销地带

大同

畜产	数量	行销地带
羊皮	40000 张	天津、汉口、上海

交城

畜产	全年运销量	行销地带
滩羊皮统	20000 公斤	国内
羊羔皮	30000 公斤	天津
狐皮	4000 公斤	同上
獾皮	1500 公斤	同上
狗皮	6000 公斤	同上
山羊皮	200000 公斤	同上
老羊皮	150000 公斤	同上

新绛

畜产	全年运销量	销行地带
羊皮	20000 张	平、津、汉、沪
羊绒	120000 斤	天津
牛皮	15000 张	邢台

长治

畜产	全年运销量	销行地带
熟羊皮	72000 斤	国内
生羊皮	80000 斤	邢台
鸡蛋	15000 箱	天津
猪鬃	2000 斤	平津
马鬃	10000 斤	同上

资料来源：《中国通邮地方物产志》下册。

第三节 商业性农业种植区的初步形成及其影响

一 商业性棉花种植专区的初步形成

棉花利润的提升、交通的便捷大大刺激了农民种棉的积极性，山西省政府也极力鼓励农民种棉，晋南的棉花种植面积迅速扩大。如荣河，因棉价日涨，农民由专种五谷改为兼种棉花，最后发展为"专赖产棉"为生。① 浮山县，"近自谷贱以来，县中种棉日渐增多，二三两区几以普遍"。② 棉花也是新绛"主要之物产"。③ 据《中国实业志》记载，1927 年，山西全省有 27 个县种植棉花，主要分布在晋南棉区，中北部的太谷、定襄、榆次也开始植棉，有 10 个县的棉花种植面积在 5 万亩以上，种植面积最大的永济、洪洞、万荣已突破 2 万亩。1929 年，文水、汾阳、介休、孝义、临县、离石、中阳、屯留、灵石、永和、忻县等中北部的 11 个县也开始种植棉花，但种植面积很小，最多的汾阳全县只种了 3257 亩，最少的永和县仅种植了 316 亩。1934 年，全省种棉普及 56 个县，运城、临汾地区开始大面积种植棉花，晋东南、晋中、太原盆地、忻定盆地和晋西黄河沿岸均大量种植（见表 3-15）。④

表 3-15 20 世纪 30 年代山西各县棉花种植面积统计

单位：亩，%

县名	棉田面积	农田面积	棉田面积/农田面积×100%	水田面积	棉田面积/水田面积×100%
荣河	164010	356000	46.07	4000	4100.25
曲沃	159166	586000	27.16	26000	612.18
洪洞	59000	587000	10.05	58000	101.72
临汾	96800	533000	18.16	27000	358.52
永济	51000	543000	9.39	4000	1275.00

---

① 《荣河县志·物产》，民国 25 年铅印本。
② 《浮山县志》卷 12，民国 24 年铅印本。
③ 《新绛县志·序》，民国 18 年铅印本。
④ 郭展翔、杨五云主编《山西农业志》，山西省地方志编纂委员会办公室，1987，第 310 页。

续表

县名	棉田面积	农田面积	棉田面积/农田面积×100%	水田面积	棉田面积/水田面积×100%
河津	25814	392000	6.59	12000	215.12
新绛	54532	682000	8.00	34000	160.39
赵城	42600	313000	13.61	24000	177.50
解县	41000	374000	10.96	41000	100.00
虞乡	46500	398000	11.68	104000	44.71
临晋	38866	727000	5.35		
猗氏	14593	651000	2.24		
安邑	19500	230000	8.48	200	9750.00
平陆	10000	291000	3.44	1000	1000.00
芮城	27000	485000	5.57	5000	540.00
襄陵	16000	359000	4.46	18000	88.89
稷山	26210	709000	3.70		
绛县	78180	399000	19.59	4000	1954.50
汾城	18000	565000	3.19	56000	32.14
万泉	58963	357000	16.52		
夏县	17500	629000	2.78	126000	13.89
大宁	35000	61000	57.38	2000	1750.00
闻喜	14834	892000	1.66	2000	741.7
霍县	25000	382000	6.54	3500	714.29
翼城	35356	535000	6.61	12000	294.63
太谷	25080	641000	3.91	64000	39.19
永和	24500	439000	5.58	300	8166.66
文水	29070	661000	4.40	68000	42.75
平遥	12000	1032000	1.16	1000	1200.00
其他	44687	13429000	0.33	896000	4.98
共计	1310761	28238000	4.64	1624500*	80.68

注：* 应为159300。

资料来源：《陇海铁路货运调查报告》（1936年4月），中国第二历史档案馆藏，档案号：28-13866。

虽然山西的棉花种植面积有很大提高，但存在两个问题，一是棉花种植面积受各种因素影响上下波动很大；二是山西的种棉面积占全国总面积的比例很低（见表3-16）。

表3-16　1919—1933年山西棉田面积统计

单位：亩，%

年份	数量
1919	486.320
1920	615.240
1921	695.025
1922	839.288
1923	875.921
1924	613145
1925	755000
1926	1407400
1927	1298559
1928	949355
1929	313281
1930	274763
1931	348877
1932	301950
1933	1310761
平均每年面积/全国平均面积	505107/31798319
占全国总面积的百分比	1.6

资料来源：由全国经济委员会棉业统制委员会统计课编《棉花统计》（1933年12月）中的表2及《陇海铁路货运调查报告》中的《陇海铁路沿线棉花产区历年棉田与产量统计》一表合制而成。

由表3-16可知，一是山西棉田面积到1926年达到最高峰，1926年后下降，且下降幅度很大。这是因为这一时期天气干旱，棉产量低，农民纷纷放弃种棉而改种粮食，也与此时时局不靖、铁路不通，棉农的种棉积极性受挫有关。二是山西的种棉面积占全国总面积的比例很低，仅有1.6%。比例如此之低，主要原因在于山西平原少，山区多，适宜种棉的地区不多。同时，山西地处腹地，铁路路线少、路程长，交通成本高对农民种棉的积极性也有极大的制约。

也就是说，山西晋南地区已初步形成商业性棉花种植区，但是这种商业性的种植区是不稳定、不成熟的。

二 商业性粮食种植区的初步形成

据《大潼铁路经济调查报告书》，山西"南段因大宗棉花及烟草之运出，与大宗粮食之运入，乃成为农产物运输最繁之一段焉"，而"棉田面积日趋增加，将来必然产棉之量大增，粮食产量因而更减，出售棉花，购进粮食，往返运输，其繁忙更将有加于今日也"。① 即山西南部棉花种植规模的扩大使得省内粮食流动大大加快，晋南地区农民的粮食以小麦为主，小米和玉米是其重要的辅助食料，② 棉花种植规模扩大导致该地小米等杂粮（小米、玉米、豆类等夏作与棉花是竞争作物）出现缺口，需要从北部输入。根据20世纪30年代实业部的调查，产棉区大量输入粮食的县份有临汾、汾城、曲沃、永济、临晋、荣河、解县、赵城等，也有的县份出口小麦、面粉以换取小米等杂粮，如翼城、吉县、万泉、安邑、芮城、闻喜、夏县、解县、虞乡、永济、垣曲、灵石、洪洞、临汾、新绛等。这些杂粮最主要来源于晋中及晋北文水、孝义、长子、晋阳、介休、徐沟等地。③

正太铁路通车前，榆次的粮食几乎完全自给，品种以当地食用的小米、高粱为主，小麦仅占1/10。铁路通行后，粮食的生产结构发生变化，"自铁路通后，麦价日昂，故种麦者比岁增多，几占全县禾田十分之三"。④ 高粱、黄米、黑豆也是榆次出产的主要粮食作物，高粱年产1920.1万斤，主要产于永康、东阳、什贴等村，每年销往石家庄8万余石。黄米主要产于王胡、什贴、峪口等村，年产1.8万石，每年有5万余石销往石家庄。黑豆年产量为888.2万斤，每年有2万余石销往石家庄。除此之外，大豆、荞麦的产量也颇丰，大豆年产508.5万斤，荞麦年产740.2万斤，均居山

---

① 铁道部业务司调查科查编《大潼铁路经济调查报告书》，1933，第20页。
② 曲直生：《华北民众食料的一个初步研究》，参谋本部国防设计委员会，1934，第26页。
③ 《山西各县进出口贸易情形列表》，《中国实业志·山西省》，第110页；《大潼铁路沿线各县输出入货品一览表》，《大潼铁路经济调查报告书》，第65页。
④ 《榆次县志·生计考》，民国31年铅印本。

西省首位，① 因此有"金太谷，银祁县，榆次出米面"之说。晋中地区的粮食种植专业区在一定程度上初步形成。

总之，铁路通行后，原先粮食输出甚少的晋北、晋中纷纷凭借交通优势大量外运粮食，传统的粮食输出地晋南粮食外运更加旺盛。

三 商业性农业种植区对农村社会的影响

商业性农业种植区的初步形成对山西农村社会有着多方面复杂而深远的影响。

首先，商业性农业种植区的形成在一定程度上提高了民众收入，改善了民众的生活，有利于农业社会的稳定。山西地处腹地，开埠通商后，特别是近代交通体系形成后，大量廉价的工业品沿着交通线渗入山西乡村的方方面面，迅速解构以内聚闭塞、自给自足为特点的广大乡村，本来就挣扎在贫困线上的农民在资本主义商品倾销的冲击下处于贫穷与破产的边缘。民国前期，农业产业化主要发生在棉花产业及相关产业，为乡农生活的改善提供了前所未有的机会。新绛"自鸦片禁种，棉禾增植，津海销路大开，民无巨富，而多小康"。② 荣河全县"无村无种棉之户，有地百亩，即种棉六七十亩"，甚至"宁可不种麦不可不种棉"，棉销售四方，"岁率获金以数十万计"。③ 与棉花产业相关的产业如棉花运输销售业、机器纺织业、家庭纺织业等也随之兴起，拓宽了农民的就业渠道，提高了家庭收入。1926 年，《中外经济周刊》刊载，平遥、介休、汾阳等地织布业开始兴旺，使用的原料是榆次晋华纱厂及石家庄、天津各纱厂所产的棉纱。《中国实业志·山西省》记载，战前山西工业雇用职工 72257 人，其中棉纺织工业职工 19346 人，占雇用职工总人数的 26.77%。全省从事土布织造者更多，共计 653600 人，土布织造业分布在乡间，成为农家的一项重要副业。棉业及相关产业的发展既增加了收入，又提供了就业岗位，在防止农村社会破产方面起到了减震器的作用。所以 1934 年，全国广大乡村处于

---

① 山冈师团编，山西省史志研究院编译《山西大观》，山西古籍出版社，1998，第 61 页。
② 《新绛县志·序》，民国 18 年铅印本。
③ 《荣河县志》卷 8，民国 25 年铅印本。

破产边缘，而山西农村却表现出一种奇特现象，即有些地方因为种了棉花，农村中不但没有破产的迹象，反而呈现出富裕的状态。① 可以说，民国前期，棉花种植面积的扩大推动了相关产业的兴旺，棉花的种植、运销、加工各个环节需要大量劳动力，吸引了广大农民就业，成为活跃农业经济的催化剂，弥合了农村中各阶层贫富差距导致的阶层鸿沟，在一定程度上缓解了阶层分化引发的矛盾和对抗，有利于近代山西农村社会的稳定与发展。

其次，商业性农业种植区的形成重塑了传统小农的生产经营理念：自我消费型生产观向营利型生产观转变，个体间恶性竞争向合作共赢的经营理念转变。在新理念的形成过程中，传统小农"重义轻利"的价值观发生改变，农民更关心种什么收益更多，"从前的农民在自己土地之上，经常地种植各种不同的农作……一切消费，大部分由于自己的直接生产……此种情形，到现在根本倒置过来，现在的农民大多以金钱作耕作计划底本位。如果每亩的棉花能够赢利二十元，而每一亩的小麦仅得十元，则全部土地都种作棉花，然后以棉花换得来的金钱，到市场上购买他所需用的物品"。② 营利型生产观的形成增强了小农社会化生产的参与度，推动了农业商品化程度的提高，加快了农村市场与国内外市场的一体化进程。经营方面，由原来强调个体竞争向合作共赢的理念转变，由于种植面积日益扩大，棉花销售量激增，为维护市场秩序，棉业公会成立，"查河东道属近年棉产蒸蒸日盛，花店林立，若不设施公共团体牵制经营之势，必日臻失败而不可收拾，此棉业公会设立之必要也。棉业公会之性质：棉业公会即产业组合上之同业组合，组合员协同一致矫正营业上之弊害以增加其利益，兹为本业警察的自治团体"。③ 生产经营理念的转变，推动了小农经济商品化进程，广大棉农的植棉行为打破了传统而具有了现代气息，是山西农村社会由传统走向现代的深层次变迁。

但不得不说的是，商业性农业种植区的形成也带来相关问题和风险。

---

① 中国农村经济研究会主编《中国农村经济资料》第 1 卷第 2 期，上海黎明书局，1934。
② 马乘风：《二十年来中国棉花之产销实况及其危机》，《中国经济》（南京）第 2 卷第 1 期，1934 年。
③ 《山西棉业试验场民国十二年成绩报告书》，第 103 页。

比如，棉花种植需水量大，最忌旱灾，一旦发生旱灾产量会急剧减少，甚至绝收。如 1930 年的调查报告指出："近数年旱魃为灾，粮食缺乏，种棉者改种五谷，因之棉田面积骤减，而棉收数量亦少。"① 在山西原有的种植结构中，小米、高粱、玉米的耐旱性比棉花强，即便遭受旱灾，农民所受的损失也较小，因此，扩大棉花种植面积在给农民带来巨大收益的同时，也带给他们巨大的潜在风险和隐患。如 1929—1932 年因连续 4 年旱灾，棉花减产异常严重，洪洞"产棉地四万五千亩，较去年稍增，然产额减少一半，约一万两千担，盖受旱灾也"。② 洪洞位于汾河旁边，水利灌溉条件是比较好的，遇旱灾损失都这么严重，更别提其他水利不便、多旱少雨的地区了。旱灾造成农作物的减产，使棉价和粮价上升，但粮价上升的幅度比棉价更大，可能造成粮荒乃至乡村社会的不稳定，"人民趋利若鹜，专精此业（种棉）。吾所甚惧者，本地物产惟棉有利，日种日多，恐无置五谷之地。今秋收成稍薄，家家人无粮、马无草，里巷谈论十室九空，问其卖花价所得之利。金钱到手，挥霍无存，若遇凶岁何以为生？夫人一日不再食则饥，终岁不制衣则寒，衣食并言，食重于衣。故孟子言：王道，于衣，则仅言树桑；于食，则必然终百亩。若此以言大利，势必至多数地种棉，少数地种谷。富岁，则囊有余金，流于奢侈；凶岁，则室如悬磬，不免死亡，此又重末轻本之弊"。③ "铁路既通，物价与世界呼吸相通，致生活增高，而无新的经济机构以为应付。农家有时且受世界少物靳贵、剩物倾销之故，使我水旱而困农，又因谷贱而伤农。泻与国外之金银，比之负担于社会建设之所费为多，则建设亦滞而不进。"④

除了自然灾害的干扰，因交通体系转型后，山西棉花市场经由近代交通体系与广阔的国内及国际市场联系密切，不可避免地受到国内外市场波动的影响。1929 年，世界性的经济危机爆发，为摆脱经济危机，资本主义列强向中国大肆倾销商品，山西农产品受到严重冲击，价格大跌，山西农

---

① 《中国棉产统计（民国十九年）》，郑成林选编《民国时期经济统计资料汇编》第 34 册，第 359 页。
② 《山西省棉花产销及棉田之调查》，《军需杂志》第 11 期，1930 年，第 26 页。
③ 《解县志·物产》，民国 9 年石印本。
④ 刘文炳撰《徐沟县志·民生志》，山西人民出版社，1992，第 166 页。

民损失惨重,"有一度时期,曾跌至每市斤 0.2 元,使棉农亏损不堪,置于破产境地。因此棉田种植面积大减,产量随之大降。以 1932 年为例,棉田面积只有 3033450 亩,产量为 54128 担,分别占民国 16 年(1927 年)棉田面积、棉产量的 23.37% 与 10.66%"。[①] 可以说,近代交通体系出现后,山西农产品市场已然成为世界资本主义市场的一分子,但在当时科学技术落后的条件下,农产品商品化带来的这种风险却因此骤然放大,商品化程度越高风险就越大。1929 年,为了保障农民的经济利益,确保农产品不受国内外农产品价格波动的影响,山西省政府在全省建立起庞大的农产品收购体系——山西实物准备库,但效果并不明显。

小 结

以铁路为主的近代交通体系是连接沿海商埠、工业城市与广大农村腹地的纽带,近代交通强大的运输能力极大地扩展了农村市场的深度与广度。一方面,大量价廉的机制工业品涌入农村,农村自给自足的自然经济受到冲击,逐渐解体,另一方面,为满足近代机器工业原料、新兴城市人口消费以及外贸出口不断增大的需求,借助近代交通体系,农产品的流通量逐渐增大,在流通过程中形成了三级甚至四级流通体系。总的来看,棉花、粮食、畜产品的初级市场不尽相同,次中级、中级市场及终极市场却是重合的,初级市场一般由自然地理及物产条件决定,次中级、中级市场多为铁路沿线各站,终极市场则为沿海口岸城市。这说明山西地区农畜产品已形成了一个以铁路为主要流通渠道,以铁路沿线市场为主节点,以通商口岸市场为尾闾的多层次开放型流通体系。

近代流通体系的形成极大地扩展了农畜产品的流通范围,原先闭塞、孤立的农村市场逐渐融入国内市场乃至国际市场,反过来,农畜产品的生产受到国内市场甚至国际市场的影响和制约,进而推动了农产品种植结构的变化。最为明显的是,以棉花为首的经济作物占农产品的比例越来越大,棉花商品化程度迅速提高,并带动了粮食作物商品化的发展,逐渐形

[①] 渠绍淼、庞义才:《山西外贸志》上册(初稿),第 206 页。

成了以各通商口岸或工业城市为指向、以铁路干线为轴线、以铁路枢纽城市为集散市场的若干个范围大小不等的商业性农业种植区，大致为：以正太铁路、陇海铁路为干线，以榆次、陕县为集散市场的晋南棉花生产专业区；以正太铁路、同蒲铁路为干线，以榆次、太谷、太原为集散市场的晋南、晋中粮食生产专业区；以平绥铁路为干线，以大同为集散市场的晋北杂粮生产专业区。

  商业性农业种植区的形成不仅有助于农民生活水平的提高，有利于农业社会的稳定，还推动了小农生产经营理念的转变，对农业社会的现代化转型有积极的推动作用。但在当时，因为农业技术落后，农业受天气影响较大，商业性农业种植区存在诸多隐患和风险。再加之从事商品性生产的农户在全体农户中所占比重低，商业化程度并不平衡，多数交通闭塞的山区仍是自然经济居主导地位。因此，尽管这一时期山西的农产区已初具商业性农业区的特点和规模，但不可否认的是，这种商业性农产区是初级的、不稳定的。

第四章　近代交通体系与近代煤矿业的兴起

山西的矿产品非常丰富，有煤、铁、盐、碱等，煤炭蕴藏量尤丰。1869年末到1870年初，德国人李希霍芬到山西考察，从晋城向北至太原、阳泉，后又至大同、五台山等地，考察完他讲道，"山西是世界上第一石炭大国"，"若使山西煤铁之运费减少，则虽以土法采各矿，其得利亦必极厚"。但是，"山西处四塞之间，惟汾、黄二河汇流之河津县，其煤炭可由黄河运至西安、开封等处，其余各处，即水路亦无能输转者，足见交通之不便"。[1]

交通不便导致山西丰富的矿产无法得到有效开采，修建铁路成为迫切需求，"因为矿山一般远离城市、交通要道、江河码头较远，没有良好的交通运输条件，矿产品无法大批量运走，同时矿山社区也无法正常生产和生活。由于公路交通运量有限，也不宜于长途运输；航空交通运输成本过高；水路交通一般远离矿区，因此，人们往往选择铁路交通方式和管道运输方式作为矿产品的外运工具"。[2] 可见，运量大、运费廉、适合长距离运输的铁路交通的建设是矿业近代化的前提，成为近代矿业发展的一个极为重要的推动力。

第一节　近代煤矿业的产生

一　收回矿权运动

山西煤铁资源丰富，山西巡抚胡聘之很重视山西的煤铁开发。他曾积

---

[1] 新常富：《晋矿》，赵奇英、高时臻译，山西大国民印刷厂，1913，第8页。
[2] 谷中原：《交通社会学》，民族出版社，2002，第89—90页。

极谋划用新法开采山西煤铁资源，光绪二十二年四月三日，他在上奏清政府的奏折中说："晋省煤铁之利，甲于天下。太原平定大同泽潞等属，所在皆有，几于取之不尽。当此财用匮乏，正宜设法攻采，以开利源而佐国用。臣去东抵任后，即经周咨博访，筹议办法。大抵本地开采，专恃人工，获利甚微。必须改用机器，按照西法采取，出货多而且速，可期事半功倍。"① 同时他也认识到，山西交通不便是新法开采的最大障碍。于是光绪二十三年，他又上奏朝廷请修铁路，但开矿修路需要巨额资金，山西资金不足，无法独立完成。胡聘之遂批准由候选知府刘鹗和总署章京方孝杰等组织晋丰公司，"可以独自开办孟平潞泽诸属矿务，并自借洋债办理，惟声明所贷之款，系两国商人自相筹借，无论盈亏，与中国国家毫不干涉"。② 于是同年，晋丰公司向英国福公司借款白银1000万两，并与福公司驻华总董罗沙第签订《请办晋省矿务借款合同》五条，翌年又签订了《请办晋省矿务章程》二十条，胡聘之均予以批准。

但这一举动引起了部分晋省守旧官绅和清廷官员的反对，纷纷指责胡聘之"将潞安、泽州、沁州、平定州三府一州，典与洋人"是卖国之举，并呼吁"山西兴办铁路，流弊滋多，请商停办"。③

虽然反对之声盈于朝野，但福公司与华俄道胜银行还是于光绪二十四年四月二十六日签订合同，瓜分权益。华俄道胜银行取得平定到芦汉干线的铁路修筑权，孟、平、潞、泽等属的矿务则归福公司承办。后在英俄的施压下，清政府重新拟定了《山西开矿制铁以及转运各色矿产章程》二十条。章程规定，由山西商务局向福公司借款1000万元，福公司则可获得孟县、平定州、泽州（晋城）、潞安府（长治）、平阳府（临汾）等处煤铁矿产的开采权，以及其他地方的煤油各矿开采权，限期为60年。此章程还规定，福公司的总董握有经理大权，商务局对开矿理财这些重要事务只限于会同办理和稽核，"与刘鹗原签的合办草约相比较，丧失利权更巨"。④

---

① 郭廷以等编《中国近代史资料汇编：矿务档（山西省）》，台北：中研院近代史研究所，1978，第1883页。
② 郭廷以等编《中国近代史资料汇编：矿务档（山西省）》，第1883页。
③ 李恩涵：《晚清的收回矿权运动》，台北：中研院近代史研究所，1960，第208页。
④ 李恩涵：《晚清的收回矿权运动》，第214页。

后因义和团运动爆发，山西交通也不方便，福公司未能马上开采矿产。

光绪二十九年，赵尔巽代理晋抚，认识到矿权问题利益关系甚大，所以一方面重新恢复商务局，统辖全省工商事务；一方面成立晋丰矿务总公司。但因财政拮据，修路开矿力不从心，于是筹集商股，鼓励富商绅士出资办理盂、平、泽、潞各属以外各地区的矿务。1905 年，盛宣怀又组织山西同济矿务公司，广筹商股，有计划、大规模开发山西矿产。这些举措引起福公司的不满，向外务部施加压力，"凡属潞、泽、平、盂、平阳府各矿，不准他人再开，并土人所开各洞，均须一律封闭"。[①] 及至 1905 年 7 月，正太铁路通至阳泉，福公司迫不及待地到平定地区勘测矿地，并要求山西巡抚予以妥善保护，还要求中国承认其享有原定合同所载明的独办平、盂、潞、泽及平阳府属境内矿务的"专办权"。福公司的霸权主义行为引起了山西人民的强烈愤慨。山西各界一方面积极与福公司谈判，吏部主事李廷飏、举人刘懋赏被选为全省绅民代表赴北京与福公司就废约收回矿权之事进行谈判；一方面为争取矿权，积极集资组建公司对抗福公司。山西巡抚张曾敭致信商部："遵照二十七年上谕，另招股实绅商，集股开办。"[②] 在这一背景下，1907 年，山西商办全省保晋矿务有限总公司（以下简称"保晋矿务公司"）成立，渠本翘为总理，此乃山西自办煤矿事业的发端。同时，废约运动也在积极开展，1907 年 8 月，在山西按察使丁宝铨的带领下，山西商务局绅员刘笃敬、全省代表梁善济、崔廷献与福公司总董梁恪思谈判，经过艰难协商，1908 年 1 月 20 日，双方签订了《赎回开矿制铁转运合同》十二条。合同规定："晋省备款二百七十五万两，于光绪三十四年正月先交一半，余分三年交清，由山西商务局担任，按期交清。将所有与福公司订定开矿制铁转运正续各章程合同赎回作废。"[③] 至此，夺回矿权运动取得最终胜利，同时也掀起了山西近代史上投资兴办实业的高潮，以保晋矿务公司为代表的新型煤矿业开始出现并发展壮大。

[①] 虞和寅：《平定阳泉附近保晋煤矿报告》，农商部矿政司，1926，第 10 页。
[②] 山西同乡会事务所编辑《山西矿务档案》，山西晋新书社，1907，第 19 页。
[③] 曹慧明主编《保晋档案》，山西人民出版社，2008，第 26 页。

二　正太铁路沿线的主要矿厂

正太铁路沿线的矿厂主要由保晋矿务公司经营。公司总部最初设在太原海子边，1916年，为便于管理，公司总部迁至阳泉火车站附近。保晋矿务公司的矿区分布于山西省主要产煤区，公司有平定①、晋城、大同、寿阳分公司，矿区总面积有125279公顷。② 北京、天津、保定、石家庄、上海等分公司则专营推销业务。

平定（阳泉）分公司的矿区主要集中于正太铁路沿线的阳泉、平定一带，共有6处，是保晋矿务公司中设备、技术最先进，产量最高的矿区。

第一矿厂位于阳泉车站西南6里，正太铁路南侧，面积约1.5平方公里，储量1400万余吨。1906年开始采煤，矿厂有竖井1对、升降机2台、立式锅炉1台、发电机1台，工人250名，分昼夜两班进行生产，日产原煤100余吨。1919年，为解决运输困难，第一矿厂在第一斜井安设轻便道轨，运输更为便捷，产量可观。但因厂面与正太铁路接近，面积狭小难以扩大生产规模，后与正太铁路协商，向北迁移铁路，移置竣工后，厂面由3亩扩大到30余亩，存煤量由原来千吨提升至10000余吨。日后又不断进行技术改造，生产能力提升至千吨以上。

第二矿厂也称燕子沟煤矿，距阳泉车站约7里，位于铁路南侧，面积4.3平方公里，储量3500万余吨，产量最高时可产1200吨，是保晋矿务公司的骨干矿井。该矿装有升降机1台、最新式卧式大锅炉2台、气压机1台，另有打眼机4台、钻探机1台，还附设铸件厂、机修厂各一处。

第三矿厂也称贾地沟煤矿，矿区面积2.2平方公里，储量约1700万吨，位于阳泉车站东北约20里处。保晋矿务公司十分注重提高矿厂的生产能力，安装罐笼和罐道，扩大贾地沟竖井井口，改造设备，设置锅炉和绞车，并进一步将绞车更换成能力更强的汽绞车，经多次改造后，矿区产煤量大大提升，日产煤约200吨，最高日产可达500吨。同时，也注重煤炭

---

① 随着阳泉地位的上升，保晋平定分公司也习惯称为保晋阳泉分公司。
② 山西省实业厅：《山西省主要煤矿者采掘面积表》（1934年），侯振彤译编《山西历史辑览（1909—1943）》，第100页。

输送能力的提升，因贾地沟矿厂距赛鱼火车站 2 公里，无轻便铁路，只能靠驴骡运输，极不便利且运费高昂。1918 年冬开始，保晋矿务公司横穿桃河，铺设由矿厂至赛鱼火车站的轻便铁轨以运输煤炭。

第四矿厂又称先生沟煤矿，面积 0.72 平方公里，储量 600 万吨，位于阳泉车站西北约 12 里处。最先采用土法开采，待装置美国产 50 马力水管式锅炉和 70 马力双汽缸式绞车后，日产能力迅速提升至 500 吨。但与第三矿厂相似，该矿距火车站较远，只能凭借畜力运输煤炭。1931 年，由矿厂至桃河南岸的轻便铁道铺设完毕并接入正太铁路道岔，运输问题才得以解决。

第五、六矿厂无轨道之便，煤炭只能由骡马运输至火车站，运输能力小且运费高昂，亏累不支，先后于 1927 年、1932 年停办。

除保晋阳泉分公司外，阳泉车站附近规模较大、采用部分机械化生产的公司还有建昌、平记、广懋、富昌、中孚等，建昌靠近车站，煤炭可以直接上车，平记有轻便路接车站，除此之外，其他公司煤炭运输皆靠畜力。保晋寿阳分公司在寿阳车站附近开办的两处矿厂，使用土法与近代机械相结合进行开采，但距离车站较远，无轻便路，也需借助畜力将煤炭运输至车站。虽然太原站是正太铁路的尾闾，但因铁路支线迟迟未能修建，煤矿区距离铁路较远，运输不便，所以未采用机器开采，1933 年，太原西山的西北煤矿第一厂建成投产，次年又将同蒲铁路西山厂线引入厂内，这才大大便利了该厂的煤炭运输（见表 4-1）。

表 4-1 1936 年正太铁路沿线各矿厂运输方式一览

	矿名	所在地	起运站	至起运站之距离	至起运站之运输方法
保晋	第一矿厂	平定阳泉	阳泉		直接装车
	第二矿厂	平定石卜嘴	阳泉		直接装车
	第三矿厂	平定赛鱼	赛鱼	2 公里	轻便路
	第四矿厂	平定石卜嘴	阳泉	5 公里	轻便路 3 公里，骡运 2 公里
建昌		平定石卜嘴	阳泉		直接装车
平记		平定赛鱼	赛鱼	0.5 公里	轻便路
广懋		平定黄砂岩	阳泉	9 公里	骡驮
富昌		平定大阳泉	阳泉	3 公里	骡驮

续表

矿名	所在地	起运站	至起运站之距离	至起运站之运输方法
中孚	平定小阳泉	阳泉	0.5公里	骡驮
保晋寿阳分公司	寿阳陈家河	寿阳	17公里	骡车

资料来源：《正太铁路沿线暨山西中部煤矿调查报告》（1936年12月），中国第二历史档案馆藏，档案号：28-10652，第440页。

三 大同车站附近的矿厂

大同附近煤炭储量丰富，保晋矿务公司成立之前，大同地区主要采用土法开采煤炭，凭经验勘测，从煤层露头开始挖掘直到井下开采。采掘不分，以掘代采，而且规模都很小。采用落后的残柱高落式方法或任意扩帮穿洞，用手镐刨煤。煤炭运输相当困难，不是人力背、肩扛，就是用拖筐运输，矿工需四肢着地匍匐前进。"开采历有年所，惟采法幼稚，加以交通不便，仅用土法，难见发达。"[①] 1909年，保晋大同分公司成立，但很快于1916年停工，主要原因是当时大同未通铁路，运输不便，再加上选矿不当导致亏损严重。这一情况自铁路通行后才得以改变，"自京绥铁路开工以来，各省人士咸注目焉"。[②] 1914年平绥铁路通至大同后，保晋大同分公司就派测绘员侯德旺、矿师白象锦到大同寻找交通便利的矿山，他们拟定了详细的计划草案，认为"其所以定于忻州窑村东南半里许之河北高平地内凿口之理由厥有数端……此处距京绥路运煤之路约7里许，乃总矿区内可凿口处之距铁路最近者，且路途较为平坦，则敷设轻便铁路，自较为易容也"，[③] 并就修筑支线问题与京张铁路局积极协商。1917年，保晋大同分公司复工，1918年8月，大同车站至口泉的支线铁路修筑成功，1919年1月正式运营，煤炭运费大大减少。1920年，忻州窑矿井开工建设。1925年7月，忻州窑竖井正式出煤——大同第一对近代半机械化竖井诞生，这是保晋大同分公司所属各煤矿中生产规模最大、机械化程度最高的矿井，产煤甚丰。1929年底，忻州窑矿厂到口泉站敷设了32磅轻便车轨铁道，有2

[①] 山西实业厅编印《山西矿务志略》，1920，第80页。
[②] 《山西矿务志略》，第80页。
[③] 《大同煤矿史》（一），第57页。

辆 110 马力小型机车，15 辆 10 吨货车，29 辆 5 吨车，每日运转 5 次，每日运煤量最多为 700 吨。后建的保晋大同分公司煤矿主要分布在口泉车站西北，矿区有兴旺、石炭及黑龙王庙沟三处，面积为 11.61 平方米。

1929 年 5 月，晋北矿务局成立，所经营的矿厂为永定庄矿厂及煤峪口矿厂。矿务局成立后，省政府一方面购入大量机器设备，提高采煤的机械化水平；另一方面着眼于改善运输能力，首先改善坑底运输能力，在大巷内敷设 12 磅的轻轨铁路，距大巷 152 米又敷设了单线小铁路。在大巷上部的煤炭可以通过自动力运到大巷，在大巷下部的煤炭则通过 30 马力的汽动吊车提到大巷。同时还敷设了从永定庄到口泉、从煤峪口到口泉的宽轨铁路，两条支线先后于 1930 年 4 月及 8 月开通。同时，口泉与马林涧之间的泉峰轻便铁路也转归晋北矿务局管理。泉峰轻便铁路铁轨间距为 76 厘米，有 60 马力的机车 2 辆，载重 5 吨的货车 50 辆。口泉境内小矿山所产煤炭，全部经由泉峰铁路外运。① 1933 年，保晋大同分公司并入晋北公司。除了保晋、晋北公司外，大同车站附近采用新法开采、规模较大、达到半机械化程度的还有同宝、保恒两家公司，其余皆土法采煤（见表 4－2）。

表 4－2　1936 年平绥铁路沿线矿厂产量概况

单位：吨

矿别	矿名	地点	每日产额
新式大矿	晋北矿务局	永定庄及煤峪口	800
	保晋大同分公司	忻州窑	270
	同宝矿业公司	胡家湾	130
新式小矿	协兴公司	瓦渣沟	150
	恒义公司	树儿凹	50
	同泰公司	挖井湾	50
	大同公司	托平村	50
	三道沟及杨树湾两矿	云岗沟内	100

资料来源：《平绥铁路沿线煤矿调查报告》（1936 年），中国第二历史档案馆藏，档案号：28－10653。

---

① 日本东洋情况研究会编《华北通览》（1937 年），侯振彤译编《山西历史辑览（1909—1943）》，第 139—144 页。

四　同蒲铁路沿线的矿厂

太原西山向以产煤著称，1932年，西北实业公司矿业科筹建之后，即对西山白家庄一带的煤田进行勘探试采。1934年，西北煤矿第一厂于白家庄设立，并开始修建厂房，购置设备，铺设铁轨，开凿竖井，于次年1月正式出煤，日产煤百吨左右。其后又开凿第二号竖井，1936年5月竣工，日产煤增至500吨左右。

西北煤矿第二厂的建设主要是为了解决西北炼钢厂的焦炭原料问题。最初选址于五台县窑头，因施工中遇到困难不得不转移至崞县轩岗。因其所产煤质优良，适于炼焦，因而成为重要的煤炭矿区。除供钢厂每日炼焦煤300吨外，其余供附近居民之用，但初时因机器设备不足，开采进展不大。1937年初，准备购进新式机器，进行大规模开采。但不久日军侵华，同蒲路沿线相继失守，该矿于1937年9月停办。

西北煤矿第三厂设在灵石县富家滩。该区煤质优良，宜于炼焦，西北实业公司成立后，为供给西北炼钢厂焦炭，即将富家滩桃纽村一带之小煤窑组成了桃纽煤矿股份有限公司，日产量达100吨左右。1936年南同蒲铁路通车后，大大便利了该地的煤炭运销，西北实业公司即在该区投入资金，添置机器设备，先后添置了卷扬机、自转机等，铺设了轻便轨道，生产效率显著提高。在地上煤场也架设轻便铁轨，并与同蒲路接轨，运销十分便利。桃纽公司日产量达400吨以上，是西北实业公司所属各煤厂中最具有发展前途的矿区。

由上述可知，山西煤炭储量极为丰富，有平盂潞泽煤区、汾临煤区、河兴离隰煤区、太原西山煤区、宁武煤区、大同煤区、浑五煤区等七大煤区，[①] 煤炭储量占全国煤储量的一半以上，居全国之首，[②] 但"几于无县不产煤"的山西，仅铁路沿线的晋东、晋中和晋北的零星煤区采用了机械化或半机械化采煤工具，其他地区的煤田多是土窑，几乎没有机械化开采。这充分证明，一个矿厂是否有必要采用机械化生产，除了矿产储量多少、

[①] 胡荣铨：《中国煤矿》，上海商务印书馆，1935，第174—177页。
[②] 侯德封编《中国矿业纪要》第4次，地质调查所，1932，第3页。

运输是否便利等条件，矿厂是否靠近车站或者是否拥有连接车站的轻便轨道也起了决定作用。

第二节　近代煤矿业的发展

"煤炭之性质，与其它矿砂殊异，囤积最难，常因天气变迁，改变其性质，遇干则容易自燃，遇湿则其生热能力减低，不堪运用，故煤矿多以运输能力而定其产量。"①《保晋公司报告书》中也明确提到："经营煤矿，发端在产额，尾闾在销路，而枢纽则在乎运输。"② 生产领域使用现代化的机械设备，使得矿产品的成本大大降低，产量迅速增加，接下来，矿产品运输畅通成为近代煤矿业发展最关键的因素，运道是否畅通、运输成本是否低廉直接决定了矿业的生死存亡。高效发达的运输业也极大地推动了近代煤矿业的发展。

一　煤炭运输业的发展

中国运煤方法约可分为三种，上火车由铁路运出、装船由水路外运或由大车牲口、人力车经驿路运输，其中，"铁道运输最称便利，不特运费最轻而又能任重载远，故目下各大煤矿不依铁道为惟一之出路，谓铁道为煤矿之灵魂亦无不可。就今所知我国铁路附近俱有重要煤矿，而正太、道清、株萍三路尤不啻为运煤而设"。③ 铁路因煤炭而建，煤炭主要经由铁路外运。"山西生产百分之八十多的煤炭是由正太路运出的。"④ 同时，在铁路运输的货物中，煤炭是大宗。铁路运输在1924—1925年最为发达，"所有货运，以矿产品为大宗，而矿产品又以煤为最大部分，以运量及运费而言，每年矿产品，几占全数百分之四十七，其中道清路占百分之九十以上，正太路占百分之六十，平汉、北宁、胶济三路各占百分之六十"。⑤

---

① 伯鲁：《铁路煤运之研究》，《铁路月刊》平汉线第42期，1933年12月。
② 《大同文史资料》第16辑，1988，第55页。
③ 谢家荣编《中国矿业纪要》第2次，地质调查所，1926，第56页。
④ 何汉威：《京汉铁路初期史略》，第142页。
⑤ 《铁路与矿业之关系——前实业部矿政司长胡博渊在铁展演讲》，《大公报》1934年5月31日，第4版。

由是可知，矿业生产与铁路营运两者关系密切、唇齿相依，因此，前实业部矿政司司长胡博渊在铁展演讲中特别呼吁铁路方面要采取措施促进矿业发展："可知矿业之盛衰，于铁路营业，实有重要之关系，直接以提倡矿业者，间接亦即发展铁路，欲便利矿业者，不但实业方面应予提倡，即铁路方面亦应力为促进。"① 铁路相关部门积极响应，采取了一系列举措推动煤炭外运。

1. 制定减价、特价政策，降低运费

山西地处内陆，铁路线距离海口远，虽晋煤质美价优，享誉海内外，但外运量并不大，运费高昂是主要原因。保晋矿务公司的负责人、山西地方政府曾先后多次请求铁道部制定铁路减价政策，铁道部亦多次回应，制定了煤炭运输的减价和特价政策，保晋阳泉分公司的煤炭"计由阳泉运至石家庄从前运价每车为八十圆五角，而今则仅六十三圆五角矣。若运往远处则所减更多，如运天津则正太一段仅收五十五圆一角，如运汉口则正太一段仅收四十八圆五角，此正太路减价之情形也……至民国六年，该公司迭向交通部请求，因于六年六月由交通部饬知京汉路局比照福中、正丰两公司，特定晋煤整列车运价为每吨每法里六厘八二五，计由石家庄运至天津或北京可省十七圆之谱。以上正太、京汉两路运价较前减轻，计由阳泉运往天津每车可省三十圆，此现时运输减价之情形也"。②

平绥铁路也积极制定减价政策。1921年，交通部降低平绥铁路运输晋煤的价格，但降价幅度太小，运费过高，晋煤运至天津后，售价过高，与开滦、井陉、抚顺煤相比竞争力弱，不能畅销。为解决这一限制晋煤发展的痼疾，1929年晋北矿务局成立后，山西省政府屡次派代表向铁道部请求大力降低运费，铁道部核准，自1930年1月起，降低平绥、北宁两铁路的运价，"将平绥运价减至每公里七三二，北宁运价减为八八三"。③ 口泉煨炭质优价廉，但长期因运费过高无法大规模外运，因此，平绥铁路特别针

---

① 《铁路与矿业之关系——前实业部矿政司长胡博渊在铁展演讲》，《大公报》1934年5月31日，第4版。
② 虞和寅：《平定阳泉附近保晋煤矿报告》，第88页。
③ 梁上椿：《发展同煤计划》，晋北矿务局编《晋北矿务局第二次报告书》，1931年1月至1932年12月。

对口泉煨炭制定减价政策,"向按五等运价收费,为振兴国产,奖励外输起见,遂于二十年五月比照煤斤改按普通六等收费,不适用普通运煤特价,及仍收一五加价,以示区别"。①

2. 调拨运煤专用车皮,增加车辆,提高运输能力

车辆短缺是限制铁路运输业发展的一大因素。1921年,平绥铁路全线贯通后,业务繁忙,车辆短缺日益严重。次年铁路局添购了大批机车车辆,此后"各项营业立形发达"。② 1930年,晋北矿务局出资32万元给平绥铁路局,要求调拨专用运煤车皮,平绥铁路局立即为其拨了运煤专车6列,大大方便了晋北矿务局的煤炭外运。1935年,平绥铁路又新购大批货车,运输能力大大增强,晋北矿务局煤炭销额快速上升,该年销煤26.95万吨。③

3. 调拨车辆,实行铁路货物联运,提高运输效率

货运联运是降低运费、减少运输时间的有效措施。1920年,铁路货物联运正式实行,平绥路局与北宁路局为克服车辆短缺的困难,拨付专门车辆便利口泉煤炭外运,并制定了联运办法:"平绥北宁过轨煤车,规定为二与一之比,平均平绥路备车八列,北宁路备车四列,共计十二列,以供大同煤业公司联运之用。本路车辆异常缺乏,关沟段转运困难,而仍指拨大宗车辆以供联运,未始非本路维持口泉煤运之意。"④ 平绥铁路和平汉铁路也实行联运,平绥铁路的广安门站和平汉路的西便门站有西广支线联运货物,非常便捷,商民纷纷称赞。正太与平汉、北宁也实行晋煤联运。

1925年,因战乱铁路中断,联运被迫停止,晋煤外运大受影响,"晋煤产量甚丰,以运销津沽为多,但因货物联运停止后,运输不便,不易外运"。⑤ 战争结束后,铁道部立即着手恢复,平汉、平绥两路率先恢复联运业务,"订立暂行收取过轨费七条,以资遵守"。⑥ 后很快又恢复正太、平汉、北宁三路的晋煤联运。

---

① 《平绥铁路沿线特产调查》,第45—46页。
② 《平绥铁路概况》。
③ 《大同煤矿史》(一),第102页。
④ 《平绥铁路沿线特产调查》,第35页。
⑤ 《全国铁路联运之恢复与推进工作——铁道部业务司长俞桢报告》,《铁路月刊》正太线第3卷第4期,1933年4月。
⑥ 《平汉平绥商定联运办法》,《铁路月刊》正太线第2卷第10期,1932年10月。

第四章　近代交通体系与近代煤矿业的兴起

从以上可知，铁路运输是否畅通、运费是否低廉对煤炭的外运至关重要。对此，人们渐有共识，地方政府、交通部、铁路局以及各大矿厂为推动铁路的煤炭运输通力合作，出台了种种措施，为保证煤炭运输整体畅通做了种种努力，除了1921、1925年因战争交通阻断，煤炭运输量大幅下滑外，从整体上看，煤炭的运输还是呈平稳上升态势。这一趋势在表4-3中有所体现。

表4-3　1917—1934年大同及口泉站起运煤斤吨数量

单位：吨

	1917年	1919年	1920年	1921年	1922年	1923年
大同及口泉	17773	28475	139669	67466	166690	238245
	1924年	1925年	1931年	1932年	1933年	1934年
大同及口泉	248533	79742	190714	260344	292295	680352

资料来源：此表根据谢家荣编《中国矿业纪要》第2次，第25页，及侯德封编《中国矿业纪要》第5次，地质调查所，1935，第79页中的两表制成。

二　煤炭销售的近代化

铁路不仅对近代煤矿业的产生、煤炭的运输有决定性影响，还对其销售区域、销售对象、销售方式发挥着至关重要的作用。

1. 销售区域大大拓展

铁路通车前，因交通及运输方式的制约，煤炭大部分只能就近销售至附近城镇、村落，只有极少量煤炭运至稍远一带如直隶的获鹿、正定等地。铁路通行后，煤炭开始大量、长距离地向外输出。

正太铁路沿线矿厂首先将煤炭运至阳泉车站，平绥铁路的大同煤则先运至口泉车站，"口泉运出有二十六万吨左右"。[①] 阳泉和口泉是煤炭初级销售市场，阳泉的煤栈业非常发达，20世纪20年代最兴盛时，煤栈最多时有60多家，主要经销商号有阳泉煤业公司、积成厚、合顺长、增和成、

---

① 雨初：《国有铁路主要各站民国二十三年商煤运输之研究》，《铁道半月刊》第6期，1936年，第23页。

常盛合、通顺栈、万积栈、公盛栈等，业务十分繁忙。①

石家庄是煤炭的中级销售市场，因其地处正太与平汉铁路的交接处，各大矿务局、煤矿公司及煤商在此设有道岔，方便煤炭运输，业务非常繁忙。"石家庄分销红煤与烟煤之栈店自设道岔者有二十五家之多，零销者达二百余家。故一入石家庄，只见正太路之忙于运入，平汉路之忙于运出，小车之转送，骡马车之拖运，无非红煤与烟煤。"② 运至大同口泉站的煤小部分销往大同以西，大部分销往大同以东，"煤销于大同以西者三万余吨，最远至绥远而止，运程在二百八十余公里之范围。大同以东十四万吨集中于丰台，三万吨集中于张家口，一万五千吨集中于北平，零售于孔家庄、阳高间者，亦三万六千余吨，里程在四百公里左右之范围"。③

阳泉运至石家庄的煤炭，在当地每年可销去 10 余万吨，剩下大部分销售至平汉沿线，小部分经平汉线运至北平后上北宁线运往天津销售。保晋矿务公司专门在保定、北平、天津及上海各地设立销售处，进行煤炭推销，还在天津俄租界建立"海外分销处"，甚至推销到广东省及香港地区。大同煤集中到丰台后上北宁铁路运至天津及塘沽，天津、塘沽为最终去向。

表 4-4 是 1918—1922 年五年间保晋矿务公司的煤炭运销概况，在这期间，煤炭销售总量为 92 万余吨，其中销售于北平、天津、上海、汉口的占 14%，远销香港和出口日本、南洋的共 11.711 余万吨，占 12.7%。

表 4-4　1918—1922 年保晋矿务公司煤炭运销概况

单位：吨

分公司或分销地点	销售地点范围	销售量				
		1918 年	1919 年	1920 年	1921 年	1922 年
石家庄分公司	郯城以北望都以南	40780	74480	73360	48980	13730
保定分公司	望都以北卢沟桥以南	10780	16280	13900	12740	11600

---

① 《山西阳泉煤矿请减晋煤运费》，《矿业周报》第 269 号，1934 年 1 月 7 日。
② 王德森：《石家庄之煤业》，《矿业周报》第 32 号，1929 年 1 月 28 日。
③ 雨初：《国有铁路主要各站民国二十三年商煤运输之研究》，《铁道半月刊》第 6 期，1936 年，第 23 页。

第四章　近代交通体系与近代煤矿业的兴起

续表

分公司或 分销地点	销售地点范围	销售量				
		1918年	1919年	1920年	1921年	1922年
北京分公司	卢沟桥以北至北京一带	10000	7480	19600	16100	12880
寿阳分公司		8260	7040	4860	6780	8540
石获售煤处		30480	31500	33520	44080	138220
津沪分销处	天津宝兴昌号代销津沪两处	800	8500	13600	14100	5800
汉口分销处	长江一带	16160	8400	6800	4400	5600
济南分销处					2020	2940
海外分销处	在天津俄租界，运销日本及南洋	1200		4800	10000	9200
其他		4400	14120	21240	64380	14500
合计		122860	167800	191680	223580	223010

资料来源：虞和寅《平定阳泉附近保晋煤矿报告》，第90页。

综上可知，以铁路为网络、沿海商埠为销售指向的近代煤炭销售市场体系已经基本形成，近代山西煤矿业不再是封闭、孤立地发展，而是被纳入华北、全国乃至世界市场范围内，从而走上了开放的外向发展之路。

2. 煤炭销路的演变

铁路通行前，煤炭主要供家庭及手工炼铁业做燃料。开放通商，特别是铁路的通行，大大地拓展了煤炭的销路。通商口岸及铁路沿线城市出现了纺织工业、电力工业、面粉工业、钢铁工业、煤矿工业等，它们采用新式机器进行生产，需要消耗大量的煤，如新式煤矿业，"1933年，保晋公司锅炉用煤共计6279.46吨，建昌公司每年锅炉用煤计6937.7吨"。[①]

作为工业文明的产物，铁路的用煤量也相当大。平绥铁路每年用煤158000吨，平均每日用煤约400吨，主要来源是大同烟煤，1933年，大同煤总销售为303891吨，其中平绥、北宁两路合计用煤176455吨，占总

---

① 《正太铁路沿线暨山西中部煤矿调查报告》（1936年12月），中国第二历史档案馆藏，档案号：28-10652，第260、298页。

销量的58%。① 正太铁路所用大部分是井陉煤，正太路中段行车所用多是寿阳分厂出产的半烟煤，"仅寿阳分厂所出之煤系半烟煤，火力大而灰分少，甚合火车机器之用"，② 正太铁路每年用煤36465吨，其中太原及阳泉等煤2083吨，③ 就总值而言，"占运务费50%，占营业用款总数10%"。④

3. 销售方式的演变

《山西通志·煤炭工业志》介绍，明清时期，煤炭生产能力差，总量小，煤炭主要由煤商销售，资本雄厚的煤商在城镇开办店铺，从煤窑批发煤炭再进行零售，属于坐商，另一种煤商实力微薄，仅能通过畜力或人力零星贩运至城镇。⑤ 近代煤矿与铁路出现后，煤炭产量与运输量迅速增长，大量煤炭需要快速销售出去，这对经营者来说是不小的挑战，销售不利导致煤炭积压，直接影响煤炭的生产。

晋煤特别是阳泉地区的煤炭在销售上遇到了严重问题，时人称为"晋煤危机"。⑥

山西平定煤品质优良，产量丰富。惜矿商不能扩展在外销路。只能在产地自相竞争，自相排挤。市价逐步疲落，不但同业中欲图扩展外地之销路者受打击，至目前矿商及煤商，因自相竞争而引起之困难情形如下：（一）阳泉矿商大小不一，环境各异，故其采煤之成本，遂相悬殊。因成本之不同，以致市价难以平衡。更因各矿互相竞争，各谋伸张销路，于是落价招徕。落价之后，各思补救。因之各增产量，以期减轻成本。然产量虽增，而不能与销场相应，致供过于求，市价因过剩而疲落。（二）阳泉矿商有因煤厂地狭小，不能容积多日之产量者。更有矿商因资金不足，全赖预售定货吸收

---

① 《华北通览》（1937年），侯振彤译编《山西历史辑览（1909—1943）》，第156—157页。
② 胡荣铨：《中国煤矿》，第207页。
③ 侯德封编《中国矿业纪要》第3次，地质调查所，1929，第112页。
④ 《铁路与矿业之关系——前实业部矿政司长胡博渊在铁展演讲》，《大公报》1934年5月31日，第4版。
⑤ 山西省史志研究院编纂《山西通志·煤炭工业志》，中华书局，1999，第334页。
⑥ 《矿业周报》第315号，1934年，转引自马伟《煤矿业与近代山西社会（1895—1936）》，博士学位论文，山西大学，2007。

现款，以资周转者。有此二种原因，故必须落价。（三）煤商运货至角场，因竞争而市价愈落。（四）阳泉煤质，微有不同，价值亦稍差异。兼有大煤、中煤、小煤、碎煤之分。煤商运出之后，每故意混合掺和，俾市价不一，得以自相竞争。以低劣煤质，作廉价出售之补偿，渐至销地之煤商，对贩运商失去信用。（五）阳泉所产之大砟煤在省外之销路，虽逐年增加。然因车运及船运种种窒碍，以致运大砟商人之业务，等于投机。每值沪汉需煤甚殷，煤价上升之时，贩运商见时机已至，于是运运车辆，或抬价收买石庄同业之得有运塘沽车辆煤斤。致令石庄同业酿成争夺车辆，相持不下，致断大砟煤运，抬高水力，以期雇到轮船。结果或船到而无车运，或有车而无船运。坐令上海大砟之销路，因供不应求，为其他之煤斤所攘夺。迨至船运车运稍通，塘货运申，而申销已成尾声。竞争先销，遂致落价求售。大受亏折矣。此外更有一特殊打击足以影响大砟之销路者，即路煤与军煤是也。路煤系路局代替职员所购之煤，军煤即军队所购之煤。此二种，既有减少税捐之利，更有减轻半数运货之益。故其运至销地之煤，本较任何煤商为廉。有特殊地位者，遂存假公济私之心。每次煤辄较实需量超出至四五倍。多购之煤，运至平汉津保各地，按当地之市价贱值出售。当地销售红煤之煤商，更受重大之摧残。故以前红煤畅销之地，如平汉均被摧毁，销路每况愈下。以与往昔相较，仅及十分之二，其锐减原因虽多，路煤军煤之外销，其最著者也。①

以上五种情况非常全面地说明了晋煤遇到的销售困境，而解决这一困境的最佳方式就是统一销售。梁上椿在《晋北矿务局第二次报告书》中言："本矿感受困苦，尤以同煤有统制运销之必要。"② 1932 年，大同煤业公司成立（1934 年改名为大同矿业公司），专营煤炭运输销售事业。山西

---

① 《晋煤危机》，《矿业周报》第 315 号，1934 年，转引自马伟《煤矿业与近代山西社会（1895—1936）》。
② 《大同文史资料》第 16 辑。

省营业公社与晋北、保晋、同宝三家煤矿为股东，设董事7名，其中省政府1名，营业公社3名，晋北、保晋、同宝各1名。总办事处最初设在大同，后移至天津。丰台、北平、天津设有办事处，塘沽设有储煤所，大同设有运输处。晋北、保晋、同宝三家煤矿的煤炭除了在山场零售之外，全部经该公司销售。其他小矿的业主，也委托该公司进行销售，规定每日运煤量是：晋北800吨，保晋400吨，同宝150吨，其他小矿业合计为150吨。① 1934年，又成立了"同煤总销处"，包揽了当地的煤炭零售业务。分产合销后，晋北矿务局主要精力放在与开滦、井陉、山东中兴公司、河南焦作等煤矿的市场争夺上。梁上椿经常在平津一带跟日本的各种机构和人物周旋，先后和日本大仓洋行订立向日本、朝鲜销煤的包销合同，跟天炭公司订立向日本、朝鲜销煨炭的包销合同，跟三井洋行订立向青岛销煤的包销合同，跟字高商会订立由津沽往日本销煤的包销合同等。大同煤炭不仅销往北京、天津、保定、上海、广东、香港等地，而且还不断输入日本、朝鲜等国。

仿效大同的做法，阳泉附近各煤矿也积极筹划分产合销，"阳泉附近煤矿久经保晋公司等各家开采，产量颇丰，然以生产者竞争价格，贩卖者互争销路，致煤业日形衰落，本省当局近为振兴煤炭工业计，提倡煤矿产销合作，十六日特令平定县煤业公会及煤矿事务所组织煤业产销合作社，实行互助，以资推广煤炭销路"，该社简章规定，该社成立系以联合同业、分产合销、统一煤价、扩充销路、发展矿业煤业为宗旨，依据煤矿资本额的不同，推举数额不等的代表，成立社员代表大会为该社最高权力机关，开会时选举董事，并规定了董事会的职责。②

合作销售的方式一方面充分表明煤炭产量的增加导致销售竞争日趋激烈，如果销售方面形成恶性竞争，势必会两败俱伤；另一方面也显示了新式矿业经营销售方式和理念的成熟，分产合销制度的形成、股份制专业销售公司的成立都便利了煤炭的销售，提高了晋煤竞争力。

---

① 侯德封编《中国矿业纪要》第5次，第373页。
② 《晋煤产销合作》，《大公报》1935年4月23日。

第三节　近代煤矿业遭遇的困境

铁路网络的形成加速了国内市场的整合，密切了国内市场与国际市场的联系，将各煤炭企业纳入统一的资本主义世界市场中，竞争也随之产生。阎锡山在《山西省政十年建设计划案》中提到："山西煤炭，销售不及产量之半。"可见，晋煤由于受各方面因素的影响，在市场竞争中遇到了相当大的压力，仍处于劣势。

一　铁路干线少，运煤支线短缺，铁路交通不完善

山西境内铁路线少，正太、平绥两条铁路干线仅在晋东、晋北部分地区通行，贯通山西南北的同蒲铁路直到全面抗战前夕才基本通行，极大地限制了沿线煤炭的开采。晋南地区储煤甚丰，但直到20世纪30年代都几乎没有近代机器采煤工业，"汾河流域的烟煤储量丰富，但同潼之路未通，则汾河流域之煤矿无发展可言"。[①] 潞泽煤田也因泽浦（泽州到浦口）、泽清（泽州到清化）铁路未能建成无法大规模开发。为了开采潞泽煤田，降低运输成本，福公司建议修建一条泽州至浦口的铁路，但未能成功，后又计划修建泽清铁路，"此路修成后，即可由清化与道清路衔接，将潞泽之煤炭，源源运出，到达新乡后即与平汉接连，一方可沿平汉南北直下，分运平、津、汉、郑等埠，一方可由黄河，用船向徐州、山东等处输送"，[②] 但也因种种原因未能修成。后保晋矿务公司在晋城设立保晋晋城分公司，但"因交通不便，未能运往他处，只可就地销售，块煤售与附近化铁炉，末煤售与住户，俱系零星售买，故营业不甚发达，虽有赢余，无大希望"。[③]

通往各矿厂的铁路支线严重不足也是限制煤矿业发展的重要原因。翁文灏在《路矿关系论》中明确指出："矿产品之经长途运输最多为煤，迄今仍所采无多，推其原因，殆以虽近干线尚少支路。"[④] 晋北的怀仁、

[①] 翁文灏：《路矿关系论》，1928，第4页。
[②] 《晋省决计兴筑泽清铁路》，《铁路月刊》平汉线第27期，1932年7月。
[③] 虞和寅：《平定阳泉附近保晋煤矿报告》，第110页。
[④] 翁文灏：《路矿关系论》，第4页。

浑源、左云等县，储煤甚丰，但因无通往平绥铁路的支线，无法大规模开采。太原西山煤矿多年来"均为土窑，并用老法开掘"，之所以迟迟得不到开发，就是因为缺少通往太原车站的支线，直到同蒲铁路修建通行后，山西当局才"在西山开设新式煤炭厂，计划修筑西山轻便铁路，以资转运煤炭"。① 保晋寿阳分公司营业不佳，无法扩大生产规模，也与通往正太铁路的运煤轻便铁路未建、运输困难关联甚大。由此可见，铁路干线和支线不完善是山西煤炭无法大规模开采的直接原因。

二　铁路运费高昂，晋煤竞争力差

金士宣曾言："销售市场，向来都在沿江沿海、交通便利、人口集中之各大商埠，而货物之来源，则有接近沿江沿海一带者，有自数千里以外之内地运出者，内地之产品，不得不与沿海之出产品相竞争，其不利之情形，已属显然。"② 这一点，在山西煤炭销售上体现得最为鲜明。

天津是中国北方最大的工业基地和贸易港口，华北地区煤炭多运往天津销售。在天津市场上，各煤矿企业竞争态势见表4-5。

表4-5　1931—1934年天津煤的来源及数量统计

单位：吨，%

	煤矿名称	1931年	1932年	1933年	1934年	煤的种类
国营	正丰			26727	45899	有烟
	临城			4835	6174	有烟
	大同	46660	85505	13215	13710	有烟
	门头沟	1745		107890	173995	无烟
	房山	460		61760	7754	无烟
	阳泉	25970	9040	42350	56165	无烟
	其他	3340	1090			
	总计	78175	95635	256777	303697	
	比重	7.56	8.92	24.14	28.10	

---

① 《晋省筑轻便铁路以开发煤矿》，《铁路月刊》平汉线第41期，1932年12月。
② 金士宣：《中国铁路运输政策之我见》，《大公报》1936年1月13日，第3版。

续表

煤矿名称		1931年	1932年	1933年	1934年	煤的种类
中外合资	开滦	800789	898128	684759	601580	有烟
	井陉	139789	66259	121945	175607	有烟
	中福	15110	12530			有烟
	总计	955688	976917	806704	777187	
	比重	92.44	91.08	75.86	71.90	
总计		1033863	1072552	1063481	1080884	

资料来源：李洛之、聂汤谷编著《天津的经济地位》，第171页。

由表4-5可知，天津煤炭主要来自河北和山西的各大煤矿。1933年，河北省为1007936吨，占总量的94.8%，山西省为55565吨，占总量的5.2%。1934年，河北省为1011009吨，占总量的93.5%，山西省则为69875吨，占总量的6.5%，河北煤炭具有压倒性优势。其中，中外合资之煤占了70%以上。即便同是国营煤矿，门头沟在与晋煤的竞争中也占据上风。何以如此？可从表4-6，天津场煤的价格构成中探究其源。

表4-6　1936年前后天津场煤价格构成

煤矿	输送距离（公里）	矿山原价及诸费（元）	运费价格（元）	运费比例（%）	诸税（元）	煤价计（元）	输送经路
开滦	155	3.55	2.37	36.5	0.57	6.49	北宁路
井陉	443	2.70	5.97	60.3	1.23	9.90	正太、平汉、北宁
门头沟	166	3.70	2.96	39.1	0.92	7.58	平门支路、北宁路
阳泉	约470	2.00	7.46	69.8	1.23	10.69	正太、平汉、北宁
正丰	443	2.90	6.14	59.8	1.23	10.27	正太、平汉、北宁
房山	161	3.73	3.63	43.1	0.92	8.28	门齐路、平门支路、北宁路
大同	约500	2.50	6.73	64.3	1.23	10.46	平绥路、北宁路
临城	约470	2.50	7.08	67.4	0.92	10.50	平汉、北宁路

资料来源：李洛之、聂汤谷编著《天津的经济地位》，第172页。

在消费地的价格构成上，运费是重要的要素之一，由表4-6可知，晋煤的开采成本并不高，但最后的煤价却高得惊人。运费所占的比重，距离天津最近的开滦煤是36.5%，距离远且须经过几次铁路转运方能运销至天津的阳泉煤，占到69.8%，大同煤占64.3%，因此运销到天津的煤，"以开滦煤为主，其次是运输条件比较良好的门头沟、井陉"。[①] 也就是说，距离销售市场越远，运费在销售价格中所占比重就越高。在运输方式相同的情况下，运输距离在相当大的程度上决定了其占有的市场份额，进而决定了煤矿的选址以及矿厂的规模。

表4-7是1934年各铁路各煤矿的运费，可以更加直观地体现。

表4-7　1934年各铁路运煤费

路别		矿名	每吨每公里运费
平汉		各煤矿	2分16716
			1分63246
			1分20284
			8厘9101
北宁		开滦	8厘004
			7厘340
		北票	6厘667
		阳泉煤矿	1分2厘043
津浦		中兴	5厘5
		华东	7厘
湘鄂		汉冶萍	7厘42
平绥		晋北	出口专价前约合1分1厘662，现为9厘1811，但以一年为限
		其他各煤矿	同上
胶济		鲁大	7厘610
		华商各矿	7厘300
正太	专价	井陉	6厘21477
		正丰	8厘769
			1分0456

---

① 李洛之、聂汤谷编著《天津的经济地位》，第173页。

续表

路别		矿名	每吨每公里运费
	特价	阳泉各煤矿	2分5厘
	减价	阳泉碎末煤	1分8厘75
	甲种回扣	阳泉硬炼	2分3厘131
	乙种回扣	阳泉硬煤	2分2厘3967

资料来源：《运费桎梏下之晋煤》，《大公报》1934年1月7日，第3版。

由表4-7可知，正太铁路在全国煤运费中定价最高，而正太铁路所定运费，对于各矿又有不同，最低者为河北的井陉矿，正丰次之，最高者则为晋煤，与井陉为四与一之比，虽然正太路定有回扣办法，"但限度太高，实际不易享受，甲种回扣本属有限，乙种回扣依吨数之多寡，定回扣之大小，就表面观之，似属优待，但实际上阳泉硬煤每家每月曾未有运出六万吨以上者，且以运费如此之昂，决无此种希望，是以乙种回扣办法，于煤矿补助甚微，晋煤之不能出口，此其主因……据最近调查，阳泉煤由阳泉至上海，每吨成本及杂费不及五元，而一加运费，则需十八元以上，晋煤在上海市价仅售十七元二角，每吨须赔一元有奇"。① 对于此种不公平的待遇，保晋矿务公司屡次请求降低运价："正太、平汉车不同轨，装卸倒车已受损失，列车载重各不相侔，诸多限制，其最大阻碍厥为各路运煤加目奇重，成本剧增，竟致些许三十万吨之硬煤不克尽数销售，尚何增加产量之可言。"进而要求废除平汉路新三十二款运煤价章，恢复旧章四十九款，"查平汉路运煤价章，于去岁改订新三十二款较之旧章四十九款增加甚巨，即以零车而论，按四十九款运价由石庄运往丰台每吨二元七角，今则增为三元七角八分，运往北京前门每吨二元七角七分，今则增为三元八角七分，运往保定每吨一元七角九分，今则增为二元五角九分，运往汉口每吨六元五角五分，今则增为七元六角八分，其它各站大率类是"，并竭力呼吁"正太运煤价目应予特减，并且应同其它煤矿之煤运价划一"。② 多次呼吁，略有降低，但运

---

① 《运费桎梏下之晋煤（续）》，《大公报》1934年1月8日，第3版。
② 《保晋公司请减运价及恢复正太与他路联运说贴》（1933年12月23日），中国第二历史档案馆藏，档案号：422（5）-63。

价与其他各路相比，仍属奇重，而法国控制下的正太铁路却因此攫取了高额利润。《中国实业志》记载该路1926年营业状况时说："客运货运进款均称平稳，民国十五年达五百万元。"1927年和1928年，因战乱，正太路进款有所下降；但到1929年以后，营业收入重达500万元以上。①

正太铁路收归国有后，在保晋矿务公司再三请求下，1934年7月，运价才改为吨公里大块硬煤2分，碎末煤1分8厘。但因同时取消了回扣，实际仍与吨公里2分5厘相近，还是沿袭了旧制。对此，全国各界舆论纷纷，替保晋矿务公司鸣不平，《中国实业》《申报周刊》《中华实业月刊》等，都要求降低运价，享受与井陉煤同等的待遇，以保国煤，以救商难。但是，南京政府置若罔闻。

平绥铁路也是如此，运费高昂，商民叫苦连天。省政府屡次向铁道部请求平绥路减价，"获二十年一月铁部忽然取消专价，改照旧颁之高昂运价核收，晋煤外运已渐停顿，乃五月一日忽又增加百分之十五，每吨煤炭由口泉运丰台，仅运费一项即须六元八角，运至塘沽则竟须九元之巨，以寻常日用之燃料岂能担负如此之昂费，于是商贩裹足，贾用不售，大小各矿咸不能支，经向当局恳求，各方呼援力竭声嘶，全国各矿亦因加价群起力争，铁部始呈请行政院核准将各路加价暂停三个月，平绥奉令亦通知自二十年十一月二十一日起停止百分之十五加价……转瞬减运期满，加价恢复，煤炭成本大增，价格又复奇昂，各主顾仍必率相裹足，属局势将立于绝境前途危险，实不堪言"，并奋力疾呼："现在政府正在筹划力谋输运国煤以济煤荒，据实业公报第三十期载，实业部令中华民国矿业联合会（矿字第一三一九号）训令准铁道部咨复，亦承认平绥煤运有特殊情形，则当此国难严重时期，政府当不致再无端加重晋煤担负，自断国煤出路而与敌煤以侵略之良机。"②

由此可知，运费是阻碍晋煤发展最为主要的问题之一。运费高昂的原因有很多，有"煤矿距海口太远，又无舟楫之便，仅恃正太路之窄轨"③

---

① 《阳泉煤矿史》，第81页。
② 《省政府请平绥路减价》，中国第二历史档案馆藏，档案号：422（5）-73。
③ 《运费桎梏下之晋煤》，《大公报》1934年1月8日，第3版。

等客观因素，也有铁路自身经营不善、铁路由洋人把持、铁路运费政策向外资煤矿倾斜等诸多因素。

三　战乱频仍，运输不畅，官僚军阀肆意掠夺欺压

民国年间，军阀混战，交通时常阻断。1924年，第二次直奉战争爆发，运输奇滞，保晋大同分公司各矿厂生产的煤炭堆积如山，无法销售。1926年，煤炭运费加重，金融无法周转，保晋矿务公司只好将阳泉一些次要矿厂关闭。1927年，局势仍无好转，正太铁路运输终端，职工坐食，营业不振，不得已，保晋矿务公司向山西省银行订立垫款合同，贷款120万元以渡过危机。大同分公司当时虽未停产，但因战争影响，销路受阻，发展不利，加之几次遭受当地驻军骚扰，损失严重。

除此之外，军阀还公然抢夺或变相勒索煤矿企业的物资财富。1924年，第二次直奉战争爆发，驻守在石家庄的国民三军将保晋石家庄分公司所存之煤强行出售，自收现金15000多元。1926年，国民军占据了口泉。国民军借口有人报告"晋军的枪炮子弹在保晋矿上寄放着"，派军官带领士兵三番五次到矿严查。国民军军官还让口泉站煤业公会会长杨天章带着到保晋大同分公司查账，并将保晋大同分公司工程课课长侯德旺扣留，让其帮助开煤窑。国民军走后，奉军又于1927年进驻大同，奉军到口泉后，把大同分公司存炭6000余吨全部抢走。奉军后方司令金鼎臣还强迫大同分公司按半价卖给其大炭3000吨，末煤5000吨。后又骗走订单，不给煤款，经人斡旋，才勉强交纳。大同分公司还赔偿金鼎臣大炭200吨，末煤300吨了事。奉军官兵经常闯入大同分公司骚扰，弄得鸡犬不宁。一日夜间，一马队数十人直奔大同分公司忻州窑矿厂，抢走会计股银4400余元。1930年，中原大战，阎锡山、冯玉祥失败，阎锡山将数十万军队引入山西境内。阳泉驻军太多，都向保晋矿务公司伸手筹款要粮，保晋矿务公司有苦难言。1936年，阎锡山打着免除竞争的旗号，干着敲诈勒索的勾当。他在阳泉建立平定煤矿公司，对阳泉煤炭实行"分采合销"，实则贱买贵卖，吨煤平均榨取利润5角之多。辛亥革命爆发后，阎锡山就把赎矿时作为票号商借抵押的亩捐截留，用于军费开支。这笔欠款一直拖至1916年才予以偿还，但只付了欠款60余万元，而所欠利息70余万元竟被阎锡山指定为

报销地方公益之款，一笔勾销。事后，只发给了保晋矿务公司一块"见义勇为"的空头奖状，保晋矿务公司损失惨重。

有的军阀还直接开办或控制煤矿，排挤打击其他煤矿民族企业。阎锡山控制下的晋北矿务局就屡屡与保晋大同分公司产生纷争。大同矿区泉峰路（口泉至张家峰的轻便铁路）与晋北矿务局本无甚关系，但为了通过铁路控制其他公司，阎锡山于1930年10月发布行政命令，将泉峰路拨归晋北矿务局管理，这样，泉峰路沿线的各家公司，如白洞的恒义公司、胡家湾的同宝公司等，只能仰晋北矿务局的鼻息。就这样，通过控制泉峰铁路，晋北矿务局紧紧卡住了这些公司的脖子。在平绥铁路线上，晋北矿务局也倚仗阎锡山的势力，飞扬跋扈，只准运矿务局的煤，不准其他煤厂走煤，大同矿区其他公司均受到不同程度的打击，保晋大同分公司损失最为惨重，煤炭堆积于矿厂中，无法外销，资金周转不灵，几乎无法维持现状，保晋大同分公司经理白象锦愤怒不已，以致有在口泉站失控殴打梁上椿之举。直到1930年底，阎锡山在中原大战中因军事失利逃奔大连，晋北矿务局失其所恃，才有所收敛，保晋大同分公司煤炭外运情况也有所好转。西北实业公司的发展过程，和晋北矿务局一样，也是排挤打击、兼并私人煤窑的过程，如西山高家河胜德公司，1935年已是拥有300余人、生产情况良好、利润较厚的私人煤矿，并开始使用水泵等机械。但西北煤矿一厂设立收购煤栈后，销路、价格被其牢牢控制，高家河胜德公司销售日衰，经营渐坏，生产停滞，最后只得委身于西北煤矿一厂。西山冶峪石关沟煤窑，由于被西北煤矿一厂逼迫过甚，生产无法维持，也只能被西北煤矿一厂吞并。还有一些私人煤窑也因受不了西北煤矿一厂的排挤压迫而停产封窑。

正太铁路附近的建昌煤矿是陕西督军陆建章的儿子陆绍文开办的，在阳泉各煤矿中横行霸道、为所欲为。即便在阳泉煤业界占有绝对优势的保晋矿务公司对它也无能为力。建昌煤矿介于保晋矿务公司的第一、二矿厂之间，两个公司的矿区毗连，冲突时起。1917年，建昌煤矿的煤窑透水，殃及保晋，淹没了保晋第一矿厂，建昌人员还在井下拿木棒打伤保晋矿工多人，双方为此诉至公堂，但没有下文。保晋煤炭外销，经常在火车运输途中被盗。保晋矿务公司为了阻止偷盗情况的发生，居然拉大旗扯虎皮，在煤车上插上建昌煤矿的牌子。窥一斑知全豹，这一奇特举动充分揭示了军阀欺压民族资本的真相。

四 苛捐杂税多如牛毛

苛捐杂税也是限制晋煤扩大外运销售的一个方面。北京政府和国民政府时期，战事连绵，军费甚多，加之"省自为政"，急需大量款项，矿业便成为政府当局进行经济搜刮的一个重点。1914年，北京政府规定，矿区税分别矿质，每亩纳银3角或1角5分，采矿权注册费每件200元，矿区在2平方公里以上者，每平方公里加费100元。此外还有种种税捐，由各关卡或军事机关征收。正太铁路还另外有护路捐、货捐局捐、阳泉警捐、平定城警捐、学捐、公会捐、牙行捐、弥补亏空捐、统税、获鹿警捐、石家庄警捐、石家庄岔道费等，按每车（20吨）煤计，金额即达34元之多，当时阳泉采煤成本每吨仅1元4角2分，上述税捐每吨1元7角3分，税捐比成本还高3角1分（见表4-8）。

表4-8 1935年平定各矿煤炭捐税

单位：元

税捐名目	税额	附注
正太路护路捐	15.125	
货捐局捐	2.500	以上缴山西财政厅
阳泉警捐	0.180	
平定城警捐	0.046	
学捐	0.364	
公会费	0.046	
牙行捐	0.066	
弥补亏空捐	0.300	以上缴公安局
统税	10.000	原系4元今加6元
获鹿警捐	1.000	
石家庄警捐	1.000	
石家庄岔道费	4.000	以上为石家庄之税捐
合计	34.627	

资料来源：胡荣铨《中国煤矿》，第195—196页。

另据《保晋公司报告书》统计，从1924年至1936年底的十三年时间里，保晋矿务公司共付出大宗杂捐54万多元，平均每年4万多元。其中，特种库捐17733元6角，资本登记费14318元2角，兵差垫款20864元8角，临时军费20500元，防务借款18790元5角，临时铺捐32954元7角，六厘公债37500元，六厘借款3881元，粮秣捐38333元，北伐军费捐款10000元，编遣库券5000元，平定驻军给养费5000元，省政府的护路费和火车货捐310500余元。但这还不是全部税捐。除此之外，零零散散的税捐也不少，诸如学捐、警捐、牙行捐、统税、公会费等，数不胜数。其中仅警捐一项，从阳泉到石家庄就要征收四次，阳泉一次，平定一次，获鹿一次，石家庄一次。从阳泉到石家庄不过121公里，但保晋煤运经这一段时，吨煤付杂捐就达1元7角之多。①

五　洋煤垄断中国市场，恶意倾销

由于近代交通体系将晋煤卷入国内甚至国际煤炭市场中，晋煤不仅要同运输条件优越的河北煤、山东煤竞争，还要面对洋煤的倾销和恶意竞争。

19世纪末20世纪初，迫于列强的压力，清政府推行"抑华护洋"的税收政策，中外煤税"盈绌悬殊，至二十倍之多"，洋煤每吨税银5分，国煤每吨税银高达1两多，在清政府的税收政策保护下，西方列强大规模向中国倾销煤炭，据统计，1876—1911年洋煤进口2454万吨（炭块未计在内），国煤出口1168万吨，入超一倍多。洋煤的倾销对国煤形成了严重的冲击，也使正处于初期的山西近代煤炭业发展至为艰难。

1914年，第一次世界大战期间，因忙于战争，西方列强对中国的煤炭倾销暂时放松，山西煤矿业有了一个短暂的喘息机会。但一战结束后，西方列强迅速恢复对中国的煤炭出口，1925年，日本趁中国抵制英货之机，疯狂地向中国倾销煤炭，其他国家也向香港、越南、澳门等处输入少量煤炭，"是年输入总额达200余万吨，值银2600万两"。② 华北、上海等地煤

---

① 《阳泉煤矿史》，第82页。
② 杨大金编《现代中国实业志》（上），商务印书馆，1940，第45页。

价因此暴跌，山西煤矿业倍受其害，除日本所特需的大同煨炭外，其他煤种再无出口，山西阳泉车站附近煤栈业生意惨淡，纷纷倒闭，"煤业凋敝，亏累不支，相继倒闭者，已达三十余家，现在设栈营业者，除各煤矿公司自销外，约有二十余家……每年销额，除山西境内碎末煤不计外，其输出省外者，大约五六十万吨"。① 1929 年世界性经济危机爆发后，外国资本为转嫁危机，更加疯狂地向中国倾销煤炭，而且在西方列强的压力下，国民政府居然对外煤实行优惠进口税，结果导致日本煤、越南煤、印度煤纷纷漂洋过海，充斥中国市场。1931 年，行销于上海的各种外煤占上海市场总销量的 80%，② 山西保晋矿务公司生产的红煤质地佳，家用最宜，在天津颇受欢迎，每年销 10 多万吨，每吨售价 16 元到 20 元不等，最高价达到过 30 元。英资开滦煤矿为了把晋煤排挤出天津市场，专辟家事用煤，每吨仅售 10 元左右，致保晋红煤被逐出天津市场，只好退缩至正太沿线销售。当时晋煤处境每况愈下，正如时人所说："外资各矿挟其雄厚之资力，对山西各矿极力排挤，晋煤销路乃有日蹙百里之势。"③

九一八事变后，媒体纷纷号召抵制日煤，国民政府也担心日煤"一旦断绝，则各地工场势将停工，影响治安"，④ 于是一方面提高了日煤关税，降低了日煤在上海等长江沿岸市场的销售量，因为东北地区的煤矿所有权在日本，也以加税的办法降低其竞争力。另一方面采取积极举措提高国煤输送量。1931 年，在《实业部关于预防煤荒的提案》中，实业部建议"运煤与军运之重要视同一律"。当时正值九一八事变之后，军运的重要性自不待言，把煤炭运输与军运相提并论，显示出了对煤炭运输的高度重视。在种种举措之下，日煤进口的数量有大幅下降，山西煤炭运往上海的数量则明显上升（见表 4-9）。

---

① 《山西阳泉煤矿请减晋煤运费》，《矿业周报》第 269 号，1934 年 1 月 7 日。
② 《阳泉煤矿史》，第 82 页。
③ 《山西之煤业》，《中国银行月报》第 5 卷第 2 号，1936 年。
④ 中国第二历史档案馆编《中华民国史档案资料汇编》第 5 辑第 1 编《财政经济六》，江苏古籍出版社，1994，第 466 页。

表 4-9　1931—1934 年各矿运往上海市场煤炭数量

单位：吨

煤矿名称	1931 年	1932 年	1933 年	1934 年
开滦	1283971	1266932	1117841	1132308
中兴	29655	98535	313613	375588
博山	226063	136081	247967	367801
日本	614953	369173	520458	255054
抚顺	610230	361572	429870	176600
阳泉	35574	51044	61433	108165
大同	32986	80487	33810	87910

资料来源：此表据《中华民国史档案资料汇编》第 5 辑第 1 编《财政经济六》，第 593 页改绘。

但同时可知，在上海市场，阳泉煤和大同煤还是无法同开滦煤相提并论。而且晋煤的出口量在下降，由表 4-10 可以看出，晋煤的出口量在全国出口总量中所占比例甚微。九一八事变后，日本侵占我国东北，我方对日实行经济封锁，晋煤几无出口。

表 4-10　1917—1930 年晋煤出口量变化

单位：吨，%

年份	山西	全国	占比
1917	1007	1575627	0.06
1918	2901	1708149	0.17
1919	5275	1477433	0.36
1920	11096	1970187	0.56
1921	26824		
1922	29318		
1923	44748	3138006	1.43
1924	30032	3229511	0.93
1925	8991	3019739	0.30
1926	6575	3100093	0.21
1927	33782	4026811	0.84

续表

年份	山西	全国	占比
1928	429	3899245	0.01
1929	1559	4136535	0.04
1930	4523	3515571	0.13

资料来源：《山西通志·煤炭工业志》，第366页。

运输不畅、运费高昂、苛捐杂税繁重、洋煤的恶意倾销排挤都是晋煤销售的种种桎梏，并进一步造成产地煤炭的大量积压，产能严重过剩。据阳泉煤业公会统计，全区的煤炭产量及运出数量见表4-11。

表4-11 1929—1933年阳泉煤矿煤炭生产及运输统计

单位：吨

	出煤量	输出量
1929年	535155	399340
1930年	600200	499220
1931年	712648	475200
1932年	741911	589580
1933年	572000	404180

资料来源：侯德封编《中国矿业纪要》第5次，第378—379页。

从表4-11可知，1929—1933年，平均煤炭输出量仅占出煤量的75%，输出量最少的是1931年，仅输出出煤量的67%，长期的煤炭积压又进一步造成采煤量锐减。据统计，正太铁路沿线各煤矿"最大采掘能力，合计起来至少可达200万吨。然而在1933年，仅生产了70万吨，其中60万吨价值240万元，靠正太铁路运出。在平绥沿线大同附近煤矿地区的采掘能力是一年合计250万吨，可是，过去的采掘最高记录是80万吨，最近仅产50万吨，在1933年度在所产煤炭中，仅有26万吨，价值80万元的煤，通过平绥线运出。总之，从1933年度的成绩来看，山西煤向省外的输出额合计86吨，价值320万元。把它和山西的煤炭埋藏量相比较，实在是微乎其微的。现有的采矿设备的生产能力，仅有六分之一。所以说山西的煤炭，无论是无烟煤或是有烟煤，尽管全都是品质优良、价值便宜，但由于输出量少，在各地煤炭的市场上却不能效仿其它煤炭，完全是因为运输能力小和运费高而致"。① 即便从全国范围来看，山西煤矿的生产率也是较低的。如表 4-12 所示，正太铁路沿线的矿厂以及平绥铁路的晋北和保晋煤矿平均生产率均较低下。

表 4-12 1936 年各铁路沿线矿厂生产成本与生产能力统计

路别	矿别	每日产额（吨）	每吨成本（元）	生产能力（吨）	生产率（%）	平均生产率（%）
北宁	开滦	17400	5.50	271800	64.0	53.1
	柳江	500	2.72	1200	41.7	
平绥	晋北	700	2.69	2000	35.0	52.8（含其他矿厂）
	保晋	250	3.84	700	35.7	
津浦	中兴	3200	5.16	4500	71.1	
平汉	临城	400	3.51			70.9
	怡立	1000	3.02	1000	100.0	
	中和	200	2.40	500	40.0	
	六河沟	1600	5.16	2200	72.7	
胶济	鲁大	2000		3000	66.7	55.4
	华坞	200		400	50.0	
	悦升	800	3.60	1000	80.0	
	博东	250		1000	25.0	
道清	中福	1400	4.73	2500	56.0	62.0（含他矿）
正太	井陉	2218	3.51	3900	56.9	43.8
	正丰	900	3.23	3400	26.5	
	保晋	1100	2.51	3500	31.4	
陇海	民生	180		400	45.0	72.0
	豫庆	80	3.00	100	80.0	
	新安	100	5.00			

资料来源：《全国各铁路沿线煤矿业统计概要》（1936 年），中国第二历史档案馆藏，档案号：28-96。

---

① 满铁天津事务所调查课编《山西省的产业与贸易概况》（1940 年），中国第二历史档案馆藏，档案号：2024（2）-22，第 14 页。

以保晋矿务公司为例，由于销衰产滞，保晋矿务公司的经济效益并不理想，"自开办至民国五年七月底，共亏空洋879551元。嗣后虽年有盈余，但至十一年七月底，尚不能弥补，仍亏空洋290273元许，而历年积欠息1480391元尚不在内"。① 此后保晋矿务公司一直处于亏损状态，总计亏715309.12元。② 大同各煤业也营业不佳，不堪亏损倒闭者甚多，1934年前后，"机器开采者，类多营业不振，计倒闭者有同成公司、晋华公司及狼儿沟同宝公司之分厂数家，其未倒闭者而现已不出煤者，有大同煤厂等"。③ 这直接导致山西的煤炭资源无法得到有效开采，在战前的十余年中，每年山西的煤产量，都只占到全国煤产量的10%以下；其中1927年及1928年，山西的煤产量更低到只占到全国产额的7%多点。④

综上，在20世纪初，由于铁路交通的出现，近代山西煤矿业诞生并迎来了前所未有的发展机遇，但囿于铁路交通不完善、运费高昂、苛捐杂税繁重、战乱不断、官僚军阀的百般压榨以及洋煤的恶意竞争，近代山西煤矿业发展举步维艰。回想20世纪初，一批怀着实业救国理想的有识之士团结一心收回利权，慷慨解囊投资近代煤矿业，并为之呕心沥血、躬亲力行，最后竟是如此惨淡景象，不禁令人感慨唏嘘。

第四节　日占期及战后的山西煤矿业

日本是一个资源极度匮乏的国家，随着工业的发展，煤炭的需求量激增，据统计，日本"1916—1920年，煤炭总消费量较1906—1915年期间倍增。而为19世纪末20世纪初（1896—1905年期）的3.85倍"，⑤ 日本国内的煤炭储量远远无法满足其自身的发展需要。于是，野心勃勃的日本把侵略

---

① 胡荣铨：《中国煤矿》，第200页。
② 《正太铁路沿线暨山西中部煤矿调查报告》（1936年），中国第二历史档案馆藏，档案号：28-10652，第266页。
③ 黄伯逵：《煤矿与铁路》，《矿业周报》第273号，1934年2月7日。
④ 侯德封编《中国矿业纪要》第3次，第228页；侯德封编《中国矿业纪要》第4次，第31页；侯德封编《中国矿业纪要》第5次，第35—46页；《中国矿业纪要》第7次，第49页。
⑤ 陈慈玉：《日本在华煤业投资四十年》，台北：稻香出版社，2004。

目标瞄准煤炭资源丰富的中国，其中华北地区的山西就是重要目标之一。

一　由占领到"军管理"

早在 1905 年，日本就成立了南满州铁道株式会社，简称"满铁"。满铁是一家打着铁路公司名号实际上对中国东北进行侵略扩张的特殊会社。经营的范围包括铁路、煤矿、电力、运输、市政建设等诸多方面，铁路和煤矿是重中之重，主要的侵略内容和目标就是掠夺中国资源。在满铁的运作之下，早在九一八事变之前，东北、华北的煤矿就在日本全资或中日合资等形式下被日本控制，大量的煤炭资源被掠夺。山西亦难脱虎口，日本财阀通过收买山西的士绅名流，和北洋政府的交通系以所谓的"企业联合团"成立中日合资公司，开始染指山西煤矿。九一八事变后，东北沦陷，日本占领或控制了东北大部分煤矿，主要由满铁单独经营，这一时期的煤炭主要用于战争和军事，例如军火生产、铁路运输、发电和日用燃料等，主要目的是确保军队和侵略机器的正常运转。

日本残酷地掠夺东北资源，同时做了对华北进一步侵略的打算。1935年，在大连成立了由满铁全额出资的兴中公司，《华北经济开发的投资机关纲要》《有关华北交通投资预想》等"完备"的侵略计划及方案也先后制定。这些计划野心勃勃，准备在 20 年内完成对华北高达 72498 万日元的巨额投资，其中对交通及矿产资源投入最大，占总资金的 72.74%；设想在 20 年内修建包括济南经长治到河南博爱总长 4260 公里的 5 条铁路线，开通 3 万公里汽车运营线；在 10 年内使华北各铁矿年产铁矿石达到 130 万吨并炼钢 40 万吨，炼铁 25 万吨，开采煤炭 800 万吨。[①]

随着太原会战失利，山西大部沦于敌手。为了加强对华北地区煤矿的占领及控制，1938 年 11 月，日本军方及政府大力推动成立"北支那"开发株式会社（亦称华北开发株式会社），与满铁性质相同，均是日本侵占中国资源的先头部队和司令部，兴中公司后来成为华北开发株式会社的子公司，它担负着"振兴"对华贸易、开拓"满洲"特产品的销路以及促进

[①] 居之芬、张利民主编《日本在华北经济统制掠夺史》，天津古籍出版社，1997，第 79—80 页。

中国经济"开发"的使命。公司下设煤业、交通、电业、产业等 8 个部，河北的井陉和山西的大同煤矿成为其侵略的主要目标。表 4-13 是日本制定的详尽的掠夺煤炭计划，日本贪婪的侵略本性一览无余。

表 4-13　1938 年度日本华北煤炭需给预想（节录）

单位：吨

			委任管理煤矿		购买的煤炭	总计
			正太路沿线煤炭	同蒲路沿线煤炭	"蒙疆"煤炭	
			井陉 正丰 阳泉 寿阳	西山 富家滩 其他	大同 下花园 宝兴 其他	
供给	煤炭产出总量（除去在运输或其他过程中的损失）		1550000	300000	2100000	3950000
			155000	30000	210000	395000
			1395000	270000	1890000	3555000
需要	供给对象	军用	50000	15000	450000	515000
		军工	150000	75000	95000	320000
		卖地	855000	30000	795000	1680000
	铁路燃料		90000	150000	250000	490000
	船用燃料		50000			50000
	华北需要		1195000	270000	1590000	3055000
	本土和伪满、朝鲜		150000		300000	450000
			50000			50000
	输出总计		200000		300000	500000
	总计		1395000 *	270000 **	1890000 ***	3555000 ****

注：* 应为 5890000。** 应为 1140000。*** 应为 7980000。**** 应为 15010000。
资料来源：兴中公司编《北支炭配给の现状》，昭和 14 年 12 月，附表。

日军将煤炭视为重要的战略物资，所以在占领一个地区后，首先对煤矿以武力强行管制，山西的保晋平定分公司、保晋大同分公司、保晋晋城分公司、保晋寿阳分公司、同宝煤矿公司、建昌煤矿公司、晋北矿务局、宝恒煤矿公司、平记煤矿公司、富昌煤矿公司、中孚煤矿公司、吉生煤矿公司先后被日军占领。日本军方大多将占领后的煤矿交给兴中公司实行军管理，厂名全部以数字代替。"在军管理期间内，军部对该企业享有绝对支配权，原权利人无任何发言权"，① 军管理企业的经营是"配合作战，作为军事活动的一部分"（见表4－14）。②

表4－14　1938年日军占领山西的各大煤矿厂

单位：万吨

煤矿名称	地址	受命时间	煤质	储量
山西第四工厂	山西阳泉	1938年1月24日	无烟煤	7464
山西第二十七工厂	山西寿阳	1938年1月24日	半无烟煤	665
山西第二十六工厂	山西牛坨村	1938年1月24日	有烟煤	
山西第五工厂	山西白家庄	1938年1月24日	有烟煤	2271
山西第二十八工厂	山西孝义	1938年2月23日	有烟煤	
山西第二十九工厂	山西介休	1938年2月22日	粘结煤	
山西第四十二工厂	山西灵石	1938年11月23日	有烟煤	
山西第四工厂	山西轩岗		有烟粘结煤	30000

资料来源：根据兴中公司的《兴中公司关系事业现况》附表整理。

二　"开发"与"管理"

全面抗战爆发后，1938年3月，山西大部沦陷，日军迅速以军队占领煤矿企业并建立了军管理体制。之后，以"开发"战争急需的国防资源、满足战争之需为目标，日军迅速恢复占领企业的生产，但是日本"开发"过程中面临资金不足的困境，想一举解决农、工、商、交等各个方面问题，但投资无力，无法完成。然而，政治、军事形势迫切，一日也不容拖延。因此，日军着重对以下几个方面加以解决。

第一，成立"国策会社"——华北开发株式会社，统一领导完成对华北经济统制工作。1938年3月，华北开发株式会社成立，它是统一领导华北"掠夺"事业的"国策会社"。它打着统一"开发"与"管理"的旗号，抱着所谓的"体现举国一致的精神和全国产业动员的宗旨"，③ 蒙着温

---

① 株式会社兴中公司：《北支炭矿概要》，1940，第24页。
② 解学诗：《满铁与华北经济（1935—1945）》，社会科学文献出版社，2007，第461页。
③ 日本防卫厅战史室编《华北治安战》（上），天津市政协编译组译，天津人民出版社，1982，第57页。

第四章　近代交通体系与近代煤矿业的兴起

情脉脉的面纱，但依然无法掩饰它赤裸裸的掠夺本性。成立不久后，华北开发株式会社就制定了《华北产业开发第一次五年计划（1938—1942）》，将华北煤年产量 800 万吨提高到 3000 万吨。在《华北第二次五年计划（1942—1946）》中，将华北煤年产量 2392.8 万吨提高到 5055 万吨。① 华北开发株式会社还不断在各省增设子公司，为更有效地控制掠夺资源做准备。1938 年 2 月 9 日，山西煤矿股份有限公司还不断地在各省增设子公司，用以直接"开发"该省重要产业。大同煤矿公司于 1940 年 1 月 10 日投资 4800 万日元成立。② 它是由华北开发株式会社、满铁、"蒙古联合自治政府"共同出资组建的，是开滦煤矿式的华北最大的煤矿公司。

第二，"灌注主要力量获得日满经济区所缺乏的重要矿产资源"，恢复并新建煤矿厂，与战争相关的煤炭资源是首要关注对象，对关系百姓生产生活的其他经济则置之不理。日方以原"山西公营事业"所属各厂矿为基础，迅速恢复工矿企业的生产，快速建立了一套较为完备的煤矿业掠夺体系。这些厂矿担负的"使命"是，"扩大日本的生产力所必要的资源的获得及必要程度的加工"。为"弥补日满经济的缺陷"，其在日军的催促强迫下快速恢复生产。1937 年 12 月，太原各工厂已陆续开工，1938 年底，阳泉煤矿各厂矿生产能力已基本恢复到战前水平。除了尽快恢复原有矿井生产外，还相继在大同新建同家梁、白洞、宝藏及怀仁鹅毛口"昭和矿"，在阳泉投资建成"东亚矿""小南矿""邻善矿""共荣矿"等，在太原西山开凿高家河、松树坑、大勇、杜儿坪等矿井及东山黑沙坪立井等，采掘区域比以前扩大 3 倍左右。③

第三，改造铁轨，延展铁路支线，建立发电厂。正太铁路是窄轨，一直无法满足阳泉煤炭的运输。日本为了实现其掠夺煤炭的企图，决定对其动手改造。首先对正太铁路阳泉东段的弯道和坡度进行了重点改造，同时对阳泉西段的铁路也进行了改造。路面改造之后，将窄轨换成宽轨，到 1939 年 10 月 1 日，工程告竣。这一改造既提高了铁路的运输能力，又消

---

① 居之芬主编《日本对华北经济的掠夺和统制——华北沦陷区资料选编》，北京出版社，1995，第 24、38 页。
② 《华北开发公司概况》，《近代史资料》总 91 号，第 224 页。
③ 徐月文主编《山西经济开发史》，第 483 页。

除了石家庄换车装卸的麻烦，从而为日寇掠夺阳泉煤炭资源铺平了道路。①日军侵占大同煤矿后，也先后将各段窄轨铁路改为宽轨。1939—1942年，由永定庄延修铁路运煤专线至同家梁、白洞、老史沟、四老沟、白土窑等矿，全长20公里。其中口泉至四老沟段是民国前期和日伪时期由大同煤矿各矿方自建的运煤专线，线路蜿蜒于两山之间的口泉沟内，长约12公里，途经永定庄、同家梁、白洞、四老沟等较大矿井。②此外日军还修建了运输工业材料的专用线，1940年在车站北站修南厂材料线。1939—1941年，日军又于阳泉蔡洼建设了发电厂。该厂占地面积69.5亩。建厂初期，安装了一台瑞士BBC厂建造的汽轮发电机组，容量为650千瓦。1942—1943年，又安装了一台英国BTH厂制造的发电机组，容量为2500千瓦。③新机组安装之后，年最高输出电量达到230万千瓦·时。阳泉发电厂建成投产后，井下蒸汽无极绳绞车的动力便被电力代替，这些举措都为日军掠夺阳泉煤炭准备了充分的条件。

第四，加大对各煤矿的投资力度和改进机器设备。在所谓的"第一次五年计划"中，特别提到煤炭生产要"改良过去之开发方法，实施计划之开采。至其所需资金及设备，得将日本国内煤产计划所规定的一部分资金及设备移至华北"。④军管理时期，兴中公司对阳泉煤矿和寿阳石门子煤矿的投资额为29.9万日元。华北开发株式会社时期，华北开发株式会社和大仓矿业公司又向山西煤矿矿业所所属的阳泉、寿阳、轩岗和富家滩等煤矿投资1300万日元。到1941年，阳泉采炭所的资产总额达到630余万日元，除去劫夺保晋建昌的固定资产248万日元，其余都是占领后几年时间里增加的。⑤1940年，为了提高采煤速度，大同煤矿引进链式割煤机4台、泉式1.51-p型煤电机315台。⑥阳泉煤矿投入13台总功率达1045马力的蒸汽绞车，从而大大提高了煤炭生产能力，日生产能力提升到4421吨，年生

---

① 《阳泉煤矿史》，第115页。
② 李大钧、李大宏：《大同铁路史话》，山西人民出版社，2008，第9页。
③ 《阳泉煤矿史》，第115页。
④ 秦孝仪主编《中华民国重要史料初编》第6编（四），台北：中国国民党中央委员会党史委员会，1981，第991页。
⑤ 《阳泉煤矿史》，第116页。
⑥ 《山西通志·煤炭工业志》，第193页。

第四章　近代交通体系与近代煤矿业的兴起

产能力高达150万吨左右。在此情势下，全省1942年煤炭产量高达621万吨。到1943年，阳泉煤矿年产量已达到101万吨，成为解放前阳泉煤矿最高的年产量。在日军占领阳泉煤矿的八年时间里，总共生产煤炭480万吨，其中劫运至日本200万吨，占总产量的41.7%。大量运入日本的阳泉无烟煤被当作高级化学原料，取代了从越南进口的煤炭。[①]

在开采大同煤矿期间，为大规模、高效率开采优质的大同煤炭，日本采用了更先进的技术。"1939年，日本在原有的永定庄、煤峪口、忻州窑三矿加速恢复采煤的同时，又新开凿和扩建了白洞、同家梁、四老沟新矿井。年底，三个新矿井开凿与机械设施安装进度按计划分别完成70%、50%和40%；同时三个老矿井采煤总量达93.5万吨，比1938年多产煤10余万吨。"[②] 1940年，日军运几台三池牌、日立牌截煤机至大同煤矿割煤。采用电钻大烟爆破，在开采区两端安置通风机，利用水泵对坑内进行排水，在各坑竖井底的主要运输巷道、机械室等处架设电灯，在永定庄和忻州窑分别设有机械工厂及电气车间，机械工厂内设有铸造车间，承担各矿的铸造加工和设备维修工作。不仅三个主要煤厂（永定庄、煤峪口、保晋南厂）有储煤场，其余各开采矿区也设现场储煤场，储煤能力大大提高。表4-15为1936—1942年大同煤矿各矿产量表，很明显，这期间大同各矿厂的产量连年增加，特别是1939—1942年每年增长幅度都很大，1941年比1940年剧增近100万吨。

表4-15　1936—1942年大同煤矿各矿产量

单位：万吨

年度	永定庄	裕丰	保晋	白洞	白土窑	宝藏	同家梁	土法	合计
1936	26.4	13.6	14.0						54.0
1937	24.5	16.5	18.2						59.2
1938	33.1	23.5	23.9						80.5

---

① 《阳泉煤矿史》，第116页。
② 居之芬：《论抗战时期日本对大同煤矿"开发"掠夺计划的实施及对劳工使用残害人数》，中国社会科学院近代史研究所编《第三届近代中国与世界国际学术研讨会论文集》第4卷，社会科学文献出版社，2015，第23页。

续表

年度	永定庄	裕丰	保晋	白洞	白土窑	宝藏	同家梁	土法	合计
1939	34.4	22.2	33.3	2.1	0.7				92.7
1940	42.5	25.7	39.6	8.5	0.7	3.3	2.3		122.6
1941	52.1	35.6	47.3	39.1	13.6	11.2	20.9	1.1	220.9
1942	47.5	38.1	47.8	51.5	18.3	13.1	32.6	2.3	251.2

资料来源：解学诗《满铁与华北经济（1935—1945）》，第339页。

第五，制定不切实际的生产方案，实行掠夺式"开发"。日军对各地区煤矿都制定了相应的"开发"计划，大同煤矿是其掠夺重点。从日军制定的大同煤矿生产"十年计划"中，可清楚地看到日军贪婪的掠夺本性和不切实际的"开发"野心，第一年（从1938年4月至1939年3月）计划产煤100万吨，第二年为215万吨，第三年升至370万吨，到第四年一跃升至700万吨，第五年剧升至1000万吨，第十年居然达到3000万吨。[①] 太原西山煤矿也有相应的"开发"计划，从1941年起逐年增加10万吨，到1943年增至70万吨（见表4-16）。阳泉煤矿煤产量也必须逐年增加，"第一次五年计划"结束时，年产量计划要升至120万吨。[②] 与此同时，华北煤产量须在5年内比1937年增加127.5%，达到年产3000万吨。这种根本不顾厂矿机器设备的生产能力、无视资源浪费及环境恶化等后果、残忍剥削劳动力的所谓"开发"完全是掠夺式"开发"，这种掠夺式"开发"对军工生产所需的重要原料如钢铁等表现尤甚。

表4-16　1940—1945年太原西山煤矿与大同煤矿生产情形

单位：万吨，%

煤矿名称	年度	计划掠夺数	实际出煤量	完成比例
西山煤矿	1940	10	19.6497	196.50
	1941	50	22.1984	44.39
	1942	60	24.7747	41.29
	1943	70	27.9388	39.91

① 《大同风土记》，侯振彤译编《山西历史辑览（1909—1943）》，第255—256页。
② 张全盛、魏卜梅编著《日本侵晋纪实》，山西人民出版社，1992，第167、184页。

续表

煤矿名称	年度	计划掠夺数	实际出煤量	完成比例
大同煤矿	1941	300	221	73.67
	1942	380	251	66.05
	1943	500	227	45.40
	1944	630	226	35.87
	1945	760	169	22.24

资料来源：张全盛、魏卜梅编著《日本侵晋纪实》，第199、202页。

表4-16是西山和大同两个煤矿的生产计划与产出情况，从中可以看出实际出煤量远低于计划出煤量，完成率逐年下降。可见，计划本身并不符合生产的实际情况，属于野蛮的掠夺式"开发"，这就必然导致开采过程中大量资源浪费以及不顾自然生态环境和地质结构保护的现象发生，严重破坏了山西的资源和环境。"据兴中公司资料记载，（阳泉煤矿）当时的回采率仅达17%。照此推算，八年掠夺煤炭480万吨，损失的资源应达2300万吨以上。"[①] 同时，这一现象也反映出日本军事潜力日趋枯竭以及对煤矿企业统制日渐无力的态势。

第六，"统制"煤炭价格，控制煤炭销售。日军先后成立"蒙疆矿业销售股份有限公司""华北煤炭贩卖公司"等销售机构，首先通过压低军用煤售价、抬高民用煤售价的方式掠夺资源。1937年，西山煤矿的煤炭供给铁路、军管工厂，定价为每吨块煤6.5元、碎煤5元、末煤2元，军用煤每吨块煤5.5元、碎煤4元、末煤1.5元，民用煤每吨块煤7元、碎煤6.5元、末煤2.5元。[②] 通过这种军用民用煤炭"价格差"的方式以极低的价格掠夺大量煤炭供给日本国内及在华的统制企业。其次，限制煤炭的销售对象，规定大部分煤炭必须运往日本，"煤炭的运日数量……必须达到65%。尽管华北煤荒日益严重，对日煤炭输出总数也不能减少"。[③] 据统计，1938年，太原西山、阳泉煤矿所产之煤的97.1%和74.3%运往日本

---

① 《阳泉煤矿史》，第116页。
② 山西煤炭工业志编委会编《山西煤炭工业志》，煤炭工业出版社，1991，第277页。
③ 郑伯彬：《日本侵占区之经济》，资源委员会经济研究室，1945，第101页。

国内，1939 年，两矿产煤总量的 96.7% 和 87% 输往日本。① 1938—1945 年，日军在大同煤矿掠夺原煤 1416.73 万吨，在西山煤矿开采原煤 164.71 万吨，在阳泉煤矿开采原煤 351.55 万吨，在富家滩煤矿掠夺原煤 10.3 万吨。②

由以上统计数据可知，日军为掠夺开采山西煤以为其侵略行为服务可谓无所不用其极。1938—1942 年，煤炭年产量呈直线上升态势，但这种残酷的、竭泽而渔的掠夺方式从 1943 年后开始显示出恶劣的后果，从 1943 年至战争结束，煤炭开采量逐年递减，例如，大同煤矿在 1938—1945 年的年产量分别为 91.35 万、95.25 万、133.69 万、221.34 万、251.47 万、227.28 万、226.52 万、169.83 万吨。③ 出现这种变化不是因为日本主观有意减少了开采，放缓了开采进度，而是疾病频发、营养不良、过度剥削导致劳动力短缺，以及机器长期超负荷生产造成损坏、老化导致生产效率下降，这一状况影响非常恶劣且深远，直接阻碍了战后山西矿业的复兴。据统计，西北实业公司所属的煤矿如西北煤矿第二厂、西北煤矿第三厂在战后产量远远低于战前，并进一步影响到山西产业结构的重建，对山西近代化发展产生了极大的消极影响。除煤炭资源外，盐、铁、石墨等资源都面临类似的境遇。

三 战后煤矿业的艰难恢复

抗战结束后，煤矿业的恢复非常艰难。在阳泉，以山西人民公营事业督理委员会的名义接收了保晋煤矿、保晋铁厂和发电厂等企业，成立阳泉矿务局。阎锡山改头换面劫夺保晋矿务公司的卑劣行径，激起了保晋同人的竭力反对，他们要求恢复保晋矿务公司，并于 1946 年 3 月在《复兴日报》连续刊登启事，声言召集董事、监察，共商恢复煤矿事业，还向山西人民公营事业督理委员会递上报告，申请恢复保晋矿务公司。同时，蒋介石为了与阎锡山争夺山西阳泉和大同的民族资本企业，委派

---

① 《山西煤炭工业志》，第 251 页。
② 岳谦厚、田明：《抗战时期日本对山西工矿业的掠夺与破坏》，《抗日战争研究》2010 年第 4 期。
③ 张全盛、魏卜梅编著《日本侵晋纪实》，第 163 页。

经济部委员谢树英等人来到太原，与阎锡山进行交涉。面对保晋同人的呼声，阎锡山玩弄两面派手法。他一方面采取欺骗手段，在《复兴日报》上公开报道，说阎锡山已令梁上椿召集保晋矿务公司在晋董事、监察，恢复合法董事会，着手接收保晋矿务公司的矿产事业。另一方面，又对积极活动准备恢复保晋矿务公司的人员进行打击。在阳泉矿务局任职的保晋矿务公司旧有人员，均被除名。经过一番绞尽脑汁的策划，阎锡山将民营资本经营的阳泉煤矿变成了自己的官僚资本企业。阎锡山统治时期的阳泉矿务局，首脑人物都是阎锡山的亲属、幕友和心腹。下设总务、会计和营业部三部，管辖阳泉矿厂、铁厂和电厂。阳泉煤矿经过日军八年的掠夺性开采，资源惨遭破坏，井巷严重失修。日军投降后，长时间停工停产，一矿筒子坑和五矿蔡洼坑被水淹没，三矿贾地沟坑自然发火，毒气熏人，全矿区生产条件十分恶劣。阎锡山接收阳泉煤矿后，除铁路沿线外，两侧均属解放区，招人不易，整个煤矿只得处于停歇状态，局面空前萧条。1946年2月以后，随着阎锡山军队不断向南北解放区蚕食侵扰，阳泉煤矿才召集一些工人勉强使得燕子坑、先生沟坑和小南坑恢复生产，当月，勉强生产煤炭8000余吨。从5月到年底，又生产16万吨。翌年，1—4月又生产煤炭6.6万吨。在前后13个月的时间里，总共生产煤炭23.4万吨。1946年生产的煤炭，铁路用14万吨，军用1万吨，阳泉矿务局和西北实业公司用1万吨。1946年，阳泉矿务局外销民用煤炭31.4万吨，全部为营业部控制下的民营小煤窑所产。[①] 1947年春，阳泉矿区以外均被解放区控制。1947年5月2日，在阳泉人民的协助下，晋察冀军区第三纵队奉命挺进阳泉，驻守阳泉的阎锡山部队三十三军七十一师、暂四十六师和独十总队等仓皇逃窜，在盂县郭村和寿阳县芹泉一带被围歼。盘踞在狮垴山的五大队缴械投降，阳泉解放，阳泉矿务局发展进入新的历史时期。

抗战胜利后，阎锡山的部队占领大同，即以第二战区长官部令晋北矿务局接收敌伪时期之大同炭矿，包括晋北、保晋、同宝、宝恒等矿厂，并接收了"蒙疆"电业平旺发电厂。阎锡山委派梁上椿为晋北矿务局局长，

---

① 《阳泉煤矿史》，第161页。

晋北矿务局有平旺发电厂的电力供应，利用现有设备，首先在永定庄、煤峪口、忻州窑、同家梁、白洞五个矿厂开采煤炭，日产煤400多吨。蒋介石政府对阎锡山独吞大同煤矿甚为不满，也要伸一只脚进来。经过一番明争暗斗，1945年11月，阎锡山在重庆与蒋介石政府商妥合办大同煤矿，双方订立了《经济部资源委员会、山西省政府合资办理大同煤矿合约》，规定由三方组建大同煤矿特种股份有限公司，即资源委员会、山西省政府以及其他商股股东，共同开发山西大同、左云、怀仁境内各煤田。但因大同煤矿各公司财产清点、评估、作价等事务及一些纠葛，特种公司未能成立。于是双方又协商组建经济部资源委员会山西四矿公司大同煤矿整理筹办委员会（以下简称"大同煤矿整理筹办委员会"），作为过渡机构接办大同煤矿及下属各单位的全部工作。大同煤矿整理筹办委员会声称："经济部资源委员会（甲方）商同山西人民公营实业督理委员会暨董事会与保晋、晋北、同宝、宝恒四商营煤矿公司（乙方）依照甲方在重庆向阎主席指出两方合资办理大同煤矿合约草案，为整理筹办大同、怀仁、左云境内煤田，维持过渡期间生产业务，积极筹组新公司起见，特会同成立大同煤矿整理筹办委员会，期限以三个月为限，必要时延长，俟新公司一成立，本委员会即行撤销。"①

大同煤矿整理筹办委员会实行边接收边复产的政策，一边陆续接收大同地区的忻州窑、煤峪口、口泉、永定庄、同家梁、白洞等10处矿厂以及胡家湾、老史沟小煤窑2处，一边鼓励矿厂尽快恢复生产，1946年9月，永定庄矿厂率先复工，煤峪口、忻州窑、同家梁、白洞各矿厂紧随其后也陆续恢复生产，各厂矿生产量为：永定庄矿厂日产约200吨，煤峪口矿厂日产约150吨，忻州窑矿厂日产约150吨，同家梁矿厂日产约100吨，白洞矿厂日产约100吨。②1947年初，这4处日产煤900多吨，③白土窑、四老沟两矿因出现存煤自燃的现象无法及时复工，后又因从10月起平绥铁路交通混乱，复工计划彻底落空。

---

① 《大同煤矿史》（一），第168页。
② 《大同煤矿史》（一），第158页。
③ 资源委员会：《复员以来资源委员会工作述要》，大同矿区档案馆藏，目录号：1，卷号：3，件号：4，第14页。

好景不长，国民党政府很快发动内战，不少煤矿的生产机械被国民政府破坏、拆除用于军火生产，大同煤矿正常生产受到严重干扰，恢复极为缓慢，甚至不及日占时期的生产量。1948年，全年仅生产煤炭118395吨。① 1948年10月解放前夕，生产完全停顿。11月24日，中国人民解放军晋绥、晋察冀部队挺进大同。1949年2月8日，大同煤矿正式解放。3月25日，中共晋绥大同县委成立煤矿接管组，薛光明负责交接事宜；同月，接管组受察哈尔省大同市军事管制委员指派接管大同煤矿并实行军事管制。1949年5月1日，大同和平解放。随后，大同煤矿筹备处成立，军代表李谨亭为负责人。为加强和统一华北地区煤业生产管理，华北煤矿管理总局成立，1949年8月30日，大同煤矿筹备处撤销军事管制，正式改称大同矿务局，下辖九个矿厂，分别是煤峪口矿、永定庄矿、同家梁矿、四老沟矿、忻州窑矿、白洞矿、挖金湾矿、马脊梁矿、机器修理厂，实行矿、厂长负责制，此时的大同煤矿正式进入新的发展时期。

小　结

铁路对于山西煤矿业的发展影响最为巨大。可以说，铁路交通的出现是山西近代煤矿业出现的前提。这是由铁路的独特优势决定的，铁路可以用较少的费用承载大量的商品在短时期和更大范围内进行长距离的运输。而煤炭恰恰是重量和体积特别大的一种商品，运力不及、运输成本巨大将导致煤炭无法大规模生产，只有在铁路敷设后，煤炭始能大规模、长距离外运。正太铁路通行后，山西才掀起投资兴办新式煤矿业的热潮，紧随其后的平绥铁路的通行进一步加快了机械或半机械化生产的煤矿业的崛起，煤炭的生产效率极大提高，输出量也大幅上升，逐渐形成以铁路枢纽为结点、以铁路为网络、以沿海商埠为输出指向的煤炭销售体系。借由铁路网络，山西煤炭得以融入统一的国内乃至国际市场中，山西的煤矿业也因铁路交通的各种因素变化及国内外市场的变化盈亏不定。可以说，铁路的通行是山西煤矿业近代化的前提，近代山西煤矿业的发展历程始终与铁路的

---

① 黄静林主编《大同煤矿教育史》，山西人民出版社，1997，第10页。

延展相随而行。

　　反过来，煤炭作为近代机器生产的主要燃料，又进一步推动了新式工业的发展。如榆次、太原、石家庄的面粉、纺织、电力等工业均依赖煤炭燃料供给。而铁路作为近代工业化的产物，同样一刻也离不开煤炭，煤炭之于近代工业的重要性直接影响到山西工业的布局——山西工业的分布大多位于铁路沿线，其中的重要原因就是方便煤炭燃料的运输。同时，近代煤矿业的迅速发展使得大量人流、物流聚集，城镇由此产生，阳泉的城市发展史便是铁路推动近代矿业城镇形成的典型。此外，煤矿业的发展加速了社会阶层的流动与重组，煤矿工人多为农民，煤矿工人人数增加速度很快，据统计，1936年大同煤矿共有工人8000多人，比1920年增加1倍，[①] 可见，煤矿业的发展推动了农民阶级快速向工人阶级转变，从而加速了社会结构近代转型。综上，煤矿业的近代化对山西近代化的进程殊为重要。

　　但不幸的是，这一进程很快被日本侵华战争打断。日本占领山西后，立即对山西煤炭进行涸泽而渔、急功近利的"开发"和"利用"，妄图将山西纳入其经济殖民体系，使之成为实现经济"共荣"的主要基地。为便利掠夺山西煤矿资源，日军设立华北开发株式会社、兴中公司等机构，紧紧围绕其侵略目标，重点"开发"与战争密切相关的煤、铁等战略物资，最终导致山西经济发展态势严重畸形化，直接影响战后的生产恢复。加之内战干扰，山西煤矿业长时间发展缓慢，甚至停滞不前，进而大大拖延了该地区社会经济发展进程，使山西遭受了难以估量的巨大损失。

　　综上，民国时期，尽管山西占有全国最大的煤储藏份额，拥有最优质的煤炭，但山西的煤矿业发展依然举步维艰。虽然使用新式开采技术，煤炭的生产成本并不高，但距离海口远、铁路路线少、运费高昂、战乱频仍成为制约山西煤矿业发展的致命因素，具体表现为煤价高昂竞争力弱、销售不佳、大量煤炭被日军掠夺，进而导致山西丰富的煤炭资源要么无法得到有效开采利用，要么无法惠及自身。因此有学者认为："中国在参加近代具有世界性的工业化运动中所以濒于失败，其丰富的煤矿资源之不能大

---

① 《大同煤矿史》（一），第119页。

量开发，是其中一个重要原因；而中国煤矿资源之所以不能大量开发，占全国储藏量约三分之二的山西煤矿之没有大规模的开采，更要负一大部分责任……丰富的山西煤矿资源，在过去数十年都仍货弃于地，对近代中国的工业化并没有提供多大的贡献。"[①]

[①] 全汉昇：《山西煤矿资源与近代中国工业化的关系》，（台湾）《中央研究院院刊》第 3 辑，第 181 页。

第五章　近代交通体系与城镇变迁

城镇变迁一般是指由传统城镇向现代城镇过渡的自然历史过程。在这一过程中发生的产业结构变迁、社会结构变动、社会文化嬗变等构成其重要内容和表现形式。近代交通体系出现后对于城镇变迁起到催化剂和加速器的作用，一批近代交通枢纽和沿线城镇迅速崛起并繁荣起来，与此同时，作为驿路、水路枢纽的传统城镇由于商路的改变逐渐衰落。

第一节　榆次："晋省商务之枢纽"

榆次早在汉代便置县。宋太平兴国四年（979），徙并州于此，榆次更名为并州。七年复徙并州于阳曲县，榆次复为县。榆次交通便利，西邻太原、徐沟两县，南毗太谷，东接寿阳，东南与和顺接壤，境内的"什贴、王胡、永康三镇为由北京达川陕云贵通衢，鸣谦镇为京省官员往来孔道"。[①] 因地理位置优越，榆次不仅政治、军事地位突出，商业、手工业也较发达。但在铁路通行前，榆次一直被南面的太谷和平遥压制，晋商的大本营——太谷、平遥等地，虽然在清末已衰落，但仍是山西最重要的商业中心。太谷是山西最大的粮食、布匹交易市场，每年由天津、汉口运来的洋布均在太谷集散，晋南的粮食等农产品也由太谷商人收购运往省外市场。平遥则是面向南部地区的棉花交易市场，该地商人号称"平遥班"，势力之大海内闻名，山西省运往天津的棉花，几乎全部由他们垄断交易。

榆次的命运因正太铁路的通行而改变。正太铁路通车后，由寿阳经榆

---

① 《榆次县志·交通考》，民国31年铅印本。

次县东赵站入境，经县城北门外鸣李村出境，东距石家庄217公里，西距省城26公里，便利的铁路交通促使榆次逐渐繁荣起来，特别是榆谷支线及同蒲铁路通车后，营业更加畅旺，"清季正太铁路成，经县城北关……专运东西两路货物，而南北各处来货，仍用驼、马、骡、驴转运。自晋南汽车路筑成后，南由太谷可达晋城，北由省城可达大同，惜因运费过昂，仅能便利客运。最近正太路、榆谷支线及同蒲铁路皆已通车，于是南北东西货客两运，皆称便捷"。[1] 新型交通方式和相对完整的铁路运输系统使得榆次工商业快速勃兴。

一 新式商业的勃兴

民国时期，李毓芳认为铁路在五个方面于商业发展非常有利，即铁路发达有利于各地产业勃兴，进而扩大商业范围；铁路运费低廉，可以扩大各种货物的销售范围；销售范围的扩大可以带来更多的商品需求，促进专门经营；相对而言，铁路运输比较安全，适应变化，危险性小；铁路运输速度快，货物到达迅速，有利于资本周转。[2] 榆次的商业发展有力地印证了这一观点。

首先是铁路转运业兴起。正太铁路通行后，"山西中部各县与外间之交通自此正太路为主脑"，天津的货物一般集中到石家庄然后上正太铁路输入山西，榆次"因其地位与晋南、晋西反较阳曲为接近"，[3] "凡商货运销南路者，均至榆次下车转发"。[4] 显然，是正太铁路的输运使榆次的贸易中心地位日渐突出。

榆次站外运的主要货物是棉花和粮食，晋南的棉花首先汇集于洪洞、临汾、曲沃等市场，一般是"先由马车装至正太路之榆次车站，再装火车运至石家庄，继由平汉路运至丰台，改装北宁路车运津"，[5] 而原来的棉花

---

[1] 《中国实业志·山西省》，第87页。
[2] 李毓芳：《论铁道与工商业之关系》，《民国经世文编（交通、宗教、道德分册）》，台北：文海出版社，1966年影印版，第4974—4979页。
[3] 《大潼铁路沿线经济概况（续第二期）》，《铁路杂志》第1卷第4期，1935年9月。
[4] 《晋省榆次县新设电灯公司》，《中外经济周刊》第118号，1925年6月27日。
[5] 《山西棉产概况》，《天津棉鉴》第4卷第1—6期合刊，1933年9月—1934年2月。

集散地平遥，"近来情况为之一变，棉花的通过贸易，转到在榆次进行，从而，这里作为棉花市场，已经不如过去重要"。① 据统计，正太铁路通车后，每年由榆次输往天津的棉花大约有 2920846 斤，价值 876250 元。② 粮食交易市场也由太谷转至榆次，晋中、晋南的粮食均集中于榆次外运，据时人刘大鹏记述，太原县"日来运煤之车甚少，车夫皆言火车载粮出省，为数甚巨，车马皆载粮到火车栈（在榆次县），则运煤者则因此不多"。③ 对此太谷商人深为忧虑，并急切呼吁："自正太铁路开，谷商已大减，同蒲线如复不经谷境，为谷计者，尤宜速修榆太支线以通商情。"④ 据统计，由榆次输往石家庄的小米每年大约有 143280 石，价值 429840 元；高粱 117340 石，价值 234640 元；杂粮 25250 石，价值 63125 元；小麦 17130 石，价值 68520 元。⑤ 可见，铁路通行后，榆次已取代平遥、太谷成为省内最大的货物集散地，而平遥和太谷则沦为榆次的二级市场。除棉花、粮食大宗货物外，烟叶、棉纱、皮毛、铁器、药材等货物也经由榆次外运。

不仅省内货物经榆次转运，其商业网络甚至辐射至省外的陕甘、绥蒙，"平津、陕甘、绥蒙等处往返货物，均经榆次"。⑥ 1907 年后，每年榆次由石家庄的进货量大致为：来自天津的各种杂货 34600 余件，总值 865000 元；来自高阳的爱国布 103200 匹，总值 495360 元；来自石家庄的白小布 229600 匹，总值 220320 元；来自天津的糖 2600 包，总值 65000 元；煤油 14200 箱，总值 56700 元；等等。输入榆次的货物再由平遥、太谷商人运至晋南各地销售。⑦

大量货物集散使堆栈业繁荣。堆栈业也称转运公司，主要业务为收取栈租、代客存放，后扩展为代客购买、运输等，最初仅两三家，后增至十余家。1927 年前后最为兴盛，其时"陇海、平绥两路不通，陕甘货物都经

---

① 大岛让次：《山西、直隶棉花情况视察报告》（1927 年），侯振彤译编《山西历史辑览（1909—1943）》，第 47 页。
② 《中国实业志·山西省》，第 97 页。
③ 刘大鹏：《退想斋日记》，第 284 页。
④ 张正明：《晋商兴衰史》，第 238 页。
⑤ 榆次市地方志编纂办公室编《榆次市志（初稿）》之五，第 8 页。
⑥ 《中国实业志·山西省》，第 94 页。
⑦ 《榆次市志（初稿）》之五，第 7 页。

榆次转运，实为该业最盛时期"。① 后因其余各路恢复营运，特别是实行铁路联运后，货不进栈，此业有所萧条。1936年，榆次堆栈业仅有7家，分别是吉泰隆、大礼祥、义胜合、同合公、聚义成、义盛通、万丰厚，但资本额仍有103000元，营业额也达到130389元，仅次于大同，居全省第二位。

其次是经营洋货及机制工业品的商业，主要有花布业、干菜纸张业、煤油业等。花布业主要经营洋布，其主要来自石家庄、天津、青岛、上海等商埠，再售于晋中、晋南市场。"该业在前清时仅由太谷县零星贩卖，以供本县消费"，铁路通车后，"市面渐繁，资力较裕，始能直接向外大宗交易"。② 花布业有晋通、吉逢、协成裕、义兴长、大盛魁、祥泰隆等6家，资本额为348000元，全年营业额为496028元。干菜纸张业主要经营海味、糖、纸张、干菜、干果等，有晋丰厚、公兴顺、聚兴顺、广云集等4家，每年销值达858400元。经营最大的是公兴顺杂货庄，经营的货物有来自苏联、日本、中国广东、天津所产的糖类；有来自芬兰、瑞典、瑞士、美国、日本等国的机制纸；有来自日本、中国天津出产的海味副食；也有来自德国、中国天津生产的颜料等，共十大类。以上货物主要由天津分庄采购供应，由火车输出，榆次为总号，院厅悬有"货聚九州"匾，后发展到资金近百万元。③ "义聚煤油庄是美孚石油公司在山西的经销商，股东由宋张王三家及其他一些零星股东组成，不久便获利甚丰，每股分红在一万元以上，接着又包销南洋兄弟烟草公司纸烟、榆次晋华纱厂的产品，也大宗包销芦盐、德国仁丹，并出资在北关修建货栈，有火车岔道，火车皮可直达转运站装卸货物。"④

第三种是经营农产品的粮店、花行等。花行有义合永、公义顺、福泰栈、吉泰隆、德顺恒等12家，均在洪洞、临汾、曲沃等棉花产地设有分号进行收购，拥有宽大的存储仓库，建有铁路专用线，收购棉花运至榆次后再售与天津商人，交易规则也由最初的现款交易发展到期货交易，通常在

---

① 《中国实业志·山西省》，第101页。
② 《中国实业志·山西省》，第98页。
③ 周波臣：《忆公兴顺和记杂货庄》，《榆次文史资料》第7辑，第10—13页。
④ 赵子光整理《我所知道的义聚煤油庄》，《榆次文史资料》第7辑，第25页。

货物交接完毕后 7 日或 10 日之内，在天津交付。① 粮店有吉泰公、吉履亨、德丰恒、晋源永、义逢权、义聚兴、聚绵川、晋昌等 8 家，资本额为 55750 元，全年营业额为 48550 元。"该业前因交通不便，米粮未能出境，彼时粮业纯为代客买卖，资本微弱，仅抽佣金，自正太路通过后，始有起色，河北各县粮商，不时大宗采购，非自行囤积，难应需求，遂由代客买卖蜕化而为自行买卖，颇有蒸蒸日上之势"，后因捐税繁重，又遇 1930 年晋钞贬值，多亏累不支，纷纷歇业，仅存两家，"至上年正太同蒲两路同时南下通车，交通大便，始行增设六家"。② 粮食一部分供给直隶缺粮地区，直隶的正定、保定一带原本是粮食产量较高的地区，但因"年来盛行植棉"，有的地方"其植棉面积约占耕地十之七八，以致粮食不足，恒仰给于山西方面"，③ 其余的则销往本地或邻省的面粉厂。

第四种为金融业。商业的发达推动了近代金融业的诞生。1920 年，山西省银行在榆次设立分行，发行纸币，营业日渐发达。1934 年，晋绥地方铁路银号在榆次设立分号。与此同时，传统的金融业依旧存在，1936 年共有钱业 10 家，典业 12 家。新式与传统的金融业竞争共存，共同服务于榆次的工商业发展。

大量人流、物流的聚集，使得榆次的商业呈现出一派繁荣景象，商业最盛时期，城关商号发展到近 400 家，到 1936 年前后，榆次的商业类型仍有 14 种，共计 205 家。④ 据 1936 年统计，榆次与省外的贸易额居全省首位，购入 484 万元，外销 564 万元，太原阳曲⑤共购入 413 万元，外销 264 万元，⑥ 相比而言，榆次多为大型批发商户，商品交易额巨大。

在工商业发展的基础上，城镇经济呈现出繁荣发展的局面，市集交易

---

① 大岛让次：《山西、直隶棉花情况视察报告》（1927 年），侯振彤译编《山西历史辑览（1909—1943）》，第 46 页；《中国实业志·山西省》，第 99 页。
② 《中国实业志·山西省》，第 99 页。
③ 《石家庄之经济状况》，《中外经济周刊》第 181 号，1926 年 9 月 25 日。
④ 《榆次市志（初稿）》之五，第 5、10 页。
⑤ 太原原属阳曲县，1912 年，废太原府，以阳曲县为山西省会，1920 年，阎锡山在阳曲县城新设置了太原市政公所，它的管辖地盘是当时阳曲县城内外。1927 年，市制确定，这是太原以市问世之始，辖区面积为 150 平方公里。
⑥ 《中国实业志·山西省》，第 110 页。

呈现出专业化、规模大、次数多的特征。榆次的市集多在城关，有粮集、年集、果木集之分。粮集以易米粮为主，年集以旧历年终出售年货为主，果木集则主要贩卖水果。① 市集专业化程度高，交易频繁，如粮集分单双日进行。城镇经济的发展推动新的城镇不断出现，榆次县在晚清时期有王胡镇、什贴镇、源涡镇等8个镇，进入民国以后，榆次县有源涡镇、长凝镇、北田镇、南要镇等14个镇，几十年时间，榆次的城镇数量增加了约80%。

与榆次商业的高度繁荣相比，省城太原的商业就萧条得多。太原商业多以门市售货供本地消费为主，② 大型批发商少，与省内外贸易不如榆次频繁，商品交易额较小。由此可见，太原虽为山西省会，但位于正太路之末端，距离物产较丰的晋南较榆次为远，商业辐射力较弱，直到1933年同蒲路分段营业后，太原作为南北物资交流中心，商业辐射能力大为增强，转运业才有了长足的进步。因此，在同蒲铁路通车之前的30年时间里，榆次始终"商务繁盛为全路冠"，"不啻为晋省商务之枢纽"。③

二 近代工业的出现

由前所述，榆次拥有便捷的铁路，广阔的晋南、晋中甚至省外市场，稳定的棉花、粮食等农产品来源，以及相对健全的金融业，这些因素都进一步推动了近代工业的出现。1924年，山西最大的纱厂——募款45万元的晋华纱厂创设于榆次站南侧，当初选址时，创立者便考虑到榆次"由正太路，东至石家庄，不过数点钟"、棉花"就地采买，价必公平，更无可虞缺乏"④ 等诸多有利条件。

纱厂自开工以来，采用机器生产，原料充足，生产所用的棉花"大都向当地（榆次本地）花商批购，或派员赴本省南部各产地如曲沃、洪洞、

---

① 《榆次县志·生业》，民国31年铅印本。
② 段克明：《抗日战争前太原经济概况》，《太原文史资料》第7辑，1986。
③ 《调查本路各大站商务运输情形简要报告》，《铁路月刊》正太线第1卷第2期，1931年5月。
④ 陈瑞庭：《晋华纺织厂的往昔》，《榆次文史资料》第9辑，1987。

临汾、荣河、翼城、文水、汾阳等县采办"，① 产品销量可观，获利较丰。后又不断购进新型设备，提高生产效率，"十五年添购纱机八〇〇锭，十七年添购纱机二〇〇〇〇锭，改用电气发动。十八年又增加股本为三百万元。十九年添购纱机八一四四锭。又因利用废花织成棉毯，添购织毯机四部，增设织毯厂。二十年添购合股机七五二锭，增加股本为四百万元"，营业最好时有工人3000多名。每年计产八支至三十二支棉纱30900包，总值556200元，二十支至三十二支二股及三股线900包，总值207000元。② 1929年，晋华发电厂成立，设置一部1150千瓦的发电机，供晋华纱厂内用电。晋华纱厂生产的产品除棉纱外还有棉线、棉花绒毯等。产品行销区域，"除本省各县外，以平汉铁路沿线如河北之石家庄、清苑、获鹿，及河南之郑州、许昌为大宗"。③

1924年魏榆电气厂设立，位于榆次城北门外，是宋纯如等集资5万元以股份有限公司的形式成立的。最初仅有发电机一座，1929年又添购一座，1931年续增资本5万元，共计10万元，主要用户有工厂3家、商户467家、住户174家。④ 1929年，宋纯如等召集股东100余人创建魏榆面粉股份公司，1936年前后发展到厂基7亩，房屋80幢，工人26名，煤气引擎1部，马力100匹，磨麦机3部，净麦机2部，营业颇为顺利，其"省外以石家庄销路最旺，内省销太原、阳泉等处"。⑤ 可见，铁路沿线城市的兴起、繁荣，人口的增加是面粉销量增加的主要原因。1930—1934年面粉销售情况见表5–1。

表5–1　1930—1934年魏榆面粉股份公司生产销售一览

单位：袋

年份	出产	销售	年份	出产	销售
1930	12569	6137	1933	104809	95240

---

① 《中国实业志·山西省》，第89页。
② 《中国实业志·山西省》，第89页。
③ 《中国实业志·山西省》，第89页。
④ 《中国实业志·山西省》，第89页。
⑤ 《中国实业志·山西省》，第90页。

续表

年份	出产	销售	年份	出产	销售
1931	83553	39295	1934	158575	178939
1932	68726	78143			

资料来源：《中国实业志·山西省》，第90页。

其他的机制工业还有利民染织工厂，1913年，利民染织工厂在榆次设厂，专染花色布匹，营业日渐发达。1927年，又于北门外购地建厂，面积9.77亩，房屋194幢，并置办锅炉、引擎及力织机等。1930年，又添染色机器。到1935年，共有力织机25台，人力机54台，染缸机2对等。该厂每年所需的原料除大部分由晋华纱厂供给外，还需从天津购进30包三十二支纱，从上海购进100包四十二支纱。

经过多年发展，榆次的机器工业资本达412万元，生产价值高达586万多元，这一切归根到底是由于铁路通行提供了机器工业发展所必需的便利交通，"然以交通便利之故，新兴工业勃发……或开风气之先，或树商战之略裨益社会良匪浅"，并预见"近复完成同蒲铁路，吾榆适为交会之点，倘得工业发达农商亦可随之，而日臻于盛矣"。① 可见，铁路的通行带来榆次商业前所未有的繁荣，进而推动近代机器工业的勃兴。

三 社会结构及城市空间的变动

产业结构的改变使榆次社会结构发生变动，最明显的变化是新式工商业者出现，新式工商业者多是由士绅、地主、旧式商人转化而来。如晋华纱厂的主要股东贾继英原是钱庄商人，赵鹤年原是大地主，投资创办魏榆电气厂和魏榆面粉股份公司的宋纯如也是地主士绅，义聚煤油庄的主要创办人宋继宗则是由旧式商人转化为新式商人的典型例子。1936年前，榆次的商人达到1700名左右，② 商会也应运而生，榆次商会是一种新式的资本主义性质社团组织，具有审议工商业改良及发展事项，工商业之征询及通报事项，关于国际贸易之介绍及指导事项，遇到市面恐慌，有维持及请求

---

① 《榆次县志·生计考》，民国31年铅印本。
② 《榆次市志（初稿）》之五，第10页。

地方政府维持之责任等九项职能，① 商会的成立表明榆次的商业组织和管理方式都发生了具有近代意义的变化，这些变化同该时期商业市场的扩大和市场结构的变动相呼应，共同构成了城市商业发展的全景图。

其次，商业的繁荣和机制工业的兴起需要雇用大量工人。雇用的工人多是失业破产的农民，洋货的大量涌入加速了自然经济的解体，农民纷纷破产涌入城镇，各商号的工人人数增长最为迅猛，有 3667 名之多。② 产业工人也迅速增加，工会组织相应建立，在中国早期工会组织中，铁路工会和各产业工会居于重要地位，华北地区两类工会组织的形成和演变与铁路运输关系密切。榆次的铁路工人大多为失业农民，晋华纱厂成立时也从榆次城镇、农村招收学徒 300 余人，③ 营业最佳时上升到 3000 多名工人。1926 年，纱厂的千余名工人在中国共产党的领导下，组成工会，举行了长达 40 天的罢工，迫使资方做出让步，维护了工人利益。榆次铁路工人也有一定数量，虽无确切的数字统计，但作为正太线上的头等站，榆次铁路工人人数应不在少数，1933 年同蒲铁路在榆次县城西门外设站后，铁路工人数量增长更快。民族工商业者及商会的出现、工人及工会组织的出现是榆次社会结构最突出的变化。

社会结构的改变从榆次城市空间格局的变化中也可窥见一斑。清朝末年，榆次城北门外是一片灰渣荒滩，正太铁路在榆次北门外 2 里余处设站后，鉴于运输销售之便，晋华纺纱有限公司在车站南侧设厂，利民染织公司在站东设厂，魏榆电气厂与魏榆面粉厂也紧挨铁道南侧修建。随着时间的流逝，榆次车站转运的货物及往来客商日渐增多，榆次北门外逐渐形成两条商业街，一条是栈房街，原是乘车旅客从北门到火车站走出的一条小斜道，最初建有一些临时的小客店，1914 年，原在王胡、什贴通京官道的一些客栈迁往榆次城北，开始沿斜道建起裕兴栈、大兴栈、丰州栈、中西饭店、谦义栈，随后又建成永成栈、永义栈、广利栈、天义店、亨达店等客货栈，其后几年，其他栈店也相继移迁至此，小小的斜道便因栈店而兴

---

① 侯尊五：《商会》，《榆次文史资料》第 7 辑。
② 《榆次市志（初稿）》之五，第 10 页。
③ 陈瑞庭：《晋华纺织厂的往昔》，《榆次文史资料》第 9 辑。

盛，故得名栈房街，也叫西大街。另一条是粮店街，清末，此街是通往王胡、什贴的京官道，正太铁路通车后，魏榆面粉厂与魏榆电气厂在官道东设厂，那时这条街道叫东大街。1930年，宋继宗在街南口路东兴建吉泰公粮店、吉丰厚钱庄、吉豫亨木厂等，随后，谦源升烟店、晋丰源烟店、永记烟店、德丰利粮店、德生利粮店、利晋染布公司、晋兴泰粮店相继建立。1931年后，原在乡镇的一些商号陆续迁来，粮店街路东又先后出现晋吉煤店、万升粮店、复兴厚粮店、吉履亨粮店等店铺。由于此街主要是粮业兴集之地，距火车站又较近，粮业客商不仅起运货物方便，而且居住客栈又近，因此外来客商日渐增多，每日人来车往，络绎不绝，商号门庭若市，久之得名粮店街。[①]

由此，北门外逐渐形成一片新兴工商业区，从事工商业的人多聚集于此，从城市的空间格局来看，"子母城"城市格局形成，老城"城堞整齐，周六里，作方形，为门四，高三丈六尺。南关外有外城，作半规形……周六百七十三丈，高三丈，为门三"，[②] 老城里有传统的行政机构，依然主要行使政治功能；新城则依铁道而建，呈现不规则形，生机勃勃，经济功能突出。榆次的经济重心也随之北移，光绪年间的榆次闹市，主要在南关的商阁以北至南门里，稍后，一些大商户坐落在富户街，1927年后，铺面发展到北大街，1930年，在北门外树林街开辟中山市场，为小商贩交易市场。[③] 此时的北大街与北门外的东、西大街成为新的工商业中心，原先的商业区逐渐衰落。

榆次的城乡结构也发生近代转变。城乡间不仅人员流动频繁，而且经济联系日益紧密。铁路通行后，机制工业品首先涌入铁路沿线的农村，榆次的传统手工业迅速衰落，同时，为适应城市工业对于原料的大量需求，农产品商品化程度明显提高，杂粮每年销往石家庄8万余石，黄米每年有5万余石销往石家庄，黑豆每年有2万余石销往石家庄。[④] 棉花的商业化种

[①] 侯尊五：《两条商业名街》，《榆次文史资料》第7辑。
[②] 白眉初：《中华民国省区全志》第2卷《山西省志》，第24页。
[③] 侯尊五：《榆次商业闹市的变迁》，《榆次文史资料》第7辑。
[④] 《山西大观》，第61页。

植也颇为可观，榆次"向不种棉"，①1932年种植面积仅945亩，到1933年增至1834亩，产量为55760斤，种植户数1658户，1934年，种植面积一跃至5928亩，产量为181364斤，种植户数有2023户，②棉花多供给晋华纱厂。由这一时期的市集所呈现出的专业化、规模大、交易次数多的特征，也可窥见城乡经济交流的繁盛情况。榆次的市集多在城关，其中城隍庙会最为著名，"万商云集，经月不散"，"各商终岁所售之品均赖榆会购入"，③其余的市集分布在榆次的14个镇上，1936年前后的北田镇逢单日赶集，商店有28家，赶集的有1600多人，位于榆次东北门户的什贴镇赶庙会时，"太原、寿阳和榆次城的客商云集，远至河北、阳泉、盂县等地的粮食和农副产品均来这里集散，市场甚是繁荣"。④城乡之间这种相互制约、相互依存的结构有助于进一步加深对铁路与区域近代化之间关系的认识。

第二节 太原：全省经济中心地位的确立

铁路通行前，太原地理位置就相当优越，陆路四通八达，扼全省之中枢，也是九边重镇之一，自古便是山西的政治军事中心。但尴尬的是，其"虽居省会要地，然商务未兴，户口不繁"。⑤山西的商业中心长期为太谷、平遥等晋中各县，太原的商品批发业务均由太谷、平遥商号设在太原的分号经营，这一状况直到正太铁路通行后才有所改变。虽"正太路上最重要之转运站并非阳曲，而为榆次"，⑥但太原作为正太铁路之尾闾，也呈日渐繁荣的态势，甚至有取代太谷的趋向。特别是同蒲铁路通行后，作为同蒲铁路的中心，太原不仅近代商业得到长足进步，金融业的中心地位也取平遥、太谷而代之，同时在政府政策的加持下，进一步巩固了山西工业基地

---

① 《榆次县志·生计考》，民国31年铅印本。
② 《山西大观》，第62页。
③ 《榆次县志·生计考》，民国31年铅印本。
④ 山西省榆次市志编纂委员会编《榆次市志》，中华书局，1996，第518—521页。
⑤ 马仲达：《三十年来太原街衢之变迁》，《三十年来之山西——晋阳日报三十周年纪念册》（1936年），山西省档案馆藏，档案号：阎政字4号。
⑥ 《大潼铁路沿线经济概况》，《铁路杂志》第1卷第4期，1935年9月。

的地位。

一 近代商业逐渐兴盛

正太铁路通车后，太原同北京、天津、汉口等地的交通较前更为方便。

首先是商品往来日渐增多，交易量、交易额巨大。白眉初在《中华民国省区全志》中对此有详细的描述：太原"进口货以布匹、纸烟、杂货为大宗，绸缎、瓷漆器皿次之，布匹如洋布自太谷输入，花布自直隶、南宫、行唐等处输入，纸烟自天津输入，以英美公司居多，南洋公司近亦渐次推销，杂货、华洋京货、广货等均有，如海味、药材、肥皂、煤油、火柴（火柴本城亦有制造厂）、五金、毛织各物，日用所需，行销尚广，绸缎自沪、宁输入，瓷漆器皿等自津汉输入，各货销路本城以外，以北路忻代各县稍多，若晋南则以太谷为货物集散之区矣。出口货以杂粮、生铁、汾酒为大宗，硫磺、硝炭、木材、葡萄等次之，各货出口均由正太路至石家庄，分销于直隶各境，尤以京津居多"。①

由于"地处全省中心，产业非常发达，购销两旺，销往外地的产品大大超过由外地运进的产品，以1935年的统计为例，外销和外购总额为2637101元，其中外销额为1816193元，外购额为820908元，出超达995285元"。②

其次是商业种类丰富，逐渐由传统商业类型向近代商业类型转化。太原在明代是九边重镇之一，政府在此增加军备，扩建城池，商业逐渐兴起，当时的大南关商行鳞次栉比。时至清代，商业较以往又有发展，形成多条专业街巷，如剪子巷、靴巷、帽儿巷、酱园巷、柴市巷、牛肉巷、馒头巷、豆芽巷、米市街、估衣街、麻市街等，封建性的行会也应运而生，如粮行、油面行、布行、药行、干菜行、酒行、鞋帽行、典当行、杂货行、银钱行等，统称"十大行"。③铁路通行后，商业种类更加丰富多样，比较典型的有三种。

---

① 白眉初：《中华民国省区全志》第2卷《山西省志》，第245页。
② 《山西大观》，第40页。
③ 任步奎：《解放前的太原商业》，《太原文史资料》第7辑。

第一种是洋货业。开埠通商后，洋货由沿海逐渐渗透至内地，但因为交通不便，数量不大。太原商业主要经营国货，"在过去三十年初期，本省因僻处内地，且其时交通尚未发达，外货竞争之力，尚不显著，而人民服用外货之心理，尚未养成，故其时本省商人所贩运者，国货实居其大部，如贩绸缎于苏杭，贩茶糖于汉口，贩葛布于四川，贩棉布于直隶，贩其他杂货于山东周村，转而贱贩贵售，又将此种货物，售于新甘内外蒙等处，故□□所陈列者，除少数京广杂货外，大都为干菜、纸张、绸缎、棉布，即其时有从天津上海贩运所谓洋货者，亦仅市布、洋缎、粗洋布、斜纹布而已，固无所谓今日洋货庄所售之各种奢侈品也"。① 铁路的通行将山西这一内陆省份与沿海商埠日益紧密地联系在一起，大大地便利了洋货的大规模倾销，当时的洋货行成为太原市场上最活跃的行业。所售商品有来自日英美的棉制品，有来自日本的玻璃及电灯用具等各种洋货，除此之外，经由铁路运来的石油不下 17 车皮。

第二种是堆栈业。频繁的商品交易、巨大的交易量进一步催生了堆栈业。兴顺利、元盛栈、庆泰裕是太原的三家堆栈，兼营转运，主要业务是向正太铁路租定堆栈，代客存放并转运货物。《中国实业志》记载："正太铁路太原站共有十号货栈，其中元盛栈租有第一、第二、第六等三号，庆泰裕租有第三号，兴顺利租有第八号，其余则由营记火油公司、详记公司、义聚公司、晋丰公司、保晋公司分别各租一号。堆存之货，按各栈转运之货而不同，元盛栈为粮食及五金；庆泰裕为花布、杂货、杂油、铁货、火柴、芦盐、花生、糠皮、木料、杂粮、硫磺等；兴顺利有粮食及煤两种。"②

第三种是经营农产品等原料的商业，主要有粮店。太原是山西粮食消费量最大的市场，粮食商业有两种，一是米粟业，称粮行；一是小粜米业。前者以代客买卖、整批进出为主，自行买卖为辅；后者系门柜零售粮食，由粮行购进，再零散售出。传统的粮行一般是依靠贱买贵卖获取利

---

① 张之杰：《三十年来山西之经济》，《三十年来之山西——晋阳日报三十周年纪念册》（1936 年），山西省档案馆藏，档案号：阎政字 4 号。
② 《中国实业志·山西省》，第 37 页。

润，销售对象也主要是城市居民。铁路通行后，新式面粉工业出现，以及一些新式工业城市崛起，成为太原粮食的又一去处，粮商每年销售粮食总额约 15 万石，其中 1/3 转售于米面店，1/3 运售外县及外省，1/6 直接售于民户，1/6 售于面粉公司。① 直接或间接地为城市的工业发展之用或出口国外，这是太原粮食商业融入近代化经济体系的明显特征。同蒲铁路通行后，粮食商业的发展更为迅速。临汾以南的小麦、大同附近的莜麦及小杂粮，源源涌入太原。太原外销粮食也进一步增多，石家庄、获鹿、高邑、正定、定州、京津等地的商人纷纷来太原从事粮食商业。

表 5-2 统计了 1929 年太原工商业的情况。

表 5-2　1929 年底太原工商业统计

单位：户

业别	肉业	鲜菜	牛奶业	干菜	面业	烟业	油酒业	米粟业	茶业	服装业	洗染业
户数	52	40	6	20	121	51	56	51	17	28	103
业别	金珠业	皮毛业	纺织业	缝纫业	鞋帽业	布业	绸缎业	饭业	糖业	燃料	芦竹业
户数	42	15	48	178	78	64	11	159	26	9	30
业别	书纸印刷	裱画业	雕刻业	古玩	娱乐	津货业	瓷器业	杂货业	铁工业	五金	钟表眼镜
户数	88	29	33	16	5	89	16	356	125	33	16
业别	赁货业	料器业	修理业	医药业	镶牙业	澡堂业	理发业	钱业	当业	广告业	照相业
户数	9	7	62	109	9	16	56	57	12	1	5
业别	运输业	栈业	其他	总计							
户数	24	154	92	2624							

资料来源：任步魁《太原商会史略》，《山西文史资料》第 63 辑，1989。

由表 5-2 可知，太原的商户达 2000 多户，虽然与榆次商业相比较，太原的商户以门市售货供本地消费为主，主要商业为津货业、米粟业、栈业等，但商业的近代化因素仍然比较明显。时人预测："太原必将取代太谷作为商业发展的中心，在政治形势和军事形势的配合下，太原必将获得

---

① 刘容亭：《太原市粮商调查之研究》，《新农村》第 3、4 期，1933 年 9 月。

全面的发展。"①

二　金融中心地位的确立

山西的金融中心原是平遥、太谷等地。民国以后，太原的金融势力迅速增强，取代平祁太成为山西的金融中心。抗战前，太原的金融业中，资力以银号为最大，银号有晋绥地方铁路银号，是直接因同蒲铁路而成立的。兴建同蒲铁路时，因为工程艰巨，开支浩繁，阎锡山决定专设一个金融机构发行纸币，"1934 年 7 月 1 日，晋绥地方铁路银号正式开业，1934 年 4 月在天津设立办事处，此后，又分别在榆次、平遥、洪洞、运城、忻县、交城、郑州、西安设立分号，在新绛、汾阳、宁武、上海设立办事处。铁路银号的主要任务是代理同蒲铁路金库，凡铁路收支款项须经过该号过拨，铁路收入的客运货款，逐日由小站集中到大站，送存当地铁路银号，开支时，再由银号支付。此外，铁路银号还负责发行兑换券（纸币），吸收建设公债，以扶助同蒲铁路的建设。至于其他业务，与一般银行所经营者相通"。② 其余实力较强的还有绥西垦业银号、晋北盐业银号等 17 家，占全部运用资力的 53.6%。这一时期的银号与清时的银号最大不同在于通汇地点有所改变，这时的银号及钱庄通汇地点以外省为主，占 95.42%，且汇兑以通商口岸天津为总枢，全年汇额占总量的 85.61%。与此同时，新兴的银行业也开始出现，占全部运用资力的 31.1%。清末，太原只有大清银行一家，1913 年大清银行改名为中国银行，设分行于太原，1923 年改为支行，全年汇兑以天津为主要通汇地点。另一家银行为山西省银行，是 1919 年由官钱局改组而成的，资本额定 300 万元，代理省库金，发行代兑券。其余的金融机构还有钱庄 19 家，当铺 9 家，质铺 7 家。可以明显看出，太原金融业在民国年间迅速发展壮大，时人曾言："与其谓为全省商业之门户，毋宁谓为全省金融之总枢。"③

---

① 《中国分省全志·山西省志》（1920 年），第 405 页。
② 米量轩、曲宪南：《晋绥地方铁路银号始末》，《山西文史资料》第 16 辑，1981。
③ 《中国实业志·山西省》，第 31 页。

三 新式工业尤其是重工业发展迅速

太原传统手工业比较发达，有针织业、毛巾业、丝线业、面粉业、酿酒业、皮革业、榨油业、木器业等。但由于地处内陆，交通闭塞，经济落后，近代工业发展迟滞。与其他地区近代工业不同的是，山西的近代工业是从官办工业起步的。1884 年，山西巡抚张之洞在太原创办了新药局，山西的新式工业由此发端。1892 年山西火柴局创立，1894 年山西招商局创设，1895 年成立山西工艺局，1898 年山西机器局设立，19 世纪最后这二十年是山西近代工业的萌芽和初创期，同时带有鲜明的政府主导特点。20 世纪初，铁路的通车运营给了新式工业发展的绝佳机会。太原是正太铁路与同蒲铁路的交会站，交通的便利为新式工业提供了原料供应、商品销售必不可少的运输条件。

首先表现为私营工业开始出现，并逐渐显现出旺盛的生命力（见表 5-3）。

表 5-3 1911—1930 年太原私营工业一览

单位：万元

创建时间	厂名	资金	产品及数量
1911 年	晋丰面粉公司公记	100	年产面粉 75 万袋
1930 年	晋华卷烟厂	120	年产卷烟 9000 余箱（每箱 5 万支）
	山西第一女子职业工厂	5	随时承制军装
1929 年	山西第二女子职业工厂	5	年产各种布匹呢料 4 万余匹
1913 年	平民工厂	5	年产各种布匹、呢料 2000 余匹，提花毯 1 万余块，线袜 5000 余打，时鞋、毛巾等 9000 对（打）
创办于光绪三十四年，1923 年由新记接办	新记电灯公司	65.5	年产面粉 25000 余袋
	附设面粉厂		
1928 年	晋生织染厂	72.3	年产布 13 万余匹
	晋恒造纸厂	50	年产纸 3 万连（每连 500 张）
1928 年	华北制绒厂	8	年产俄式毛毯 300 余块

续表

创建时间	厂名	资金	产品及数量
	晋兴书社印刷厂	3	随时承印（未能予定）
	范华印刷厂	2.5	随时承印（未能予定）
	骏兴印刷厂	1	随时承印（未能予定）
	太行料器厂	1	日产玻璃器皿 500 余件
	丰泽汽水公司	1.1	年产汽水 7000 余打

资料来源：山西民社编《太原指南》，北平民社，1935，第 11 页。

除了表 5-3 统计的轻工业之外，还有西山附近的煤炭工业，以及机械铁工业，如 1912 年创立的方顺铁工厂，1916 年创立的太原义成铁工厂、振元铁工厂以及 1918 年开办的华盛铁工厂等。但总体来看，这一时期太原私营工业的工业化水平较低。

其次，在政府主导下，国营工业迅速崛起。1932 年 3 月 1 日，阎锡山在向国民政府递交的《请政府及时确定十年自强计划案》中讲道："远自'九一八'事变以后，国家即陷于严重的国难当中……如果今日仍然没有确实自强的计划，实不足以言救亡图存，因此我曾向中央四届一中全会，提出中国自强计划案，并本此编订本省十年建设计划案。这个计划案中规定有发展公营事业一项，因为要从事建设，非从公营事业着手，则很难成功。西北实业公司的成立，就是这个计划实施的一部分。"①"自强计划案"中不仅提出"自强救国"的主张，强调其必要性，还确定重点是"经济建设"。另一方面，阎锡山从自己政治生涯的起落中深切感受到要想巩固统治非拥有经济实力不可，"统是看经济上有无办法以为断"。②

1933 年 8 月 1 日，西北实业公司正式成立。创业初始，设立四个组，特产组有西北贸易商行、天镇特产经营厂、河东联运营业所，纺织组有西北毛织厂，矿业组有西北煤矿第一厂、西北炼钢厂、西河口铁矿采矿处、静乐锰矿采矿处、宁武铁矿采矿处，化工组有西北窑厂、西北洋灰厂、西

---

① 阎锡山：《创刊词》，《西北实业月刊》第 1 卷第 1 期，1946 年。
② 徐崇寿：《西北实业公司创办纪实》，《山西文史资料全编》第 5 卷，山西文史资料编辑部，1999，第 1271 页。

北皮革制作厂、西北印刷厂、西北制纸厂、西北火柴厂、西北电化厂等，资本金共计1600万元。由于西北各厂和建设同蒲铁路需要大量的机器设备和备件，必须尽快自制民用社会产品，因此阎锡山在1934年9月1日将壬申制造厂（太原兵工厂）取消，改组为9个厂，将为兵工厂服务的壬申化学厂（山西火药厂）和育才炼钢机器厂等11个工厂，也划归西北实业公司，并在公司内设立了机器厂管理处统辖。

公营工业虽然在很大程度上由政府主导，但同铁路关系殊为密切。同蒲铁路的修建本身就是省政十年建设计划案中的重要组成部分，没有同蒲铁路，西北实业公司无法正常运转。

西北实业公司对太原以及山西的工业发展起到相当大的促进作用，山西的基础工业以及太原的军事工业、钢铁工业、燃料工业、电力工业、机械工业、化学工业、建材工业、纺织工业和造纸、卷烟、火柴、皮革、面粉等轻工业，都是在这一时期成立和成长起来的，太原也由此一跃成为华北的工业重镇。

四　人口结构及城市空间的演变

近代工商业的发展吸引外地及周边农村人口纷纷来此经商做工，人口急剧增长，特别是从事工商业者增长快速。光绪二十六年，太原城四关之内共有3万人，清末已发展到5万人，[①] 1937年人口发展到13万多人，"太原城内及各关，共有二万三千九百五十户，内有：住户二万〇六百七十六户，商户二千八百七十三户。公共处所四百〇一处……全市人口一十三万六千一百七十九人"。[②] 其中，职业人口占全部人口的六成，职业以工商为最多，占全体职业人口的40%多。[③] 工商业人口当中，商人居多。1907年2月，在正太街北侧设立太原商务总会，参加商会的会员共有561户。1913年，会员增至778户。1916年，太原商务总会奉令更名为"太原总商会"，渠本澄当选第一届会长，鲁奎儒为副会长，商会成立后对同业

---

① 段克明：《抗日战争前太原经济概况》，《太原文史资料》第7辑。
② 《太原指南》，第1—2页。
③ 段克明：《抗日战争前太原经济概况》，《太原文史资料》第7辑。

公会进行整顿，促令各商号按行加入同业公会（见表5-4）。①

表 5-4 1931 年 8 月太原同业公会名称

单位：户

公会名称	主席	会员数	公会名称	主席	会员数
钱业公会	郝清照	46	古玩业公会	孙官全	32
当业公会	齐甸	11	杂货业公会	李玉善	49
米粟业公会	方有渚	57	酒业公会	安枢垣	18
金珠业公会	王敬	15	油业公会	李明亮	29
绸缎业公会	王肇泰	8	面业公会	王广贵	125
津货业公会	李兰芳	52	布业公会	孙廷宪	64
书纸业公会	胥心一	54	木业公会	李庚玉	54
干菜业公会	祁桧年	21	烟业公会	张廷镛	17
汽车业公会	傅存怀	8	菜业公会	王俊	34
估衣业公会	张琦	31	纸烟业公会	贾蕴高	42
靴鞋业公会	荣兆春	28			

资料来源：任步魁《太原商会史略》，《山西文史资料》第 63 辑。

铁路通行前，太原的作坊居多，机制工业较少，机器工业资本仅有 390 万余元，生产价值 400 万余元，② 但 1931 年后，阎锡山实施"山西省政十年建设计划"，在太原创建西北实业公司，建立了一批军用、民用工业，机制工业猛增至 37 家，太原机器工业这才得以飞速发展。太原从事近代机器工业的人数剧增，仅西北实业公司就有工人 6505 名，职员 992 名。铁路工人也为数不少，1937 年前，正太铁路总工会有 3 个分事务所。第一分事务所在阳泉，第二分事务所在太原，有会员 420 人，全路 2226 名会员中，除 904 人直属阳泉、太原分事务所外，其余 1322 人直属总工会。③ 工会成立后，铁路工人政治热情高涨，积极参加了正太铁路工人大罢工。

近代太原城市格局是在明清太原城的基础上发展而来的。万历《太原府志》记载："太原府城，宋太平兴国七年筑，偏于西南，国朝洪武九年，

---

① 任步魁：《太原商会史略》，《山西文史资料》第 63 辑。
② 《大潼铁路沿线经济概况》，《铁路杂志》第 1 卷第 2 期，1935 年 7 月。
③ 《最近两年来各地工会概况》，《劳工月刊》第 3 卷第 5 期，1934 年 5 月 1 日。

第五章　近代交通体系与城镇变迁

永平侯谢成，因旧城展筑东、南、北三面，周二十四里，高三丈五尺，外包以砖，池深三丈，门八，东曰宜春、曰迎晖；南曰迎泽、曰承恩；西曰阜城、曰振武；北曰镇远、曰拱极。"[1] 除了主城之外，太原还有南关城、北关城、新堡三座关城。新堡在北关城之西，建于嘉靖年间，主要用于驻扎太原营的士卒。总体来看，太原是一个方形轮廓的城市。

近代以来，太原城门的名称变化较大。道光年间，太原居民对原来各城门按照东南西北的方向改称为大东门、小东门、大南门、小南门、水西门、旱西门、大北门、小北门。民国时期，太原的城门名称又有变化。《阎锡山统治山西史实》记载："当姚以价率领的起义军到达新南门时，清道队长杨沛霖率领该队在城内响应，夺开城门，起义军顺利地进入了城内。革命成功后，将新南门改称为'首义门'，以资纪念。"[2] 由此可以推知，小南门在清末被重新修筑之后，可能一度被称为新南门，而辛亥革命之后，才又改名为首义门。

太原城内主要有6条大街，分别是大北门街"涂容四轨"、大南门"涂容四轨"、新南门"涂容二轨"、旱西门"涂容四轨"、水西门"涂容四轨"、大东门"涂容二轨"。[3] 以这几条城门大街为主干，辅之以次一级的城内交通道路，太原城被分割为一个一个的坊区。鼓楼位于太原的西南部，鼓楼以南直到大南关一带交通便利，是太原商业最发达的地方。《太原文史资料》记载："当时大南关建筑栉比，商业棋布，古人曾用'蔽天光、发地脉'来形容盛况。"[4] 太原钟楼以北地区，地势高，位置居中，是行政机关所在地，山西巡抚衙门、太原府衙门、阳曲县衙门全都集聚于此。清代，太原还驻扎有大量的绿营兵、八旗兵。八旗士兵原来驻扎在太原西南的满城内，后因这里地势低洼，饱受水患之苦，山西巡抚刚毅在太原城的东南角高亢之地另筑新城供八旗兵居住。"光绪十二年七月，城

---

[1] 万历《太原府志》卷5《城池》。
[2] 山西省政协文史资料研究委员会：《阎锡山统治山西史实》，山西人民出版社，1981，第19页。
[3] 道光《阳曲县志》卷3《建置图·街巷图》。
[4] 任步奎：《解放前的太原商业》，《太原文史资料》第7辑，第124页。

（满洲城）为水毁。明年，巡抚刚毅奏请于城东南隅别建新城。"① 太原东北部原明代晋王府一带是太原另一个驻军较多的地区。进入民国后，山西军队仍主要驻扎在太原东北地区。

近代以来，商业区逐渐由大南关、南市街一线向东扩张。1921 年开化市建成后，成为太原市最热闹的市场。钟楼街、柳巷、桥头街一带的成衣店、照相馆、鞋帽庄相继开设，房价日益昂贵，几有寸土寸金之势。格局变化最大的当数城关，铁路通行后，城市的发展逐渐突破了城墙的限制，由于正太车站设在承恩门（首义门）外，太原的南关地区很快成为一个蓬勃发展的新区。到 1935 年，太原南关城、北关城、新堡在街巷图中都消失不见，南关和北关取而代之。正太车站附近"渐次增筑房屋不少，今之正太街、桥东街、老官房，及城东之东官房、扶轮学校等地，皆因铁路之关系而建设者，此外新建者，有新民中学校，新中里及晋丰面粉公司，晋华卷烟公司等……首义关街之西，近年新建筑者如晋南晋西汽车站，近年新辟之街，如新南各条及自新各条，则辟满洲坟附近之地而增修者也"。② 另外，"小东门外，当同蒲路未开工时，尚属满目荒芜，近则车站一带，新建筑日渐增多，又拆毁瓮城之一部，修筑马路，直达城中，至于门内小东门街一带，路北现为同蒲铁路管理处所占，南则汽车修理厂及汽车管理股。其西向为汽车队所阻，不与坝陵南街相连。近因同蒲路旅客日多，汽车队之前后两门大启，则东西一往无阻矣"。③

大北门外及小北门外的气象也焕然一新。太原大北门外人口稀少、地方空旷，便于建立规模较大的现代工厂。再者，工业原料主要来自太原北部的晋北地区，工厂设立于此，能够较方便地从太原北面的其他地方获得煤炭、钢铁等原料。"当清末时，大北门外之新建筑，只有机器局……自民国八年后，晋北汽路修通，又启小北门，尔后新厂之增筑，远及沙河以北，旁近住户商号，亦历年增加，以中马路及兵工路一带为最繁盛。城东

---

① 光绪《山西通志》卷 23《府州厅县考一》。
② 马仲达：《三十年来太原街衢之变迁》，《三十年来之山西——晋阳日报三十周年纪念册》（1936 年），山西省档案馆藏，档案号：阎政字 4 号。
③ 马仲达：《三十年来太原街衢之变迁》，《三十年来之山西——晋阳日报三十周年纪念册》（1936 年），山西省档案馆藏，档案号：阎政字 4 号。

北附近，近年增修者有西北毛织厂、西北皮革厂，及西北煤矿第一煤厂，而最近修筑之同蒲铁路西山支线，则沿北城墙而东西直贯者也。"①

除了一些工厂、公司纷纷在城关设立外，首义街、正太街的旅客栈、堆栈、饭店也陆续发展起来，较为有名的有正太饭店、山西大饭店，"现有王永德君于东门外火车站附近新筑一山西大饭店，房屋宽敞洁净，为正大晋谷香两家所远不能及，并有五层洋楼，尤为高爽"。② 原先偏僻荒凉的城关变成了工商业繁荣之地，"逮三十三年正太铁路通车……而后太原城内，人口渐繁，商务渐盛，街衢日辟，建筑日增，于是向之丸跻之场，沮洳之地，今则峻宇朱门，鳞次栉比矣"。③ 民风民俗也因之有了潜移默化的改变，"惟自正太铁路通行后，交通便利，风气渐开，太原市以及繁复各县，昔日简朴之习俗，渐染奢靡之时尚"。④

相比南北关的飞快发展，西关濒汾河，地势低且潮湿，东关近高坡，地势高且空间狭小，东关和西关受地形所限发展缓慢。

第三节　阳泉：新兴矿业城镇的崛起

如今的阳泉是山西省东部地区政治、经济、教育、文化中心，是我国重要的能源重化工基地。全市面积4152平方公里，境内矿藏资源丰富，素有"煤铁之乡"的美誉，现辖城、矿、郊三区和平定县、盂县，总人口116万人。但在1907年正太铁路通行前，阳泉不过是个名叫"沙江口"的荒野河滩，除了几个泥棚小饭铺之外，都是耕地，大部属于小阳泉村，小部属于义井村，其余就是沙石累累的河滩。正太铁路竣工通车后，"从河北省进入晋东门户娘子关，逆桃河西进，东西横穿平定县境，东从程家、

---

① 马仲达：《三十年来太原街衢之变迁》，《三十年来之山西——晋阳日报三十周年纪念册》（1936年），山西省档案馆藏，档案号：阎政字4号。
② 《宏大之山西饭店》，《中外经济周刊》第126号，1925年8月22日。
③ 马仲达：《三十年来太原街衢之变迁》，《三十年来之山西——晋阳日报三十周年纪念册》（1936年），山西省档案馆藏，档案号：阎政字4号。
④ 王肇泰：《三十年来山西之商业之概况》，《三十年来之山西——晋阳日报三十周年纪念册》（1936年），山西省档案馆藏，档案号：阎政字4号。

盘石、岩会到阳泉,西经测石、晓庄达寿阳"。① 这里的火车站叫阳泉站,以站命地,便把"沙江口"也叫成阳泉了。② 阳泉东至石家庄、西至太原乘火车约4小时可到,到石家庄后可通过京汉铁路连接平津,远达东北、中原地区。此后,阳泉的命运开始发生翻天覆地的变化。

一 新式工矿业的建立

阳泉煤炭资源非常丰富,正太铁路就是为了便利阳泉附近煤炭的外运而修建的。铁路通行后,阳泉煤矿业获得极大发展。那时阳泉一带,煤田达60平方里,有120余家矿厂,其中经正太铁路转运者有40余家。采用新法、安设机械开采者有保晋、建昌、广懋、平记、中孚、富昌等6家。机械化程度较低、仅设锅炉水泵者有晋华、久孚、平顺、中兴、济生、阜聚、金顺、晋祥、大兴、义立、永兴等11家,其余20余家皆小煤窑。全年产量总额可达80万吨,工人多达5000余名。

其中规模最大的是于1907年成立的保晋矿务公司,保晋阳泉分公司共有6个矿厂,先后修建了新的矿井并使用机器生产。同时,各矿厂十分重视改变以往落后的畜力运输,积极铺设井口至火车站的道岔或轻便铁路,第一、二、三、四矿厂就先后铺设了轻轨和道岔,而第五、六矿厂因无轨道之便,只能由骡马运输至火车站,运费高昂,不堪承受,先后于1927年和1932年停办。从表5-5中可见每年由阳泉站输出煤炭的大概情形。

表5-5 1931—1934年保晋矿务公司的煤运情况

单位:吨

路别	发站名	1931年	1932年	1933年	1934年
正太铁路	阳泉	475200	753167	571450	752042
	赛鱼	150000		131167	

资料来源:侯德封编《中国矿业纪要》第5次,第79页。

---

① 任瑞祥:《阳泉站》,《平定文史资料》第1辑,1985,第18页。
② 杨子仪:《阳泉历史沿革》,《阳泉文史资料》第1辑,1984。

第五章　近代交通体系与城镇变迁

近代煤矿业在第四章中有详细介绍，在此不赘述。

随着近代煤矿业的出现，新式铁业也在阳泉建立。山西的铁矿储量丰富且品质极佳，"山西五金各矿，可与煤并列者，为铁矿"。境内主要有三大矿区，一是省东南地区（晋城附近），该地区拥有丰富的铁矿资源，铁冶工业历史悠久且发达，传统手工制铁产品畅销海内外。二是省东部地区（平定附近），此地铁矿蕴藏也极为丰富且品质极佳，"可制良钢，且较通用之钢铁更高。此亦足见山西铁矿质之一斑"。[1] 另外省西南地区也盛产铁矿。总之，山西传统的铁业相当发达，"（山西的）铁矿处无烟煤极多，由之就地取材，遂成为特别冶铁方法。故当南方铁业衰落，山西铁业遂代之而兴。直到 19 世纪之中叶，以一隅之地竟足以供给全国且其行销远及欧洲。以前中国言铁矿者，必以山西为首屈一指"。[2]

开埠通商后，洋铁的大量涌入对山西铁业冲击巨大，但由于各种因素的制约，近代钢铁工业还是未能在山西产生，这一局面直到正太铁路通行后才得以改变。正太铁路为平定铁业的运输提供了便利，也为平定新式铁工业的兴起提供了机会。1917 年，保晋矿务公司设立阳泉铁厂，建成西式五吨制熟铁炉与十吨打条铁炉各一座，是为山西近代第一座民族冶金厂，资本额为 70 万元，招雇 200 余名工人。1926 年，第一座高炉试验成功，此为山西省高炉生铁冶炼的发端，铁厂"开炉试炼，尚属合用，因复建同式制熟铁炉四座，和前共计五炉，每日能共制熟铁十五六吨"，[3] 后又经过四次大修，日产量增长至 35 吨，年产量在 4000 吨至 5000 吨之间，1926 年至 1937 年，生铁总产量达到 4.89 万吨。全面抗战爆发前夕，阳泉铁厂已发展为一座拥有职工 753 名、机床 30 台、熔炉 2 座、发电机 4 台、热风炉 4 部、锅炉 2 具的现代化铁厂。铁厂还建有通往车站的索道，"凡铁厂所产之铁货火砖，及由阳泉站运来之大砟焦炭等，均经索道收发"。[4] 此外，铁路以北还有炼铁炉 972 座，多土法炼铁，产品均由阳泉站运出。表 5-6 为阳泉铁厂的生产统计。

---

[1] 新常富：《晋矿》，第 91 页。
[2] 实业部中国经济年鉴编纂委员会编《中国经济年鉴》，商务印书馆，1934，第 110 页。
[3] 虞和寅：《平定阳泉附近保晋煤矿报告》，第 99 页。
[4] 王德森：《平定铁业》，《矿业周报》第 60 号，1929 年 8 月 28 日。

表 5–6　1926—1937 年阳泉铁厂生产统计

单位：吨

年份	产量	实际生产时间	大致平均日产
1926	1600	五个月	10.6
1927	4000	一年	11.0
1928	4814	一年	13.2
1929	2838	七个月	13.3
1930	3618	八个月	14.8
1931	5212	一年	14.3
1932	420	一个月	13.0
1933	5180	九个月	18.9
1934	4390	七个月	20.6
1935	5072	八个月	20.8
1936	5153	八个月	21.1
1937	6610	十个月	21.7

资料来源：刘佩乙《阳钢史话》，《阳泉市方志通讯》1985 年第 2 期。

1923 年后，随着井陉、阳泉煤矿以及石家庄、郑州纺织业、轻工业使用机器设备逐渐增多，阳泉铁厂又成为各大城市工矿机械设备的生产和维修中心。"据 1920 年调查统计，保晋公司阳泉矿厂有矿车 221 辆，均为保晋公司机器工厂所造，1921 年之后，保晋公司阳泉铁厂修械厂开始批量生产矿车，矿车为铁车、铁架车、四角铁木混合车和平板车等等，1937 年，保晋公司阳泉各矿有矿车 1543 辆，皆为保晋铁厂修械厂所制造。此外，绞车、水泵、电动起重机、弹花机等也是修械厂的主要产品，1920 年，保晋铁厂修械厂制造弹花机和织布机，产品销往汉口、保定和本省晋南等地。1921 年，保晋铁厂修械厂生产斜坡电动起重机，为本境起重机械制造之始。1924 年，保晋公司阳泉修械厂生产出本境第一部蒸汽绞车，当时这种绞车不仅在阳泉各煤炭各矿厂广泛使用，而且还远销华北地区，1937 年，保晋公司阳泉修械厂开始生产电动绞车；同年，保晋铁厂修械厂所产水泵 43 台，功率为 156.5 千瓦，占到保晋公司煤矿水泵总功率的 57%。"[①] 另

[①] 陈霈、孟宏儒主编《阳泉市志》上册，当代中国出版社，1998，第 506、508 页。

外，正太铁路还在阳泉设立修理厂，拥有 16 马力蒸汽机一台。

1918 年，阳泉还拥有了电力工业，保晋矿务公司燕子沟煤矿安装了 1 台 1.9 千瓦发电机，用于井下照明，成为境内最早的工业电源。电灯处安装有 2 台 120 马力发电机，所发之电除供本厂使用外，还为站上（今阳泉火车站周围）街巷、商店、居民提供照明。① 1925 年，在铁厂内开办电瓷耐火材料厂，最初为试验陶瓷，后来改产耐火砖，并且生产电瓷，是保晋铁厂的附设机构。

二 商业的兴盛

清末民初，阳泉境内有两个商业网络，一是以平定县城为中心，二是以盂县城为中心。组织形式有私人独资、合资两种，经营方式有坐商、摊贩、货郎担三种。正太铁路在阳泉设立火车站后，随着交通运输和采掘冶炼业的发展，阳泉一跃成为晋东重要的煤炭、铁业、盐业的集散中心，阳泉的商业很快蓬勃兴起。

第一个兴起的是煤栈业。在 1926 年以前，煤栈年有增加，最多时可达 60 余家。②

第二是铁业批发商。"自正太铁路通车以来，山西铁业，遂以阳泉为聚集之所，平均每年恒有数十万元之收入"，③ 平定铁业呈蒸蒸日上之势，并逐渐取代了晋城铁业在山西的统治地位，"平各属，向以铸造铁锅等类为大宗，在昔销路，亦颇为可观，但不如近日之盛"。④ 由此，车站附近也兴起了一批铁业批发商，主要有 7 户，其中信誉最佳、生意最好的是积庆栈及德义栈两家。

第三，阳泉还是晋东食盐的集散市场。"每年由平汉铁路转正太线运到阳泉的食盐有 5000 多吨，全年统计纯赢利 8 万银元，销售地区为晋东各县。阳泉境内经营盐业的公司有久大精盐公司，此公司是天津总公司分设在上站西大街专卖精盐和海盐的分公司。此外，还有裕晋公盐店、惠通盐

---

① 陈霈、孟宏儒主编《阳泉市志》上册，第 444 页。
② 《山西阳泉煤矿请减晋煤运费》，《矿业周报》第 269 号，1934 年 1 月 7 日。
③ 《山西铁业》，《矿业周报》第 43 号，1929 年 2 月 14 日。
④ 《山西铁业》，《矿业周报》第 43 号，1929 年 2 月 14 日。

号、丰记盐号、槐德堂盐商、义巨煤油公司等。"①

第四，百货业迅猛发展。平定县城和石家庄较大的商号纷纷在阳泉投资建分号，如茂记、逢元号、宝兴盛等，逢元号杂货店就是由平定县城逢元号在阳泉设立的分号。宝兴盛绸布店是河北冀县人开设在阳泉的分号。20世纪20年代初，阳泉百货业已有250余人，计有瑞和德、源聚隆、水盛公、梁银虎、黄丽妮、张永顺、潘银庆等，大、中、小商号店铺有53户，资金累计约法币37000万元。②

第五，新兴服务业繁荣。火车通行后，火车站附近旅店、饭馆相继出现，在平潭、义井、荫营、河底的商户也陆续迁来营业，较大的商号有天聚远、天顺成、涌聚和等。数年内到阳泉站经商者渐增。光绪三十一年，河北任丘关存禄在阳泉楼儿街开设宝光照相馆。光绪三十三年，永茂煤油专营商店在阳泉开业。光绪三十四年，桃林沟村的祁玉在阳泉站开办德胜源饭馆。同年，刘二毛、韩世堂合伙在兴隆街开设吉庆货栈，铁路工人张采成在铁道南侧瓦窑坡开办福盛澡堂。③到1920年，阳泉车站周边逐渐形成了上站下站商业市场，聚集了估衣店、杂货店、油店、客店、小饭铺等100余家商户。1916年，保晋矿务公司将总公司迁至阳泉，并陆续开办了6个矿厂、1个铁厂，进一步加速了阳泉经济的发展，直接带动商业的兴盛，服务业更是呈迅猛发展势头，服务业种类健全繁多。

第六，金融业应运而生。金融业有钱局和银号，业务有存款、放款、储蓄、汇兑和发行五种。1923年成立的德兴昌是最早的一家银号，资本约8200元（最初以银元计，1935年后均以法币计，下同）。据《中国实业志》记载，1934年末，德兴昌银号存款额为38500元，放款额为45900元。据统计，1934年，阳泉、平定6家钱局银号存款总额为163753元，主要是住户存款和商业存款，住户存款为101997元，占总额的62.29%，商业存款为44050元，占总额的26.9%。从放款情况看，1934年末，各项放款总额为269315元，商业放款最多，为142411元，占放款总额的

---

① 李大有：《1931—1935年阳泉食盐运销情况》，《阳泉文史资料》第11辑，1994。
② 毛湘宁：《解放前阳泉百货业概述》，《阳泉今古》1989年第3期。
③ 曹素英：《阳泉市区解放前的商号》，《阳泉城区文史》第1辑，第90页。

52.9%，农民放款次之，为 85904 元，占总额的 31.9%，公团放款占 9.7%。商业放款比例之大充分反映了当时阳泉商业繁盛的程度。阳泉金融业活动的另一个特点是外来经营者居多。溥艾、睿源钱局是平定县城内本号所设分号，积庆恒和余生两家银行从石家庄本号分设而来。这种"外来户"的现象从侧面体现了当时阳泉经济社会的开放程度及活力指数。

三 教育、文化、娱乐业全面发展

在教育方面，铁路有个扶轮小学，阳泉铁厂有个炼石大学，下站由煤铁行出钱修建了老君庙小学，再加上上站天主堂小学，阳泉已形成初级教育体系。①

文化产业也随之发展起来，以当时的报纸发行为例，在阳泉已经达到了一个较高的水平。有人统计了 1930—1937 年，阳泉订阅报纸刊物的情况。②（1）各矿区、公司、机关、团体、学校约订 200 份。报纸有《大公报》《益世报》《小实报》《山西日报》《晋阳日报》《华闻晚报》《华北日报》等。（2）阳泉街道各大小商号，总计约 400 家，订报户占 25%，百份左右。订阅的报纸有《晋阳日报》《山西日报》《新天津报》《午报》《小实报》《华闻晚报》。（3）各厂矿工人订阅报刊者约占 15%，约计 160 份。订阅的报纸有《大公报》《益世报》《晋阳日报》《山西日报》《新天津报》《华闻晚报》《小实报》，以及由上海商务印书馆出版的《小说月报》、杂文杂志等。（4）铁路工人订阅报纸者占 40%，约计 100 份，此外还订有《正太月刊》。（5）各货栈、煤铁栈、客栈流动客商订阅报纸约计 60 份。各街道流动做小本生意者、摊贩、体力劳动者约计 40 份。订阅的报纸有《小实报》《午报》《华闻晚报》《新天津报》。

在火车站南面、德胜街中间有个名叫谷洞洞饭铺的，里面住着一个河南人，在此成立了阳泉派报社专营报刊。按报社售报规约，收订户部分订报押款。每天由各地报社寄来的报纸有 400 余份，到邮局直接领取，分送各单位与个人。另外也有报童沿街串户送报兼叫卖。各商号与个人也可直接向报社

---

① 杨子仪：《阳泉历史沿革》，《阳泉文史资料》第 1 辑，第 3 页。
② 李大有：《忆阳泉解放前的报纸发行情况》，《阳泉文史资料》第 7 辑，1989，第 198 页。

订阅，报社逐日小卷寄来。李大有回忆说，有娘子关的一位《华北日报》外勤记者，直接向各商号或个人订阅，包括平定县城在内订报计 30—40 份。上海《时兆月刊》系基督教报刊，曾直接向各宗教团体、教徒订阅，计 30 余份。从当时报社发送报纸的情况看，阳泉已和市镇没什么区别。

各种娱乐服务行业也相继兴起，往日沙石遍地的兴隆街一带，逐渐显露出一派生机，商店、客栈、饭馆及各种手工作坊鳞次栉比，工人、商人、居民和往来客旅摩肩接踵。妓院有数家，博彩、烟馆、财窑无所不有。[1]

四　城市空间与人口结构的演变

火车通行后，为满足行旅的食宿需求，阳泉车站南侧出现一些饭店、旅店。为工作便利，铁路职工也定居在附近，这里逐渐发展为阳泉的第一条街道——天成路。随着车站来往人员的增多，一些私营饮食服务店铺，诸如德盛源饭馆、福盛澡堂、宝光照相馆、吉庆货栈等也应运而生。接着，经营副食、杂货、药材、估衣、钟表的店铺也相继开张，[2] 并逐渐在火车站周围形成上站下站市场。1916 年，保晋矿务公司将总公司迁至阳泉，并陆续开办了 6 个矿厂、1 个铁厂，进一步推动了阳泉经济的发展，直接带动了商业兴盛，服务业更是呈迅猛发展的势头。

随着阳泉矿业、商业的发展以及服务业的繁荣，就业需求量增大，外来人口日益增长，从开始的几户人家[3]发展到二三千人，[4] 到 20 世纪 30 年代中期，形成了一个移民市镇。其中铁路工人及矿业工人的大量涌现是这一时期人口结构变动的主要方面，阳泉是正太线上的一等站，虽无确切统计，铁路工人理应不少。1922 年，中共先后委派张昆弟、刘明俨到正太铁路工作。10 月，创立正太铁路总工会，12 月上旬，共产党员吴献瑞被派到阳泉组建正太铁路总工会阳泉分工会，分工会成立后即参加了正太铁路全线大罢工和"二七"大罢工。[5] 1922 年 12 月 15 日，在中国共产党的领导

---

[1]　杨子仪：《阳泉历史沿革》，《阳泉文史资料》第 1 辑。
[2]　景银强主编《山西市场》，山西人民出版社，1990，第 45 页。
[3]　任瑞祥：《阳泉站》，《平定文史资料》第 1 辑，第 18 页。
[4]　杨子仪：《阳泉历史沿革》，《阳泉文史资料》第 1 辑，第 3 页
[5]　燕人：《建国前阳泉党组织概况》，《阳泉今古》1989 年第 1 期。

下，正太铁路全线举行了大罢工，提出开除工贼、增加工资和实行八小时工作制等要求。阳泉铁路工人全部参加罢工，并组织纠察队示威游行，喊出了"只要大家齐心，不怕敌人势大，没有工会命令，头可断，工不可复"的口号，这次罢工持续了12天，迫使当局接受了工人要求，斗争取得了胜利。1923年2月5日，阳泉铁路工人又举行支援京汉铁路大罢工的斗争。游行队伍在街头和法国警察发生武装冲突。[①] 煤矿工人人数增长更为迅速，据统计，平定一县的煤矿工人为5589人，[②] 在阳泉铁路工人的一系列斗争中，阳泉煤矿工人虽未直接参加，但身边铁路工人进行斗争的场面使他们受到了深刻的教育和极大的影响，为今后的矿工斗争准备了条件，奠定了基础。

这一时期，阳泉还设立了警察所维护社会治安，警政大权完全掌握在煤铁商人手中。1904年，阳泉的煤铁商人为了保护煤铁商品、维护社会秩序，请准平定州知州自筹经费，自聘警官，自招警士，设立自治警察所，由煤铁两行推选出来管理警察所的人叫警董，任期为三年（见表5-7）。随着商业的发展，商会成立，煤铁行警董又成为商会内煤铁两个同业公会的代表，执地方商会牛耳。每逢商会开会时，其他行业都以煤铁行马首是瞻。1928年，阳泉自治警察所升级为阳泉公安局，原来的所长升为局长，在局长下设有巡官、警长、警士，警士的名额也比原来有所增加。[③]

表5-7 阳泉前七届警董人选

第一届	张根源	平定大阳泉人	复元魁煤栈经理
第二届	甄桂	平定大峪村人	德义铁栈经理
第三届	孙慧	平定城内人	广懋公司外事（外交）
第四届	高鸣蛟	河北省获鹿县人	万积成煤栈经理
第五届	张毓森	平定大阳泉人	源泰煤栈经理
第六届	刘穆	平定西峪刘家峪村人	上义栈经理
第七届	聂冠英	河北省获鹿县人	广懋公司营业主任

资料来源：杨子仪《阳泉历史沿革》，《阳泉文史资料》第1辑。

① 《阳泉煤矿史》，第100—101页。
② 冯惠：《阳泉煤业问题之检讨》，《山西建设》第2期，1936年。
③ 唐石清、商子合：《旧时阳泉的煤铁行警董》，《阳泉史志通讯》1983年第6期。

经过一二十年的发展，到 20 世纪二三十年代，阳泉已是一个以矿业为基础的繁荣市镇，街道沿铁路线延伸，逐渐形成东西长、南北窄的不规则城镇格局，阳泉完成了由车站到城镇的角色转变，孕育了以煤铁工业为特色的工业文明，具有了典型的工矿业城镇形态。

1930 年以后，山西省政府推行《山西省政十年建设计划案》，在北同蒲铁路和平绥铁路沿线兴建矿山和工厂，使北同蒲铁路沿线开始出现一批新的矿业城镇。如 1930 年在崞县轩岗镇开办的西北煤矿第二厂，1934 年在静乐县西马坊开办的静乐采矿所，1935 年在宁武县管涔山开办的宁武采矿所等，都在一定程度上推动了当地城镇的发展。

第四节 大同：区域经济中心的形成

大同的地理位置极为优越，居晋、冀、察、绥四省之要冲，向南经怀仁、代县、忻县至太原；向东经浑源、灵丘入直隶至北京，为入京之孔道；西邻绥远；向北是通往蒙古、俄国等国的重要通道。因此，历朝历代的统治者都极为看重大同的军事价值。平绥铁路通行后，大同的经济功能才得以凸显。

一 由军事重镇向区域商品中转市场转变

明代，大同因作为九边重镇之一发展鼎盛，庞大的军需吸引着各种商品源源不断地从全国各地运来，商业由此日趋活跃。但及至清军入关，大同城遭遇毁灭性打击，清王朝建立后，结束了内地和北部游牧民族之间的对峙局面，大同的军事防御功能衰退，商业也日渐萧条。1727 年，中俄签订《恰克图条约》，晋商的活动区域逐渐发展到塞外的张家口、归化、多伦、恰克图等地，开辟了出东、西（东即张家口，西即杀虎口）两口过蒙境入俄境的商路，杀虎口逐渐由军事重镇发展成为边贸中心。《绥远通志稿》记载："绥为山西辖境，故经商于此者多为晋籍。其时贩运货物，经过杀虎口交纳关税后，至归化城行销无阻。"随着商业贸易的发展，杀虎口盛极一时，住户多达 5000 户，人口突破 5 万，商贾云集，集市繁荣，店铺林立，时有"知杀虎口而不知有朔平府"之说，大同的商业则无起色。

在平绥铁路开通前，大同商业颇有萧条之感，"满清时代，交通不便，外货竞销尚不明显，一般商人所贩运者类皆国货，如贩丝绸于苏杭，贩花布于行唐，贩茶糖及其他杂货于平津，商店中除少数京广杂货外大都为花布、绸缎、干菜、今日洋货庄所售之各种奢侈品也"。①

1914 年，京张铁路延至大同，1921 年，铁路又向西通至绥远，1923 年又展至包头。大同西至绥远包头，东北经张家口直达北平，平绥铁路横贯大同县境东北部，县城北关外设站，为全线的中心站，列车每日往返开行六次，自北京西直门车站上车约需 11.5 个小时至大同，计长 229 哩 3。②作为平绥铁路的中心站，大同传统军事重镇的角色开始逐渐向区域商品中转市场转变。

铁路通行后，大量机制工业品源源不断地运入大同。平汉铁路沿线的河北、河南的商品，天津港口运来的英美日等国的商品，以及江苏、浙江、广东、湖南、江西等地的产品不断地进入大同市场。输入商品的种类五花八门，仅绸丝类就多达 27 种，花布类更是多达 31 种。"糖以香港货为多，每年运进一千包以上……纸以表芯纸、川表纸、色纸为多，色纸概系日本货，来自天津；纸烟年在四万箱以上，向以英美烟公司为多……火柴进口年在一万箱以上……此外绸缎约值四五万元，茶约四万余斤，磁器约值四万余元，又由绥远运来之牲畜，天津及张家口运来之洋油、衣帽、靴鞋、海菜、干鲜果、木器、文具、玻璃、灯器、镜等杂货亦不在少数。"③

与此同时，大量牲畜、皮毛及农产品经大同运出。通商口岸和新兴城市对土货的大规模需求以及铁路的强大运输能力刺激了大同及周边农村土货商品率的提高，不仅山西北部出产的牛皮，而且远至甘肃、陕西、蒙古地方出产的牛皮，均运来此地交易。羊毛也是大同站主要的输出商品，每年约输出 75 万斤，价值 17 万元左右，将近一半来自大同县，其余来自怀仁、朔县、应县。蛋制品约输出 36 万斤，价值 22 万元，均经

---

① 王谦纂《大同民国志稿·民社志·物价》，手抄本，1948。
② 喻守真等编《全国都会商埠旅行指南》卷上，上海中华书局，1926，第 158 页。
③ 《大同之经济状况》，《中外经济周刊》第 150 号，1926 年 2 月 20 日，第 16 页。

铁路运输至天津出口。来自宁武的木材也是向外大量输出的货物，"自丰镇以西沿京绥线均仰给于此，年在七十车以上（每车二十吨）"。① 绥远的土货多经大同由铁路输出。杂粮也是经大同站向外转运的大宗货物，每年交易价值在 200 万元左右，其中以高粱、小米为最多，麦豆次之，大都来自朔县、应县、浑源、右玉、山阴等县。北同蒲路通车后，大同输出杂粮每年达 50 万石，价值 150 万元，大同及附近地区的莜麦及小杂粮源源不断地涌入太原，麻油、小麻油由北向南输往太原、太谷、平遥等地。②除此之外，药材、皮胶、金针菜等输出的数量也不少。至于煤炭，由于平绥铁路修筑了大同至口泉支线，所以大部分煤炭由口泉直接上车运出，只有少量运至大同城，一部分供城内居民和商户使用，一部分转运至铁路沿线的市镇，所以由大同站向外转运的煤炭数量较少。具体而言，大同商品输入情况可见表 5－8。

表 5－8　1936 年前后大同县商品输出入地点一览

类别	输入品出产地点			输出品销售地点
	本省	外省	外国	外省
绸丝类		江苏、浙江、山东、河北	英国	
花布类		河北	英国、俄国、法国、日本	
皮张类	本县	绥远、陕西、察哈尔		
皮货类	本县			江苏
衣帽类	本县	河北		察哈尔
靴鞋类	本县	河北		河北
羽毛类	本县	绥远		河北、察哈尔
骨角类	本县	河北		河北
海菜类		河北		
鲜货类		河北		
干货类	本县	河北、绥远		河北

---

① 《大同之经济状况》，《中外经济周刊》第 150 号，1926 年 2 月 20 日。
② 大同市地方志编纂委员会编《大同市志》中册，中华书局，2000，第 707 页。

续表

类别	输入品出产地点			输出品销售地点
	本省	外省	外国	外省
茶糖油酒面粉类	本县	福建、河北	英国	河北、福建
木料类	宁武、代县	河北		
木器类	本县	河北		绥远
纸张类	本县	河北、江苏		绥远
文具类	本县	河南、河北、湖南		绥远
巾幅类		河北		
瓷料器具类	本县	江西、河北		绥远
钟表类		河北	英国	
玉石类		河北		
香皂香粉类		河北		
五金类	本县	河北		河北、绥远
灯镜类		河北		
颜料类		河北		
药物	本县	河北		
乐器类		河北		
京广洋货类	本县	河南、河北、察哈尔	美国	河北、绥远
纸烟类		广东、绥远	英美	
牲畜类	本县	绥远		
烟酒类	本县、曲沃	河南、河北		察哈尔
米粮类	本县	绥远、察哈尔		察哈尔
煤炭类				河北、察哈尔

资料来源：王谦纂《大同民国志稿·民社志·物价》，手抄本。

由表5-8可知，大同已经成为晋北各县与沿海商埠之间商品流通的重要中转地，即是说，大同"迨平绥路通车，交通便利，货物运输较易……遂成为晋北各县输出入之枢纽"。[①] 大同由军事重镇快速转化为晋北各县与外界的商品交易中心。

---

① 王谦纂《大同民国志稿·民社志·物价》，手抄本，1948。

二 近代工商业日渐繁荣

民国时期，大同商业的近代化趋势非常明显，首先表现在商业类型方面（见表 5-9）。

表 5-9 1934 年大同主要商业统计

单位：家，元

行业	家数	资本总额	全年营业总数
粮店业	17	300000	2000000
杂货业	17	250000	1800000
粮栈运输业	8	50000	1142910
绸布业	12	100000	1000000
油饼业	30	82470	232960
酒业	13	20300	54960
皮货业	14	75000	110000
碾粉业	20	21360	87000
估衣业	8	29100	33550
铜器业	6	11500	143000
毛庄业	5	15000	250000
染坊业	13	6350	56000
硝皮业	15	5700	27100
皮胶业	7	18000	33780
干果业	11	36500	271000
木植业	6	16470	91500
首饰业	3	22000	40000
鞋庄业	30	9160	69790

资料来源：《大同市志》中册，第 623 页。

由表 5-9 可知，大同商业中实力最强的是粮店业。每年新粮收获之时，庄户将粮食上市出售，粮店向庄户收购。大同站输出的绿豆有 50% 以上来自应县；高粱、大豆主要来自大同和应县两县，各占 40% 以上；黑豆多源自浑源。[1]

---

[1] 《平绥铁路货运调查报告》（1936 年 4 月），中国第二历史档案馆藏，档案号：28-13874。

粮店是初级市场的买卖中心，购粮后通过粮栈运往中级市场或终极市场销售。"其经过之市场大致为二级或三级制度，各产粮地附近之车站所在地为初级市场，北平为中级或终极市场，天津、滦东、保定一带为终极市场。"① 1926年前后，本地粮店有聚恒、丰盛、福恒、天瑞等九家，专以囤贱卖贵为业，每年向庄户收囤，然后售于客商或转运公司，所获利益颇大，为各业之冠，每年由京绥路运出者在60万担左右，运销地点远至京汉线之北京、房山、涿州、定州及京奉线之胥各庄、唐山一带。② 1936年前后上升为17家，资本总数为30万元。③ 粮店资本之大、实力之强以至于能够使用种种手段压低买价、抬高卖价、操纵粮市、压榨庄户，对铁路粮运形成阻碍，对此，铁路方面出台多种对策，例如将平津市场的售价在各站公布，以使内地商民不受当地大粮商蒙骗，或鼓励农民直接在铁路装车运销，不经商人之手。具体由下述可知：

  查大同粮店资本大者四五万元，小者六七千元，其操纵粮市势力与绥远同，粮店之利益除店佣外，在买卖两价间犹有极厚之利益可图，一方面对于庄户尽量压低买价，他方面视平津之粮价情形尽量抬高卖价，使贩者加上捐税及运杂费外几无利可图，以致运销呆滞。凡值平津行市畅盛有厚利可图时，粮店及转运公司多纷纷自营贩运，若遇平津市胃疲时，则将粮食储囤，决不肯轻利或亏折放手，其余资本利益周转则漠然置之也，最近中国银行大同寄庄及交通银行大同办事处相继复业，推行粮食抵押放款，各家粮店对于存货资金周转无形中受助甚多，故平绥各大站之银行粮食押款徒使增长，粮店操纵市场之势力则对于铁路粮运不无阻碍也。闻二十三年十二月间，平绥改订粮食特价后公布之日，首先得知此项消息者即系近车站之转运公司，转运公司得知后立即入城，将此项消息秘而不宣，自行向粮店尽量购货，翌日粮店方面亦得知此项消息，后粮价立即飞涨，结果铁路减轻

---

① 《平绥铁路货运调查报告》（1936年4月），中国第二历史档案馆藏，档案号：28 - 13874。
② 《大同之经济状况》，《中外经济周刊》第150号，1926年2月20日，第13页。
③ 《中国实业志·山西省》，第76页。

运价于运商方面，仍因内地价涨无法运出，于庄户方面，仍一受粮店压迫得价，一仍其旧实惠者仍属于垄断市场阻碍路运之粮店耳，规划特价者若不从货物运销之整个组织系统上考虑收效，实难把握也。最近平绥路局车务处营业课自二十四年一月起，有将平津两地之每日粮食及皮毛行市开单分给各站公布，其用意在于使各地之农民明白平津之行市，使不受当地商人欺骗，他方面又可使内地商民对于平津之行市灵通助长其运销能力。本年五月间，营业课又派大批宣传队往沿线乡间宣统规劝农民直接向铁路装车运销，不经商人之手。其意虽至善，效果实至微。①

主要经营洋货的杂货店实力次之。铁路的通行使得输入洋货的种类和数量大大增加，"自京绥路通车后，京商商号逐渐增加，有日新月异之象"，②原经营国产日用工业品的杂货铺逐渐发展成为京货店和广货店，就是所谓的"洋货"。恒丽魁、德泰钰就是以经营京广杂货发家的。1936年统计城内的洋广杂货铺有34家，资金78000元，年经营额240万元。③此外，晋北各县洋货行也迅速增加，如浑源县的洋货行就有30多家，人员200多人，年资金周转平均在30万元以上。④

新兴的粮栈运输业实力也较强。粮栈运输业也习惯称栈房，大同的粮食转运公司有天新裕、福生祥、同丰森等14家，转运公司大部分有私岔道，火车皮可直达转运站装卸货物，其业务除自营买卖外，还有代客商购买、报关及运输，收取栈佣、袋租和口绳费。⑤本地木栈有德兴义、德兴恒、庆和森等6家，专营木材贸易。其余还有煤栈、毛栈等，其业务内容大致相似。

毛庄业也具有较强的实力。毛庄主要业务是购销羊毛，45%的羊毛来

---

① 《平绥铁路货运调查报告》（1936年4月），中国第二历史档案馆藏，档案号：28-13874。
② 白眉初：《中华民国省区全志》第2卷《山西省志》，第70页。
③ 《大同市志》中册，第648页。
④ 熊存福主编《浑源县志》，方志出版社，1999，第272页。
⑤ 《平绥铁路货运调查报告》（1936年4月），中国第二历史档案馆藏，档案号：28-13874。

自大同，怀仁、朔县则各占20%，其他各地合占15%。①"羊毛之市场有三级……大同为中级市场，大同羊毛来源为晋北各县，每年有毛贩在初级市场收货运至铁路沿线之中级市场脱售，另有天津帮之毛客在中级市场收购走铁路运往天津售于洋行出口。"② 本地的毛庄主要有同丰、永丰、聚源等5家，专以介绍买卖为业，然后由平绥路运往天津出口，一次出口羊毛达20万斤。③ 值得注意的是，在这一时期，大同昔日发达的皮毛加工业日渐衰落。《中国实业志》记载，大同皮货业"不但执大同手工业之牛耳，且在全国手工业中占有重要地位，在前清末叶至民国初年颇为发达"。但至铁路通行后，皮毛加工业呈萧条态势，1921年后，"皮毛产品的出口日渐减少，国内销路狭隘，生皮来源缺乏，家数亦随之减少"。1934年，只剩皮装14家，212人，产值12万银元。④ 由是推断，大同日渐沦为东部工业城市及海外的粮食、皮毛原料供应地。

由上述可知，铁路通行后，大同商业辐射的深度、广度大大扩展，商品结构、商业类型、商业的组织形式以及商品流通方式都已经具有明显的近代色彩。

商业的繁盛、运输的便利进一步为新式工业的产生和快速发展提供了好的原料供应、商品运输与销售的环境。1914年，大同机器面粉公司创立，系股份有限公司性质，有工人50余名，粮食多来源于丰镇和平地泉，日产面粉370—380袋，销售地点以大同为主，也行销至雁北地区各县。1925年开业的华北第一毛织工厂也是当时重要的新式工业之一，资本为白银10万两，也是股份有限公司性质，采用德国柏林所制的新式机器，有工人53名，出品分毛纱、编物、机织物三类。鸿记鸡蛋厂是1921年天津蛋业总公司拨款在大同创办的股份有限公司，该厂有一部24马力飞黄机，工人116人，产品经由平绥铁路转运到全国各地进行销售，营业状况颇佳。⑤

---

① 《平绥铁路货运调查报告》（1936年4月），中国第二历史档案馆藏，档案号：28-13874。
② 《平绥铁路货运调查报告》（1936年4月），中国第二历史档案馆藏，档案号：28-13874。
③ 张新平、董福荣：《大同的毛皮制革业》，《大同文史资料》第11辑。
④ 《中国实业志·山西省》，第66页。
⑤ 张新平、弓星三：《大同蛋厂今昔》，《大同文史资料》第11辑。

大同近代的化学工业企业，最早有清光绪年间即开始生产炸药的自成泉火药铺，1929年改称火药厂后，生产黑色炸药，常年为大同保晋矿务公司、积成公司、裕晋公司、同宝公司、宝恒公司等煤矿提供开矿炸药。随着大同煤矿生产的工业化水平不断提高，大同矿区的保晋大同分公司和晋北矿务局先后在所属矿区建有机械工厂，安排机工和修造工人，负责机械设备的维修管理，在大同矿区发展起一套自成体系的矿山机械修造工业。民国后期，大同形成了一批大型机械修理厂，如西北机械修理厂、大同煤矿筹备委员会机厂、山西复兴机械修造厂大同分厂、西北育才炼钢机器厂大同分厂。这些工厂的机械加工和修造能力在省内都较强，大同近代机械工业再次向前迈进一大步。

工商业的繁荣也给电力工业带来商机。大同电灯厂先有两家，一家为1924年创设的大同义记电灯股份有限公司，另一家为1925年创办的大同机器面粉公司附设之电灯厂，称为"山西省公营事业董事会大同面粉公司电灯厂"。利用面粉公司锅炉蒸汽发电，有发电机2部，这是大同第一个发电厂。1925年又增装120千瓦发电机2台、锅炉3台，送电线路11公里，分别对城内四大街、卧虎湾军营、火车站等地区供电，以充足的电力占取了城内各主要用电区域，计灯1600盏，售电总数16700千瓦·时，用户共计605户。电灯厂的主要用户是商户。[①] 后又有大同兴农酒精厂电灯部、晋北矿务局大同煤矿输变电工程部。这几家发电厂在设备安装、线路架设、运行维护等方面都较为正规，所生产的电力多是供自家工厂以及用电量大的工商企业，余下的供给城内居民。虽然电线铺设较短，只有发电单位周围的用户才能用上电，但电厂的兴建在大同工商业的快速发展中功不可没，对大同的经济发展起到保驾护航的作用。

1932年，阎锡山打出"造产救国"旗号，制定了《山西省政十年建设计划案》。计划主要以山西境内煤、铁等资源为依托，以西北实业公司为龙头，以太原、大同、阳泉为中心，力图初步建立起山西近代经济体系。在工厂的选址方面，阎锡山十分注重交通的方便快捷，1932年筹建的西北育才黑铅厂，选址于大同北部京绥铁路孤山车站附近。同年筹建的西

---

① 《中国实业志·山西省》，第61—62页。

北洋灰厂大同分厂是大同最早的水泥厂，设在大同城西门外，紧挨着西北育才玻璃厂等较大型企业。"1935年西北实业公司收买了兴农酒精厂，成为阎锡山政府酒类生产的专营厂，电灯部也归同属，名为西北实业公司兴农酒精厂电灯部。"① 酒精厂的原料为产于平绥铁路沿线的山药、高粱等，所产酒精及化学工业用品除在山西省内消费外，还远销北京、天津等地。此外还有西北火柴厂大同分厂、机械厂、毛织厂、西北化学厂等。

这一时期，近代金融业发展也非常迅速。"大同在平绥铁路未通以前，鲜有直接对外发生贸易关系，其时金融业不甚发达，虽有一二金融机关设立，尚在票号时代，自平绥路告成以后，金融业随市场之兴盛而发达者，有银号、银庄、银行、典当等业，有数十家之多"，大同银行业始于1916年，当时有中国银行大同办事处设立，属太原分行管辖，1917年交通银行办事处成立，归天津银行管辖，其后又有山西省银行分行成立，后于1932年改组，业务为代理省金库和放款汇兑，1922年至1934年的营业额为1698000元（银洋，下同），其中放款数占总额的6.3%，汇出数占总额的61.25%，汇入数占总额的32.29%，汇出汇入地点以天津最多，其次为北平、包头、太原等处。中国银行于1934年重行筹设，中国银行大同办事处的业务有汇兑存款等项，其营业额为730000元，其中的汇兑业为最大，汇出数占总额的27.4%，汇入数占总额的41.19%。交通银行大同办事处除经理银行一般业务外，兼办太平洋保险公司各种保险业务，营业总额共计402500元，其中以汇兑为最多，计汇入数占总额的18.01%，汇出数占总额的61.37%，通汇地点有上海、天津、北平、张家口、青岛、包头、太原各地。② 具体参见表5-10。

由表5-10可知，大同现金汇入地最多的是天津，主要用途为鸡蛋、煤炭、粮食、羊毛，汇出地最多的也是天津，主要用途为煤油、布匹、火柴、杂货等。由此可见，以铁路为交通脉络，以天津为指向，大同已成为东部通商口岸城市及海外的农畜产品、矿产品的输出地及洋货的倾销地。

---

① 《大同市志》上册，第398页。
② 《中国实业志·山西省》，第80—81页。

表 5-10　1934 年大同现金出入额

单位：美元

汇入			汇出		
汇来地点	用途	金额	汇去地点	用途	金额
天津	鸡蛋	300000	天津	煤油	150000
天津	煤炭	1200000	天津	布匹	1000000
天津	粮食	1200000	天津	火柴	40000
天津	羊毛	260000	天津	杂货	60000
北平	黄花菜	50000	天津	烟卷	200000
平绥沿线	煤炭	600000	太原	烟卷	200000
上海	皮张	120000	太原	布匹	100000
			太原	生烟	50000
			上海	绸缎	100000
			绥包	皮张	100000

资料来源：《平绥铁路货运调查报告》（1936 年 4 月），中国第二历史档案馆藏，档案号：28-13874。

近代交通对经济社会的巨大影响在晋北地区市镇数量变化上也有所体现。大同县、阳高县、天镇县在晚清时期经济不振，没有市镇。平绥铁路修通至大同之后，随着交通的改善，大同周边市镇开始兴起，"小方市在市东四十里，落市距市东六十里，因车站益臻繁盛……口泉气象日新"，[①] 阳高县"有一镇，曰东井集，交易颇盛，为全县五十余村之冠"，[②] 天镇县的"兴平镇距县市东北六十里。凡乡民不便入市者，皆于此交易焉"。[③] 还有一些城镇因为近代铁路、公路的通行更加兴盛。如晚清时期山阴县岱岳镇和崞县原平镇都是人口规模相对较小的城镇，北同蒲铁路和太同公路修通之后，岱岳镇和原平镇都获得较大发展。如岱岳镇在民国时期是山西四大银号之一——晋北盐业银号总号所在地，原平镇则在抗日战争时期成为姜玉贞军队的据守地，侧面说明原平镇的规模也相当大。

[①] 林传甲总纂《大中华山西省地理志》，商务印书馆，1919，第 199 页。
[②] 林传甲总纂《大中华山西省地理志》，第 207 页。
[③] 林传甲总纂《大中华山西省地理志》，第 209 页。

三 社会结构及城市空间的演变

铁路通行前，大同的客商多来自太原和忻县，少见省外的商人来此经商。铁路通行后，交通的便利、商业的繁荣吸引外省客商纷纷来大同经商，人口增长迅速。如采办杂粮之客商以直隶及张家口人为多，火车站附近营业者也多为燕赵之人，① 来自广、沪的客商也不在少数，到1925年前后，城关大小商户就有1000多家，随后成立了各行各业的商业同业工会，有山货、国药、承揽运送、百货、干果、粮食、纸烟、木植等41个商业同业工会，各同业工会都选举产生负责人、理事长，建有办事机构，商业同业工会均属商会领导，组织十分活跃。② 同业工会的兴起是一个值得注意的社会现象，它是传统行会向现代行业组织发展变化的一个重要标志，对于维护各行业的利益、促进其发展乃至在整个社会经济生活中都发挥了重要作用。

工人人数也迅速增加，工商业的繁荣增大了对雇佣工人的需求，城市周边失业农民纷纷涌入城内成为工商企业的雇佣工人，大同城市人口迅速增多，1925年人口为47345人，到1936年剧增为72185人。③ 铁路工人是其中重要组成部分，虽然对于大同地区的铁路工人数量没有确切资料统计，但大同站为大站，设有机务第五分段，同时配置机车13台，后增加为26台，因此，铁路工人应不在少数。大同铁路工人组织严密，政治觉悟高，在争取自身权益、声援同盟罢工中发挥了重要作用。1922年夏，"京绥铁路车务工人同人会"在大同设立了分会，同年10月，大同铁路工人参加了京绥铁路大罢工。1921年秋，大同铁路工人罢工，派代表与政府交涉，提出增加工资、允许成立工会等条件，均得以满足。1924年，大同铁路工会和大同中等学校学生联合会召开群众大会，1925年，通电全国，声援"五卅"运动和省港大罢工。④

大同城市空间格局也发生明显变化，最引人注目的是铁路车站附近出

---

① 《大同旅行记》，《大公报》1915年11月7日，第3张。
② 《大同市志》中册，第642页。
③ 《大同之经济状况》，《中外经济周刊》第150号，1926年2月20日；《中国实业志·山西省》，第53页。
④ 高青主编《大同市交通志》，内蒙古人民出版社，2001，第725页。

现新的工商业区。铁路通行前，大同的工商业中心在城内，"城中四角街巷一百三十六条，房舍比栉，毫无隙地"。① 大同车站设在北门外4里后，这片原本荒无人烟之地迅速繁荣起来，"车站附近商户百余家，概系新式建筑，然空房甚多，盖由京绥路初通至大同时一般资本家预期此地将来必成繁盛市场，争相出资购地建屋……北关商户以转运公司、粮栈、木栈、煤栈为最著，客栈饮食店亦不少，大同机器面粉公司在其西"。② 大同的两家电灯公司也设在北门外铁道附近。久而久之，北门外逐渐形成一片不规则的新兴工商业区，也渐渐成为大同经贸最为活跃的地区和新的城市中心。新城与老城相比，格局不同，功能互补，老城有传统的行政机关，"城内公署有晋北镇守使、雁门道尹及县属"，③ 依旧行使传统的政治功能，新城则是工商业聚集地，经济功能突出。

因以铁路为主的近代交通体系建立，大同的城市功能从行政军事中心发展为近代工商业聚集地，这一变化可以视为大同城市由传统向近代转型的重要指标，大同也由此成为晋北名副其实的经济中心。

第五节　传统城镇的衰落

铁路通行之前，山西传统城镇或因矿业、手工业发达而闻名，或因金融业、商业兴盛而崛起，或因位于驿路、水路交通枢纽而繁荣。开埠通商后，特别是铁路路线逐渐延展并取代传统的驿路、水路成为商品的主要运输方式之后，商品种类、流向逐渐改变，传统的商业网络被新型商业网络所取代，山西传统城镇的命运也发生兴衰起伏的演变。

一　传统矿业、手工业城镇的衰落

1. 铁业城镇——晋城的衰落

晋城的衰落最先始于开埠通商。"海禁未开以前，山西铁业，以晋城

---

① 大同市地方志办公室征集整理《大同县志》，山西人民出版社，1992，第142页。
② 《大同之经济状况》，《中外经济周刊》第150号，1926年2月20日。
③ 白眉初：《中华民国省区全志》第2卷《山西省志》，第70页。

第五章　近代交通体系与城镇变迁　　　　　　　　　　　　　　　　　　　　245

为巨擘，如铁丝及针，南销楚粤，北及满蒙，西尽关陇，东及黄海，可谓盛极一时"，① 再加之晋城是通往豫北的必经孔道，"晋城县境毗连豫北，在昔交通不便之时，凡东三省、河北以及陕、甘、宁、青、新各路商货，悉以此为入豫通衢，输出品以皮金铁货、钢针三项为著名特产，一切货品之输出输入，全赖行店为枢纽。当时营业之盛，首推店业，工业品以铁货之销路为最广，其次为皮金，又其次为钢针"。② 由是可知，晋城的手工业、商业向来繁盛。对晋城铁业形成冲击的是洋铁的大量输入，"迨洋钢入口，晋城铁业，乃一落千丈"。③ 交通路线的变更进一步加速了其衰落，"自陇海、平汉两路成，各路商货，多改由火车运输……铁货、皮金、钢针等工业品，均墨守陈法，出货卑劣，交通开发后，外货充斥，以致销路大缩，虽有煤油、洋货、蛋厂等业相继兴起，然究非旧时各业内容充实可比，故晋城商业之一般现状，实有江河日下之势"。④

至20世纪20年代，晋城铁业颓势依旧，"一年的产额不过有五六千吨……该地区一带铁矿丰富，加上如已说过的那样燃料也很方便，并且该地人民又拥有长年的炼铁经验，成为炼铁业勃兴的地区是理所当然的，尽管如此，还不见炼铁业的发达，这完全是因交通不便所致。该地距道清铁路的清化尽管只有一百余里，虽然距离近，途中却有险峻的高山，运输甚是不便。……所以，如果交通之便被打开了的话，炼铁业的盛大发展将是必然的趋势"。⑤ 1921年，"旧泽州府诸人，悯晋城铁业之衰"，集股4万元在晋城西门外创设一家制针公司，初期多亏损，1927年后才略有盈余。⑥ 而这一时期，平定铁业因正太铁路的通行迅速崛起。

晋城与平定铁业地位此起彼伏的变化从山西省政府的调查数据中可以清楚地看出（见表5-11）。

---

① 《山西铁业》，《矿业周报》第43号，1929年2月14日。
② 《中国实业志·山西省》，第161页。
③ 《山西铁业》，《矿业周报》第43号，1929年2月14日。
④ 《中国实业志·山西省》，第161—162页。
⑤ 《山西省的产业与贸易概况》（1936年），侯振彤译编《山西历史辑览（1909—1943）》，第75页。
⑥ 《山西铁业》，《矿业周报》第43号，1929年2月14日。

表 5-11　1929—1931 年山西省生铁产额统计

单位：吨

	1929 年	1930 年	1931 年
平定	52300	47614	49500
晋城	4747	4317	4500
沁水	2400	2212	2330
其他	6400	5749	6000
共计	65847	59892	62330

资料来源：侯德封编《中国矿业纪要》第 4 次，第 305 页。

也就是说，至 20 世纪 30 年代，平定铁业已处于山西铁业的绝对领先地位，晋城铁业完全不能与之抗衡。

铁业原是晋城的支柱产业，它的衰落对晋城经济影响甚大，直接导致其他相关工商业的衰弱，致使经济凋敝，城市萧条。这从晋城下辖城镇数量的变化态势也可窥见一斑。在晚清，晋城有 14 个镇，民国时期仅有 10 个镇，从晚清到民国几十年的时间，晋城减少了大约 30% 的城镇。[①]

长治的荫城镇也是铁业中心，曾经贸易繁盛、客商云集。"外来的客商主要有关东客（东北三省）、京客（北京、天津）、上府客（太原、大同、内蒙古）、西府客（陕、甘、宁）、山东客（山东）、河南客（河南、湖南）和西南客（云、贵、川）等。这些客商，大多随带各自州、府、县的铁业技术人才会集于荫城，按照需要，订货采购，或是提供图样，让荫城的铁货商根据顾主要求，依图制品，从而进行产销对路的贸易交流，各县定点生产的工匠和荫城铁货店的经销商对顾主认真负责，信守合同，严格保证质量和规格，使荫城铁货的信誉在国内外一直保持了较高的地位，铁货生产相当发达。加之荫城在外地开设的铁货店几十家，致使在民国建立前后的兴盛时期，铁货行销全国 19 个省、市，甚至出口朝鲜、不丹、尼泊尔、波斯等国家。"[②] 与晋城铁业遭遇的困境一样，荫城镇受洋铁排挤严重，很快萎靡不振，至 1942 年，日本组织的所谓"山西学术考察团"到荫城镇参观后，

[①] 曾谦：《近代山西城镇地理研究》，博士学位论文，陕西师范大学，2007，第 58 页。
[②] 魏宏运主编《二十世纪三四十年代太行山地区社会调查与研究》，人民出版社，2003，第 228 页。

发现"原来在此地附近是盛行土法炼铁的地方,荫城镇是作为铁器集散地的繁华的小镇。然而,目前不少店家倒闭,留给人的是麻痹阴森的印象"。①

2. 盐业城镇——运城的萧条

运城古称河东,元代叫潞村(所产之盐称潞盐),原是个不起眼的小村落,因拥有重要的矿产——盐而得以快速发展。该地区的盐以食盐为主,产地是河东地区的解池(故也称河东盐),属于安邑部分的叫东池,属于解县部分的叫西池,面积约为400平方里。元代,因灾荒频繁、吏治腐败,河东地区有不法盐徒与盐务机关勾结贩卖私盐,官商沆瀣一气,牟取暴利,百姓苦不堪言。为打击不法盐徒,确保河东盐池运行高效安全,朝廷准许盐运使那海德俊在盐池以北修筑一座盐务专城,独立办理潞盐事务,从此,潞村发生了翻天覆地的变化。元惠宗至正十六年(1356),那海德俊开始修筑凤凰城,仅4个月就修筑了城墙,设4个城门,成为我国唯一的盐务专城。运城的设立,是元政府为保障食盐供给、加强盐务管理采取的措施,也有效保证了国库收入,有利于中央集权的巩固。明天顺二年(1458),进一步建瓮城,砌四门,分别为东"放晓"门、西"留晖"门、南"聚宝"门、北"迎渠"门。之后又屡次用砖石加固城墙、增修守望台,并大规模修建禁墙。城池的屡次增修反映了运城日趋繁荣的态势,也体现了统治者对盐务的重视及强化管理的决心。

这一时期,运城集中了众多的盐务机构,有巡盐察院、运司署、运同署、经历司署、知事署、库大使署、三场大使署、解州州判署、都司署、把总署、运学教授署等不一而足。由是可知,运城在元代建城,明清时期发展最为迅速,除了拥有得天独厚的盐矿产外,运城还凭借"食盐专卖"制度飞速发展。食盐专卖是中国古代专卖制度的代表,"盐引"则是国家给予盐商专卖许可的书面凭证。明清时期,潞盐引地共分三岸,分别是晋岸,共44县,豫岸,共33县,以及陕岸的35县。"有清时代,政令统一,引岸不能丝毫变动,各引岸地方官,即负有维持盐务推销缉私之责,且当日政治清平,地方安稳,盐政上因地划界,计口给盐,各盐分守引岸,又不得彼此相侵,除天灾流疫人口减少外,盐额之增减甚少。故虽无畅销之

---

① 《山西学术探险记》(1943年),侯振彤译编《山西历史辑览(1909—1943)》,第273页。

喜，然亦无滞销之苦。"因此，在清代的盐引制度下，河东盐业发展稳定，"年入数百万元，依盐为生者，为数至多，斯诚晋南之宝藏，山西之富源也"。① 明中期，在运城盐场注册登记的河东盐商有500多家，明清时期兴起的晋商多是经营河东盐起家的。盐业的繁荣带动了相关产业的兴旺，围绕潞盐生产、运销的市场逐渐形成并进一步完善，盐栈、旅店、饭铺以及相关手工业纷纷兴起。盐商子弟读书的学府——运学的创立也充分体现了运城城市化程度之高，元成宗大德三年（1299），盐运使奥屯茂创建盐务专学——运学，明代又创办了三所书院、五所社学，人才辈出。之后，师范学堂、高等和初等学堂也开始出现，教育体系日趋完备。

1939年4月置运城，因"盐运之城"得此名，辖安邑、襄陵、汾城、万泉、荣河、临晋、猗氏、曲沃、翼城、解县、虞乡等20县。

但自民国以来，河东盐业在与芦盐②竞争过程中多处于下风，究其原因，大致有四个方面，首先是失去豫岸八县的专卖权。因为土匪横行，战乱频繁，豫岸地处豫西，山水重复，交通不便，潞盐运道时常阻滞，"民三年，因时局不靖，潞盐不能运行，襄八民有淡食之虞。乃将该八县之地③，开放为自由贩卖芦潞两盐区域"，八县专卖权的丧失给了芦盐侵入的机会。

其次，借助京汉铁路运输之便，芦盐在此地销售。"华北海岸所产长芦盐远销河南一带，向来多半循卫河运至道口，再分运到各地，现在基本上转移到京汉、京奉两条铁路上"，④ 铁路运费之低廉、运输之便捷使得芦盐很快在八县的销场抢占了先机。潞盐因之损失惨重，"畅销时每年可销一千七八百名，税收在一百三十余万元以上。乃自襄八开放为芦潞并销区域以后，芦盐日渐西侵，不惟襄八等县全被侵占，即泌阳、桐柏等县潞盐专销引地，亦已运道隔断，无法行销。加以豫西一带土匪滋扰，盐商涣散，无力竞争，以至逐年报运数目，渐形减少，1933年报课仅有一千一百

---

① 曹明甫：《河东潞盐盐务丛集》，《中华实业季刊》第2卷第1期，1935年1月。
② 天津、河北所产之盐被称为"长芦盐"，这一名称始于明初，洪武二年在长芦镇设河间长芦都转运盐使司管理这一地区的盐务，"长芦盐"因此得名。
③ 即指豫岸的叶县、陕县、襄城、宝丰、南阳、方城、巩县、孟津等八县。
④ 曹明甫：《河东潞盐盐务丛集》，《中华实业季刊》第2卷第1期，1935年1月。

第五章　近代交通体系与城镇变迁　　　　　　　　　　　　　　　　　249

七十六名，所收税款不过八十八万二千元"。①

再次，芦盐恶意阻塞潞盐的盐道。民国初年，匪患严重，豫西由洛阳至南阳盐道交通阻塞，潞盐无法运至，南阳一带潞盐引地发生盐荒，于是"山西盐商，经由山西当局禀准北京政府，将盐由陇海转道平汉而去，乃潞盐至郑州后，突为芦商所扣，一方面打文字官司，一方面则尽量将芦盐运至潞盐引地"。②

最后，芦盐经由正太铁路逐渐侵入山西境内，而潞盐因税负沉重、运费高昂，不足以和芦盐竞争，山西市场也被芦盐日渐蚕食。"河东盐尽管原价低廉，然而被课以重税之后，又因运输的不便蒙受高额运费之祸，所以不仅制盐业未见大的发展，它的试场也处于被长芦盐蚕食的状态之中。"③（见表5-12）

表5-12　1928—1932年正太铁路太原、榆次两站运盐统计

单位：吨

年份	长芦盐输入量	河东盐输出量
1928	971	1577
1929	1739	458
1930	1380	566
1931	2713	295
1932	3715	

注：1930年长芦盐的输入减少，是华北战乱的结果。
资料来源：满铁天津事务所调查课编《山西省的产业与贸易概况》（1940年），中国第二历史档案馆藏，档案号：2024（2）-22，第76页。

不难发现，潞盐销场逐渐被芦盐挤压、侵吞的主要原因在于芦盐拥有比潞盐更便利的铁路运输。反之，当这种条件消失时，潞盐才有机会重新抬头。1927—1928年，因军阀混战，平汉、陇海两铁路中断，芦、淮盐运销一时受阻，这给了潞盐暂时喘息的机会，潞盐在河南的销量急剧增加，

---

① 曹明甫：《河东潞盐盐务丛集》，《中华实业季刊》第2卷第1期，1935年1月。
② 曹明甫：《河东潞盐盐务丛集》，《中华实业季刊》第2卷第1期，1935年1月。
③ 满铁天津事务所调查课编《山西省的产业与贸易概况》（1940年），中国第二历史档案馆藏，档案号：2024（2）-22，第76页。

由1926年的17526吨增加至1927年的41643吨及1928年的39891吨，盐价疯涨，盐商趁机将盐场积压多年的存盐销售一空，获利丰厚。但至1929年，社会相对安定，平汉、陇海两路恢复通车，芦、淮盐的运销全面恢复，潞盐在河南的销量遂大大减少，1930年，中原大战爆发，潞盐的销路更是大受影响，销量全面回落。①

由此可见，对于盐这一矿产而言，随着引岸制度淡化至彻底取消，盐道的通畅及交通工具的高效成为盐业发展最重要的因素，铁路这一快速、高效、安全的交通运输工具，成为盐商扩大销售区域可资利用的最有效的工具，重构了盐的销场。因此，潞盐复兴首要的任务就是解决运道的疏通以及运输工具的改进这两大重要问题。

二 传统商业、金融业城镇的衰落

晚清时期，以驿路为基础，山西建立起以祁县、平遥、太谷等晋中城镇为中心的商品流通体系。如第一章所述，以祁、平、太等晋中城镇为中心，主要有五条商路，分别是：自祁平太等晋中城镇，向东经榆次、寿阳、平定达河北、北京；向西南经汾河河谷南下，至曲沃后折向西至新绛，然后通过水运到达陕西；经榆社、武乡、襄垣、长治、高平、晋城进入河南；经徐沟、汾阳、于碛口过黄河抵达宁夏、甘肃、绥远；向北经太原、忻州、朔州至大同后分东西两路，东路过天镇、阳高至张家口与俄罗斯相接，西路则出杀虎口至归化，进而抵包头与新疆联系。于是，平、祁、太成为山西重要的商业城镇，大商帮层出不穷，金融业迅速发展。但晚清民国以来，因战乱打击、交通运输方式演变、商路变更，山西传统的商业城市迅速凋零，衰落态势非常明显。以太谷、徐沟两县为例进行说明。

太谷位于山西中部，"广一百三十五里，袤五十五里"，②与榆次、和顺、榆社、祁县、清源及徐沟等县接壤，交通位置非常重要。清代，著名的丝茶之路就是以祁、平、太等晋中城镇为中心，往北达外蒙古和俄罗

---

① 运城市地方志编纂委员会编《运城市志》，三联书店，1994，第88页。
② 民国《太谷县志》卷3《地理·疆域》。

斯，往南经榆次、范村、榆社、长治达东南各省，晋商通过这条商路，源源不断地将南方的丝茶运往外蒙古和俄罗斯，从而积聚起巨额财富，太谷也因此成为山西重要的商业、金融业中心。太谷还盛产粮食作物，主要有小麦、大麦、黍子、荞麦、谷子、高粱，小麦是大宗。因其优越的地理条件，太谷的粮食交易非常活跃，清代中叶，太谷"百货所极，列为肆厘，伺者不得顾，御者不得旋"，有"小北京"之誉。① 太谷的经济繁荣程度从它下辖的市镇也可窥见一斑，太谷共有4个镇，即白村镇、白城镇、范村镇、阳邑镇。其中范村镇的繁荣尤为突出，是太谷县的经济中心，"范村介于山谷之口，垣土堡，辟六门，城楼市阁，层焉耸峙，洋洋乎东七里之大都也"，人烟密集，"居民三千户"。③ 范村如此大的城镇规模，是当时大多数县城甚至府城都难以匹敌的。

进入民国以后，太谷经济要比清代逊色得多。对此，方志中多有记载，正月"十四五六日，城市乡镇，灯火最盛，士女聚观，车马填塞，有竟夜不能归者。迩来生计艰难，视前少逊矣"，② "不二十年间，而谷之为谷，几有江山不可复识之感"。③ 经济凋敝之因首推战乱，"商务自清季已形凋敝，改革以来，凡外埠设有分庄者，因直接间接之损失，或则缩小范围，或竟停止营业，较之昔日一落千丈矣……近数年来，各省兵祸相寻无已，在外经商失业而赋闲者所在皆是，来源顿竭，生计困难"。④ 刘大鹏在1917年3月23日的日记中也有详细描述："昨日由阳邑来李满庄，宿万义和木店。此村为昔日菁华荟萃之区，富室林立……自光绪年间，富室渐败，迄今贫穷，住宅无人购买，竟拆毁全宅零星出卖砖瓦木石于远村……昔年村有数千户，现仅三百余户，上等社会之人亦寥寥无几，可慨也已。"⑤ 另一重要因素就是近代交通的出现改变了太谷交通中心的地位。随着正太铁路的通行，太谷和太原的联系改由途经榆次的铁路和公路进行，榆次逐渐成为晋省商务枢纽，山西粮食交易中心由太谷转移至榆次。直到南同蒲铁路在太

---

① 太谷县志编纂委员会：《太谷县志》，山西人民出版社，1993，第175页。
② 民国《太谷县志》卷4《礼俗》。
③ 民国《太谷县志》卷1《序》。
④ 民国《太谷县志》卷4《生业》。
⑤ 刘大鹏：《退想斋日记》，第241—242页。

谷设站，太谷的粮食贸易才略有起色。这期间，榆次、太谷对于商业中心地位互不相让。对此，民国《榆次县志》有这样的记载："榆次庙会年共55起，详述于乡聚考中，而城内五月会（俗称城隍庙会），独能万商云集，经月不散，历数百年而无更变者，良由各商终岁所售之品，均赖榆会购入故也。中华民国五年，太谷绅商复籍名，规复改县火神庙会，呈准省长以夏历六月十一日为始，延长一月与榆次会期，首尾相厌过半，谷会起则榆会歇矣，于是局绅赵鹤年等群起抗议，公推代表与太谷官绅函商面议，敦请改期，卒以两造顾全，邻谊谷会退后九日，以六月二十日为开会之期，并经两县知事会呈省道各县，立案以垂久远。"①

由此可见，榆次相比太谷风头更甚，太谷则呈现衰退趋势。其所属的范村镇由于外蒙古和俄罗斯通往中国东南各省的商路发生转移，失去交通优势，迅速衰落成只有几百户居民的小镇。②

再如徐沟县，清代，徐沟也是重要的粮食转运地，"在昔粮运之趋势，自光绪以前，以县为盆地中心，故为粮运交换中心之地"。"自清末民初，陇海路初至陕州，京绥路至大同，各相连于京汉路，在晋省境外，譬如一马蹄磁铁环于省之境外，省境之南北近于陕州、大同之地，若两极，使内地物产运输即感磁性。向之集中于县市者，至此即因粮价之变反，反其流之改趋南北，而忻代之粮不南而北。岭南洪赵之麦与面，反其流以改趋南境，向所恃忻崞之粮，与南恃洪赵之麦面，皆不至"，受此影响，"道咸之间其盛者有布市、粮市……只存其名"。"今日商人赋闲，劳务之金大减"，商业的衰落对城镇影响很大，"县城肆厘，自清以来，相沿为十行九市"。十行是指钱行、粮行、当行、彩帛行、南货行、颜料行、花布行、油面行、酒行和药行，九市则包括布市、粮市、（棉）花市、羊市和木市等。"粮市……同光以前，北会忻崞之高粱，南集洪赵之麦，东南萃沁潞之小米，县城为向心力之中心，交换南北，自有陇海、京绥，而反其流以变为离心。自通正太改至榆次为之重心，此市乃沉。""自入境之金大减，比户购买力渐窘，各行之所售亦只供用当地低程度消费，同光以前繁荣市况已

---

① 民国《榆次县志》，第175页。
② 民国《太谷县志》卷3《赋税·户口》。

不可再","集会之各物市轮廓亦已渐缩小"。①

三 传统交通枢纽城镇的衰落

1. 驿路枢纽城镇的衰落

近代以来，太原以北的忻县（今忻州市）衰落非常明显。忻县境内原有通往太原、大同、五台、静乐的四条驿道，是沟通东西南北各地的中转站。自古商业发达，本地货物不多，商品多是经过行商和由本境在外地的分支店贩运而来，如将河北获鹿的土布，杭州、平津出产的绸缎、茶叶、烟酒百货运来，本地消费一小部分后，大部再转而向西运往新疆、向北运往归化或往东北销售，回程时带回西路的牲畜及皮毛、白银、金砂、葡萄干及枸杞、麝香等名贵药材转运至京津和杭州等地销售。因此，忻县商业曾经非常兴旺，城内商号林立，市场繁荣，粮业、绸缎、布匹、土纸、杂货、钟表、烟草、鞋帽应有尽有。"民国十年至十八年，曾为忻县商业的黄金时期，城内商店鳞次栉比，如民国十八年，有商号357家。"② 但20世纪20年代后，忻县颓势渐显，除了战乱侵扰外，主要归因于交通枢纽的地位不复存在。自平绥铁路通行后，忻县的中转地位受到相当的冲击。"就晋北言，忻县商务，向称繁盛，自平绥路通车后，向以忻县为枢纽，而转运于西北之货物，由天津而直达矣。"③ 北同蒲铁路通车运营后，商品经由铁路可直达太原以北各县，太原的经济辐射能力日益增强，与晋西的商业联系也日趋紧密，忻县二级市场的地位再次遭受重创。

经由忻县取道杀虎口通往蒙古、绥远商路沿线的城镇也日趋衰弱。如右玉县的"杀虎口，在县北二十里，昔为归化市要冲，设税关监督，今监督虽仍旧，名已移驻丰镇，往来客货遂稀"。④ 平鲁县，"井坪所在县南六十里，市方二里，为边戍往来要冲，县西北镇川口、大水口无不可出入长市者，

---

① 刘文炳撰《徐沟县志·民生志》，第164页。
② 山西省忻州市地方志编纂委员会编《忻县志》，中国科学技术出版社，1993，第262页。
③ 张之杰：《三十年来山西之经济》，《三十年来之山西——晋阳日报三十周年纪念册》（1936年），山西省档案馆藏，档案号：阎政字4号，第62页。
④ 林传甲总纂《大中华山西省地理志》，第219页。

是以绥化招垦，晋北之民负耒而来，自铁路通，上鲜有冠盖往来也"。①

晋北的代县也因交通路线的变更迅速衰落。清代，代县是雁门道道治所在地，政治地位高首先是因为代县拥有优越的地理位置，代县位于大同盆地和忻定盆地中间，"外壮大同之藩卫，内固太原之锁匙，根抵三关，咽喉三晋"，基本上处于晋北区域的中心位置，因地处要冲，城市商业也相对发达。但进入民国以后，晋北地区的形势逐渐发生变化。平绥铁路通行后，大同的交通优势立刻显现，由大同乘火车向东可直达北京，向西直达绥远，铁路的通行带来了交通的便利，推动了大同经济的发展，大同及其周围地区的粮食、皮毛等土特产品，通过平绥铁路源源不断地运往北京、天津等地。而代县很快衰落下去，雁门道道治遂移至大同。

平定县是山西东部门户，铁路未通时，平定为向东通往直隶至京城的交通要道，有"全晋咽喉""晋东雄镇"之誉。县境内的晋冀干线上，知名的驿铺颇多，有平潭驿、柏井驿、固铺驿、槐铺驿、甘桃驿等。府州设置的专司税赋的厘卡有槐树铺、苇泽关、石门口、西家庄等，厘金数字惊人，槐树铺厘卡征收厘金总额达白银"三万两之多，列晋省之首"，② 可见经平定输送的货物数量之巨大，贸易之繁盛。因其重要的政治经济地位，清雍正二年，平定州升为直隶州，辖盂县、寿阳县、乐平县。当时的平定城是一幅繁荣景象，城关东起朝晖阁，西到雨花台达红牌楼，十里长街，人烟鼎沸，店铺鳞次栉比。董元度在《环翠亭春望》诗中云："环城百雉山为障，铺地千家瓦欲流。"但自正太铁路修通后，铁路成为晋东与省外沟通的主要路径，驿路只能辅助之，铁路由于"位于县城以北十五华里处，而且县城（平定县——笔者注）与铁路之间道路崎岖，交通极为不便，因而受铁路之益甚少"，③ 于是平定城渐有衰落之势，"商况被夺，益形衰退"。④ 1912 年，废州改平定县，1949 年后，平定县行政地位再次下降，曾受榆次专区、晋中专区、晋中地区管辖，1983 年划归阳

---

① 林传甲总纂《大中华山西省地理志》，第 223 页。
② 《晋省各厘局驻所比较一览表》，转引自周立业《〈平定州志补〉补志之遗启示录》，《中国地方志》2004 年第 12 期。
③ 《中国分省全志·山西省志》（1920 年），第 33 页。
④ 白眉初：《中华民国省区全志》第 2 卷《山西省志》，第 64 页。

泉市。

2. 水路枢纽城镇的衰落

新绛是因水路商运而兴盛的城镇，古称绛州。境内流经的汾水可以通航，商船一般由新绛的禹门口出发，顺流而下至风陵渡，又向西进入渭河逆流而上，途经渭南、西安可至咸阳，交通非常便利。《新绛县志》记载："晋以南，惟绛为有水运，每岁秋冬，陕船自渭河入黄转汾，以至绛，春初西返。"① 商业颇为兴旺，特别是"改革以来，陕局不靖，巨商多移集于绛，绛遂为津货运输陕甘之中枢，故河东商务以绛为冠"。②

新绛的水运业以运输铁货为主，因为铁货不怕雨火、不怕磕碰、装载量大，而且价值低，弥补较易，不像其他货物，要么是体积较大，装载有限，要么是价值昂贵，一有事故，损失太大。新绛的铁货主要来自晋东南的阳城、晋城、荫城，当时号称"三城"。这些铁货主要依靠骆驼从产地运至绛州，每天有百十头骆驼到新绛卸货，据估计全年运货量在1000万斤以上。据记载，新绛有两家铁货过载店，一家叫大兴行，一家叫周盛恒。过载店专为铁货商人运、销、存提供方便，从中抽佣。随着铁货运输业的兴起，新绛经营铁货的商户也渐增多，共有8家，其中南关5家，分别是瑞成公、泰成公、世兴成、万顺兴、万顺源，城内3家，分别是福元聚、万顺成、兴隆成。③ 每年冬季，船只停泊于新绛，次年三月，春雨水涨，开始通航，装载铁货运陕，八月以后停运。

除了铁货运输业，新绛还是皮货的加工地和集散地。县志记载："新绛产皮货甚多，而皮货制作则必有待于工匠，白皮行有裁活、铲皮及共作等工，在黑皮行者有拔皮、揭筋及染皮等工，白皮行约占四十余家，在皮行中为最占势力，黑皮行及股子皮行约十家上下。"④

新绛的衰落源于陇海铁路的通行。陇海路通行后改变了货物的流向，"陇海路已抵豫之陕县，武汉之货可直运陕甘，商肆复集于晋南之解，解之商由衰而渐盛，绛之商，恐极盛难为继矣"。时人还设想同蒲路通行后，

---

① 《新绛县志·序》，民国18年铅印本。
② 《新绛县志·序》，民国18年铅印本。
③ 任永昌、杨作梅：《新绛的航运业及铁货业》，《山西文史资料》第34辑，1984。
④ 《新绛县志·生业略》，民国18年铅印本。

如果能够和陇海路联运，或许可以维持或改善新绛的商业地位，"异日同蒲路成，绛以在汾之西，不能直接路线，即自设支路，无大补益，然绛商欲维持其津海陕甘百货转运之利权，亦惟同蒲路是赖，至绛之商业与绛人之商于外者，本分而为二，吾绛南乡人，向多商于北平，西北乡多商于陕甘，今北平之商仅存什一，陕甘之商亦因军匪骚扰不无失业，如同蒲、陇海两路能早日联贯，绛之商及商于外者，仍以西北边省为其目的，亦不易舍此而别辟商埠也，此关于工商盛衰者又其一"。①

及至陇海路通车后，新绛的航运业开始衰落，铁货业也逐渐萧条，商业萎靡不振。而同蒲铁路通车后，新绛未能及时调整运输方式，最终不敌铁路运输业，航运业被迫宣告终结，新绛的商业再次遭受重创。

河曲、保德、偏关三县也遭遇了相似的命运。明清时期，河、保、偏三县有"水旱码头"之称，河曲河道最长，渡口最多，水上运输最为繁忙，每年从内蒙古等外地运回来的粮食、盐、碱、油、毛皮等货物纷纷在渡口卸货，然后再转运到各地销售。山西各地的煤炭、硫黄、瓷器、红枣等也在此起运，顺黄河运至内蒙古等西北各地区，水运之繁忙使得黄河一度成为联结几省区的经济大动脉，三县的大小渡口商业兴盛。清末，河曲县城西门外的渡口上常有百余艘货船停泊装卸货物，专营水运的船户有百余家，船工上千人，从事长途运输的木船多达 200 余艘。张罗羊是偏关县关河口的大财东，他独家经营着 10 余艘大船，从事偏关至包头的水上运输，财力雄厚，富甲一方。1936 年北同蒲铁路通车后，铁路运输迅速取代水运成为大宗货物的主要运输方式，水上运输业明显萧条。②

碛口镇是明清以来山西第一大著名商镇，隶属永宁州（今山西临县境内）。它西濒黄河，河对岸便是陕西省吴堡县，素有"晋陕第一大镇""九曲黄河明珠"之称。明清之际，依靠便宜便捷的黄河水运，商人将西北的粮食、土特产品如甘草、枸杞等药材以及皮毛、胡麻油等特产经过这条黄金水道运至碛口，之后再运抵晋中及晋西南地区，回程时则运绸缎、棉布、丝、茶等日用工业品至碛口再转销大西北。乾隆年间，碛口就已经成

---

① 《新绛县志·序》，民国 18 年铅印本。
② 忻州地区志编纂委员会编《忻州地区志》，山西古籍出版社，1999，第 376、378 页。

为晋陕大码头，是大西北数省物资集散的商业重镇。省内外各地客商纷纷来此经商，民国初年，碛口镇就有204家坐商，每天有百十条船筏往来穿梭，每日卸货达数万斤，再用骡马、骆驼等畜力浩浩荡荡地驮运至吴城，然后转运至太原甚至津、京、汉口等地销售。当时流传一句民谣："碛口街里尽是油，油篓垒成七层楼，骡马骆驼驮不尽，三天不运满街流。"形容的就是当时麻油交易转运的繁盛景象。

随着经济重要性的增强，碛口的行政地位也相应上升，行政机构纷纷在此设立。咸丰年初，汾州通判移驻碛口，设三府衙门，厘税局也相应设立。1907年，临县巡检设于碛口。民国时期，设县佐、榷运局、厘税局。厘税局收印花税，全镇400多家商号，大商号年收一二百元，小字号年收三五十元，加上河槽税，每年可征收高达20万两的税银，足见碛口商业之兴旺。碛口的金融业也十分发达，银号林立，祁县、太谷、平遥实力雄厚的票商都在此设立银号，世恒昌票号的"昌"字号钱帖子在西安、兰州、银川等地可当作银元流通，具有极高的商业信用。因与通商口岸经济联系密切，银号还在天津、汉口、汕头等商埠设有办事处或分号。1915年，碛口设电信局，山西省军用电信局长途电话直通碛口镇。次年，中华邮政局在此设立，比县城早20年。碛口军事、政治、经济地位之高可见一斑。碛口衰落于全面抗日战争爆发前，战争是导致其衰败的重要因素，另外一个重要原因就是平绥铁路通行后，大西北的货物经由铁路运输，黄河水运被取代，碛口"大码头、水陆运输的中转中心"角色不复存在，衰落也就势所必然。

小 结

铁路作为近代交通体系最为重要的构成要素，在山西城镇近代化进程中发挥着关键性作用。铁路修筑前，在自然经济条件下，以驿路为主、水运为辅的传统交通体系只能维系以政治、军事为基本功能，以乡村供应为经济依托的消费型传统城镇的存在，这类城镇一般不具有形成工商业生产体的可能性，如太原、大同等。铁路这一近代交通运输方式的根本意义在于其卓越的运输性能，运量大、捷速、运费低是其他传统运输方式无法比拟的，由此促成人与物的迅速流通，推动内外贸易发展，工商业人群快速聚集，并为投资工矿企业创造基础条件，极大地刺激了工矿业的生产能力，相应工矿企业迅速崛起，使得新兴城镇出现前所未有的勃勃生机，阳泉的崛起便是典型例子。传统城镇格局也开始转变，传统城镇多有城墙，呈四方形，空间狭小，铁路车站一般设于城外，这使得以车站为中心，以转运业、服务业为主迅速兴起一个新兴城区，这是一个以经济功能为主、突破城墙的限制并沿铁路线延伸或向四周扩张的新式空间格局，充分显示了山西传统城镇因铁路运输体系的形成发生了由传统到近代的嬗变，这是山西城镇近代化过程中最鲜明的一个现象。

传统交通体系中的城镇主要沿驿路、水路分布，近代交通体系形成后，因铁路、公路线路多与驿路重合或平行，城镇的分布格局并未根本改变。但山西城镇还是出现了明显的兴衰起伏态势。首先，铁路枢纽、铁路与驿路或公路交接点、拥有矿产或具有经济腹地的城市发展最为迅速，如榆次、阳泉、太原、大同等；同时，因为其巨大的经济吸收能力甚至将邻近的铁路沿线城镇排挤下去，如平遥、太谷、忻县则发展明显缓慢。其次，铁路的巨大运输能力也加速了城市等级规模的分化。传统交通体系下商品流通量小，商品集散地等级规模不明显；铁路通行后，大规模商品可在短时间内长距离流通，从而加速了商品交易市场的等级规模分化，如棉花改由铁路运输后，榆次上升为山西境内的一级棉花集散市场，平遥则下降为二级市场，洪洞、临汾、曲沃则沦为初级市场，从而直接影响到近代山西城镇等级规模的确立。

近代交通体系的形成也加速了近代山西经济区域的重构。铁路大大缩短了沿海商埠与山西内陆腹地的距离，以铁路为骨架，以公路、驿路及水路为支脉，山西主要城镇及所属乡村逐渐成为通商口岸的经济腹地，城乡关系进一步密切。到20世纪上半叶，近代山西的主要经济区域形成，分别为：以榆次为中心，以正太铁路为输出路径，以晋南、晋中地区为腹地；以太原为中心，以正太铁路为主干，北达雁门关，西至岚县、兴县和中阳、柳林一带是其经济属区，至同蒲铁路通行后，太原的经济属区范围进一步扩大；以阳泉为中心，以正太铁路为路径，晋东各县为其经济属区；以大同为中心，以平绥、同蒲铁路为输出路径，雁门关以北的晋北各县为其经济属区。同时，各经济区域的功能具有明显的近代意义，如阳泉属区为工矿业基地，榆次属区则是农业产区及轻工业基地，太原属区是金融业、工业特别是重工业中心，大同属区是杂粮、皮毛生产区。总之，各经济区域互为补充，共同发展，成为近代山西现代化进程的重要特征，影响至为深远。

第六章 近代交通体系与中日战争

全面抗战爆发时，时任国民政府铁道部部长张嘉璈明确提出："抗战与交通，相为表里，不可或分。"现代战争"所要求于交通方面的，比过去更为重大，更为艰难，因为无论前方辎重的输送，后方物资的调集，乃至防空防岸的实施，和战略战术的运用，在在与交通机构、运输工具，有最密切的关系"。① 近代交通作为掠夺资源的重要工具，被日本帝国主义牢牢控制，并进一步加以修复、扩建，以提高运力为帝国主义的侵略活动服务。同时，近代交通作为工业化的产物，自身损失也极为惨重。本章着重从近代交通体系的视野，揭露日军是如何一步一步入侵山西进而疯狂掠夺资源与财富的，同时也反过来探究抗日军民是如何依靠近代交通体系积极进行反侵略斗争的。

第一节 近代交通体系与日本的侵略

一 日军的侵略构想与准备

20世纪一二十年代，日本对外扩张的野心逐渐暴露，确立了所谓的"大陆政策"，并制定了详细的侵华计划。九一八事变后，东三省沦陷，随后日军开始染指华北。1933年，日本政府和军部确立了"首先开发华北""根绝排日""削除国民党势力"的方针，妄想把华北变为"最好新殖民地"，以解决"帝国原料与市场问题"，在此方针的指引下，日本积极向华北侵略扩张，他们着重从以下方面着手，一步步、有条不紊地开展其侵略计划。

---

① 公权：《"抗战"与"交通"》，《抗战与交通》第1期，1938年3月15日。

首先假借"考察""参观""访问"之名，派人进行勘探调查，全方位了解山西矿产资源、社会经济、风土人情。早在1903年，日本天津驻屯军司令官主持编写的《天津志》就对山西当时的经济状况做了详细描述。1918年，日本政府派工程师门仓三能到大同调查煤炭资源，经过4个多月的调查，写就了《大同炭田地质调查报告》，其中对煤层分布、煤质、煤量、运输情况、销售价格等都做了详细的记录，为后来日本侵占大同、掠夺资源提供了重要情报。1923年，上野、太田等人在日本政府的指使下，打着"考察"的旗号，长时间在大同进行秘密调查，大量的地质资料被窃取。1927年日本商人大岛让次编写的《山西、直隶棉花情况报告书》、1936年满铁调查课编写的《山西省的产业与贸易情况》，都对山西地理、政治、经济、人文社会做了全方位的调查，特别对于山西煤铁资源，调查极为详尽。山西省煤炭储量丰富，而且品质优良，大同煤最受青睐，"煤质坚硬，容易得到大块，且块煤的比例在70%—90%，是很高级的燃料煤"。[①] 因交通落后，运输能力差，大同煤田未得到充分开采，经调查发现，大同煤矿的储量在293亿吨以上，但到1934年年产量才不过62万吨，相比之下，抚顺煤炭储量仅为7.5亿吨，而年产量已达到1000万吨，日本国内九州的煤炭储量为60亿吨，年产量高达2400万吨。也就是说，大同煤矿有着巨大的开发空间，日本认为可以非常轻松地取得年产3000万吨的成绩，而且大同平原也有利于煤炭的采掘运输。[②]《山西省大同煤矿北东部地质调查报告》《北支那经济开发方案调查资料》等报告是南满洲铁路株式会社调查员对大同地区的矿区进行深入调查后写就的，报告首先指出日本煤炭需求量很大，到1938年，煤炭缺口将达到1200万吨，同时指出东北的抚顺矿（辽宁抚顺）和新邱矿（辽宁阜新）产量不足以满足日本需要，因此，具有丰富煤炭资源的大同煤矿是日本最好的选择。[③] 因此，日

[①] 解学诗、苏崇民主编《满铁档案资料汇编》第12卷《华北交通与山东、大同煤矿》，社会科学文献出版社，2011，第537页。
[②] 解学诗、苏崇民主编《满铁档案资料汇编》第12卷《华北交通与山东、大同煤矿》，第539页。
[③] 解学诗、苏崇民主编《满铁档案资料汇编》第12卷《华北交通与山东、大同煤矿》，第535页。

本对山西特别是大同煤炭垂涎已久。七七事变后，日本帝国主义无耻地称大同煤矿为"大东亚共荣圈的主要燃料基地"，① 甚至"华北产业开发"的中心目标就是掠夺大同煤炭资源。

当然，解决日本国内缺煤困境是一方面，更重要的是通过控制山西煤炭（主要是大同煤炭），达到控制中国其他产业的目的，为其军事侵略服务。为了便于华北资源外运，满铁于1934年3月和6月两次派人进行实地考察，并在此基础上提出一份对中国主要是华北实施经济扩张的方案，包括"由满铁在华北设立运输公司，或与中国'合办'运输公司，经营中国国有铁路的普通业务"，"同时还计划将北宁线（北平—沈阳）延长至山西，以便于山西煤炭外运"。② 以上这些资料都为日后日本入侵山西后有计划、大规模地掠夺该地区的资源提供了必要的数据和情报，也使日本认识到"山西省以及以山西为根据地，跨蒙疆、陕西、甘肃的中国西北地区，对于大东亚建设而言，确是个重要地区"。③

在制定经济掠夺方案时，特别着眼于交通设施的抢夺、完善与改进，以期借此大规模掠夺山西矿产，满足其侵略目标。日本满铁相应地制定了《华北经济开发的投资机关纲要》《有关华北交通投资预想》等"开发"计划和具体的掠夺方案，具有"开发"规模庞大、"投资"金额巨大、重点项目突出等鲜明特点。在20年内，计划投资72498万日元用于华北的"开发"，华北所有产业项目都在"开发"计划之中，其中资金的72.74%用于交通及矿产资源的"开发"建设，计划修建5条铁路线，总长达到4260公里，以及3万公里公路，开通汽车运输业务。10年内，华北各铁矿产量要达到年产130万吨铁矿石并炼钢40万吨、炼铁25万吨，开采煤炭800万吨。④

日军在军事占领华北后，迅速成立相应机构，对华北交通进行全方位

---

① 解学诗、苏崇民主编《满铁档案资料汇编》第12卷《华北交通与山东、大同煤矿》，第535页。
② 军事科学院军事历史研究部：《中国抗日战争史》（上），解放军出版社，1994，第337页。
③ 中央档案馆、中国第二历史档案馆、吉林省社会科学院合编《河本大作与日军山西"残留"》，中华书局，1995，第142页。
④ 居之芬、张利民主编《日本在华北经济统制掠夺史》，第79—80页。

管制，加紧军事侵略和物资掠夺。1939年4月，所谓"中日合办"的"华北交通股份有限公司"（以下简称"华交"）成立，这是一个统制华北交通诸部门的殖民机构，隶属华北开发株式会社，是其中规模最大、军事性最强的一个子公司，资本总额高达4亿元，主要任务就是占领并控制华北地区的交通，如铁道、公路、内河水运。日军明确提出该公司的使命是"将华北交通的实权掌握于我（日方——笔者注）势力之下，谋求自由而适当的运用，以期用兵作战上无憾"，同时虚伪地指出华北交通是华北产业"开发"的基本，"以资扶持我经济势力及增进华北民众的福利"。[①] 对此，日军强调要"不惜一切代价"掠夺华北交通并实行统制政策，即"华交"下辖企业不得以营利为目的，一切为军事行动服务，以掠夺运输煤炭为主要目标敦促其尽快制定铁路交通统制计划，"参酌输送距离、港湾能力，设立煤炭输送路线年度计划"，"铁道建设计划应符合煤炭增产最小限度的需要，以增强线路及提高线路运量为主"。[②] 可见，"华交"旨在完成日军军事运输和掠夺运输任务，给日本侵略军运输兵员、给养和武器弹药，配合日本侵略军作战，掠夺中国的资源和财物。在完成上述任务的前提下，经营一些客运。1939年6月，"华交"总裁宁佐美，在副总裁新井、理事下津和日伪北京铁路局局长的陪同下来太原视察，对"华交"驻太原机构"勉励有嘉"。1941年6月15日，日本华北派遣军最高指挥官多田骏在给"华交"的"奖词"中写道："当民国三十年五月中原会战时，能应乎军之要求，亘长久时日尽瘁于各种输运，尤于能在短时间内完成急速之集中输运，或于设备不完备之太原以南地区克服各种困难，发挥最大输运力，俾利于军之作战，认为功绩显著，特此奖赏。"[③]

由于"华交"把军事运输和掠夺运输放在首位，在运输收入上，有时是亏损的。据日伪《华北交通之创业》杂志记载，1939年，"华交"全年收入1.2亿元，除去开支，有赤字1000余万元，其中，铁路运输赤字500余万元，公路运输赤字700余万元。[④]

[①] 《中国抗日战争史》（中），第546页。
[②] 郑伯彬：《抗战期间日人在华北的产业开发计划》，资源委员会经济研究所，1947，第54页。
[③] 《山西公路交通史》第1册，第202页。
[④] 《山西公路交通史》第1册，第202页。

1938年成立的"蒙疆"汽车股份有限公司是垄断内蒙古、绥远、察哈尔、晋北广大地区的运输机构。大同营业所是其中的一个分支机构。起初汽车不多，仅经营大同市内、大同至左云、大同至云岗、大同至代县等几条线路的少量客货运输业务。后又开辟大同至河北阳原、大同至河北蔚县、大同至浑源、大同至灵丘等5条路线，主要任务是配合日军在晋北地区进行一系列"清乡""扫荡"等行动。

二 破坏、利用、修复交通网，加快军事侵略步伐

日军对中国交通设施采取的基本方针就是"抓住必要的交通事业，特别是华北方面，应以国防要求为第一位"，① 即日军必须统制所有军事上必需的交通设施。因此在侵华初期，交通是中日双方争夺的焦点。为尽快占据战略主动，日军采取边破坏边利用的策略，如1937年日军在忻口遭受重创，便调遣平汉路主力部队由正太铁路西进，重创中国军队。从1937年8月至1938年2月的半年时间里，日军疯狂地向同蒲铁路展开空袭，22个车站被破坏，130余辆车被毁。② 在1937年9月5日的一次轰炸中，怀仁车站损失惨重，4米路基、6米轨道、2430米电线线路以及1个水塔被炸毁，总计损失1465元（法币）。③ 1938年3月5日，日军完全占领了山西铁路。据统计，这期间，同蒲铁路损失1383辆窄轨车辆、76台机器，各类损失金额高达2731395787元。正太铁路损失了1248辆窄轨机车。④

日军占领华北后，立即设立政务执行机关——特务部，下设四课，第一课负责交通、通信、邮政、建设等事项，主要任务便是掠夺交通与通信机关，"中国方面交通、通信机关统由军方直接使用"。⑤ 侵晋之初，日本帝国主义也是本着此方案，对山西国防资源的掠夺无暇多顾，而是首先迅速完成对该省铁路交通网络的控制。1937年末至1938年初，正太和同蒲

---

① 复旦大学历史系日本史组编译《日本帝国主义对外侵略史料选编（1931—1945）》，上海人民出版社，1975，第273页。
② 《山西通志·铁路志》，第264页。
③ 《同蒲铁路战时路产损失统计表》（1939年12月23日），山西省档案馆藏，档案号：B30-1-825-4。
④ 转引自岳谦厚等《日本占领期间山西社会经济损失的调查研究》，第98页。
⑤ 《华北治安战》（上），第51页。

两条铁路干线被日军占领，随即用于山西和西北地区的军事运输，"（同蒲铁路、正太铁路）军运占 90% 以上"。[①] 用于商运的客货运输量大幅下降，"1938 年正太、平绥、同蒲 3 条干线铁路的货运量仅为 1935 年的 59.2%，1938 年正太、同蒲两路的客运量仅为 1935 年的 36.9%"。[②]

战争进入相持阶段后，日本全面占领华北，山西境内的大兵团作战基本结束。随着华北战事趋于平缓，铁路的军运职能不如初期那样重要，再加上之前铁路设施因为战乱受损严重，为了弥补铁路运量的不足、维护山西的"治安"、镇压山西军民的抗敌斗争，这一时期，日军首先加强对华北公路交通的控制。1938 年，成立了伪华北建设总署，这是日伪汉奸傀儡政权——伪华北政务委员会统辖华北地区公路交通、水利事业和城市建设的机构，内设总务、公路、水利、都市四局。公路局下辖北京、太原两个公路局。华北地区的公路分为"国道""省道""县道"三种，分级管理。"国道"由伪华北建设总署管理，山西境内的"国道"共有 7 条，即太原北京线太原至平定旧关段、太原西安线太原至风陵渡段、太原大同线、太原开封线太原至晋城段、大同天津线大同至天镇段和太原军渡线、太原济南线长治至黎城东阳关段。[③] 1941 年，伪华北建设总署将山西境内已成重要"国道"的 680 公里公路交伪山西省公署管辖。1943 年又增加了太原济南线长治至黎城东阳关段。其次，加强对山西的公路修建工作。1939 年，日伪山西省公署成立伪山西工程局（直属伪建设厅，后与该厅建设科合并，更名为"山西省工务局"），重点对原有干线公路进行整修，目的是扫荡、围困抗日根据地，将控制区域从"点""线"扩展至"面"的层次，实施"囚笼政策"，以期分割、封锁抗日根据地，打击抗日势力。在此期间，新建和整修的山西公路主要为：整修宁武至神池、忻县至静乐、霍县至汾西、浮山至临汾、代县阳明堡至繁峙大营、忻县至五台、太原至雁门关、太原至军渡、侯马至河津共计 9 段公路，预计投资 30 万元；延长包括忻县至五台、太原至岚县、忻县至岚县、离石至岚县、平定至沁县、汾城

---

① 张利民：《日本对华北铁路的统制》，《抗日战争研究》1998 年第 4 期，第 110—120 页。
② 《山西通志·铁路志》，第 376、428 页。
③ 《山西公路交通史》第 1 册，第 187—188 页。

至乡宁、临汾至大宁、侯马至河津段的公路，总计长达1106公里。①

到1942年，山西公路总长7109.9公里（不包括伪蒙疆政权控制的大同即雁北地区），其中"国道"10条，"省道"59条，另有众多深入农村的临时便道。② 在修整或修建公路时，日军以服务军事为目标部署了侵略行动的线路方案：以城市为中心，修建通往周边农村的汽车路，这些汽车路呈环状、放射状，目的就是实施对敌后抗日根据地严密封锁进而"蚕食"的计划；同时特别注重在铁路两侧及周边修建公路，名义为所谓"治安路""警备路""保卫路"，实则是为进攻各抗日根据地做准备。③ 这个密密麻麻的公路网，切断了各抗日根据地之间的联系，便利了日军及时弥补兵力，为日军进行分区扫荡、实现"合围"聚歼敌后抗日根据地提供了交通条件。此外，日军还强迫铁路两侧的人民组成所谓的"铁路爱护村"，收集情报，"华交"下属特别调查班"通过铁路及道路交通状况的调查、通信情报、间谍等，收集治安情报"。④ 总的来看，日军妄图在华北地区实行"铁路为柱、公路为链、碉堡为锁"的"囚笼政策"，加紧推行"肃正建设计划"，企图分割、封锁、摧毁华北各抗日根据地，巩固其占领区。这一计划最终导致山西交通运输事业损失惨重。以太行地区为例，铁道、公路损失分别为2500000元（美元，下同）、130000元，间接损失100000000元、34000000元。⑤

三　恢复并改建交通网，疯狂地进行经济掠夺

进入战争相持阶段后，战事趋缓，1939年4月，"华交"建立，总部在北京，在天津、济南、张家口、太原、开封等大中城市设有庞大的分支机构，把侵略的触角伸到华北和中原地区的广大城镇乃至农村。"华交"在太原的分支机构起初叫太原自动车管理所，它从成立的那一天起，就以

---

① 《山西公路交通史》第1册，第188—189页。
② 《山西省公路概况表》，（伪）山西省政府秘书处统计室编《山西省统计年鉴》下卷，1942。
③ 《华北治安战》（上），第162页。
④ 《华北治安战》（上），第187—188页。
⑤ 《太行区八年来交通系统资材损失统计表》（1945年），山西省档案馆藏，档案号：A128-2-8-2。

掠夺运输为主要任务，这一时期，日军的主要目标是借助交通网络疯狂地掠夺山西丰富的资源财富。

第一，日军占领铁路的重要枢纽，以此为连接点，将山西的铁路网络纳入华北铁路网络之中，从而为掠夺山西资源、实现侵略野心做准备。

在日军铁路统制体系下，太原北站和大同站成为日军物资的重要中转站。日军通过太原北站连通了正太铁路和同蒲铁路，大量的山西煤铁等资源通过这条铁路线运往华北和华中。"鲜支直通线"与"日支直通线"在太原北站的相继设立，则便利了日军将晋煤直接运往朝鲜和日本。① 大同是"蒙疆"的煤矿资源中转基地，经由大同的平绥铁路向"满"蒙及日本国内源源不断地输送煤炭。1937年9月日本侵略军侵占大同后，"将京包线各站股道延长至350米，增建三条洞、随士营、夏小堡、东辛庄4个会让站，提高了区间通过能力"。② 并且将京绥线分割成两段分别管理，南口至丰台划归伪北京铁路局管理；由南口至包头及同蒲线北段划归伪张家口铁路局管理。日军甚至还计划在1940年9月建成大同至塘沽的铁路线，以提高对日本国内的输送量。③

第二，为扩大资源"开发"规模，修复改造原有的交通线。

1940年前后，日本拟投资近4亿日元实施新的交通建设方案，主要内容是交通路线的修复和扩充。这4亿日元占华北产业投资总额的60%以上，足见日军对交通的重视程度。按照计划，1941年底，6.312公里的铁路要得以修复，同时要新建687公里铁路，修复和扩建公路18600公里。④ 后经过一年半多的修复，正太和同蒲两铁路断断续续通车。同时，日军又着手对正太铁路及同蒲铁路北段进行改造。正太铁路和同蒲路均为窄轨，实施窄轨变标准轨的工程，目的是贯通山西铁路与津浦、平汉两铁路，旨在实现所谓"大陆铁道一贯运营"的目标。1939年10月，正太铁路改造完成。同蒲铁路原平以北段需跨越恒山山脉，工程比较艰巨，1937年因日本侵华战争全面爆发，同蒲铁路北段修至韩家岭站时被迫中断，此地距大

---

① 岳谦厚等：《日本占领期间山西社会经济损失的调查研究》，第100页。
② 《山西通志·铁路志》，第56页。
③ 《赶修大同塘沽铁路》，《新华日报》（华北版）1940年5月25日。
④ 居之芬、张利民主编《日本在华北经济统制掠夺史》，第172页。

同站约 8 公里未铺轨。日军侵占大同后，为了扩大侵华战争，加速对北同蒲铁路的抢占抢修，同时避开耗资巨大的桥梁工程，将接轨点改在口泉支线的平旺站。同时，为适应日本现有设备，将原 1000 毫米的窄轨线路变成 1435 毫米的标准轨线路。1938 年 4 月，由大同通车到朔县，1939 年，北同蒲铁路全线通车到太原。① 除此之外，1939 年，大同站由 10 股道增加到 20 股道，线路有效长为 310 米至 437 米，北牵出线长 347 米，南牵出线长 409 米。同时，为将矿产品尽快运往日"满"等地，"华交"还修建了一些铁路支线用于掠夺煤炭等资源。其中包括太原北站支线 9 公里，榆次纺织支线 1 公里，朔原支线 112 公里，东潞支线 174.9 公里，石滩支线 2.7 公里，虎峪炭矿支线 3 公里，史家岗支线 7.6 公里，黄丹沟支线 15.33 公里，鹅毛口支线 10.30 公里，阳泉铁煤支线 7 公里，华北窒素支线 2 公里，11 条支线共计 344.83 公里。② 另外，还制定了大同至渤海湾约 600 公里的铁路修建计划，以及为提高运煤量，实现从 1000 万吨增至 3000 万吨的运煤计划，制定了铺设新的复线运煤专线的计划。③

与此同时，汽车营运业务也在逐渐恢复。1942—1943 年，初步形成了以省城太原为中心，北至雁门关、五寨、繁峙，南抵芮城、蒲县，东南至晋城、阳城，东达平定、昔阳、和顺，西到离石、柳林的公路营运网络，共计 26 条汽车路线恢复运营，总营业里程为 2100—2600 公里。④

第三，更换、改装机车及增加列车、增载运力，想方设法增加运量。

1942 年 8 月底，同蒲路南段开始改造，"将军用列车由 2 列增至 10 列，其他列车由 2 列增至 3 列，线路客量为 16 列车"。1942 年 10 月，北同蒲杂型机车更换为日本机车。至此，400 辆机车改轨工程基本完成，"如明确指示作战，计划再改成 200 辆"。⑤

1944 年前后，交通运输路线被毁严重，运输能力明显不足，战备资源

---

① 李大钧、李大宏：《大同铁路史话》，第 11 页。
② 岳谦厚等：《日本占领期间山西社会经济损失的调查研究》，第 79 页。
③ 岩崎继生：《大同风土记》，侯振彤译编《山西历史辑览（1909—1943）》，第 256 页。
④ 《山西通志·交通志·水运公路篇》，第 318 页。
⑤ 日本防卫厅防卫研究所战史室编，天津市政协编译委员会摘译《日本军国主义侵华资料长编》（中），四川人民出版社，1987，第 533 页；居之芬、张利民主编《日本在华北经济统制掠夺史》，第 172 页。

紧缺，为解决"华交"的机车燃油不足问题，以实现铁路"输送力之跃进"，① 日军对机车进行改装，"车辆多改为石炭车，现在运行之数约为百分之三十二，预备车为百分之十八，未运行者达百分之五十"。② 日军丝毫不顾铁路承载的最高限额，通过增加挂车辆数、货车增载、缩减客运的办法提高货物运力，从1941年起，"华交"规定，"标准30吨货车增载至33—35吨；40吨货车增载至45—48吨"。1944年之后，日军又丧心病狂地扩大货车增载范围，规定"标重50吨、25吨、20吨的货车，增载10%；40吨、30吨货车，增载20%；15吨、10吨货车增载1吨"。③ 据统计，1940年，平均每天107辆载客客车被迫承担货运业务，到1943年跃增至274辆。

第四，对货物区别对待，对军需和本社物资减免运费，降低生产成本。首先，将"华交"下辖的铁路运输的物资划分为三类，分别是军需物资、本社物资及运营物资，军需和本社物资实行免费或低运价政策。其次，根据去向将货物划分为中方、伪满及日本三类，并收取不同的运费，中方货物每吨运费高达25元，伪满低至1.2元，日本货物最低，只有0.8元。④ 通过一系列减免运费、低成本的运营方法，山西乃至华北区域内大量矿产资源被日本以极其低廉的价格掠夺走，成为日本扩大战争的后备资源。

第五，货运种类明显地向煤铁等矿产资源倾斜。

掠夺煤铁矿产是日军的重点目标，运送煤铁成为日军统制铁路的主要目的。因此，从1938年开始，随着正太、同蒲铁路的改造以及一些煤矿专用支线的相继修建完成，日军加大对矿产资源的掠夺。1942年的正太铁路货运量为361.7万吨，同蒲铁路货运量为467.2万吨，平绥铁路达654.9万吨。据统计，1938—1941年铁路输送货物中矿产品比重分别高达65.3%、67.9%、70.6%、74.7%，⑤ 煤炭等矿产资源占货运的大部分。华北铁路货物运输的大宗也是煤炭，1939—1944年华北铁路运煤量分别占到煤

---

① 居之芬、张利民主编《日本在华北经济统制掠夺史》，第173、176页。
② 华北开发公司：《关系公社之业务经营及其计划（节录）》，章伯锋、庄建平主编《抗日战争·日伪政权》，四川大学出版社，1997，第585—606页。
③ 山西铁路志编纂委员会办公室编《山西通志·铁路志（1896—1985）（送审稿）》第3编中册，1995，第45页。
④ 岳谦厚等：《日本占领期间山西社会经济损失的调查研究》，第100页。
⑤ 居之芬、张利民主编《日本在华北经济统制掠夺史》，第175页。

炭生产量的 78.01%、78.35%、75.33%、73.84%、71.18% 和 59.67%。①

这一时期，日军还在山西建立了自动车所，从事公路货运业务，主要职能是在掠夺资源方面弥补铁路运力的不足以及"进行大同、阳泉、西山、潞安、汾西等煤矿至南北同蒲铁路和石太铁路上站煤炭的集运"。② 1938 年，"蒙疆"汽车股份有限公司在张家口成立，下设张家口、宣化、大同、包头、厚和（呼和浩特）5 个营业所，抽调 2 辆日产万国牌客车开办大同公共交通，营运线路为火车站至南街县角，全长约 4 公里，途经钟楼、北门外，每天上午行车一次。③

如此种种，山西的资源特别是矿产资源遭到日本侵略者掠夺式的"开发"与强盗式的劫掠，损失极为惨重（见表 6-1）。据统计，1939 年，西山煤矿产量的 96.7% 经铁路运往日本，高达 20.70 万吨，阳泉煤矿产量的 97.0% 被掠夺。④

其他铁矿厂也损失巨大。据不完全统计，山西矿业在八年间直接损失达 26759843 元，间接损失要比此数高得多。⑤

表 6-1 1946 年山西矿业财产直接、间接损失统计

单位：法币

名称	属性	直接损失	间接损失
阳泉矿务局	民营	71370331200	
晋北矿务局服务有限公司	民营	102077351080	52300000000
西北实业公司	民营	12568172088	16758320000
保晋矿务公司	民营	80778566500	
阳泉矿务公司	民营	18481300	

资料来源：《山西省民营事业财产直接损失审报表》（1946 年 7 月 15 日），山西省档案馆藏，档案号：B13-1-75。

---

① 居之芬、张利民主编《日本在华北经济统制掠夺史》，第 303 页。
② 《山西通志·交通志·公路水运篇》，第 370 页。
③ 《大同市志》上册，第 118 页。
④ 《山西通志·铁路志》，第 427、445 页。
⑤ 转引自岳谦厚、田明《抗战时期日本对山西工矿业的掠夺与破坏》，《抗日战争研究》2010 年第 4 期。

四　把交通网络当作统治、奴役人民的工具

在日军的占领下，交通网主要发挥物资运送和军事行动的职能，另外还是统治中国人民极为重要的工具。他们建立"爱路科"作为统治机构，设立"爱路指定县"，成立"爱路村"，以此作为统治沦陷区人民的手段，一方面保证了交通顺畅，另一方面又打击了抗日力量，加强了对沦陷区人民的控制。

"爱路村"是最基层的机构，"铁路、公路、电线经过及飞机场和其他设施所在地之村镇"均被强迫组织"爱路村"。1939年，太原、阳曲、徐沟、祁县、太谷等13县一共489个村庄建有"爱路村"，原村长副兼"爱路村"村长副，负有督率职责，选村中壮丁昼夜在交通线巡逻，"如有匪徒（指抗日军民）破坏之处，应尽力补修"，[①]"爱路村所需军费，由该村负担"。[②] 除此之外，"爱路村"还被迫搜集情报以及义务服役。1942年，日军制定《修理公路实施办法》，规定沿路各"爱路村"每户每日出1名劳力、1辆车，且是"义务服役，如查有人民支吾违延不服役时，每人每日处以二元以下之罚金，每车处以三元以下之罚金。如村长副不负责任，处以十元以上之罚金"。[③] 后来"爱路村"数量不断增加，到1943年，整个华北地区"爱路村"数量高达1100个，多集中于铁路、公路两侧大致10公里范围内。

以上"华交"的种种侵略行径得到了多田骏的肯定与赞赏。他声称"华交"辖制之山西交通"能应乎军之要求，亘长久时日尽瘁于各种输运，尤于能在短时间内完成急速之集中输运，或于设备不完备之太原以南地区克服各种困难，发挥最大输运力，俾利于军之作战"。[④] 但是，对于山西人民而言，这无疑是一场灾难。由于日军的破坏及"竭泽而渔"的运作，到1945年日本战败投降时，山西整个交通体系已经支离破碎、千疮百孔，铁路的通车里程大大缩短，同蒲铁路干线仅大同南至史村、安邑至蒲州段可

[①] 《山西公路交通史》第1册，第193页。
[②] 《华北治安战》（上），第69页。
[③] 《山西公路交通史》第1册，第190、195页。
[④] 《山西公路交通史》第1册，第202页。

通车，两条支线——原平至大营、平遥至汾阳段完全折损，忻窑支线仅可通车至定襄蒋村。即便能勉强通车，损耗也极为严重，"所有能通车段复经敌人八年之使用，枕木、钢轨均腐朽不堪，机车车辆亦均破损，能用者仅有三分之一"。① 据统计，各铁路线损失为，原大线 31465470000 元，忻窑高索线 43545420000 元，永风线 7231044400 元，忻窑支线 7928184200 元，太兰线 8732968000 元。②

在日占期间，日军占据了营运最发达的公路干线太大线（太原至大同）、太风线（太原至风陵渡）、侯河线（侯马至河津），其余的线路——太军线（太原至军渡）、平辽线（平定至辽县）、浑五线（浑源至五寨）、阳大线（阳明堡至大营）、白晋线（白圭镇至晋城）、汾隰线（汾阳至隰县）则被分裂切割，互不统属，分别由两种或三种不同势力控制，③ 导致公路线路至抗战结束前无一全线畅通，受损较之铁路更加严重。

第二节　近代交通体系与反侵略战争

金士宣在《铁路与抗战及建设》一书中详细阐述了以铁路为主的交通运输在抗战中的使命："军事运输任务必须达到：军运首贵迅速准确……战时固以军运为主，但各工厂矿场机器设备之拆迁，旨在保全军用器材与民生必需品之生产能力，必须以全力抢运，战区人民之后移，亦须以全力输送，其重要与军运相同，至一般客货运输关系地方治安人民生计及国家经济，均极重要，且客货运输收入亦为维持运输事业本身所必需，自须兼筹并顾。"④ 由此可知，对于交通于军事、民生的重要性，中国也有深刻认识。在战前及战争期间，政府及人民也采取了一定措施抢夺交通线进行反侵略斗争。

一　战前交通建设与运输准备

九一八事变后，日本占领我国东三省，但南京国民政府依然坚持"攘

---

① 《太原铁路局接收情形及修复计划》，山西省档案馆藏，档案号：B30 - 1 - 87 - 3。
② 转引自岳谦厚等《日本占领期间山西社会经济损失的调查研究》，第 104 页。
③ 《山西公路交通史》第 1 册，第 185 页。
④ 金士宣：《铁路与抗战及建设》，商务印书馆，1947，第 19 页。

外必先安内"的政策，把大量精力和资金消耗于内战，疏忽了交通建设，导致铁路建设资金严重短缺，表现为铁路路线少、里程短、运输效率低、机车车辆陈旧、设备短缺简陋。从1927年南京国民政府成立到1935年华北事变爆发前，南京国民政府以平均每年207.4公里的速度仅修筑铁路1763公里，与清末的成绩（每年319.2公里）相差甚远，也比不上北京政府时期的筑路成绩（每年212.4公里）。山西省的交通建设则主要是20世纪20年代的公路建设，虽然公路网基本形成，但铁路建设没有增长一公里。

随着日本帝国主义侵略野心逐渐暴露，南京国民政府也开始采取一系列应对举措。其中，国防交通建设成为重中之重。1936年底，南京国民政府制定了庞大的铁路干线修筑计划，计划在接下来的四年时间里修筑完成一批铁路干线，并强调"铁路建设应以国防运输沟通经济中心为原则"。[①]

在1936年初至1937年7月的一年半中，国民政府筑路成绩斐然，粤汉、浙赣、陇海、同蒲等铁路干线加速修建或完成。特别是南北纵行第一干线——粤汉铁路于1936年6月全线通车，武汉与广州得以直接沟通。后来粤汉、广九两线接轨，实施联运，大量国外物资从香港输入内地，极大地支持了抗战，为抗战的胜利立下了汗马功劳，有人予以高度评价："抗战开始之后，英美及其他各国军需物资经由香港源源进口，对于抗战尽其最大之贡献"，"否则一二月之延搁，即将少运数十万吨之军需物资，其影响于长期抗战之物力，安可以数字计耶"。[②] 其他完全出于国防目的而修筑的还有苏嘉、沪杭甬、京赣、黄埔等铁路，这期间，共修筑铁路2030公里。

不仅全力修建铁路线，南京国民政府铁道部还着重开展军事运输的准备工作。1936年，随着华北局势的日趋紧张，国民政府制定《民国二十六年度国防作战计划》，拟将全国铁路统归最高统帅部直辖或授权使用。铁道部通令各路局切实做好以下四项事务：（1）加紧对铁路员工的军事训练。（2）购储材料。在太原、郑州、西安、汉口、南昌、南京、徐州等设

[①] 《中国国民党历次会议宣言决议案汇编》（二），第294—304页。
[②] 张公权：《抗战前后中国铁路建设的奋斗》，台北：传记文学出版社，1971，第128页。

主要兵站，储存弹药、燃料及军粮。(3)充实各项设备，增加运输力。(4)积极推进防空工作。

就山西而言，修筑同蒲铁路防范日军一直是阎锡山的重要目标。他曾明确表示要在铁路交通方面向日本学习，"我们修一条纵贯山西南北的铁路，将来有事，北起大同南到蒲州的军队，半天就可以调回太原来"。① 同蒲铁路分为北同蒲和南同蒲两段，太原为中点。太原以南的南同蒲段率先修筑，1933年5月开工，1935年12月顺利竣工，长513公里。太原以北的北同蒲段于1933年11月开工，修至朔县到大同段时因抗日战争爆发被迫停工，但也完成了351公里。总体来看，同蒲铁路纵贯山西南北，北与平绥铁路相接，南与陇海铁路联系，东经正太铁路与平汉铁路连通，对山西的防护作用不言而喻。

战前，山西省政府也针对日军的侵略意图做了各方面的准备，"1935年华北事变后，同蒲铁路局唯恐战事爆发，于1937年夏修筑了机车、车辆掩蔽洞、总局及车站防空壕洞、车站建筑及桥梁的伪装等防空设施；购备战时路用材料、员工粮食；增设修车分厂、无线电台，增加各段设备用款；筹设诊疗所及救护队等一系列准备措施，作未雨绸缪之计"。②

二 战略防御时期，铁路交通发挥了重要的军运职能

从全面抗战爆发到武汉沦陷后的战略防御阶段，是铁路运输最为繁忙的时期，军事运输几乎全赖铁路。这一时期，铁路肩负着向战场输送军队及军需用品，抢运机器、设备和技术人员到后方，以及输入外援物资等繁重任务。

以平汉铁路为例，平汉铁路是中国铁道主干，它与陇海、正太两铁路直接相连，间接与同蒲、津浦两路相通，贯通中国南北，处于中国国防的最前线，对于抗战的意义殊为重要。因此，国民政府以平汉铁路为主干线进行军事抵抗，在平汉铁路设立第一战区的中心，第二集团军驻守平汉铁路，第二十集团军和第一集团军分别驻守平汉铁路东西两边。据统计，在

---

① 郭廷兰：《修建同蒲铁路见闻录》，《山西文史资料》第24辑，第140页。
② 《本局报送抗战经过有关资料》，中国第二历史档案馆藏，全宗号：683，案卷号：24。

抗战之初的半年时间里，平汉铁路共发军车2826列，平均每日15列，计运输军需物资27.9195万吨。此外平汉路局还扩建沿线铁路医院，发行专门的救护列车抢救伤病员，为抗战做了大量工作。①

全面抗日战争爆发后，晋绥军扩编为两个集团军六个军，从1937年9月至11月，南京国民政府在山西组织了一系列防御战役，包括天镇战役、平型关战役、忻口战役、娘子关战役、太原保卫战等。在这些防御战中，同蒲铁路运送了大量军队到前线，在忻口战役前，晋绥军第十九军、第三十三军、第三十四军、第三十五军、第六十一军等部就是依靠同蒲铁路迅速集结到忻口一带的。国民革命军第九军郝梦龄部、第十四军李默庵部、第十五军刘茂恩部也是取道同蒲铁路，北上增援忻口前线的。②川军第二十二集团军邓锡侯部，也是通过同蒲铁路北上增援娘子关前线的。据统计，"自1937年7月日本全面侵华以来的8个月间，同蒲铁路共计运输部队523935人，马匹33195匹，军品287437吨"。③与此同时，同蒲铁路遭到日军百余次轰炸，损失惨重，在如此艰难的环境下，同蒲铁路运输依然没有停止，特别是"太原失守后，将晋绥军迅速运至晋西南地区，还把西北实业公司大量的机器设备材料运离沦陷区"。④

三 战略相持阶段，破坏敌人的交通线、打破"囚笼政策"是重要内容

山西失守后，阎锡山以晋西吉县为中心，重建山西省政权，下辖10余县。中国共产党则以山西境内各大山系为依托建立了晋察冀、晋绥、晋冀豫、晋西南等抗日根据地，在铁路线两旁，打击进犯的日军，展开全面的游击战争。正太特委、正太铁工委和中共晋中特委在正太铁路以南先后成立，发展群众，后与第一二九师联合在晋中各县组织群众，发展武装，成立了平定、榆次、太谷、寿阳等多支游击队。随后，第一二九师进至平汉铁路以西、正太铁路以南、同蒲铁路以东地区开展游击战争，打击南犯的

---

① 《抗战与交通》第4期，1938年5月1日。
② 李默庵口述《世纪之履：李默庵回忆录》，中国文史出版社，1995，第129页。
③ 金士宣：《铁路与抗战及建设》，第77页。
④ 李可：《同蒲铁路在民国山西社会中的多重面相》，《经济问题》2015年第4期，第125页。

敌人，掩护地方工作的开展，到1938年4月，晋东南抗日根据地奠定了坚实的基础。在抗战期间，我党领导铁路工人以破坏敌人的交通线、打破"囚笼政策"为目标展开一系列斗争。如在1939年8月至1940年2月，由同蒲铁路工人324人组成的爆破队，共对同蒲铁路袭击了44次，炸毁2台机车，破坏17列列车。1940年5月至1946年7月，第一二九师在刘伯承、邓小平的指挥下发动白晋战役，东潞铁路支线全部被拆除。1942年6月至1943年6月，在同蒲铁路的原平站，共产党人岳茂林组织发动铁路工人与日军斗争，炸毁、破坏桥梁线路50余次。①

其中，对日军打击最大、成效最为显著的当数1940年发动的百团大战。1940年8月8日，八路军总部下达《战役行动命令》，重点是摧毁正太铁路和同蒲路北段的交通，并做了具体的战役部署：晋察冀军区的目标是以主力10个团破坏正太铁路平定（不含）至石家庄段，重点破坏娘子关、平定段，同时分派部队破袭边区周围的平汉、北宁、德石、津浦、沧石等铁路，以防敌军向正太铁路增援；第一二九师以主力8个团，附总部炮兵团1个营，破击平定（含）至榆次段，重点破坏阳泉、张净段，同时分派部队破袭根据地周围的平汉、德石、同蒲、白晋铁路及邯大、临屯公路；第一二〇师破袭平遥以北同蒲铁路及汾离公路，并置重兵于阳曲南北以阻敌向正太铁路增援，并力求以约两个团进至榆次南北地区，配合第一二九师作战；对晋西北腹地内各个敌据点与交通线，应分派部队积极破袭。

战争共分三个阶段。第一阶段晋察冀军区、第一二九师的中心任务是破坏日军交通，摧毁正太铁路是进攻的重点。前10天里，我军在正太线的破袭战取得重大胜利，一夜之间，从娘子关至榆次间的铁路被全部毁掉，阳泉煤矿工人几乎全部参加了行动。他们和煤矿附近农村成千上万的民兵，排满了阳泉一带几十里长的铁路。大家把几节道轨连同枕木一起掀翻，堆在桃河滩上。后10天，由于日军的反扑，八路军被迫撤出正太铁路，晋察冀军区转而出击正太路以北盂县地区，第一二九师则对"扫荡"的日军予以打击。1940年9月16日开始战争的第二阶段，作战基本方针

---

① 曹立群：《民国时期同蒲铁路的筹建及运营》，硕士学位论文，武汉大学，2018，第53页。

是继续破坏日军交通，扩大战果，摧毁深入根据地的某些据点。在这一时期，晋察冀军区主要进行了涞灵战役，第一二九师主要进行了榆辽战役，第一二〇师破袭了同蒲铁路。第三阶段是反对敌人的报复性"扫荡"。百团大战打破了日军的"囚笼政策"，对日军震动极大。据日军统计，正太、同蒲及平汉铁路共44681米道轨、93米隧道以及1014米桥梁被破坏，2440根电线杆或被切断，或倒坏，146公里电线被切断；井陉新矿至少半年不能产煤。①

四 抗战后期，公路、驿路取代铁路发挥了至关重要的作用

抗战期间，由于敌我力量悬殊以及国民党战略战术指导失误，我方屡屡丧师失地。铁路首当其冲被日军占领，至武汉失守，8800公里的铁路沦于日手。1942年12月，1.05万多公里铁路又被日军占领，包括北宁、平绥、平汉、津浦、胶济、正太、同蒲、京沪、沪杭甬、苏嘉、道清、南得、粤汉、广九、浙赣、陇海等各条铁路，后方仅存2800公里的铁路。

为解决交通运输问题，早在武汉失守后的1938年10月，国民政府便召开全国公路水道交通会议，为弥补铁路运输的不足，决定一方面加大修筑西北、西南公路的力度，另一方面加强利用内江水运。1940年7月15日，重庆国民政府召开全国驿运会议，决定依靠中国传统交通体系及运输工具，自力更生实施战时驿运。9月1日，主持全国战时驿运事业的驿运总管理处成立，隶属交通部，主要任务是组织民众，大力发展战时驿运。驿运事业自此逐步开展起来并获得不错的成绩。据统计，驿运各干线"开办之始，每月运输量仅四千吨，至去年底（1940年——笔者注）已增至万吨左右，至本年三月则已增至万八千吨"，至1941年3月底，"已开运之运输干线九线，全长计九千一百余公里，支线已核定者三十四线，全长一万七千余公里，开办者则已达八千余公里"。②

开办全国驿运，最初是为了"补机力运输之不足"，在太平洋战争爆

---

① 日本防卫厅防卫研究所战史室编《日军对华作战纪要·大战前之华北"治安"作战》，台北："国防部"史政编译局译印，1988，第555—558页。
② 《驿运开办以来成绩颇良好，总管理处机构将加强》，《大公报》1941年4月24日，第3版。

发后，日本占领缅甸，滇缅公路运输完全中断，驿运的重要作用更加突出。据统计，至 1943 年，驿运承担的货运量仅次于铁路，居第 2 位，占全国总运量的 32.42%，远超公路运量；延吨公里量占 23.65%，次于铁路和航运，居第 3 位。① 据 1944 年前 4 个月的统计，驿运运量就已经占其时总运量的 48.67%，跃居首位，延吨公里量占 25.65%，上升至第 2 位。② 也就是说，随着铁路与公路被不断占领，可运输里程大大缩短，战时驿运替代铁路、公路承担了大量急需的军用民用物资运送工作，重要性自不待言。时任国民政府交通部部长俞飞鹏曾对此大加赞赏："驿运……其路线可以贯通全国，其运力亦有可观，敌人无法封锁，诚为争取最后胜利之利器。"③ 而且，驿路具有燃料、经费节省等优点，非常适合艰难的抗战时期。驿运"运输物资六万四千余延吨公里，节省汽油二千五百七十余万加仑，节省汽车共约八千五百九十余辆，节省经费每年约四万六千余万元"，但其经费总支出"比之历年用于其他交通事业之国帑，仅占百分之二"。④

抗战期间，阎锡山政府所统治的晋西山区，人烟稀少，经济文化落后，基本没有工业，境内公路极少，交通极不方便，运输全靠人担畜驮。1941 年，阎锡山征调民工，整修了中阳至隰县、蒲县至隰县、吉县至蒲县、吉县至乡宁的公路，并维修了一些损坏严重的大车路和驮运路。1943 年，又拨款 30 万元，计划修筑支线 300 公里。但由于投资不足和官员中饱私囊，实际只整修了乡宁至塔上、吉县大屹塔至桃园、乡宁至梁家坪、午城至蒲县等 4 条大车路，全长 105 公里。同年阎锡山政府为建设辖区与陕西的交通运输线，以"军运紫繁，差骡缺乏，且无专管交通机构，时感运力不足"为由，"根据部（交通部）颁各项驿运章令"，计划由国库拨款 148 万元，购置大车 50 辆、驮骡 150 头、毛驴 150 头、渡船 10 艘，开辟由隰县至陕西韩城的驿运支线。1944 年，阎锡山的第二战区长官司令部设立了公路督修组，编制官兵 9 人。同年 11 月改公路督修组为第二战区公路管理局，下设秋桑、吉克、吉乡、吉隰南、吉隰北、隰孝南、隰孝北等公路

---

① 《三十二年全国各交通部门运量比较表》，《驿讯》第 32 期，1944 年 8 月 1 日，第 3 页。
② 《全国各交通部门货运量比较表》，《驿讯》第 33 期，1944 年 8 月 16 日，第 3 页。
③ 俞飞鹏：《十五年来之交通概况》（1946 年），四川大学文理图书馆藏，第 37 页。
④ 龚警初：《驿运对抗战之贡献》，《驿讯》第 35 期，1944 年 9 月 16 日，第 1 页。

第六章　近代交通体系与中日战争

管理段，但只对原有的道路修修补补，没有再搞新的工程。[①] 抗日战争时期，阎锡山统治的晋西山区，没有汽车运输业，境内的军用、民用物资全靠民间运输工具运送。

晋绥、晋察冀、晋冀鲁豫抗日根据地的交通事业，是在抗日战争后期，依靠人民群众，白手起家，因陋就简创立和发展起来的。抗战初期，抗日根据地军民的主要任务是集中一切力量，粉碎和打退日本侵略军的"扫荡"进攻，保卫和巩固根据地，无力顾及公路交通建设，也没有专管此项工作的机构、汽车，军需、民用和支前物资运输以及道路的临时整修，主要依靠地方政府组织群众以人力、畜力驮运承担。

在正常情况下，驿路与水运因道路水平差、运输工具落后，在与铁路、公路竞争中处于下风，完全不能相提并论。但在抗战中，特别是抗战后期，海口被封锁，公路、铁路或沦于敌手，或被切断，或因经费短缺、材料不足不能完全正常通行，在如此艰难的条件下，驿路运输发挥了补充和替代功能，在抗战交通史上扮演了重要角色。山西铁路路线少，同蒲、平绥、正太铁路相继沦陷后，公路也被日军统制，驿路肩负起为抗日根据地输送物资的重要任务。

小　结

近代以来的战争，基本上都是围绕交通线以及枢纽进行的，交通线及交通工具对战争的产生、进程、结局有重大的影响。战争期间，军运要求快速准确，谁占领了最优越的交通路线及枢纽，拥有了最先进的交通工具，谁就抢占了胜利先机，对于这一点，敌我双方都有清楚的认知。

日军为了满足军事占领、殖民掠夺的需求，将山西交通纳入华北交通体系之中进行掠夺。日军入侵后，迅速控制山西的主要交通，铁路全部被日军占领，在战争初期和后期，铁路的军事职能突出，在相持阶段，铁路主要用于掠夺性运输军用物资和"国防资源"。公路在日占期间被分割成互不统属的三个交通系统，以切断各抗日根据地的联系，封锁抗日军民的

---

① 《山西公路交通史》第 1 册，第 212 页。

抗日活动，维护其在占领区的统治，在此期间，公路交通的统一性受到极大破坏，对人民的经济生活造成无穷危害。

对抗日军民而言，在战略防御阶段，铁路主要职能是向前线输送军队及军需品、输入外援物资、抢运机器设备和技术人员到后方。在战略相持阶段，随着敌后战场的开辟，中国共产党领导的抗日人民武装着眼于破坏、争夺交通线，打破敌人的"囚笼政策"，坚持不懈地对敌斗争，付出了巨大牺牲，取得宝贵胜利。在整个战略相持及反攻阶段，由于大量铁路、公路被日军占领或切断，驿路、水路取而代之，为抗日战争中物资、军队输送做出了重大贡献。

第七章　近代交通体系与观念习俗的嬗变

思想观念、风俗习惯作为文化的重要组成部分，具有一定的传承性和稳定性，特别是作为一个地理闭塞的内地省份，山西人民的观念习俗更趋守旧、顽固。随着时代的变迁、社会的发展及人们与外界的不断交流，尤其在近代交通体系出现后，洋货大量输入、商品频繁流动以及人口的大量迁徙，都令人们的观念习俗潜移默化地发生着改变。

第一节　思想观念的演变

近代交通体系的形成对政治、经济、文化都产生了重大影响，引起了上层建筑与意识形态的巨大变化，其中铁路的修建及通行产生的影响及连锁反应最为剧烈，人们对铁路这一新生事物的接受过程及社会心理的改变是不可忽视的一个重要方面。

一　铁路观的变迁

铁路在晚清中国经历了一段非常奇特的历程，国人铁路观念的发展变化始终伴随着复杂多样的中外矛盾、体制纠葛及利益之争，所引发的一系列社会问题无不鲜明地呈现着近代中国的时代特色。

1. 从坚决反对筑路到激烈争论期

19世纪50年代末期，俄、英、美等资本主义国家为了进一步殖民扩张，不断向清政府提出在华修建铁路的要求，但都被清政府断然拒绝。一方面是愚昧无知的清王朝对于近代科学技术与先进生产力的无知和恐惧，另一方面是软弱无能的清政府忧心帝国主义可以借此深入腹地扩大侵略。于是在1865

年《中美续增条约》修约期间，各省大臣与总理各国事务衙门商议铁路对策，结果是全体反对。两年后再次讨论，仍然是大多数人反对筑路，连李鸿章也认为可"自行仿办"，但要"待乘平数十年后"。

铁路的军事战略价值是首先被中国认识的。19世纪60年代以后，洋务派提出了"自强"的口号，首先筹办军事工业，以武装自身，抵御外侮。1880年，直隶总督李鸿章上奏朝廷："从来兵合则强，兵分则弱，中国边防海防各万余，若处处设备，非特无此饷力，亦且无此办法。苟有铁路以利师行，则虽滇、黔、甘、陇之远，不过一日可达，十八省防守之旅，皆可为游击之师，将来裁兵节饷，并成劲旅，一呼可集，声势联络，一兵能抵十兵之用。"① 刘坤一也指出："中国幅员辽阔，自东徂西，几万余里，均与俄毗连；加以英在缅甸，法在越南，时虞窥伺；沿海数省，则为各国兵船往来，倘有风鹤之惊，殊虞鞭长不及。如得办成铁路，庶可随时应援。"② 左宗棠、刘铭传、张之洞、郭嵩焘、薛福成也持此观点。后来甲午战败更加提醒人们铁路军事价值的重要性，甲午战败的原因是多方面的，其中铁路线短少、军事输送能力低下是不容忽视的重要原因。张之洞指出："军事之兴，一切隔阂，兵饷军火转运艰辛，劳费百倍而仍有缓不济急之患。使铁路早成，何至如此。"为今之计，"宜亟造铁路也"。③

19世纪70年代以后，洋务派提出"求富"的口号，开始筹办采矿、冶炼、纺织、航运等民用企业，以弥补军事工业所需的原料、燃料、通信、运输等不足。铁路的经济价值进入人们的视野。1875年，郭嵩焘作为中国第一位驻外使臣出使英国，在英期间，他目睹了西方发达的科技文明和先进的生产技术，并体验了火车的快捷、准时与安全，赞不绝口，"来此数月，实见火轮车之便利，三四百里，往返仅及半日"。④ 鉴于此，郭嵩焘认为，留洋学生仅仅片面学习军事的做法不妥，应该"改习相度煤铁及炼冶诸法，及兴修铁路及电学，以求实用"。⑤ 回国后，郭嵩焘写下了《铁

---

① 宓汝成编《中国近代铁路史资料（1863—1911）》第1册，第89—90页。
② 宓汝成编《中国近代铁路史资料（1863—1911）》第1册，第96页。
③ 宓汝成编《中国近代铁路史资料（1863—1911）》第1册，第200—201页。
④ 《郭嵩焘诗文集》，杨坚点校，岳麓书社，1984，第180页。
⑤ 中国史学会主编《洋务运动》，神州国光社，1953，第305页。

路议》《铁路后议》两文,全面阐述了他的铁路观,极力褒扬铁路对于社会经济的巨大驱动力,主张尽快修筑铁路。马建忠曾留学法国,他于 1879 年著成《铁道论》《借债以开铁道说》两文,指出铁路是富强之基,"各国未创铁道之先,其度支以万计之者,而既造铁路之后,无不以亿计矣。……盖其飙驰电掣,任重致远,行万里若户庭。……宜昔之经营十数年而度支常不继,今则筹征不数月而帑藏时有余,所以立富强之基者,莫铁道若也"。①

特别值得注意的是,这一时期,一部分有识之士慧眼独具,注意到铁路的赈灾功能,认为铁路可以有效赈济、减轻灾害,如果铁路通行的话,丁戊年间发生于山西的灾荒不致发生人皆相食的惨剧。"今以山西省会言之,至京师一千三百里,天津至彼谅亦不相上下,若有铁路,即属难行,一日可至;或由南省,或由日本、暹罗、安南等国采买米粮,用轮船运至天津,再由天津用火车运至山西,总共不过数日,何至连年旱灾无人运米前往,致令人皆相食乎?"② 可见,时人对铁路的功能已有更加全面深刻的认识,已能从运能与运价两方面看出铁路对于赈济灾区有巨大的帮助,此等见识卓尔不群。清政府内部的有识之士更进一步考察铁路的连锁影响,如张之洞曾言:"有一事可以开士农工商兵五学之门户者乎?曰:有,铁路是也。……士有铁路则游历易往,师友易来;农有铁路则土苴粪壤,皆无弃物;商有铁路则急需者应期,重滞者无阻;工有铁路则机器无不到,矿产无不出,煤炭无不敷;兵有铁路,则养三十万精兵,可以纵横战守于四海……若铁路不成,五学之开未有日也。"③ 这种观点在甲午战争后逐渐成为朝野上下的共识。

由此可知,随着洋务运动的开展和西方现代工业及思想的不断传入,修筑铁路逐渐为统治阶层中部分开明人士所接受,从铁路的军事战略价值到经济功效再到赈灾慈善的社会功能,铁路观日渐系统化。1881 年,中国第一条自建铁路——唐胥铁路动工兴建,次年通车。1896—1903 年,中国共建铁路 4038 公里。

---

① 马建忠:《铁道论》,宓汝成编《中国近代铁路史资料(1863—1911)》第 1 册,第 110 页。
② 《再论铁路火车》,《申报》1877 年 10 月 29 日,第 1 版。
③ 《张文襄公全集》卷 203,第 43—44 页。

然而作为一个内陆省份，山西民风保守，官员思想也多陈旧落伍，铁路的修建遇到了前所未有的阻力，从提议到修筑完成历经千辛万苦。首先，地方政府内部对于修建铁路事宜意见不统一，争议不断。一部分思想开明的官员主张尽快修建，以张之洞、胡聘之、岑春煊为代表；另一部分即保守派则坚决反对，以何枢、毓贤为代表。光绪二十一年十二月，清政府决定恢复修建芦汉铁路，各省纷纷计划修建支路以与芦汉相接，发展本省经济。时任山西巡抚胡聘之思想开明，他奏请清政府，希望能修建一条太原至正定的铁路，与芦汉衔接，以方便山西的煤铁矿产外运，但这一提议时隔四年后遭到继任者的反对。光绪二十五年十二月二十日，继任山西巡抚何枢向皇帝上奏："臣几经熟思审处，旁参舆论，体察情形，觉其利之有无，渺不可加，而流弊则诚难免矣……现在晋民谈及路、矿两端，靡不痛心疾首。"[1] 光绪二十六年，毓贤调任山西巡抚，他思想极端保守，对铁路修筑一事大加反对，并向皇帝进言："查前抚臣胡聘之，拟开铁路、矿务两事，大为地方之害，碍难办理。"[2] 并列举了开办铁路的五大罪状，大致为：铁路会便利侵略者的入侵，铁路会导致贫富不均，民众失业，殃及民生，铁路会激化事端、耗费人工，无利可图。[3] 山西道监察御史屠仁守也极力反对："自京师至直沽，方将阻之以峻垒，限之以重关，犹恐不足深恃。若置铁路其间，尽撤藩篱，洞开门户，风驰电走，朝夕可至，厝火积薪而寝其上，日无高枕之安；伏弩千钧而当其锋，时有骇机之虑。设险守固之谓何矣！""夫安土重迁，恒情所同；推耕让畔，古风难再。铁路取经宜直，又宜平，势必铲墓拆庐，蹂田堙井……纷纷滋扰，民何以堪？"[4] 并担忧"若铁路一开，全归火车，则执鞭者辍业，操舵者停工，以数十百万之生灵尽束手而绝其生计，不辗转于沟壑，必啸聚于山林"。[5] 最后，毓贤提出："虽曩日立有合同，似不能坚持为据。"光绪二十六年五月十

---

[1] 曹振武：《石太铁路通车一百周年》，《山西老年》2007 年第 10 期。
[2] 曹振武：《石太铁路通车一百周年》，《山西老年》2007 年第 10 期。
[3] 赵海旺：《正太铁路的修建与变迁》，《石家庄文史资料》第 13 辑。
[4] 《洋务运动》（六），三联书店，1954，第 206—207 页。
[5] 《洋务运动》（六），第 205 页。

八日，他向清政府密奏："天恩饬即停止……将山西铁路、矿务作为罢论。"①下层民众对这一新生事物更是持无知、恐惧、极力排斥的态度。"近闻各省有开矿、开铁路之说，草野间巷，聚讼纷如，人心慌慌，不知措置，殊令人诧异。"②

纵观整个世界，19世纪七八十年代，正是世界铁路发展的高潮期，不少国家借此机会大力发展铁路，铁路系统基本完成，从而进入工业文明社会，引领了时代发展的潮流。反观中国，统治阶层内部就该不该筑路争论了近10年，守旧派对新生事物的怀疑与恐惧、工业文明与人们封建传统观念的剧烈冲突，使晚清中国的铁路诞生充满了无尽的艰辛，白白丧失了进入工业文明的绝佳时机，令人扼腕叹息！而山西在这一大的时代变动中，由于政府中顽固派的极力阻挠和下层民众的坚决反对，动作更加迟滞，铁路修筑比其他省份更加艰难，加之义和团运动的浩大声势震撼全国，柳太铁路建设最终被迫停止。

2. 从绅商保路到全体人民积极筑路期

经过中法战争、甲午战争等一系列战败，面对民族危亡的现实困境，清廷对铁路重要性的认识进一步深化，基本认可修建铁路是当务之急，但就铁路修建资金来源等相关问题仍争执不下。为了确保利权不失，最终确定商办铁路，各省纷纷创办铁路公司，并进行招股集资，着手修筑本省铁路。在这一过程中，士绅商民乃至莘莘学子成为主角，他们出于爱国热情，踊跃认购股票，缴纳租股，各省出现了民营铁路建筑风潮。

山西的铁路建设风潮也在此发端。岑春煊在光绪二十八年的奏折中写道："兴修由正定柳林铺至太原铁路。此救晋省转运艰阻之苦，即所以立富强之基而通西北各陲之干轨也……臣自调任以后，熟察晋省瘠弱之源与风气窒塞之故，断非亟开铁路不可。"③为了保护山西路权，也为了促进山西经济发展，在北京的山西籍翰林院庶吉士解英格、吏部主事李廷飏、候补道刘笃敬，向山西巡抚张曾敭建议由本省绅商召集股本，设立同蒲铁路

---

① 金士宣、徐文述编著《中国铁路发展史（1876—1949）》，第107页。
② 刘大鹏：《退想斋日记》，第57页。
③ 石家庄市档案馆：《兴办石太铁路的史料一束》，《档案天地》2000年第12期。

公司，自造同蒲铁路。张曾敫采纳此议，称："今日列国竞争扩张权力，皆恃铁路为先驱，将欲保守权利，必以自造铁路为第一要义。"①

1907年，山西同蒲铁路有限公司成立，但公司招股无着，绅商各界力举德高望重的绅士接任同蒲铁路有限公司总经理职务，再由山西巡抚宝棻督饬分头招股。此后官绅协力，并调整筹款办法，把股息由原定的4厘提高到8厘，以盐斤加价、烟户抽捐、土膏业捐、差徭提款、斗税加抽等五项，作为每年付息之用。至1911年，全省共筹款32万余元，完成了榆次到北腰间7.5公里的路轨和榆次至太谷间35公里路基铺设，②但因辛亥革命爆发，工程被迫停止。

从中国第一条铁路通行到辛亥革命，已经过去了30余年，在这么长的时间里，铁路方便、快捷、运量大等其他运输工具无法具备的优越性极大地改变了民众的日常生产生活，"一旦停歇，殊令人皆往来不便"。③除了生活上的便利，铁路带来的更多是巨大的经济社会变化，特别是铁路沿线地区经济的发展非常迅速。对于修筑同蒲铁路，阎锡山曾讲到它于民生经济的重要性："修理铁路，不仅是让大家走路方便自己，最主要的是建设我们山西的民生经济，发达农业、矿业、工业、商业，使物资畅通其流，人民生活富裕，把我们山西建设成一个最富足的省份。"④

从政府支持到绅商协助，山西普通民众对铁路修建的态度也开始发生转变，人们越来越了解铁路对于经济及生活有重要的推动及改善作用，从而渴望尽快修筑铁路。这一转变在反对用正太余利向法借款修沧石铁路这一事件上体现得特别明显。1932年，当听闻铁道部打算用正太余利向法国借款修建沧石铁路时，山西人民激愤异常，竞相向铁道部部长顾孟余致电："晋民生计，方幸有一线生机；乃近日道路纷传，铁部以正太余利，抵押借款兴修沧石铁路，全晋人民惶骇莫名！以晋人血汗供养之正太余

---

① 《交通史路政编》第16册，第225页。
② 宓汝成编《中国近代铁路史资料（1863—1911）》第3册，第1124页。
③ 《论铁路火车事》，《申报》1877年10月6日，第1版。
④ 田树茂、田中义：《阎锡山与山西铁路》，《山西文史资料全编》第9卷，第703页。

利，兴修沧石，无异绝晋人之生计。晋人万死，不敢承认。"① 面对山西民众的巨大压力，铁道部最后妥协，允诺同时修沧石、大潼两路。

山西民众对铁路的态度经历了从全民排斥到态度缓和到基本认可再到积极主张兴办这一曲折过程，可从侧面窥视中国近代铁路发展过程中思想观念的分歧、转变、融合、统一的过程。由中央到地方，由沿海沿江到内陆，由精英阶层到普罗大众的思想观念传播路径，也充分体现了中国近代化由上至下、由沿海及内地的鲜明特点。

二 重工理念的形成

山西有重农重商的传统，明清时期，晋中一带的商人为解决生计被迫"走西口"，最后走向全国乃至海外，走出了一条康庄大道，成为一代著名商帮——晋商。由于投资商业相比投资工矿业具有投资少、见效快的特点，因此晋商长期更优先选择从事商业贸易，对投资工矿业兴趣寥寥，"晋人经营方式愈富而愈不知生产，因当日致富之因专致力于运输而非从事天产及天产之制造"。② 道光年间，山西寿阳县的棉花买自栾市，统计全县每年不过使用数千驼。道光十五年，棉花薄收，"而旧日之积蓄尚有数千驼，亦足资一年之用。而富商六、七、八人以高价尽数买积，以专其利，每驼非六七十千不售"，竟致全县纺织户皆"停机住纺"。③ 不仅晋商吝于对本省工业投资，而且为数不多的外商投资也在山西商民的强烈反对下，全数退出山西。清光绪年间，当地士绅刘大鹏曾说："西山一带，攻煤窑者甚多，往往暗害人命，朘剥受苦人之钱财，犹其余事。攻煤窑之家，动辄遭天殃，或瘐死狱中，或被人殴死，或妇女纵淫，种种恶报，不可胜数，为之者只因求利，不计其祸福而终其身此中耳。"④ 刘大鹏的看法反映了当时百姓对煤矿主的排斥与反感，在此风气影响下，山西近代工矿企业因缺少充足的资金来源和宽松积极的社会氛围而迟迟不能出现。

---

① 《山西人民收回正太铁路促进会致行政院院长汪精卫、铁道部部长顾孟余电》（1932年4月16日），《益世报》1932年4月21日。
② 刘文炳撰《徐沟县志·民生志》。
③ 祁隽藻：《马首农言》，寿阳县县志编纂委员会翻印，1981，第25页。
④ 刘大鹏：《退想斋日记》，第58页。

然而，情形渐渐发生变化，自晚清以来，由于战争侵扰、政府政策变化、商路变迁等因素影响，晋商日渐衰落。20世纪初期，新式铁路的修建运营，极大地便利了商品人员的交流，特别是体积、重量大的煤铁资源外运，这使得山西丰富的煤炭资源得以开发，规模化经营煤铁矿业成为可能。1905年，山西爆发争矿运动，铁路大臣盛宣怀为同福公司分享利权，和北洋大臣袁世凯、山西巡抚张扬共同出资白银30万两，合办了同济矿务公司。在同济矿务公司成立之初，袁世凯就委派山西绅士、道员董崇仁为总办，到平定一带活动。董崇仁来到平定，首先在正太铁路沿线购买矿地，并为消解当地绅民的疑虑，表示愿立合同，各自保证不把矿地私售外地，这才成功购到矿地100余亩。1906年，山西争矿运动方兴未艾，山西绅民向商部强烈要求收回矿权自己办矿，遭到驳斥。山西各界人士不甘屈服，将矛头转而指向同济矿务公司，指出同济矿务公司名义上与福公司合办，实则为福公司独办，山西人民要争矿自办，决不搞合办。在强大的舆论压力下，盛宣怀不得不同意撤销同济矿务公司，由山西人民自己办矿，这是山西人民争夺矿权的第一个胜利。对此，福公司没有善罢甘休，而是以退为进，提出先办平定一处煤矿。在日本的山西留学生致函晋籍京官，指出福公司舍去盂县、潞安、泽州和平阳四处煤矿，而独留平定，是因为正太铁路已经通车，而潞泽诸地无路可通，号召人民继续抗争，就是一里之微，也不能让外人染指。但外务部以"碍于成约""已成铁案"为由，一再电催山西巡抚发给凭单，准予开采。恰在这时，日本发生李培仁蹈海事件。李培仁为争利权慷慨赴死的消息传来，群情激愤，李培仁的绝命书更是坚定了山西人民争矿的斗志。这起事件把争矿运动进一步推向高潮。政府中的一些人士认为除非自办矿务，否则不能挽回危局、平息民愤，而时间一拖，就可能别生枝节，造成更大损失。于是，刘懋赏、冯济川等绅学各界代表联名禀请山西巡抚恩寿，要求批准创设保晋公司，开采全省各种矿产。1907年，保晋矿务公司正式成立，这是中国第一家股份制民营企业。保晋矿务公司的成立彻底粉碎了福公司开采山西矿产的野心，于是，福公司转而谋求在赎矿上大捞一笔。经过艰难谈判，1908年，山西按察使丁宝铨带领山西代表商务局总办刘笃敬等人与福公司签订了《赎回开矿制铁转运合同》十二条。至此，历时三年多的争矿运动正式结束。

第七章　近代交通体系与观念习俗的嬗变

20世纪初山西人民轰轰烈烈的争夺矿权运动，是民族主义思潮日渐蓬勃兴起的缩影，也折射出重工理念的点点光芒。铁路的开通为工矿产品的运输提供了极为重要的先决条件，也增加了绅商投资兴办近代工矿业的信心。绅商学民各阶层齐心协力完成了这次壮举，晋商特别是票商在其中立下了汗马功劳，在面对赎款资金短缺的困境时，晋商慷慨解囊，全力相助，"当晋人购矿于福公司时，约定赎款二百七十五万两，其时库款无余，所依赖者，全属票商。交款之日，福公司暗托与有往来银行，收集在外之款，以困票庄。而票庄当日竟不动声色，不爽时刻，纯然以彼外国银行所周转之票相交付。于此，外商固惊讶不置，而晋商金融界活动之力若何，亦可观矣！使当日票商不为助力，吾恐今之矿区犹在福公司之手，而英商势力早已横行于我山西之境内矣"。① 同时，晋商也为自己赢得了一次重要的转型和崛起机会，此后，晋商全力投身于近代工矿企业，在山西民族工业起步和发展中发挥了不可或缺的作用。

1920年，保晋矿务公司股东会议决定继续招股，预计招收300万两。从当时的《并州官报》告白栏所刊载的投资入股名单中可以看到，参股的人员有官、绅、民，其中有时任山西提法使志姓官员，绅商中有榆次常家的世和堂、世荣堂，临汾的合志当，霍州的安吉生，祁县的乔家、渠家及其他富商绅士，认股名中"有以人名、堂名认股的，有以村、社、保、甲、会等名义认股的，有以行业认股的，如布行、估衣行等"。② 可见，对于保晋矿务公司的发展，社会各界人士均抱以极高的期待，也给予了极大的支持。

再看保晋矿务公司总经理的身份：渠本翘，第一届总经理，山西祁县人，山西票号世家，曾任内阁中书。第二任总经理是刘笃敬，山西太平县人，举人，曾任刑部主事。他热心实业，曾任总办，修建正太铁路太原至榆次段，后又担任山西商务局总办，山西第一座民族资本公用发电厂——太原电灯公司即是他创办的，1914年又创办太原电灯公司附设面粉厂。崔廷献是保晋矿务公司第三任总经理，山西寿阳人，进士，曾担任山西大学堂监

---

① 《晋商盛衰记》，转引自陈其田《山西票庄考略》，台北：华世出版社，1978。
② 刘存善：《从争矿运动到保晋矿务公司》，《文史月刊》，2000，第7页。

督。常旭春是第四任总经理，榆次人，晋商常立仁次子，举人。常家衰落后，常旭春投资创办实业，希望通过实业来实现救国的理想。这四位总经理，拥有官僚、地主、商人三重身份，在近代工业文明的大潮中，他们树立了实业救国的理念，在兴办近代工业的过程中，他们既是慷慨解囊的投资者，又是身体力行的创办人，这些早期民族工业的中坚力量，对重工理念的形成起到了极为重要的引领与推动作用。

工矿企业的建立也吸引了大批知识精英加入其中，大量高学历、有海外留学经历的人才纷纷投入工矿企业中。《阳泉煤矿史》记载："保晋的经理、协理、总稽核和总工程师，以及各矿厂的坑务主任，都是大学毕业生。有的是国内大学毕业，有的是国外大学毕业，并且大多是矿业专门学校毕业，又具有多年的矿业实践经验。其中总公司经理常旭春是山西大学教授，协理白象锦是英国威尔士大学矿科毕业生，总稽核杨仁显是英国伦敦帝国大学毕业生，总工程师兼工程课长张景良是英国威尔士大学毕业生。"[①] 晋北矿务局105名员司中，受过高等教育的达44.04%，晋北矿务局工程科科长兼永定庄矿厂主任赵全功（号保章），毕业于国立北京大学采矿冶金科，曾任河南福公司技师、中原煤矿公司井务股主任。工程科副科长兼煤峪口矿厂主任王玉田（号蓝甫）毕业于北洋大学采矿冶金科。永定庄矿厂副主任郁暇（号笛楼）毕业于河南焦作福中矿务大学。煤峪口矿厂副主任王则懋（号君赏）毕业于日本秋田矿山专门学校。总务科科长陈步渊（号伯颜）为山西大学采矿科毕业生。总务科副科长张士儒（号士心）为北京高等师范学校毕业生。会计科科长白雨生毕业于保定军官学校，曾任中原煤矿公司会计主任、清华大学庶务主任。路务科科长吕祖耀（号炳如）为天津北洋大学采矿冶金科毕业生。路务科副科长梁上桐（号琴堂）毕业于日本东京高等工业学校建筑科。晋北矿务局医院主任郭应槐（号植三）教授毕业于国立北京医科大学。矿警管理处主任管理员赵承缙（号伯云）为山西大学机械科毕业生。平津办事处主任续庭（号子宪）毕业于日本神户高等商业学校。[②]

---

① 《阳泉煤矿史》，第49页。
② 《大同煤矿史》（一），第108—109页。

除此之外，民间小额资本也纷纷于此投资，此前对矿业百般奚落的刘大鹏自己也开办了石门煤窑。他说："人之一世，皆有恒业以养身家，予借舌耕为恒业垂二十年，乃因新学之兴，予之恒业即莫能依靠。将有穷困不可支撑之势，遂另图生计，度此乱世。"①

随着煤铁矿业的建立，其他轻工业也开始勃发。铁路沿线的城镇具备了良好的运输条件，也拥有相当广阔的腹地，原材料的运入及产品的销售有了充分的运输保障。1913 年，山西省第一座机械面粉厂——大通面粉股份有限公司由寓贤、俞涵清、林亮卿等人募集资本银 10 余万两在大同北关火车站西成立，这是近代粮食加工业的开端，填补了省内空白。新式纺织业也如火如荼地展开，1919 年创设的榆次晋华纺纱厂开历史之先河，1931 年成立于大同大北街的钜源泰有 10 多台毛衣织机，规模颇大。电力工业也开始兴起，1923 年由大商人潘铁群开办的太谷电灯公司，用美国产的 25 千瓦发电机，通过 14 公里线路为城内商行提供照明，见证了太谷最早的办电历史。

1932 年，战败后的阎锡山复出，打出"造产救国"的旗号，制定了《山西省政十年建设计划案》，初步计划以西北实业公司为龙头，以煤、铁等资源为依托，以太原、大同、阳泉为中心，以修建同蒲铁路改善交通为主要内容，建立起山西近代经济体系，全面振兴山西。西北实业公司是典型的官僚资本主义性质的企业，从 1932 年成立到 1937 年日本发动侵华战争，短短四年多时间里，所辖工矿企业已达 33 个，西北实业公司的创立掀起了山西近代工业化浪潮。

这一时期山西的工业化向前迈进了一大步，至 1937 年，山西已有 60000 人左右的现代产业工人，其中采矿工人最多，有 22300 人，铁路工人次之，有 10000 余人，机器制造工人有 8088 人，纺织工人有 8010 人，电力、火柴、面粉、造纸、卷烟等工人有 10000 余人。② 山西工业化的巨大进步在很大程度上应归功于以铁路为主的近代交通体系提供的运输便利，因为只有工矿原料、工矿产品有了便宜、快捷的运输方式，新兴工业

---

① 刘大鹏：《退想斋日记》，第 191 页。
② 中共山西省委调查研究室编《山西省经济资料》第 2 册，1963，第 9 页。

化才成为可能。随着大量资金、人才、劳动力向工矿企业聚集,人们的思想观念也在悄然改变,重工理念逐渐形成并进一步增强。

第二节 习俗的演变

在民间,有"十里不同风,百里不同俗"的说法,甚至还有"相间十里,习尚不同"的俗语。这充分说明,因落后的交通限制,即便邻近地区也互不相通,形成彼此隔绝、相对封闭的地域环境,导致习俗差异甚大。近代交通网络极大地便利了区域之间的联系,加强了人员往来,在相互交流中,习俗也得以潜移默化的改变。

一 生活习俗的变迁

1. 服饰

首先表现为衣服材质由"土"到"洋"。铁路通车前,地理闭塞,区域交流不畅,人们衣着的面料都是土布,"衣服以布皆出自家"。[①] 但铁路通车后,随着洋货进口的扩大以及铁路沿线城市纺织工业的日渐发达,洋布源源不断地输入内地农村。洋布物美价廉,渐受人们的青睐,成为人们衣服的主要材质。人们穿的袜子也由布袜改成针织袜。其次是款式方面向以"奢侈、轻便、时尚、开放"为特点转变。正太铁路通行后,省城太原女子的衣服款式变化非常明显,时人总结了五个变化,分别是:"由朴素而趋于奢侈一也;由宽大而趋于轻便二也;由笨重而趋于流利三也;由两截穿衣而变为一统之旗袍四也;由原蔽身体而变为显露自然形体之美五也。"[②] 此外,平绥铁路沿线重要城市——大同的靴鞋款式也日趋时尚,制鞋技术日益增进。以往的靴鞋大多用梭布制作,坚固耐穿,但样式古板,"自平绥路通,衣服式样月新,鞋亦随之岁有不同。因而城市各界多向鞋业购求新式,加以妇女放足,所穿时鞋亦多为鞋工所制。故鞋铺日多,鞋

[①] 《榆次县志》,凤鸣书院清同治二年刻本。
[②] 王文恂、萧云奇:《三十年来太原妇女服装之变迁》,《三十年来之山西——晋阳日报三十周年纪念册》,山西省档案馆藏,档案号:阎政字4号,第133页。

工亦随其俱增,且因式样翻新,技术亦较昔进步"。① 即便是小小的阳高县,因位于平绥铁路沿线,人们衣着打扮也有明显的变化,"城镇中工商教职人员,穿长袍戴礼帽,政界人士穿中山装、制服……马褂已经成了参加典礼的用品,妇女在家穿普通衣裤,出门穿旗袍、大衫"。② 由此可见,经由铁路与外界特别是铁路沿线的大城市、港口沿岸城市交流频繁,内地城市中的服饰文化开始形成新的时代特色。当然,服饰变化最明显的是铁路沿线城市及周边经济较发达地区的具有新式思想的学生、社交广泛经济雄厚的商人、收入稳定社会地位高的政府工作人员等,对于广大的远离铁路线的乡村来说,因地处偏远,和外界沟通往来较少,经济相对落后,服饰变化并不明显。

2. 饮食

中国饮食文化历史悠久,俗话说"民以食为天",食物是国人追求世俗生活的最重要内容,当温饱得到基本满足后,"食不厌精、脍不厌细"就成为人们新的饮食信条。人们或怀念口味熟悉的家乡菜,或追求风格各异的他乡美味,美食填充着人们饥饿的肠胃,抚慰着人们疲惫的身心。由此,不同区域有特点的饮食文化总是发展非常迅速,当铁路开通后,随着人口的大量迁徙,饮食文化也率先顺由铁路线迅速传播开来。

省城太原的饮食业呈现出更为多样化的繁荣态势。太原火车站一带人流畅旺,饭馆激增,正太街的山西大饭店大名鼎鼎。鼓楼街、柳巷、钟楼街、桥头街等传统商业地段的饭馆生意兴旺。柳巷的晋谷香、便宜坊,鼓楼街的并州饭店,南仓巷的清和园菜式多样,也兼营西餐,消费高,顾客多为达官显贵。面向平民的饭馆主要经营山西传统面食及各种炒菜,价格低廉,顾客多为游客及一些低级公职人员,这些饭馆多位于大南门、新南门外,数量很多,占全市的50%左右。③ 铁路便利了人员交流和原材料采购,饮食技术发展特别快速。1927年,太原的老香村开业,为招揽生意,掌柜除亲自驻天津、石家庄接货运货外,还经常派专人去北平、汉口、浙

---

① 转引自杨文生《铁路与社会习俗的变迁——以1909—1937年间的平绥铁路为中心》,《华南师范大学学报》(社会科学版)2007年第2期,第97页。
② 阳高县政协文史资料研究委员会编《阳高文史资料》,1985,第65页。
③ 梁艺府:《太原餐馆、茶社、旅店忆旧》,《太原文史资料》第2辑,1984,第151页。

江、上海等地购买原料、辅料，糕点师傅也是去上海高薪聘请的。这些在铁路通行前都是不可能完成的，功夫不负有心人，营业的第二年，经营的面点种类已增加到400多种，每日销售额都在300元大洋左右，逢年过节时超过1000元大洋。①

当年平绥铁路全线贯通后，很多京津商人到包头经商，为适应他们的饮食需求，天津、北京等餐饮人士纷纷在包头开设"东路馆子"。后随着人口不断聚集，经济日趋兴旺，再加上交通的便捷，全国各地特色各异的饭馆大量落户于铁路沿线各地，给当地传统的餐饮行业注入了丰富的、新鲜的元素和内容。铁路未通之时，内蒙古和山西北部因气候，很难吃到新鲜的水果和蔬菜，鱼虾更是鲜见，这一状况在铁路通行后得到改善，例如，酱园业在铁路通行后营业兴旺，"年来家数激增，东路鱼、菜、干鲜果品，均可由火车运来，遂成本市极流行之营业焉"。② 平绥铁路沿线的大同人员往来频繁，商业繁荣，饮食业也较发达，饭店主要分布于城内四大街及北门外东站附近。城内的饭馆规模较大且清洁，皆可置办较大的筵席，其中最大者为云中饭店，为两层西洋楼，食物精美，服务高档，兼营旅馆业，梁思成、林徽因、冰心等曾在此下榻。③ 其他较为著名的饭店有久胜楼（今凤临阁）、济南村（山东馆）、钰兴源（清真馆）、义和源（清真馆）。天津、北京、山东等的商客也在大同城内大街小巷开店设铺。如皇城街的面铺就由忻州人垄断。北门外火车站人流众多，底层百姓在此谋生的居多，因此多是河北、山东人所开的小饭馆，价格低廉，数量甚多。

从太原、大同的饮食业可知，近代交通体系出现后，经由铁路、公路，来自不同地区的大量人员开始加速迁徙、流动、混居。食物风格各异、经营主体多样的饮食业的发展正是这一现象的生动反映。

---

① 贾立进主编《太原回眸》，山西人民出版社，2003，第99页。
② 林蔚然忆述，张士耕整理《我在内蒙古地区民贸战线的经历》，《内蒙古文史资料》第41辑，1990，第111页。
③ 山西省政协《晋商史料全览》编辑委员会、大同市政协《晋商史料全览·大同卷》编辑委员会：《晋商史料全览·大同卷》，山西人民出版社，2006，第145页。

3. 居住

建筑是社会文明的重要载体之一。铁路沿线是建筑文明影响最快速、最直接的地区。商人、士绅、民族资产阶级等社会精英借由铁路频繁外出，接触到先进的建筑文明，并将其带回当地，对当地传统的建筑风格产生了重要的影响。如晋北矿务局是在平绥铁路开通后修建的，风格洋气，区域划分合理，功能完善，领先潮流，是一所具有现代建筑风格的办公楼。1934 年，谢冰心在《平绥沿线旅行纪》中写道："晋北矿务局是一所半洋式的房子，有办公处、图书室等设备。自招待室后窗，望见了后面山上的工人俱乐部。"[①] 大同市区的建筑风格自铁路通行后也有明显的变化，周颂尧先生在《京绥游记》中有过记载："新修的马路，由站至城，尚坦洁……城内街道整齐，住户房舍亦洁，甚至地有油漆者。"[②] 作为大同名气最大的饭店，云中饭店也是一座西洋楼，西式风格十分鲜明。

旅馆业的发达与否则是该地区商业兴衰的缩影。1914 年，京绥铁路通车到大同，也拉来了大量客商，京、津、沪、广等来大同经商者渐多。一些商人见有利可图，纷纷租地盘，在大同开设旅店，火车站一带的旅店业最为发达，多由山东人垄断，较为有名且设备甚好的有大中旅馆和塞北客栈，小客栈也较多。大同城内的旅店有福成店、天德店、道德店、琵琶店、南永顺店、恒隆店、大德店、天吉店等多家。因大同物产丰富，盛产黄芪、黄花、麻黄、粮食等，同时是晋北各县的皮毛集散中心，所以这些旅店有的还兼营货物批零销售。

太原的变化也非常明显，不仅建筑风格有所变化，而且建筑的功能更趋多样，特别是为外来人口提供住所的商业性旅栈业发展特别迅速。自正太铁路特别是南同蒲路通行后，随着人口往来增多，旅栈业呈现勃兴态势，数量种类繁多。据统计，1933 年，太原旅栈共有 154 家，按照等级可分四类，第一类是大型高档饭店，这些饭店兼营旅店，装修风格欧化，条件设备较好，时尚高档，价格也最贵，如正大饭店、山西大饭店等。第二类是旅店，设备简单，价格也低廉，多位于鼓楼街、首义街等地。第三类

[①] 谢冰心：《平绥沿线旅行纪》，平绥铁路管理局，1935，第 24 页。
[②] 周颂尧：《京绥游记》，1924，第 10—11 页。

是为外地客商（主要是前来批发货物的批发商）服务的客货栈，除了提供住宿外，同时还承接运输、寄存货物、代客联系等业务。第四类是供车夫休息的车马店，多位于大南关、柴市巷一带，价格最为便宜公道。

但囿于经济条件和自然条件，一般百姓的住房依旧保持传统风格，秉承"冬暖夏凉"的实用型建筑价值取向。

4. 出行

在铁路和公路通行之前，普通百姓极少有私家车，要出远门一般靠马车、骡车、人力车，费时费力。公路通行后，百姓可以坐客运汽车出行，出行较前方便不少，但价钱较马车也要贵不少。据陈万里记载，当年他们一行人要从太原到潼关，使用马车出行，"每辆六十三元，计三辆；双套车八辆，每辆三十一元"。[①] 马车的速度比起客运汽车慢很多，但优势是价钱低，而且可以带更多的东西，随停随走，更加方便。正太铁路和同蒲铁路通车后，火车大多朝发夕至，或夕发朝至，极为便利，且价钱低廉，载客多，运程长，大大方便了人们的出行，也带来了更多的外地游客。如宣统元年，正太铁路全线发送旅客19.8万人，到1913年就已增至25.8万人。[②] 表7-1是京绥铁路通车后大同客流量情况。

表7-1　1914—1935年京绥铁路大同客运量

单位：万人

年份	每周开行次数	全路旅客量	备注
1914	每周开行1次	76.96	
1916	每周开行2次	82	
1917	每周开行3次	93	增开丰台至大同旅客列车1对
1923	每日开行2次	178.31	张家口、绥远至大同混合列车1对
1926		84.31	
1932		95.79	直通车改为特别快车
1933		120.16	

---

① 陈万里：《从太原到晋南》，苏华、何远编《民国山西读本·旅行集》，三晋出版社，2013，第126页。

② 《山西通志·铁路志》。

续表

年份	每周开行次数	全路旅客量	备注
1935		130	303 次北平通至包头； 73 次张家口至大同区间车； 75 次大同至绥远区间车； 1 次北平至包头快车

资料来源：《大同市志》上册。

从表 7-1 可以看出，铁路开通后，随着铁路的延展，平绥铁路客运量有所增加，从每周开行到每天开行，车辆、车速都有增加和提高，火车不再只是达官贵人、富商大贾的出行工具，也越来越能满足普通百姓出行的需求。以这一新式交通工具为媒介，人们实现了更方便、快捷地空间挪移，极大地扩展了活动范围，改变了对地理空间的认知。

二 社交习俗的演变

山西地处内陆，山多路窄，传统交通大大限制了人际交往，反映在社交习俗方面就是所谓的"男子不远游，妇女不交易"，[1] 安土重迁的观念根深蒂固。因此，在传统的山西社会，人际关系较为单一，一般是基于地缘、亲缘建立的。但是，随着公路和铁路的开通，人们活动的空间不断延展，彻底改变了对自然地理空间的想象，以前遥不可及的地方如今朝发即可夕至，社交群体更广泛，交往对象更丰富多样，亲缘、地缘的限制逐渐被打破，社交习俗也相应改变。

最先表现为商人为了经商通过铁路大量迁徙流动。铁路将通商口岸与沿线城市紧密联系起来，彼此人员往来频繁，商人是主要部分。如大同较大的商号与京、津、沪大城市批发商关系密切，他们一般经由平绥铁路往来，甚至常驻京津，谓之"买客"，一是采购，二是探"行情"。[2] 大量外地商人还来到铁路沿线各个城市或附近市镇常驻做生意。平绥铁路在大同设站通行后，一些有先见之明的商人见有利可图，纷纷在大同开设饭店和旅店，其中山东商人较多，甚至垄断了火车站一带的旅店，如大中旅馆和

---

[1] 《榆次市志》，第 131 页。
[2] 《大同市志》，第 624 页。

塞北客栈。大同北门外火车站附近有很多小饭馆，也多是河北、山东人经营。山西省内的人来大同经商的也不少，如皇城街的面铺就由山西忻州人垄断。这些饭馆和旅店不仅满足了往来客商的食宿需求，还极大地繁荣了大同的城市经济，丰富了市民生活。

正太铁路通行后，榆次商务日渐兴旺，外来定居人口不断增多。据统计，1919—1925年，共有835人迁入榆次，1931年又有15户从直隶迁入榆次城区东南方的直隶庄，甚至还有不少人从海外迁入榆次。① 人口能正常迁徙、定居他乡，很大原因是铁路运输时间的缩短，使得安土重迁的中国人可以花很少的时间回到家乡，人们也就逐渐接受和家人之间的远距离相处。另外一个重要原因是铁路邮政的发展，1907年正太铁路通车，铁道邮政也随之开通，大清邮政"租用火车容间20立方米，邮局派人押运，与沿线局所交换邮件"。② 铁道邮政减少了信件投递的时间，便利了游子和家人交流，人与人之间的心理距离大大缩短，缓解了游子的思乡之情，淡化了乡愁。

铁路缩短了全国各地区的时空距离，商人的迁移范围大大扩展，山西商人地缘优势丧失而导致商业垄断地位被取代的情况也屡见不鲜。比如，绥远省商务"自前清中叶以后，渐趋繁盛，筚路蓝缕者，厥为晋人，嗣因平绥路经由张家口、归绥而展至包头，冀鲁豫各省经商人士，络绎而至"。③ 彼时，归绥、包头两市外省籍商人较多，其中山西人占十之有六，为最多。从全省来看，也是以晋籍最占优势，而且晋商金融实力强大，足可垄断市场。然而"自平绥路通，商业随交通而进展，河北、平津人接踵而至，大部均为货商，分居各市，大有渐取昔年晋帮地位而代之之势"。④

语言是社交习俗的重要组成部分，也是人类最基本的表达方式。铁路沿线或附近地区人口流动日益频繁，各地人操着不同语言或方言相互交流，相互学习，相互混杂，久而久之便形成"方言多样、雅俗相间"的语言特色。这在包头表现得非常突出。包头因通平绥铁路，人员混杂，

---

① 山西省史志研究院编《山西通志·邮电志》，中华书局，1996，第185页。
② 《山西通志·邮电志》，第185页。
③ 廖兆骏编著《绥远志略》，正中书局，1937，第230页。
④ 绥远通志馆编《绥远通志稿》卷49，绥远省通志馆，1954。

语言不一，仅汉话就有多种，如山西话、东路话等。"四乡居民由河曲移来者最多，故河曲话最普通，至于市城则忻县、定襄、祁县口音为多，又杂以太谷府语言，统谓之山西话，今则河北及满洲、热河人来此，大约语音均与北京话相同，谓之东路话。"① 大同亦是，市民的语言由俗至雅，发生了明显的变化，"大同方言，鄙俚已甚，惟自平绥路交通以来，间亦雅俗参半"。② 也就是说，由于外来人口与本地人口共同生活，在彼此交往中，双方的语言习俗发生潜移默化的改变，逐渐形成了新的语言特色。语言的变化表明，以铁路为纽带，各地人口融合进一步增强，这也是铁路沿线各地一步步从封闭走向开放的重要体现。

小　结

随着以铁路为主的近代交通体系的形成，新事物、新思想、新观念、新行为习惯经由交通线的延展及人员的流动从通商口岸大城市向铁路沿线及腹地渐次输入。对于山西这样一个长期以来地理闭塞、思想落后的内陆省份而言，这些冲击是前所未有的。人们的思想观念和行为方式都发生了巨大的变化，具体表现为对新事物由抗拒排斥到积极主动接受和极力推崇，重工理念也逐渐形成并日益增强。人们的生活习俗和社交习俗发生了由封闭到主动开放的转变。思想观念和习俗的演变体现了社会文明的传播在广度和深度上日益发展的趋势，成为推动铁路辐射区社会变迁的深层次动力。

---

① 《归绥县志》，北平文岚簃，1934。
② 转引自杨文生《铁路与社会习俗的变迁——以1909—1937年间的平绥铁路为中心》，《华南师范大学学报》（社会科学版）2007年第2期。

结　语

一　近代交通体系的形成及基本形态

明清时期，随着国家政治中心的转移、对外关系的变化、政府政策的相应调整，作为军事前沿的山西迎来了非常有利的发展契机。这一时期，以北京为中心，首先连接行政军事中心——太原、大同，是为大驿路，再以太原、大同为中心通向省内其他地区并与邻省相连接，是为次冲和偏僻路，最终构成山西的驿路网络。这一交通体系的主要功能是密切朝廷和地方联系，传达中央政令、军令及地方奏报，并为往来的官员服务。而且宽阔平坦的大驿少，狭窄坎坷的偏僻多，水运也不发达，也就是说，以驿路为主、水运为辅的传统交通体系存在政治功能强、经济功能弱的明显特质。这就决定了明清之际的山西，政治军事地位极其重要，但经济仍然是自给自足、相对封闭的小农经济，商品化程度低，货物流动性差，商品流通以区域内的互通有无为主，在商品经济发展缓慢和交通不便的情况下，区域之间长途运输和贸易规模较小，基本属于内向型相对封闭的商品流通网络。虽然因军事需求的刺激，山西在明朝出现大规模长距离贩运贸易，并于清时达到鼎盛，区域间商品流通增加，商品经济有了一定程度的发展，并沿主要驿路逐渐形成功能各异的经济区域雏形，但传统经济形态并未根本改变。

开埠通商后，资本主义以港口为基地，大肆倾销工业品和掠夺原材料，铁路建设也由此肇始，中国真正意义上的第一条铁路，是1881年在李鸿章主导下由唐山铺设至胥各庄煤矿的轻便铁路——唐胥铁路，该线延伸到天津。此后，随着开埠通商逐渐扩大，为满足外贸、行政控制、国防与垦边需要，也由于各帝国主义国家对在华利益的争夺与瓜分，华北以及东北地区率先在港口建设铁路，继而几乎同时发展起了京汉、津浦、胶济、北宁、陇海、南满、中东等各条铁路。1907—1937年山西先后建成正太、平绥、同蒲三条铁路，正太路交平汉路于石家庄，平绥路交平汉路于北平，平汉路又交北宁路于北平、交陇海路于郑州，津浦路复交北宁路于天津、交陇海路于徐州，同蒲路则北与平绥路相望，中与正太路交于太原，南过黄河与陇海路衔接，山西铁路成为华北铁路网络的重要组成部分。

铁路运输运量大、运费低、运距长、安全性能好，最适合大宗货物特别是矿产品的长距离运输，强大的运输能力、优越的运输性能使得铁路理所应当地成为交通体系的骨干。20世纪20年代，山西开始了近代公路交通建设，十年间基本形成了贯穿全省的公路交通网络，公路运费高，运量小，主要经营客运，或分销铁路货运，是沟通城乡的重要枢纽。由于铁路干线少，里程短，公路质量差，驿路与水路发挥了补充甚至是替代功能。以铁路为主干的山西近代交通网络初步形成。

由此可见，近代交通体系区别于传统交通体系的根本在于铁路在交通体系中发挥着主导及骨干作用，由于铁路的参与，交通体系的运输能力和运输范围得到极大的提高和扩展，在公路、驿路及水路的配合下，沿海口岸城市与山西各地建立了联系，商品往来更为畅通。近代交通体系的主要功能也同传统交通体系存在区别，驿路由北京向各级行政城市延展，主要功能是为政治服务。铁路虽最初也是以北京为中心，但逐渐形成以天津等口岸城市为中心的交通运输网络，主要承担物资交流、贸易往来的任务，经济功能突出。

二 近代交通体系是山西社会转型极为重要的推动力

以铁路为骨干，公路、水路、驿运互为关联而形成的这一近代交通体系，将港口与腹地紧密连接起来，形成原料、农产品出口与工业品进口的重要通道，强化了区域间的经贸往来，对于自然经济向现代经济转型、区域城市成长、工矿化生产与相关产业出现、农业产业化种植等，具有前所未有的重要推动作用。此外，近代交通体系使区域间人员频繁流动，对于国防、军事作用也相当明显，这些现代性因素，对人们思想观念、生活社交习俗的趋新也有深远的影响。由此足见，作为产业和经济发展基础的近代交通体系在社会变动中的作用是举足轻重的，也充分体现了工业技术体系对现代经济与社会发展的引导性与基础性影响。

山西这一交通不便的内陆省份通过近代交通体系加快转型的特点尤为突出。20世纪初，为适应外贸出口及新兴工业城市对原料需求的增加，依托近代交通体系，以榆次、太原、阳泉、大同等铁路枢纽城市为转运中心，山西农、畜、矿产品源源不断地向外输出，运输量的大幅提高极大地刺激了商品化生产的发展，推动了农畜生产专业区的形成，铁路沿线的近代煤矿业也应运而生。随着商品流向的改变，货物集散市场的转移，铁路枢纽城镇以其巨大的经济辐射力逐渐取代驿路、水路枢纽城镇成为新的商贸中心，中级市场或地域经济中心此兴彼衰，城镇的功能、格局随之发生转变，城乡交流日益密切。以铁路枢纽城镇为中心，以近代交通体系为纽带，以东部港口为指向的山西近代经济区域逐渐形成，具体为：以太原、榆次、太谷为核心城市，以正太、同蒲铁路为输出路径，以工业、农业为主要产业的晋中区；以阳泉、寿阳为核心城市，以正太铁路为脉络，以矿业为主要产业的晋东区；以正太、同蒲、陇海铁路为输出路径，以榆次、陕州、郑州为转运中心，以棉、粮农业为主要产业的晋南区；以大同为中心，以平绥路为轴线，以矿业、农牧业为主的晋北区。各区域都拥有一个或多个核心城市，具有各具特色的主导产业，区域内经济同质性趋势增强，区域间交流频繁，经济互补性特征明显，经济功能明显增强，山西经济呈现一体化的发展趋势。同时也可以看出，由于日渐成为西方列强的原料输出地，山西的经济区域也表现出经济结构单一、重工业比例大、轻工业薄弱等弱点。总之，近代交通体系与自然、地理、历史因素相结合，使得山西呈现出新的经济区域图景。

以铁路为主的近代交通体系的形成，使新事物、新思想、新观念、新行为习惯随着交通线的延展及人员的流动由通商口岸大城市向铁路沿线及腹地渐次输入。人们的思想观念和行为方式都发生了巨大的变化，具体表现为对新事物由抗拒排斥到消极被动再到积极主动接受，集中反映在铁路观念的转变和重工理念的形成上。人们的生活习俗和社交习俗发生了由守旧到趋新、由自我封闭到主动开放的转变。总的来说，近代交通体系推动了社会文明向内地渗透,是社会文明广泛传播的重要渠道。

三　近代山西转型的曲折多艰

近代交通体系出现后,山西得以突破地理环境及交通运输的限制,省际、埠际经济交流频繁,摆脱了封闭的境地,逐渐融入华北市场、世界市场体系中,山西经济社会由传统向近代加速变动。

然而这一过程却不是一帆风顺的,其间充满了无奈与坎坷。首先,大量价廉质优的工业品经由近代交通体系畅通无阻地行销至广大农村,山西自给自足的自然经济快速解体,而脆弱的农业经济面对强悍的资本主义经济没有丝毫抵御能力,一遇风吹草动即崩溃,煤矿业也是如此,在与低廉的洋煤竞争中总是处于下风,煤矿业的经营也颇为艰难。其次,即便在与邻省竞争中也无法占据先机。开埠通商前,在以内向型经济为主的市场体系下,山西介于蒙古与内地之中间位置,地理优势明显,在明清政府政策的支持下,山西获得了宝贵的发展机会。开埠通商后,外向型经济占据主导,靠近港口的地区地理优势显现,山西的地缘优势不复存在,铁路交通出现后,靠近港口、铁路交通更完善的地区率先得到发展,也就是说,距离港口的远近和交通通达程度,直接关系到腹地的发展程度。山西由于深处内陆,距离港口远,没有直达铁路,需倒车甚至几种交通运输方式协调配合方能抵达,地理及交通条件非常不利。以河北、山东两省为例,河北拥有天津、秦皇岛等港口,又有平汉、津榆、津浦、正太等数条铁路,交通甚为便利,华北最大的煤矿开滦煤矿就位于河北东部,距工业中心天津仅100公里左右,与至秦皇岛的距离相当,也可以直接由秦皇岛出口或转运上海等港口和长江沿岸城市。再如,山东拥有青岛、烟台港,又有胶济、津浦铁路贯通全省,既可以北上通过津浦路去天津,又可以东经津浦路去青岛。相比之下,山西距离港口远,交通不便,运输费用甚巨,因此,尽管坐拥丰富的煤矿资源,山西近代煤矿业发展还是远远滞后于河北、山东等省,其他产业的不发达也与铁路网络的不完善有莫大关系。最后,民国年间军阀争斗,内战连绵不休,又有外敌入侵,现代战争"所要求于交通方面的,比过去更为重大,更为艰难,因为无论前方辎重的输送,后方物资的调集,乃至防空防岸的实施,和战略战术的运用,在在与交通机构、运输工具,有最密切的关系"。① 正是由于交通对于战争的特殊重要性,战争双方总是率先争夺交通线和交通枢纽,特别是铁路线和铁路枢纽,这极大地干扰了正常的商民运输,特别是日本侵华期间,利用交通体系掠夺走大量的煤铁资源,给山西造成不可估量的损失,对山西的近代转型产生了严重的消极影响。

近代以后,自沿海港口地带开始的近代化进程,主要是沿着以铁路交通为主的交通路线和市场网络,逐渐往内地推进的,腹地范围的大小、腹地内各地区距离港口的远近和交通状况,往往又成了分析各地区和国际、国内沿海市场联系程度乃至近代化速度快慢、水平高低的重要内容。在今后相当长的一段时间内,以铁路为主的近代交通体系仍将在山西与沿海城市经济文化交流中扮演极其重要的角色,因此,振兴山西经济,还须加大交通建设,优化交通网络,完善交通体系,不断提高运输水平。

---

① 公权:《"抗战"与"交通"》,《抗战与交通》第1期,1938年3月15日。

参考文献

档案

《本局报送抗战经过有关资料》，中国第二历史档案馆藏，全宗号：683，案卷号：24。

《敌伪破坏机关关系统计表》，山西省档案馆藏，档案号：B30-1-829-2。

《陇海铁路货运调查报告》（1936年4月），中国第二历史档案馆藏，档案号：28-13866。

满铁天津事务所调查课编《山西省的产业与贸易概况》（1940年），中国第二历史档案馆藏，档案号：2024（2）-22。

《民国二十二年份山西省统计年鉴》（下），山西省档案馆藏，档案号：M46。

《平绥铁路货运调查报告》（1936年4月），中国第二历史档案馆藏，档案号：28-13874。

《平绥铁路沿线煤矿调查报告》（1936年），中国第二历史档案馆藏，档案号：28-10653。

《正太铁路沿线暨山西中部煤矿调查报告》（1936年12月），中国第二历史档案馆藏，档案号：28-10652。

《同蒲铁路战时路产损失统计表》（1939年12月23日），山西省档案馆藏，档案号：B30-1-825-4。

《同蒲铁路概况的呈》，山西省档案馆藏，档案号：B30（2）-54。

《太原铁路局接收情形及修复计划》，山西省档案馆藏，档案号：B30-1-87-3。

《三十年来之山西——晋阳日报三十周年纪念特刊》（1936年7月），山西省档案馆藏，档案号：阎政字4号。

《山西实业公报》第1期，1932年6月，山西省档案馆藏，档案号：阎工字22号。

已出版史料

白眉初：《中华民国省区全志》第2卷《山西省志》，北京师范大学史地系，1924。

大同矿务局矿史党史征编办公室编写《大同煤矿史》（一），人民出版社，1989。

大同市地方志编纂委员会编《大同市志》，中华书局，2000。

戴鞍钢主编《中国地方志经济资料汇编》，汉语大词典出版社，1999。

高青主编《大同市交通志》，内蒙古人民出版社，2001。

范茂松、张柳星等纂修《荣河县志》，民国25年铅印本。

复旦大学历史系日本史组编译《日本帝国主义对外侵略史料选编（1931—1945）》，上海人民出版社，1975。

侯振彤译编《山西历史辑览（1909—1943）》，山西省地方志编纂委员会办公室，1986。

交通部、铁道部交通史编纂委员会编《交通史路政编》第9、12、15、16册，1935。

京绥铁路管理局编译课编《京绥铁路旅行指南》，1922。

交通部邮政总局编《中国通邮地方物产志》，台北：华世出版社，1978。

晋北矿务局编《晋北矿务局第二、三次报告书》，1931—1934。

公权：《"抗战"与"交通"》，《抗战与交通》第1期，1938年3月15日。

胡荣铨：《中国煤矿》，上海商务印书馆，1935。

渠绍淼、庞义才：《山西外贸志》上册（初稿），山西省地方志编纂委员会办公室，1984。

林传甲总纂《大中华山西省地理志》，商务印书馆，1919。

廖兆骏编著《绥远志略》，正中书局，1937。

马里千等编著《中国铁路建筑编年简史（1881—1981）》，王学俊审校，中国铁道出版社，1983。

宓汝成编《中国近代铁路史资料（1863—1911）》第1—3册，中华书局，1963。

宓汝成编《中华民国铁路史资料（1912—1949）》，社会科学文献出版社，2002。

李洛之、聂汤谷编著《天津的经济地位》，南开大学出版社，1994。

平绥铁路车务处编《平绥铁路沿线特产调查》，1934。

交通部平津区张家口分区接收委员会办事处：《平绥铁路概况》，1946。

全国经济委员会编《山西考察报告书》，1936。

《山西通志》，中华书局，1990。

大同市地方志办公室征集整理《大同县志》，山西人民出版社，1992。

《解县志》，民国9年石印本，台北：成文出版社，1976。

《浮山县志》，民国24年铅印本，台北：成文出版社，1976。

任根珠主编《清实录：山西资料汇编》，山西古籍出版社，1996。

山冈师团编，山西省史志研究院编译《山西大观》，山西古籍出版社，1997。

日本防卫厅战史室编《华北治安战》（上），天津市政协编译组译，天津人民出版社，1982。

日本同文会编《中国分省全志·山西省志》（1920年），孙耀等译，山西省地方志编纂委员会办公室，1992。

山西省总工会办公室：《山西工人运动主要档案汇集（1928—1948）》。

山西实业厅编印《山西矿务志略》，1920。

山西省史志研究院编《山西通志》，中华书局，1999。

山西省榆次市志编纂委员会编《榆次市志》，中华书局，1996。

实业部国际贸易局编《中国实业志·山西省》，1936。

中国人民政治协商会议山西省文史资料研究委员会编印《山西文史资料》各辑。

山西民社编《太原指南》，北平民社，1935。

实业部中国经济年鉴编纂委员会编《中国经济年鉴》，商务印书馆，1934。

太原市地方志编纂委员会编《太原市志》第1册，山西古籍出版社，1999。

太原市工商业联合会编辑组编《太原市工商联志（1905—1990）》，1992。

太原铁路分局志编审委员会编《太原铁路分局志（1896—1995）》，中国铁道出版社，1999。

天津社会科学院历史所、天津市档案馆编《津海关年报档案汇编（1865—1911）》（上），吴弘明译，天津社会科学院内部资料，1993。

铁道部业务司调查科查编《大潼铁路经济调查报告书》，1933。

山西省忻州市地方志编纂委员会编《忻县志》，中国科学技术出版社，1993。

许道夫编《中国近代农业生产及贸易统计资料》，上海人民出版社，1983。

《新绛县志》，民国18年铅印本，台北：成文出版社，1976。

严中平等编《中国近代经济史统计资料选辑》，科学出版社，1955。

阎锡山编《山西六政三事汇编》，1929。

陈霈、孟宏儒主编《阳泉市志》，当代中国出版社，1998。

阳泉矿务局矿史编写组：《阳泉煤矿史》，山西人民出版社，1985。

虞和寅：《平定阳泉附近保晋煤矿报告》，农商部矿政司，1926。

喻守真等编《全国都会商埠旅行指南》卷上，上海中华书局，1926。

杨大金编《现代中国实业志》，商务印书馆，1938。

《榆次县志》，民国1942年铅印本。

解学诗、苏崇民主编《满铁档案资料汇编》第12卷《华北交通与山东、大同煤矿》，社会科学文献出版社，2011。

周颂尧：《京绥游记》，1924。

郑振铎、冰心：《西行书简·平绥沿线旅行记》，山西古籍出版社，2002。

章有义编《中国近代农业史资料》，三联书店，1957。

中研院近代史研究所编《中国近代史资料汇编·矿务档》，台北：台湾文献委员会，1960。

中央档案馆、中国第二历史档案馆、吉林省社会科学院编《河本大作与日军山西"残留"》，中华书局，1995。

中共山西省委调查研究室编《山西省经济资料》，1963。

报纸杂志

《大公报》。

《东方杂志》。

《工商半月刊》。

《交通杂志》。

《交通官报》。

《交通经济汇刊》。

《矿业周报》。

《抗战与交通》半月刊。

《平绥》第 2 册，1934 年 7 月 1 日至 1935 年 6 月 30 日，

《全国铁路商运会议汇刊》。

《铁路月刊》（正太线）（京汉线）（陇海线）。

《铁路杂志》。

《铁路协会月报》。

《铁道半月刊》。

《铁道年鉴》第 1—3 卷。

《天津棉鉴》第 1—4 卷。

《山西建设公报》，1929。

《山西建设公报汇刊》，1930—1931。

《山西建设》，1935。

《申报》。

《商务官报》。

《新农村》，1933。

《益世报》。

《正太铁路接收周年纪念刊》，1934。

《正太铁路接收第四周年纪念特刊》，1936。

《中华实业月刊》《中华实业季刊》，1935—1936。

《中国国有铁路统计月刊》。

《中国矿业纪要》第 1—5 册，1921—1935。

论著

江沛、王先明主编《近代华北区域社会史研究》，天津古籍出版社，2005。

山西省地方志编纂委员会办公室编《近代的山西》，山西人民出版社，1988。

景占魁：《阎锡山与西北实业公司》，山西经济出版社，1991。

景占魁：《阎锡山与同蒲铁路》，山西人民出版社，2000。

金士宣、徐文述编著《中国铁路发展史（1876—1949）》，中国铁道出版社，1986。

金士宣：《中国铁路问题论文集》，交通杂志社，1935。

金士宣：《铁路与抗战及建设》，商务印书馆，1947。

郝寿义、安虎森主编《区域经济学》，经济科学出版社，1999。

何汉威：《京汉铁路初期史略》，香港：香港中文大学出版社，1979。

顾朝林：《中国城镇体系——历史·现状·展望》，商务印书馆，1992。

顾朝林等：《中国城市地理》，商务印书馆，1999。

谷中原：《交通社会学》，民族出版社，2002。

凌鸿勋编著《中华铁路史》，台北：台湾商务印书馆，1981。

李文耀：《中国铁路变革论——19、20世纪铁路与中国社会、经济的发展》，中国铁道出版社，2005。

刘景纯：《清代黄土高原地区城镇地理研究》，中华书局，2005。

刘建生、刘鹏生等：《山西近代经济史：1840—1949》，山西经济出版社，1995。

刘建生、刘鹏生等：《晋商研究》，山西人民出版社，2002。

刘泽民等编《山西通史（明清卷、近代卷）》，山西人民出版社，2001。

山西省交通厅公路交通史志编审委员会编《山西公路交通史》，人民交通出版社，1988。

宓汝成：《帝国主义与中国铁路（1847—1949）》，上海人民出版社，1980。

李小建主编《经济地理学》，高等教育出版社，1999。

李占才主编《中国铁路史》，汕头大学出版社，1994。

罗荣渠：《现代化新论——世界与中国的现代化进程》，北京大学出版社，1993。

马陵合：《清末民初铁路外债观研究》，复旦大学出版社，2004。

〔美〕施坚雅：《中国农村的市场和社会结构》，史建云、徐秀丽译，中国社会科学出版社，1998。

〔美〕施坚雅主编《中华帝国晚期的城市》，叶光庭等译，中华书局，2000。

乔志强主编《近代华北农村社会变迁》，人民出版社，1998。

刘建华：《山西交通史话》，山西春秋电子音像出版社，2005。

苏全有：《清末邮传部研究》，中华书局，2005。

山西省农业区划委员会主编《近代山西农业经济》，农业出版社，1990。

孙文盛主编《山西交通经济》，山西经济出版社，1998。

史若民、牛白琳编著《平、祁、太经济社会史料与研究》，山西古籍出版社，2002。

石凌虚编著《山西航运史》，人民交通出版社，1998。

王子今：《交通与古代社会》，陕西人民教育出版社，1993。

王尚义：《晋商商贸活动的历史地理研究》，科学出版社，2004。

王相钦编著《中国近代商业史稿》，中国商业出版社，1990。

隗瀛涛主编《中国近代不同类型城市综合研究》，四川大学出版社，1998。

汪敬虞主编《中国近代经济史（1895—1927）》，人民出版社，2000。

汪敬虞编《中国近代工业史资料（1895—1914年）》，科学出版社，1957。

谢彬：《中国铁道史》，中华书局，1929。

行龙主编《近代山西社会研究——走向田野与社会》，中国社会科学出版社，2002。

徐月文主编《山西经济开发史》，山西经济出版社，1992。

许一友、王振华：《太原经济百年史：1892—1992》，山西人民出版社，1992。

薛世孝：《中国煤矿工人运动史》，河南人民出版社，1986。

熊亚平：《铁路与华北乡村社会变迁（1880—1937）》，人民出版社，2011。

〔英〕肯德：《中国铁路发展史》，李抱宏等译，三联书店，1958。

岳谦厚等：《日本占领期间山西社会经济损失的调查研究》，高等教育出版社，2010。

杨勇刚：《中国近代铁路史》，上海书店出版社，1997。

杨纯渊等编著《山西经济史纲要》，山西人民出版社，1993。

尹铁：《晚清铁路与晚清社会变迁》，经济科学出版社，2005。

张熏华等主编《交通经济学》，上海社会科学院出版社，1992。

张风波：《中国交通经济分析》，人民出版社，1987。

郑也夫:《城市社会学》,中国城市出版社,2002。

曾鲲化:《中国铁路史》,燕京印书局,1924。

张利民:《华北城市经济近代化研究》,天津社会科学院出版社,2004。

张正明:《山西工商业史拾掇》,山西人民出版社,1987。

张正明:《晋商兴衰史》,山西古籍出版社,2001。

张瑞德:《中国近代铁路事业管理的研究——政治层面的分析(1876—1937)》,台北:中研院近代史研究所,1991。

张瑞德:《平汉铁路与华北的经济发展(1905—1937)》,台北:中研院近代史研究所,1987。

张公权:《抗战前后中国铁路建设的奋斗》,台北:传记文学出版社,1971。

张全盛、魏卞梅编著《日本侵晋纪实》,山西人民出版社,1992。

论文

崔志海:《论清末铁路政策的演变》,《近代史研究》1993年第3期。

曹新宇:《清代山西的粮食贩运路线》,《中国历史地理论丛》1998年第2期。

丁贤勇:《新式交通与生活中的时间——以近代江南为例》,《史林》2005年第4期。

姜益、徐精鹏:《铁路对近代中国城市化的作用探析》,《上海铁道大学学报》(医学辑)2000年第7期。

江沛、熊亚平:《铁路与石家庄城市的崛起:1905—1937年》,《近代史研究》2005年第3期。

龚警初:《驿运对抗战之贡献》,《驿讯》第35期,1944年9月16日。

郭文娜:《1929—1945年大同煤矿的变迁》,硕士学位论文,山西师范大学,2015。

李刚、黄冬霞:《明清晋陕沿黄流域贸易经济圈刍议——以晋西、陕北为例》,《晋阳学刊》2005年第5期。

李占才:《铁路与中国近代的民俗嬗变》,《史学月刊》1996年第1期。

李占才:《铁路对近代中国农业经济的影响》,《同济大学学报》(人文·社会科学版)1997年第1期。

参考文献

李占才:《铁路与近代中国农业生产的商品化、区域化趋向》,《铁道师院学报》1997年第5期。

李文耀、王成林:《近代中国农民对铁路态度的变化》,《苏州铁道师范学院学报》(社会科学版)2000年第1期。

李辅斌:《清代河北山西农业地理研究》,博士学位论文,陕西师范大学,1992。

马陵合:《论清末铁路干线国有政策的两个促动因素》,《社会科学研究》1996年第1期。

马伟:《煤矿业与近代山西社会(1895—1936)》,博士学位论文,山西大学,2007。

邱松庆:《南京国民政府初建时期的铁路建设述评》,《中国社会经济史研究》2000年第4期。

全汉昇:《山西煤矿资源与近代中国工业化的关系》,(台湾)《中央研究院院刊》第3辑,1956年。

芮坤改:《论晚清的铁路建设与资金筹措》,《历史研究》1995年第4期。

田伯伏:《京汉铁路与直隶沿线近代采煤业的起步》,《河北大学学报》(哲学社会科学版)2000年第3期。

田伯伏:《京汉铁路与直隶沿线商业的发展》,《河北师范大学学报》(哲学社会科学版)2003年第6期。

田伯伏:《京汉铁路运营与直隶沿线农产品商品化》,《河北大学学报》(哲学社会科学版)1998年第2期。

杨文生:《平绥铁路与社会变迁研究(1909—1937)》,博士学位论文,南开大学,2006。

杨文生:《铁路与社会习俗的变迁——以1909—1937年间的平绥铁路为中心》,《华南师范大学学报》(社会科学版)2007年第2期。

王方中:《1920—1930年间军阀混战对交通和工商业的破坏》,《近代史研究》1994年第5期。

王明星:《阎锡山与山西窄轨铁路》,《中国社会经济史研究》1997年第4期。

吴宝晓:《清末华北铁路与经济变迁》,《历史档案》2001年第3期。

王泽羽、王阳:《中国近现代史上三次自办铁路运动述论》,《北京交通大学学报》(社会科学版) 2004 年第 3 期。

许檀:《明清时期区域经济的发展——江南、华北等若干区域的比较》,《中国经济史研究》1999 年第 2 期。

岳谦厚、田明:《抗战时期日本对山西工矿业的掠夺与破坏》,《抗日战争研究》2010 年第 4 期。

袁中金:《河南近代铁路建设与经济发展》,《史学月刊》1993 年第 4 期。

姚晓璐:《平绥铁路债务研究 1905—1937 年》,硕士学位论文,内蒙古大学,2015。

朱浒:《甲午战争以前清政府的铁路政策》,《清史研究》1999 年第 2 期。

张宪功:《明清山西交通地理研究——以驿道、铺路为中心》,博士学位论文,陕西师范大学,2014。

后　记

　　本书是在我博士学位论文《铁路与近代山西经济社会变迁：1907—1937》的基础上写就的。当年，我进入南开大学历史学院师从江沛教授攻读博士学位，江老师建议我从交通转型的视角研究山西经济社会变动，我欣然接受。我是土生土长的山西人，我自信对家乡的山山水水很熟悉，对家乡父老也很了解。

　　我的家乡是山西省晋城市，家乡的煤铁资源非常丰富，从古至今，当地民众多以此为业。姥爷是村里的铁匠，他39岁时病逝，那年妈妈刚刚9岁，在她年幼的记忆里，瘦高的姥爷总是在铁匠铺里挥动铁锤叮叮当当地打铁。后来，我读到魏宏运先生在《二十世纪三四十年代太行山地区社会调查与研究》中的一段文字："（荫城镇）周围几十里内上百个村庄，几乎是村村庄庄都打铁，风箱的扑打声和铁锤叮当作响声，在这些乡村大街小巷里可随时听到，而且基本上形成了一村一种铁货、几户一个品种的格局。"[①] 我就在心里暗想，那其中一定有姥爷的打铁声吧！虽然富藏煤铁，但直到改革开放之后，家乡的资源才逐渐被规模化开发。记得上世纪90年代，市场经济体制改革伊始，适逢国内钢材价格上涨，家乡私营小铁厂林立，我的表哥们每天开着拖拉机向附近铁厂运送铁矿石。村里人到处开洞挖掘铁矿石，因私人矿厂生产条件简陋，缺乏监管和安全保障，意外事件时有发生，家族里就有两名亲人死于矿厂塌方。私人经营的小煤矿也比比皆是，由此涌现出一大批暴发户，但安全问题导致的悲剧也不鲜见。直到近十年，私营煤矿才逐渐被政府取缔。家乡当地最大煤矿企业是晋城矿务

[①]　魏宏运主编《二十世纪三四十年代太行山地区社会调查与研究》，第226页。

局（现山西晋煤集团），属国营大型煤矿业，开采设备先进，安全规范，我的亲朋好友绝大多数都做着与它相关的工作，或直接为其工作，或间接为其服务。家乡经济兴衰也与其密切相关，矿务局效益好，家乡经济繁荣，民众生活富裕，反之亦然。

在家乡发展变迁的过程中，交通总是备受关注。在昔日晋商辉煌的岁月里，晋城是著名"茶叶之路"的重要中转地，南部的天井关、拦车关危关高耸，扼晋豫要冲，被称为"晋南屏翰"，是山西进入中原的门户和河南进入山西的前沿驿站。晋商衰落后，茶马古道也于人们的视野中渐渐消失，家乡交通要冲的优势也不复存在。地理闭塞、交通落后成为困扰人民的世纪难题。我的姥爷原是河南博爱县人，后移居晋城，在那个交通不便的年代，他回河南老家只能徒步，担着扁担穿过拦车关，下山要走四天方能到达，回来须走一星期。这条晋豫之道极其险要，即使到了21世纪初，高速公路未通，仅有蜿蜒狭窄的国道连接，货车穿行其间，司机需非常谨慎小心，稍有不慎便翻下悬崖，一命呜呼。那惊险的盘山路啊，目睹过多少鲜活生命的陨落！我的高中同学，一名高大帅气的男孩，毕业后开货车来往晋豫运输煤炭，生命就在此戛然而止。

在搜集、整理资料的过程中，记忆里的人和事不断在我脑海中浮现，家乡人民在过去一百年间经历的迷茫、挣扎、困顿、无奈、希望一帧帧地展现开来，而交通犹如一条红线贯穿其中，无法回避，不能回避。面对制约家乡经济社会发展的交通问题，无数有识之士孜孜不倦地奋斗，从晚清巡抚胡聘之、张之洞到"山西王"阎锡山，从资本雄厚、远见卓识的晋商到普通黎民百姓，都逐渐达成共识——兴建近代铁路、公路，建立完善的近代交通体系是振兴山西的先决条件，并由此拉开了近代山西交通建设的序幕，以此为契机，山西的近代化整体上加速前进。但这一过程绝非一帆风顺，而是历经无数的纠缠与反复、波折与磨难：内战绵延不断、外敌贪婪入侵、资本无情倾轧、山重水复的阻隔、国贫民穷的现实窘境，都令山西的近代转型步履维艰，布满了斑驳的血泪。从交通体系转型这一视野俯瞰这一过程，我才深知其中的种种不易，为我曾经的傲慢无知感到愧疚，同时也对无数为家乡发展贡献过力量的仁人志士、父老乡亲肃然起敬，对饱经风霜仍隐忍前行的同胞们怀有深切的理解与同情。

后 记

当书稿修改画上句号时，我的思绪又被拉回十几年前的南开大学，在南开大学的日子是我求学生涯中最感温暖的时光。我在这里遇到恩师江沛教授，他不嫌学生愚钝，耳提面命，倾囊相授。他求真务实、勤奋钻研的学术精神，他谦逊低调、虚怀若谷的学者风范都深深地影响着我。他尊重、理解每一位学生，与学生平等相处。近几年流行一个词叫"少年感"，窃以为"少年感"绝非指外表多么年轻有型，而是指骨子里的自由平等之精神，我以为江老师身上有这种特别的"少年"精神，弥足珍贵。时光倏忽即逝，与江老师南开大学一别，已十几年未见，但我一直以老师为榜样，无论是做人、治学还是处世，如果能从老师身上习得一二，我便知足了。

在南开大学求学还遇到很多同门好友，写博士学位论文期间，熊亚平师兄不吝赐教，对本书的思路形成、资料搜集都给予过莫大的帮助。同门赵志强、秦熠、李海滨、刘晖、迟晓静等人在资料搜集、论文推敲诸方面助益良多。同时，刘景泉教授、王先明教授都对本书的写作提出过宝贵的意见，在此一并致谢！

南开大学毕业后，我定居广州有十余年，和天津很相似，这是座平和包容的城市，我在这里有了我的工作和家庭，感谢爱人多年的支持和陪伴，感谢两个女儿打开了我人生的新世界，感谢你们给我的爱。

谢谢我的父母，在写此书的同时也加深了对你们那一代人的了解，也让我对我的家乡抱有更深厚的感情。

"故园东望路漫漫，双袖龙钟泪不干"，"道路阻且长，会面安可知"……古人写过无数慨叹路途遥远亲友不得相见的诗词，感谢现代科技，让我们不必再承受距离阻隔之苦。近些年来，山西已通行好几条高铁，2020年底，又有一条新的铁路——太郑高铁太焦段建成通车，晋城到太原、郑州、北京、武汉、广州等大城市的时间大为缩短，方便了人员流通和商贸往来，今后还将陆续有高铁开通，相信山西一定会好风凭借力，突破瓶颈，迎来发展的新时期。祝福家乡明天会更好！

李丽娜

2022年10月于广州

图书在版编目（CIP）数据

交通体系转型与近代山西经济社会变动：1907—1949 / 李丽娜著 . -- 北京：社会科学文献出版社，2023.2
（中国近代交通社会史丛书）
ISBN 978 - 7 - 5228 - 0939 - 7

Ⅰ.①交… Ⅱ.①李… Ⅲ.①交通运输发展 - 影响 - 区域经济发展 - 研究 - 山西 - 1907 - 1949 Ⅳ. ①F127.25

中国版本图书馆 CIP 数据核字（2022）第 198741 号

·中国近代交通社会史丛书·
交通体系转型与近代山西经济社会变动（1907— 1949）

著　者 / 李丽娜

出 版 人 / 王利民
责任编辑 / 李期耀
文稿编辑 / 侯婧怡
责任印制 / 王京美

出　版 / 社会科学文献出版社·历史学分社（010）59367256
　　　　　地址：北京市北三环中路甲29号院华龙大厦　邮编：100029
　　　　　网址：www.ssap.com.cn
发　行 / 社会科学文献出版社（010）59367028
印　装 / 三河市东方印刷有限公司
规　格 / 开　本：787mm × 1092mm　1/16
　　　　　印　张：21　字　数：331千字
版　次 / 2023年2月第1版　2023年2月第1次印刷
书　号 / ISBN 978 - 7 - 5228 - 0939 - 7
定　价 / 128.00元

读者服务电话：4008918866

版权所有 翻印必究